Eike von Savigny

Der Mensch als Mitmensch

Wittgensteins
›Philosophische Untersuchungen‹

Deutscher
Taschenbuch
Verlag

dtv

Originalausgabe
Juni 1996

Umschlaggestaltung: Dieter Brumshagen
Umschlagbild: ›Kleine Komposition, II, Gelbrote Gruppe‹
(1928) von Oskar Schlemmer (Privatsammlung,
Courtesy C. Raman Schlemmer)
Satz: Design-Typo-Print GmbH, Ismaning
Druck und Bindung: C. H. Beck'sche Buchdruckerei,
Nördlingen
Printed in Germany · ISBN 3-423-04691-0

Inhalt

Das Buch

Auch in der Geschichte der Philosophie haben Gerüchte mitunter eine lange Lebensdauer. Es heißt, daß Ludwig Wittgenstein insbesondere für die analytische Philosophie von großem Nutzen gewesen sei, sich selbst jedoch nie an eines der klassischen philosophischen Themen herangewagt habe. Eike von Savigny, profunder Kenner der Wittgenstein-Exegese, widerlegt in den hier vorgelegten Essays diese Vorstellung. Die vierzehn Beiträge kreisen um Wittgensteins Spätwerk, die ›Philosophischen Untersuchungen‹, in denen nach Meinung des Autors »überraschende und wohlbegründete philosophische Gedanken zu finden sind, die sich zu einem Gesamtbild vom Wesen des Menschen runden«. Dieses Gesamtbild wird in sorgfältigen Einzelanalysen der oft aphoristisch knapp formulierten Betrachtungen Wittgensteins von seiner Sprachphilosophie bis zu seiner Anthropologie anschaulich gemacht.

Der Autor

Eike von Savigny, geboren 1941 in Berlin, ist Professor für Philosophie in Bielefeld. Buchveröffentlichungen u. a.: ›Zum Begriff der Sprache‹ (1983); ›Die Philosophie der normalen Sprache‹ (3. Aufl. 1993); ›Wittgensteins Philosophische Untersuchungen‹, Kommentar in zwei Bänden (2. Aufl. 1994, 1995); ›Wittgenstein über die Seele‹ (Hrsg. mit O. R. Scholz, 1995).

Vorwort

Ludwig Wittgensteins philosophische Schriften sind in den letzten Jahrzehnten einigermaßen populär geworden, und zwar innerhalb der akademischen Philosophie wie auch bei einem breiteren Publikum. Die Beliebtheit erklärt sich – das ist mittlerweile eine Platitüde – vor allem daraus, daß in den veröffentlichten Texten viele pointierte Formulierungen auftauchen, die überraschende oder wenigstens wichtige Beobachtungen enthalten – griffige Aphorismen. Gerade die aus dem Nachlaß veröffentlichten Arbeiten sind eine Fundgrube von passenden Zitaten für alle Gelegenheiten (zum Beispiel für die Motti der hier versammelten vierzehn Studien).

Mit diesem Zustand sind Philosophen, die sich als »ernsthafte« Wittgenstein-Forscher verstehen, freilich nie zufrieden gewesen. Vielmehr war ihre Auseinandersetzung mit dem 1921 an versteckter Stelle, 1922 in zugänglicher Form veröffentlichten ›Tractatus Logico-Philosophicus‹ und mit dem seit dem Druck der ›Philosophischen Untersuchungen‹ 1953 bekannt werdenden »späten Wittgenstein« der nachgelassenen Schriften geprägt von dem Bemühen, sich auf die fesselnden Denkanstrengungen des Philosophen insgesamt einen Reim zu machen. Grob gesprochen, haben die Interpreten zwei Wege ausprobiert: Entweder haben sie in den Schriften trotz deren scheinbarer Sprunghaftigkeit nach zusammenhängenden Erörterungen kompakter Themen gesucht (das war beim ›Tractatus‹ leichter als beim Spätwerk); oder sie haben die Zusammenhanglosigkeit akzeptiert und als bewußte Ausformung eines philosophischen Stils verstanden, der dem Denken des Lesers dadurch auf die Sprünge helfen will, daß er ihn immer wieder Fehler machen und diese selbst erkennen läßt.

Daß der »späte Wittgenstein« das auf dem zweiten Interpretationsweg ermittelte Ziel bewußt verfolgt hat, steht außer Frage. Allerdings schließt diese Feststellung keineswegs aus, daß er auch zu inhaltlichen Dingen Zusammenhängendes zu sagen wußte. Vielleicht waren das sogar interessante Dinge, Wittgensteins unübersehbarem Einfallsreichtum angemessen, und vielleicht waren seine

Äußerungen gut begründet, wie es bei seiner auffallenden Argumentationssicherheit zu erwarten wäre. Solche möglicherweise in den nachgelassenen Schriften vergrabenen philosophischen Schätze nicht zu heben, fände ich ausgesprochen traurig. Ich muß hier in die erste Person Singular wechseln, weil eine andere Meinung weit verbreitet ist, die ich nicht teile, gegen die ich aber nicht argumentieren kann und die ich deshalb respektiere: die Meinung nämlich, man tue den Schriften des Nachlasses Unrecht, wenn man sich nicht darauf beschränke, sie aus ihrem therapeutischen Bemühen um die Denkfähigkeit des Lesers heraus zu verstehen. Mir geht in diesem Falle das Unrechtsbewußtsein ab. Warum nicht mit dem Nützlichen – der Schulung des Redens und Denkens an der Grenze zwischen Sinn und Unsinn – das Angenehme verbinden: den Gewinn an philosophischer Erkenntnis, wenn denn solche zu gewinnen ist, oder wenigstens die Bekanntschaft mit wohldurchdachten neuen Fragestellungen und Perspektiven, wenn sie denn zu finden sind?

Die hier vorgestellten Studien zum reifsten Werk des Nachlasses, den ›Philosophischen Untersuchungen‹, stellen Einzelergebnisse eines ausgedehnten Bemühens um den Nachweis dar, daß in diesem Werk überraschende und wohlbegründete philosophische Gedanken zu finden sind, die sich zu einem Gesamtbild vom Wesen des Menschen runden. Es geht, wohlgemerkt, nicht um Assoziationen anläßlich einiger Aphorismen aus der Feder von Ludwig Wittgenstein; das Bemühen gilt durchaus dem exegetischen Nachweis der Gedanken im Text. Kapitel 1 begründet, warum man sich für einen solchen Nachweis auf den Text der ›Philosophischen Untersuchungen‹ beschränken darf und wie man, ohne weiteres Material zu benutzen, zum Ziel kommen kann. Kapitel 2 bis 6 arbeiten die erste Hälfte des Bildes aus dem Text heraus: Ein Mensch kann nur deshalb mit einer Äußerung etwas meinen, weil seine Mitmenschen bereit sind, die Äußerung in gewisser Weise zu verstehen; das Sprachverhalten des Individuums ist nur deshalb bedeutungsvoll, weil die Reaktionen der Umgebung ihm Bedeutung geben. Kapitel 7 bis 12 verallgemeinern das Bild auf den gesamten Bereich des menschlichen Seelenlebens: Einem einzelnen Menschen ist nur insofern irgendwie zumute, als er das im Verhalten ausdrücken kann, und was sein Verhalten ausdrückt, hängt davon ab, wie seine Umgebung darauf zu reagieren bereit ist, wie sie es sieht. Kapitel 13 und 14, ermutigt durch den Anblick der so gehobenen Schätze, wehren an zwei Beispielen die Meinung ab, Wittgenstein habe eigentlich nur oder vor allem etwas über das richtige Philosophieren sagen wollen.

Weder die einzelnen Studien noch ihre Zusammenstellung wollen verheimlichen, daß dem Band früher publizierte Arbeiten zugrunde liegen (siehe Quellennachweis). Sie sind allerdings mehr oder weniger stark überarbeitet, und vier Kapitel sind ganz neu. Die Gründe dafür sind die üblichen: Seit den früheren Publikationen habe ich dazugelernt; Überschneidungen zwischen unabhängig voneinander veröffentlichten Arbeiten wurden ausgemerzt, so gut es eben ging; und bei der Zusammenstellung taten sich fühlbare Lücken auf, die geschlossen werden mußten. Ein ordentlich aufgebautes, zusammenhängendes Buch ist sicher nicht entstanden, und die einzelnen Kapitel sollen auch unabhängig voneinander lesbar sein; aber ich hoffe, daß mehr als eine Aufsatzsammlung daraus geworden ist.

Das ausgedehnte Bemühen um die Interpretation der ›Philosophischen Untersuchungen‹, aus dem die hier vorgelegten Studien Teilstücke präsentieren, galt einer kommentarförmigen Gesamtinterpretation, die ich in zwei Bänden 1988 und 1989, in vollständig überarbeiteter zweiter Auflage 1994 und 1995, vorgelegt habe. Soweit die Studien ihr Ziel verfehlen, den systematischen Ertrag auf gründliche Exegese des Textes zu stützen, kann das an meiner in der Arbeit am Kommentar entstandenen Betriebsblindheit liegen. Ich will Interpretationslücken damit nicht entschuldigen; sie können aber in Einzelfällen durch Heranziehen des Kommentars geschlossen werden. In dessen Einleitung ist insbesondere Wittgensteins immer wieder für das Verständnis des Textes wichtiges »Musterrezept« für seelische Sachverhalte ausführlicher beschrieben, als das hier im ersten Abschnitt von Kapitel 9 möglich war.

Ich habe so vielen Kollegen und – vor allem – Studierenden für häufig kritische und immer hilfreiche Kommentare zu danken, daß ich keine einzelnen Namen nennen kann. Für die Schlußredaktion danke ich Martin Knechtges und für ihre unglaubliche Geduld beim Anlegen, Füllen und Löschen immer neuer Dateien Frau Brigitte Drappa

Kapitel 1

Die Autarkie der ›Philosophischen Untersuchungen‹

Die Betrachtung muß gedreht werden,
aber um unser eigentliches Bedürfnis
als Angelpunkt.

Es stelle sich einer vor, er stoße auf den Text der ›Philosophischen Untersuchungen‹ und habe davon, wer – wenn überhaupt jemand – ihn geschrieben hat, so wenig Ahnung wie ein Säugling, so neugeboren, daß er noch nicht einmal ein Lächeln vortäuschen kann. Das ist nicht so verrückt, wie es sich vielleicht anhört; bei Platon und Aristoteles sind wir angesichts der Spärlichkeit von zuverlässigen Informationen über ihre philosophischen Motive, die nicht aus ihren eigenen Texten stammen, so ziemlich in derselben Lage, abgesehen davon, daß wir uns ohne weiteres darauf verlassen, die Sprache, in der der Text der ›Philosophischen Untersuchungen‹ geschrieben ist, zu verstehen. Das tun wir auch dann, wenn unsere Muttersprache nicht Mittelbairisch ist, sondern Deutsch (der Wiener Dialekt ist eine Variante des Mittelbairischen). Indirekt verläßt sich darauf auch, wer nicht Deutsch als Muttersprache hat und auf seine mehr oder weniger fortgeschrittenen Kenntnisse aus dem Deutschunterricht oder sogar auf die englische Übersetzung vertraut. Altgriechisch ist nicht einfach zeitlich weiter weg, sondern läßt keine Teilnahme an einer Sprachpraxis zu, weil es nicht mehr gesprochen wird; deswegen wiegen Übersetzungsprobleme in diesem Fall nicht einfach schwerer, sondern machen andere theoretische Schwierigkeiten. Das ist der wesentliche, aber auch der ganze Unterschied zu unserem von einem völlig unbekannten Autor in heutigem Deutsch geschriebenen philosophischen Text, der unvermutet im Nachlaß eines Verstorbenen auftaucht.

Des weiteren möge der Text reizvoll sein: knappe Bemerkungen, die Ausdrucksweise meisterhaft, provokante Zeilen, die anscheinend von schlagenden Argumenten gestützt werden. Es wäre wohl eine naheliegende Reaktion, daß man herauszufinden versuchte, worum es im Text geht; worauf er hinausläuft – wenn überhaupt auf etwas; ob er einen roten Faden hat; oder ob man ihn einfach als wildes Hirngespinst abtun kann und sollte. Immerhin kommen so reizvolle Texte selten vor, und wenn man annimmt, daß ihr Autor etwas zu sagen hatte, wird man in den meisten Fällen nicht sehr weit danebenliegen. Intelligente Autoren, mögen sie auch die Ausnahme sein, sagen oft intelligente Dinge. Wenn daher ein Text von einem intelligenten Autor geschrieben zu sein scheint, wird es alles andere als witzlos sein zu fragen, was dieser Text sagt.

Menschlich betrachtet, ist noch mehr an der Sache: Intelligente Autoren sind intelligente Leute, und intelligente Leute findet man selten. Das ist einer der Gründe, warum intelligente Leute interessant sind, oder sogar faszinierend, wenn sie noch weitere Qualitäten haben. Intelligente Texte wecken deshalb sofort ein menschliches Interesse an ihren intelligenten Autoren. Bekanntlich hat uns die Philosophiegeschichte intelligente Texte hinterlassen, die uns auf die Bekanntschaft mit ihren Autoren geradezu brennen lassen. Mein eigenes Paradebeispiel ist der Mönch Gaunilo, von dem uns die Geschichte der philosophischen und anderen unbedeutenden Ideen nichts weiter überliefert hat als die extrem kluge Argumentation, daß man aus der Tatsache, daß sich die vollkommenste Insel denken läßt, folgern *könnte* – ich wiederhole: *könnte* –, daß diese Insel wirklich existierte, *wenn* – ich wiederhole: *wenn* – aus der Tatsache, daß sich das größte denkbare Seiende denken läßt, folgen *würde*, daß das größte denkbare Seiende wirklich existierte. (Denn wenn sie sich nicht auch in den Bereich der Realität erstreckte, sondern nur in unseren Gedanken existierte, wäre sie nicht so vollkommen, wie sie sonst wäre, und wäre also nicht die vollkommenste denkbare Insel – gerade hat man ja eine noch vollkommenere gedacht.) Ich habe oft bedauert, daß wir von Gaunilo nichts weiter haben als die überaus faire Wiedergabe seiner Argumentation, die der Hl. Anselm uns zu überliefern heilig genug war. Der Gedanke ist einfach zu schlau. Und deswegen fühle ich mit denen, die Wittgensteins philosophische Ansichten aus Interesse an Wittgensteins Person verstehen möchten und deshalb nicht fragen, wie er sie letzten Endes ausgedrückt hat, sondern auf welchen Wegen er zu ihnen gelangte.

An diesem Punkt sollten wir uns allerdings daran erinnern, daß hier zwei Fragen zu unterscheiden sind. Die eine lautet: *Wie ist der Autor dazu gekommen, das zu schreiben*, was er schließlich geschrieben hat? Die andere ist: *Was hat er denn nun geschrieben?* Oder auch: Die eine Frage ist, warum er sich in dieser oder jener Weise ausgedrückt, die andere, was er mit seiner Ausdrucksweise gesagt hat. Die Frage, was er gesagt hat, ist nicht etwa dieselbe wie die, was er gemeint hat. Gewiß: Die Frage, *wie der Autor dazu gekommen ist*, das zu schreiben, was er geschrieben hat, hängt mit der Frage zusammen, *was er gemeint hat*; aber diese beiden Fragen verdanken ihren Zusammenhang überhaupt nur ihrer gemeinsamen Einbettung in ein Knäuel von Fragen, die um das Problem kreisen, worum sich der Autor gekümmert hat, als er im Schreiben seine Fragen stellte. Dieses Problem ist um so dringender, je weniger man sich dafür interessiert, was der Autor mit dem Geschriebenen gesagt hat, und je mehr statt dessen für ihn selbst, dafür, was er im Sinne hatte, was ihn kümmerte. Es läßt sich kaum darüber streiten, ob solch ein Interesse berechtigt ist oder nicht – man hat es oder man hat es nicht; man kann sich für den intelligenten Autor interessieren oder für das, was er uns hinterlassen hat. Ich erkläre ausdrücklich, daß mich beides interessiert; aber die Tatsache, daß ich mich für beides interessiere, kann mich nicht davon abhalten, beide Fragen auseinanderzuhalten.

Ich sollte einräumen, daß es ein bißchen übertrieben klingt, beide Fragen so weit auseinanderzuhalten – das Interesse an dem, was der Autor gesagt hat, mit dem Text zu verbinden, während man die Frage, wie er dazu kam, es zu sagen, einem breiteren Interesse an seiner Persönlichkeit zuordnet. Die Übertreibung ist aber im Grundsatz richtig, und um das zu zeigen, werde ich zweierlei Dinge begründen: (1) Wenn wir wissen, was der Autor gemeint hat, liefert uns das nur sehr indirekte Hinweise darauf, was er gesagt hat, und das gilt besonders für Autoren, die nicht mehr am Leben sind. (2) Herauszufinden, wie er dazu kam, sich schließlich so und nicht anders auszudrücken, ist kein ausreichendes Mittel, wenn man herausfinden will, was er gemeint hat.

Nach diesen kritischen Überlegungen komme ich auf den letzten Seiten zum Thema und begründe, warum wir den ›Philosophischen Untersuchungen‹ so begegnen können wie eingangs skizziert: Wir können herausfinden, was ihr Autor gesagt hat, ohne uns groß um seine Lebensgeschichte zu kümmern.

1. Meinen und sagen

Was den ersten Punkt betrifft, scheint mir die folgende Regel zu gelten: Wenn jemand eine Äußerung mit einer klaren Bedeutung getan hat und wenn er sie unter solchen Umständen getan hat, daß man ihn dafür in die Pflicht nehmen kann, das gesagt zu haben, was er gesagt hat, dann sind alle weiteren, später entdeckten Gründe für die Annahme, daß er eigentlich etwas anderes gemeint habe, schlicht irrelevant für die Frage, was er gesagt hat. Wenn diese Gründe sehr stark sind, sind sie einfach starke Gründe dafür, daß der Sprecher etwas gesagt hat, was er nicht hat sagen wollen – das kommt sehr häufig vor und hat überhaupt nichts Geheimnisvolles an sich. Es gibt zweierlei Fälle, in denen wir uns damit abfinden, daß, weil er etwas anderes gemeint, er auch etwas anderes gesagt hat. Einmal sind das die Fälle, in denen er versucht, etwas auszudrücken, was schwierig auszudrücken ist, und diesen oder jenen Satz ausprobiert usw., ohne richtig damit fertigzuwerden; oder in denen er unkonzentriert oder betrunken ist; kurz dann, wenn wir ihn nicht für das verantwortlich machen, was er gesagt hat. Deswegen ist es bei der Interpretation der ›Philosophischen Untersuchungen‹ sehr wichtig, ob man den Text als zumindest vorläufig endgültige Fassung betrachtet, was er meiner Meinung nach ist. Zum zweiten haben wir die Fälle von unklaren Äußerungen. Äußerungen können aus den verschiedensten Gründen unklar sein, etwa weil uns relevante sprachliche Einzelheiten oder relevante Begleitumstände entgehen (diesen Fall diskutiere ich nicht, weil er für schriftliche Äußerungen in veröffentlichungsreif redigierten Texten keine Bedeutung hat) oder aber weil sprachliche Regeln objektiv verletzt sind oder relevante Begleitumstände einfach fehlen. In diesen letzteren Fällen ist die Äußerung objektiv unklar; eine wohlbestimmte Äußerungsbedeutung fehlt ihr. Für solche Äußerungen gibt es in allen mir bekannten toten und lebenden Sprachen eigens eine Feuerwehrkonvention, die dem Sprecher eine besondere Autorität verleiht, nämlich das Recht, seine objektiv unklare Äußerung durch den Gebrauch eines Ausdrucks wie »Ich habe das und das gemeint« authentisch zu interpretieren. »Das und das« gibt dann an, wie man seine frühere Äußerung aufzufassen hat; das sagt die Konvention. Man beachte jedoch, daß das kein unbezweifelbarer Bericht des Sprechers ist, sondern daß er eine Erklärung darüber abgibt, was er meine; »Erklärung« bedeutet dabei nicht eine Erläuterung, sondern eine autoritative Festsetzung, vergleichbar der Erklärung des Präsidenten, mit der er die Sitzung eröffnet. Selbst wenn die Erklärung des Sprechers etwas hergeholt klingt, wird sie daher akzeptiert – innerhalb bestimmter Grenzen, nämlich innerhalb der Grenzen der Freiheit, die man Sprechern für das Umdeuten oder Zurücknehmen ihrer Äußerungen zugesteht. Nicht was er gemeint hat, legt in diesen Fällen fest, was der Sprecher gesagt hat, sondern was gemeint zu haben er erklärt.

Da »Ich habe das und das gemeint« kein Bericht, sondern eine Meinens-Erklärung ist, kann diese Erklärung auch durch noch so zwingende Beweise dafür, daß der Sprecher zum Zeitpunkt seiner Äußerung etwas Bestimmtes gemeint habe, nicht ersetzt werden. Ich veranschauliche das mit einem Beispiel. Der Bruder einer kinderlosen alten Dame sei ein gemeiner, mieser Trunkenbold, ihr einziger Erbe, wenn sie stürbe, ohne ein gültiges Testament zu hinterlassen. Sie hat einen Kanarienvogel; und als dieser stirbt, setzt sie ein Testament auf, in dem sie ihr gesamtes Vermögen einer wohltätigen Stiftung für die Erhaltung der Vogelwelt vermacht. Diese Stiftung wird ohne Wissen der alten Dame aufgelöst; eine andere Stiftung mit annähernd denselben Zielen wird gegründet, ohne daß sie jedoch die Rechtsnachfolge der aufgelösten antritt. Unsere alte Dame stirbt, ohne ihr Testament zu ändern oder zu ersetzen. Ihr Bruder, mittlerweile im Zuchthaus gelandet, ist ihr einziger Erbe, obwohl einfach alles dafür spricht, daß sie ihr Testament zugunsten der zweiten Stiftung geändert hätte, wäre sie rechtzeitig informiert worden. Sie hat diesen Willen aber nicht erklärt, und kein Tatsachenbeweis auf Erden kann die fehlende Erklärung ersetzen, die ihr nichtiges Testament zu einem gültigen machen würde.

Wäre Wittgenstein noch am Leben, würden wir seine Meinens-Erklärungen in solchen Fällen akzeptieren, wo sein Text unklar ist, und im Fall klarer Textstellen würden wir sie akzeptieren, soweit das Recht zur Uminterpretation oder Rücknahme von eigenen Äußerungen geht. Er ist aber nicht mehr am Leben. Deshalb nützen uns zur Interpretation unklarer Textstellen – selbst wenn wir in der alltäglichen Verständigung wie auch in der Philosophie nicht so formal sind, wie Juristen es manchmal sein müssen – keine Belege dafür, was er gemeint hat, sondern allenfalls solche dafür, was er gemeint zu haben erklärt haben würde. Und dann brauchen wir zusätzliche Argumente dafür, daß eine angeblich wahrscheinliche Umdeutung durch den Autor auch akzeptabel gewesen wäre, wenn seine angeblich wahrscheinliche Umdeutung einer für sich genommen klaren Textstelle gegolten hätte. Die Belege müßten natürlich extrem stark sein. Es hängt daher sehr viel davon ab, ob der Text klar ist, so wie er dasteht, das heißt von der Aussicht auf eine erfolgreiche immanente Interpretation.

Es gibt einen besonders krassen Fall, wo erdrückende Beweise dafür, daß Wittgenstein früher eine Erklärung abgegeben hat, für eine Vermutung darüber, was er nach Abschluß der Arbeit am Text zu meinen erklärt hätte, nicht ausreichen oder wo eine Erklärung von seiner Seite nicht akzeptabel gewesen wäre. In PU 74 diskutiert Wittgenstein den Gedanken,

> daß der, welcher dieses **Blatt** als Muster ›der Blattform im allgemeinen‹ ansieht, es anders *sieht* als der, welcher es etwa als Muster für diese bestimmte Form betrachtet. Nun, das könnte ja so sein – obwohl es nicht so ist –, denn es würde nur besagen, daß erfahrungsgemäß der, welcher das **Blatt** in bestimmter Weise *sieht*, es dann so und so, oder den und den Regeln gemäß, verwendet. (Fettdruck von mir.)

Baker und Hacker[1] weisen darauf hin, daß Wittgenstein in Rhees' Übersetzung des ›Big Typescript‹ (TS 220) von 1939 mit diesem Text folgendes anstellte: Er ersetzte Rhees' Ausdruck »leaf« bei den beiden fettgedruckten Vorkommnissen von »Blatt« durch »drawing«; und sie schließen daraus, daß es in dem Abschnitt nicht darum geht, wie *ein bestimmtes Blatt*, sondern wie *ein Bild eines*

[1] Baker und Hacker 1980, *ad loc.*

Blattes als ein Muster ›der Blattform im allgemeinen‹ angesehen wird. Zu den Bedeutungen des Wortes »Blatt« gehört ja tatsächlich auch die Bedeutung »Zeichnung«; Wittgenstein hätte jedoch mit seiner Ersetzung kein Mißverständnis korrigieren können. Denn im ganzen Kontext geht es um den Gebrauch bestimmter Dinge eines gegebenen Typs als Muster für diesen Typ, und besonders um Blätter von Pflanzen (PU 70, wiederaufgenommen in PU 73). Unsere naheliegende Reaktion müßte sein: »Das kannst du gar nicht gemeint haben«, und solch eine Äußerung ist eine charakteristische Erinnerung daran, daß die Rechte des Sprechers, das Gesagte authentisch zu interpretieren, beschränkt sind. Wir können die Ersetzung nicht einmal als Versuch akzeptieren, eine klare Äußerung über Blätter von Pflanzen zurückzunehmen und durch eine über Zeichnungen zu ersetzen, weil Wittgenstein weder den deutschen Text geändert noch Rhees' Ausdruck »leaf shape« für »Blattform« durch »drawing shape« oder sonst etwas ersetzt hat; da man nun von keinem Leser erwarten kann, den Ausdruck »dieses Blatt als Muster der Blattform« zu lesen als »diese Zeichnung als Muster der Blattform«, hätten wir die Ersetzung einer klaren Äußerung durch eine unverständliche. Welchen Witz Wittgenstein auch hat machen wollen – dafür, was er mit dem deutschen Text gesagt hat, spielt er keine Rolle.

2. Versteckte Voraussetzungen in der biographischen Interpretation

Nun zu meiner zweiten Behauptung: Eine Geschichte davon, wie ein Autor dazu gekommen ist, sich in bestimmter Weise auszudrücken, stellt höchstens eine unvollständige Begründung für die Annahme dar, er habe etwas Bestimmtes gemeint (unvollständig erst recht als Begründung für die Annahme, er würde etwas Bestimmtes zu meinen erklärt haben). In diesem Zusammenhang wird nämlich die Beachtung weiterer Einzelheiten von Leben und Persönlichkeit wichtig. Ich will nicht abstreiten, daß man unter Benutzung einer vollständigen Geschichte der Textproduktion tatsächlich zeigen kann, was der Autor gemeint hat; ich möchte nur betonen, daß diese vollständige Geschichte nicht allein bleiben darf. Um sie als Beleg zu verwenden, muß man sich auf weitere Voraussetzungen stützen, zu denen es plausible Alternativen geben kann. Man verläßt sich nicht einfach auf die Manuskripte; man baut sie stillschweigend in eine ganze Hintergrundgeschichte über den Autor ein. Zum Beispiel kann eine Textstelle einmal oder mehrere Male geändert worden sein: etwa aus stilistischen Gründen, wenn dem Autor etwas am Schreiben guter Prosa lag – Ergebnis: Die Entwicklung liefert keinerlei Hinweis darauf, was er gemeint hat; oder aus Gründen der Verdeutlichung, wenn der Autor die Lektüre erleichtern wollte, ob nun aus Geringschätzung oder aus Interesse für seine Leser – Ergebnis: Er hat das gemeint, was man der Endfassung auf den ersten Blick unterstellt hätte; oder schließlich mit dem Ziel einer möglichst knappen Ausdrucksweise, wenn der Autor seinen Lesern eine schwierige Aufgabe stellen wollte, weil er arrogant war oder weil ihn nach Menschen verlangte, die sich um ihn bemühten – Ergebnis: Die Entwicklung der fraglichen Textstelle macht Vermutungen darüber, was er gemeint habe, immer schwieriger. Ich will nicht behaupten, daß es bei Wittgenstein gerade solche Fälle gibt; ich möchte nur zeigen, daß man, um mit Aussicht auf Erfolg in den Manuskripten herumzugraben, Hypothesen wie die folgenden zu Hilfe holen muß: Wittgenstein lag daran, gute Prosa zu schreiben; er war rücksichtsvoll zu seinen Lesern; er verachtete seine Leser; er war arrogant; er sehnte sich nach Zuwendung usw. Darum spreche ich vom Graben in den Manuskripten manchmal als der biographischen Exegesetechnik.

Ich werde die resultierenden Mehrdeutigkeiten an fünf konkreten Beispielen illustrieren, wo ich mich auf Grund einer immanenten Interpretation in scharfem Gegensatz zu Bakers und Hackers nachlaßorientierter Exegese finde; ich gehe diese Abschnitte in der Reihenfolge des Textes durch und beginne gleich mit PU 1, dem Zitat aus Augustinus' ›Confessiones‹, wo die zentrale exegetische Frage lautet: Warum hat Wittgenstein es als Einleitungsbemerkung ausgewählt? Baker und Hacker vertrauen in der Beantwortung der Frage Wittgensteins eigener Feststellung in PU 1, wonach bei Augustinus ein bestimmtes Bild von der Sprache zu finden ist:

Die Wörter der Sprache benennen Gegenstände – Sätze sind Verbindungen von solchen Benennungen. – In diesem Bild von der Sprache finden wir die Wurzeln der Idee: Jedes Wort hat eine Bedeutung. Diese Bedeutung ist dem Wort zugeordnet. Sie ist der Gegenstand, für welchen das Wort steht.

Indem sie das von ihnen so genannte »Augustinian picture«, dessen Kern die »object theory of meaning« ist, zum Hauptziel aller in den ›Philosophischen Untersuchungen‹ geäußerten Kritik machen[2], fassen Baker und Hacker das Zitat plausibel so auf, daß es Wittgensteins Gegner, nämlich den Autor des ›Tractatus‹ und seine Verwandten, identifiziere.[3] Nimmt man die Theorie der Elementarsätze im ›Tractatus‹ als gegeben, ist das ein ganz naheliegender Zug, *wenn Wittgenstein die »object theory of meaning« als das Herzstück des ›Tractatus‹* auffaßte; das ist die Hintergrundannahme, die zusätzlich zu den biographischen Informationen über die Urheberschaft des ›Tractatus‹ die Basis der Interpretation bildet.

Nun kann man die Abschnitte, die auf PU 1 folgen, nur schwer als Kritik an gerade dieser wohldefinierten Vorstellung von der Sprache lesen; darum sprechen Baker und Hacker mehr als einmal von »Verästelungen« ihres »Augustinian picture«. Aber das Unbehagen des Lesers wird in PU 32 b ausgeräumt, wo Wittgenstein eine zweite Interpretation des ›Confessiones‹-Zitats liefert: Augustinus' Vorstellung davon, wie man die Fähigkeit zum Sprachgebrauch erwerbe, unterstellt, daß diese Fähigkeit von Anfang an zur Verfügung steht, daß jedes Individuum schon eine innere Sprache sprechen kann, bevor es in eine gesellschaftlich bestehende eingeführt wird, und daß diese innere Fähigkeit der Grund dafür ist, daß wir eine öffentliche Sprache lernen können:

Und nun können wir, glaube ich, sagen: Augustinus beschreibe das Lernen der menschlichen Sprache so, als käme das Kind in ein fremdes Land und verstehe die Sprache des Landes nicht; das heißt: so als habe es bereits eine Sprache, nur nicht diese. Oder auch: als könne das Kind schon denken, nur noch nicht sprechen. Und »denken« hieße hier etwas, wie: zu sich selber reden.

(Man vergleiche dazu auch PU 25.) Den ganzen Text von PU 1 bis PU 32 kann man dann sehr geradlinig so verstehen, daß er in gut gegliederter Weise ausführt, daß Wörter und Sätze ihre Bedeutung erhalten, indem sie in gesellschaftlicher Praxis benutzt werden, vor

[2] 1980, S. 34 f., S. 45.
[3] 1980, *ad loc.*

einem Hintergrund, den sogar die hinweisende Definition voraussetzt. Wenn er Wittgensteins Übersetzung[4] des ›Confessiones‹-Zitats genau prüft, wird der Leser dann feststellen, daß sie auf folgende Art voreingenommen ist: Während der lateinische Text eigentlich die Konzeption einer vorsozialen Fähigkeit des »Meinens durch autonomes Zuwenden« illustriert, findet sich die Vorstellung, daß Gegenstände durch die meinende Zuwendung zu ihnen zu Namensträgern werden, nur in Wittgensteins Übersetzung. Es scheint also Wittgensteins Vorstellung zu sein, daß die Konzeption des individuellen Zuwendens irgendwie die Gegenstandstheorie der Bedeutung nahelege, und das wiederum ergibt einen sehr guten Sinn für die lange Textfolge über »eigentliche Namen« und »einfache Gegenstände« (PU 38 – 64), die sonst für eine immanente Interpretation verwirrend ist: Durch ihre notwendige Existenz und ihre absolute Einfachheit sollen die »einfachen Gegenstände« garantieren, daß ein autonomes Individuum im Gegensatz zu Wittgensteins Argumentation in PU 33 – 37 erfolgreich und eindeutig zeigen könne, nämlich auf sie, und dadurch »eigentlichen Namen« Bedeutung geben könne. Die Metaphysik der »einfachen Gegenstände« stellt sich – weit davon entfernt, im Brennpunkt von Wittgensteins Interesse zu stehen – als eine dem Dialogpartner unterstellte ad hoc-Spekulation dar, von diesem entworfen, um die Vorstellung zu retten, daß Bedeutung ihren Ursprung im Individuum habe. Das kann natürlich Rückwirkungen auf die Frage haben, wie Wittgenstein selbst den ›Tractatus‹ sah; TLP 3.11: »Die Projektionsmethode ist das Denken des Satz-Sinnes« sieht nun viel zentraler aus.

Mein zweites Beispiel, PU 81 – 83, betrifft einen Fall, in dem die nachlaßorientierte Interpretation von der Tatsache Gebrauch macht, daß Wittgenstein einen Schlüsselausdruck beibehält, den er auch in früheren Fassungen derselben Bemerkungen verwendet hat. Der Schlüsselausdruck ist das Wort »Regel« oder auch »bestimmte Regel«. Als Wittgenstein auf die Vorstellung verfiel (was in Waismanns Gesprächsaufzeichnungen dokumentiert ist[5]), daß

[4] Zu Wittgensteins Autorschaft vgl. v. Savigny 1988 b, 1994, *ad loc.*

[5] Wittgenstein und der Wiener Kreis, WA Bd. 3, S. 103 ff.; vgl. ›Philosophische Bemerkungen‹ 109, WA Bd. 2, S. 131, und 151, WA Bd. 2, S. 178 (18, WA Bd. 2, S. 61, hat eine andere Pointe).

Wörter ihre Bedeutung erhalten, indem sie in irgendwie geregelter Weise gehandhabt werden, sei es wie Symbole in einem Kalkül oder wie Figuren in einem Schachspiel, arbeitete er anfangs mit dem Begriff einer Regel, der da paßt, wo es ein offizielles Regelbuch gibt, das die Regeln definiert; was nicht im Buche steht, ist keine Regel des Kalküls oder Spiels. Da vage Regeln durch Anwendungsregeln von außen ergänzt werden müßten, sind die Regeln im Regelbuch (soweit sie überhaupt regeln) zusammengenommen »bestimmt« oder »streng«, und da ein Wechsel in ihrer Anwendung auf die Festsetzung eines andersartigen Regelbuchs für einen anderen Kalkül oder ein anderes Spiel hinauslaufen würde, sind sie »fest«. Wo er in PU 65 – 80 den wirklichen Sprachgebrauch näher betrachtet, findet Wittgenstein heraus, daß es dort solch ein Regelfolgen nicht gibt; *wenn er also seine Ausdrücke weiterhin mit der Bedeutung, die sie* für Kalküle und Spiele wie Schach *gehabt hatten, benutzen wollte*, mußte er sagen, daß der Sprachgebrauch flüchtige und vage Regeln und teilweise überhaupt keine Regeln habe. Baker und Hacker lesen PU 81 – 83 mit dieser Erwartung im Kopf:

Denn dann wird es auch klar werden, was uns dazu verleiten kann (und mich verleitet hat) zu denken, daß, wer einen Satz ausspricht und ihn *meint*, oder *versteht*, damit einen Kalkül betreibt nach bestimmten Regeln.

Was nenne ich ›die Regel, nach der er vorgeht‹? – Die Hypothese, die seinen Gebrauch der Worte, den wir beobachten, zufriedenstellend beschreibt; oder die Regel, die er beim Gebrauch der Zeichen nachschlägt; oder, die er uns zur Antwort gibt, wenn wir ihn nach seiner Regel fragen? – Wie aber, wenn die Beobachtung keine Regel erkennen läßt, und die Frage keine zu Tage fördert? – Denn er gab mir zwar auf meine Frage, was er unter »N« verstehe, eine Erklärung, war aber bereit, diese Erklärung zu widerrufen und abzuändern. – Wie soll ich also die Regel bestimmen, nach der er spielt? Er weiß sie selbst nicht. – Oder richtiger: Was soll der Ausdruck »Regel, nach welcher er vorgeht« hier noch besagen?

Steckt uns da nicht die Analogie der Sprache mit dem Spiel ein Licht auf? Wir können uns doch sehr wohl denken, daß sich Menschen auf einer Wiese damit unterhielten, mit einem Ball zu spielen, so zwar, daß sie verschiedene bestehende Spiele anfingen, manche nicht zu Ende spielten, dazwischen den Ball planlos in die Höhe würfen, einander im Scherz mit dem Ball nachjagen und bewerfen, etc. Und nun sagt Einer: Die ganze Zeit hindurch spielen die Leute ein Ballspiel, und richten sich daher bei jedem Wurf nach bestimmten Regeln.

Und gibt es nicht auch den Fall, wo wir spielen und – ›make up the rules as we go along‹? Ja auch den, in welchem wir sie abändern – as we go along.

Liest man mit Baker und Hacker[6], dann scheint die Kritik im Schlußsatz von PU 81 von PU 82, 83 begründet zu werden. Die letzten beiden Fragen von PU 82 werden als rhetorisch interpretiert: »Wie soll ich also die Regel bestimmen, nach der er spielt?« Überhaupt nicht. »Was soll der Ausdruck ›Regel, nach welcher er vorgeht‹ hier noch besagen?« Gar nichts. Und in PU 83 verdient die Äußerung »Die ganze Zeit hindurch spielen die Leute ein Ballspiel, und richten sich daher bei jedem Wurf nach bestimmten Regeln« bloß die Antwort: »Wie töricht!«

Auf der anderen Seite könnte Wittgenstein seine Ausdrücke beibehalten haben, um etwas anderes mit ihnen zu bezeichnen, etwas anderes als festgelegte Regeln, sei es aus Sorglosigkeit oder, und das wäre interessanter, um die Quelle einer drohenden Verwirrung zu signalisieren. Genau das dürfen wir annehmen, wenn wir vom Ergebnis einer immanenten Interpretation ausgehen. Kein sorgfältiger und unvoreingenommener Leser kann in PU 198 – 242 den Versuch übersehen, so etwas wie eine »übersichtliche Darstellung« regelfolgenden Verhaltens, für das keine Regeln festgelegt sind, zu geben, nämlich eines Verhaltens, das unter den beteiligten Leuten als Selbstverständlichkeit gilt: Sie raten nicht, was zu tun ist (PU 210), sie wählen nicht eine von mehreren Möglichkeiten (PU 213, 219), sie zweifeln nicht, was zu tun ist (PU 213), sie handeln mit vollständiger Gewißheit (PU 212), ohne Gründe (PU 211, 212), sie handeln nicht auf Grund einer Erkenntnis, was zu tun ist (PU 213, 219), oder auf Grund von Informationen darüber (PU 222, 223), sie verwenden charakteristische Ausdrücke (PU 217, 219, 222, 228, 231), sie fühlen sich gezwungen zu tun, was sie tun (PU 219, 231), und sie neigen dazu, handgreiflich zu werden, wenn Leute abweichend handeln (PU 240). Aber selbst wenn er PU 81 – 83 zum ersten Mal liest (also noch in Unkenntnis dieser Texte), wird der sorgfältige und unvoreingenommene Leser zweimal die Anführungszeichen um »Regel, nach welcher er vorgeht« bemerken, durch die der Schwerpunkt vom Thema, *wo die Regeln zu finden sind*, zum Thema, *wie Regelfolgen aussieht*, verlagert wird; der Leser wird bemerken, daß es eine interessante naheliegende Lesart

[6] 1980, *ad loc.*

des Satzes »Wie soll ich also die Regel bestimmen, nach der er spielt? Er weiß sie selbst nicht« gibt, nämlich: »Welche Bedeutung soll der Ausdruck ›nach Regeln spielen‹ dort haben, wo die regelfolgende Person die Regeln nicht weiß?« Also wird er nicht darauf vorbereitet sein, die Schlußfrage von PU 82 als rhetorisch zu verstehen; statt dessen ist er darauf eingestellt, die Geschichte in PU 83 als positives Beispiel für regelfolgendes Verhalten ohne festgelegte Regeln aufzufassen, und damit liegt er richtig. Denn das Verhalten der »Menschen [, die sich] auf einer Wiese damit unterhielten, mit einem Ball zu spielen«, zeigt sich, wenn man es in seinen Einzelheiten betrachtet, als eingebettet in wechselseitige Erwartungen darüber, was die Teilnehmer zum jeweiligen Zeitpunkt mit Selbstverständlichkeit zu tun haben. (Der Leser wird dann auch noch einige wichtige sprachliche Feinheiten entdecken[7], die ich hier übergehe – und die in der englischen Übersetzung nicht bewahrt werden konnten.)

Bei meinem dritten Beispiel kommt es ziemlich dick. Es geht um die Rolle von PU 89 – 133, wo die nachlaßorientierte Exegese einen besonders guten Stand hat, weil viele der Bemerkungen aus Kapitel 12 des ›Big Typescript‹ (TS 213)[8] stammen, in dem im Gegensatz zu den ›Philosophischen Untersuchungen‹ der Text nicht nur durch eine Einteilung in Kapitel gegliedert war, sondern die Kapitel sogar richtige Überschriften hatten – und unser 12. Kapitel war mit »Philosophie« überschrieben. Dementsprechend ist die Textfolge in der Literatur einmütig als Formulierung der »Metaphilosophie« der ›Philosophischen Untersuchungen‹ interpretiert worden. Auch hier finden wir eine Hintergrundannahme, nämlich daß Wittgenstein altes Material in einem neuen Kontext nicht deshalb benutzte, weil er glaubte, damit etwas Neues im neuen Kontext gut ausdrücken zu können, sondern deshalb, *weil er beim erneuten Verwenden dasselbe sagen wollte wie früher*. Wenn er die Hintergrundannahme voraussetzt, wird der Leser herausfinden, daß die Interpretation ziemlich gut funktioniert, obwohl die Textfolge nicht sehr ordentlich gegliedert ist und obwohl einige Ab-

[7] Für Einzelheiten vgl. Kapitel 5, S. 98 – 102.
[8] Vgl. dazu Hilmy 1987, passim.

schnitte furchtbar schwierig sind; das heißt, wenn man Wittgenstein die alte Absicht zuschreibt, ist man nicht gezwungen anzunehmen, daß er seinen Text mit einem Maß an Schwerfälligkeit zusammengestellt hat, das zu seinen uns bekannten stilistischen Fähigkeiten nicht paßt.

Auf der anderen Seite wirkt die metaphilosophische Interpretation von einem immanenten Blickwinkel aus unvertretbar. Der erste Satz von PU 89 kündigt deutlich das Thema an: eine Frage über die »Logik«.

> Wir stehen mit diesen Überlegungen an dem Ort, wo das Problem steht: Inwiefern ist die Logik etwas Sublimes?

Da er sich erstens mit »diesen Überlegungen« am wahrscheinlichsten auf PU 81 – 88 zurückbezieht, das heißt auf Überlegungen darüber, was es für die Sprache bedeutet, regelgeleitet zu sein, auch wenn es keine ausdrücklich formulierten Regeln gibt, die in einem Regelverzeichnis zu finden wären; da zweitens das Wort »sublimieren« in PU 94 explizit mit »reinigen« erläutert wird (die Bezeichnung für ein chemisches Verfahren zum Isolieren von Stoffen); und da drittens die »Tendenz [...], die Logik unserer Sprache zu sublimieren«, in PU 38 durch das Herauslösen des pseudo-taufenden Philosophen und seines Gegenstands aus dem ganzen sozialen Kontext illustriert wird, wäre die nächstliegende Lesart: »Wir haben uns mit diesen Überlegungen in das Problem verwickelt: In welchem Ausmaß kann man die Sprachregeln als von ihrer sozialen Umgebung abtrennbar betrachten?« Das spricht natürlich für eine ganz andere Interpretation des folgenden Textes; ich kann hier nur feststellen, daß sie sehr gut funktioniert, selbst wenn auch sie ihre Schwierigkeiten mit sich bringt[9]. Daher läßt man sich auch in diesem Beispiel mit der Wahl einer bestimmten Hintergrundannahme, zu der es eine Alternative gibt, darauf ein, daß Wittgenstein etwas gemeint habe, von dem man mit gutem Grund denken kann, daß er es eben nicht geschrieben hat.

Das vierte Beispiel beleuchtet die Bedeutung von Hintergrundannahmen für Fälle, wo man in Begründungen dafür, was Witt-

[9] Für Einzelheiten vgl. Kapitel 14, S. 277 ff.

genstein gemeint habe, die Tatsache benutzt, daß Bemerkungen aus dem endgültigen Text gestrichen wurden. Die Haupttexte sind die notorischen Abschnitte PU 198, 199, wo die Frage ist, ob man »einen ständigen Gebrauch, eine Gepflogenheit« und *»Gepflogenheiten* (Gebräuche, Institutionen)« als Bezeichnungen von etwas notwendig Sozialem auffassen soll, ohne das Regelfolgen nicht möglich ist, oder ob Wittgenstein Phänomene im Sinne hatte, die außerhalb eines gesellschaftlichen Kontexts betrachtet werden könnten. In diesem Beispiel tritt die Bedeutung von Hintergrundannahmen für die Ableitung von Wittgensteins Absichten aus der Manuskriptgeschichte besonders deutlich hervor, wenn die Annahme, was er gemeint habe, lauten soll, daß jene Phänomene auf Individuen eingeschränkt werden könnten; denn dann wären seine Ausdrücke außerordentlich schlecht gewählt. (Diesen Punkt brauche ich nicht zu begründen, weil der deutsche Text eindeutig ist.[10]) Baker und Hacker[11] beziehen sich in ihrer Verteidigung der Vorstellung, daß man sich jene Gepflogenheiten usw. außerhalb eines sozialen Kontexts denken könne, auf elf Stellen in unveröffentlichten Manuskripten, in denen Wittgenstein Praktiken von isoliert betrachteten Individuen als Beispiele anführt, die die Rolle von Gepflogenheiten etc. nach PU 198, 199 spielen können sollen. Wenn das stimmt, müssen wir natürlich fragen, warum keine dieser Bemerkungen und nichts, was ihnen auch nur andeutungsweise ähnelt, Eingang in die ›Philosophischen Untersuchungen‹ gefunden hat. (Denn die Sprache der Selbstgesprächler in PU 243 ist keine nicht-soziale Sprache – sie ist dieselbe für mehrere Sprecher! –, sondern eine Sprache ohne Adressaten.[12]) Baker und Hacker verlassen sich offensichtlich auf die Hintergrundannahme, *daß Wittgenstein die Sache zu trivial fand*, um seine Leser mit irgendeinem expliziten Hinweis zu belästigen; aber es ist genausogut möglich, daß Wittgenstein seine Meinung geändert haben könnte, zum Beispiel weil ihm die Mißverständnisse klargeworden wären, die auftreten können, wenn man aus der Tatsache, daß Robinson allein lebt, aber einen Kalender führt, schließt, daß wir sein Verhalten als

[10] Für Einzelheiten vgl. Kapitel 5, S. 117 – 119.
[11] Baker und Hacker 1985, S. 164, 169 – 179.
[12] Vgl. Kapitel 4, S. 86 – 88.

regelfolgendes Verhalten betrachten können, das keinen sozialen Kontext als Bezugsrahmen voraussetzt.

Mein fünftes und letztes Beispiel ähnelt dem dritten über »Metaphilosophie« darin, daß es mit einem Kontextwechsel zu tun hat, wobei in diesem Fall allerdings der Kontext nur eines Abschnitts betroffen ist, nämlich der von PU 202:

Darum ist ›der Regel folgen‹ eine Praxis. Und der Regel zu folgen *glauben* ist nicht: der Regel folgen. Und darum kann man nicht der Regel ›privatim‹ folgen, weil sonst der Regel zu folgen glauben dasselbe wäre, wie der Regel folgen.

Die Frage lautet hier: Was hat Wittgenstein mit »privatim« gemeint? Der Abschnitt ist die erste Stelle, an der das Wort vorkommt (die zweite ist ziemlich weit weg, nämlich in PU 243); von einem wohlwollenden Autor könnte man erwarten, daß er seine Leser in den Stand setzen will, den Ausdruck schon an dieser Stelle zu verstehen. Meines Wissens hat Colin McGinn[13] als erster eine Interpretation vorgelegt, die dieser Erwartung entspricht: Es ist nicht möglich, einer Regel zu folgen, wenn man nur über einen Ausdruck der Regel verfügt und sich *von dem Ausdruck allein* leiten lassen will. Das ist insofern »privat«, als unter dieser Voraussetzung irrelevant ist, was andere Leute tun oder sagen oder tun oder sagen würden (ein hübscher unmittelbarer Anschluß an PU 201), und es ergibt einen Sinn für Wittgensteins Gedankenführung, weil, wie er in PU 140 – also zugunsten des Lesers vor PU 202 – begründet hat, dieser geistige Zustand bestenfalls auf die Einbildung hinauslaufen kann, zu einer bestimmten Handlungsweise gezwungen zu sein, das heißt »der Regel zu folgen glauben«.

Baker und Hacker[14] haben in bewunderungswürdiger detektivischer Kleinarbeit gezeigt, daß der Abschnitt in einem früheren Manuskript (129) in einem Kontext stand, in dem ihm große Teile der Privatsprachenargumentation vorausgingen, im besonderen auch PU 258, wo Wittgenstein den Versuch des Tagebuchschreibers, seine Empfindung zu taufen, so kommentiert:

Man möchte hier sagen: richtig ist, was immer mir als richtig erscheinen wird. Und das heißt nur, daß hier von ›richtig‹ nicht geredet werden kann.

[13] C. McGinn 1984, S. 43 – 45.
[14] 1985, *ad loc.*

Daraus leiten Baker und Hacker die Schlußfolgerung ab (S.153): »The final sentence [von PU 202 in seiner früheren Stellung im Text] certainly refers back to the private language argument. Transposing this remark to its locus at § 202 has transformed a perspicuous back reference into an opaque anticipation.« Schön gesagt. Baker und Hacker nehmen ausdrücklich an, *daß die Veränderung des Kontexts den Bezug des Textes unberührt lassen sollte*, und das scheint mit der möglichen Hintergrundannahme, daß Wittgenstein seinen Lesern außer zu therapeutischen Zwecken keine Fallen stellen wollte, unvereinbar zu sein.

Die Frage ist deswegen wichtig, weil Wittgensteins konstruktive Analyse des Regelfolgens von der Privatsprachenargumentation vorausgesetzt wird, wenn sich PU 202 auf Privatheit im Sinne der autonomen Hinweisdefinition bezieht, während man die Privatsprachenargumentation sonst als eine unabhängige Bestätigung für den sozialen Charakter des Regelfolgens im Sprachgebrauch auffassen kann, die einzig und allein auf der Minimalvoraussetzung beruht, daß jede festsetzende Definition das haben muß, was Juristen »Bindewirkung« nennen.

3. Warum die ›Philosophischen Untersuchungen‹ selbständig lesbar sind

Indem ich Beispiele gewählt habe, in denen sich Bakers und Hackers biographische Interpretation mit meiner eigenen immanenten nicht verträgt, hoffe ich gezeigt zu haben, daß die Methode fürs Ergebnis einen Unterschied macht. Mir kommt es aber vor allem darauf an, daß eine am Nachlaß orientierte Interpretation in Wirklichkeit eine umfassendere biographische Interpretation sein muß, wenn sie herausfinden will, was Wittgenstein gemeint hat. Und dabei ist eine ganz allgemeine Voraussetzung von biographischen Interpretationen dieser Art noch nicht einmal zur Sprache gekommen, eine Voraussetzung, die ich für schwer begründbar halte: Warum soll eigentlich darüber, was der Autor mit dem Text gemeint hat, dessen Vorgeschichte mehr sagen als die Weiterentwicklung der Gedanken in späteren Texten? Man schaue die nach den »Philosophischen Untersuchungen« verfaßten Typoskripte und Manuskripte an, soweit sie sich mit Themen befassen, die auch in den ›Philosophischen Untersuchungen‹ behandelt werden, veröffentlicht als ›Bemerkungen über die Philosophie der Psychologie‹ I und II, als ›Letzte Schriften über die Philosophie der Psychologie‹ I und II und als ›Teil II‹ der ›Philosophischen Untersuchungen‹: Auf Schritt und Tritt stößt man auf Weiterführungen früherer Gedanken. Warum sollen diese nicht ein Licht darauf werfen, was Wittgenstein mit seinen früheren Bemerkungen zum selben Thema gemeint haben könnte? Oder soll etwa die Äußerungsabsicht nur durch solche Äußerungsabsichten geklärt werden können, die auch als Ursachen der zu klärenden Äußerungsabsicht in Frage kommen und daher früher liegen müssen? Wird die Klärung aus der Entstehungsgeschichte verwechselt mit einer Erklärung des Zustandekommens?

Auch hier ein Beispiel für die praktische Relevanz. In PU 249 stellt Wittgenstein die Frage:

> Sind wir vielleicht voreilig in der Annahme, daß das Lächeln des Säuglings nicht Verstellung ist?

In Kapitel 7 verteidige ich eine Interpretation, nach der die offenkundig intendierte, negative Antwort damit zu begründen ist, daß der Säugling von uns in das Spiel nicht einbezogen wird, in dessen Rahmen wir uns gegenseitig für die übliche Interpretation unseres Ausdrucksverhaltens verantwortlich machen; ein Sprachspiel abgesehen davon, daß das Verhalten nonverbal ist. Man vergleiche ›Letzte Schriften‹ (LS) I 939:

> Mit welchem Recht kann man sagen, ein Kind müsse manches lernen, ehe es heucheln kann? (... ehe es einen Rechenfehler machen kann.)

Die Klammer hat eine klare Antwort: Das Kind muß rechnen können, das heißt den Rechenregeln folgen können, also in diesem Spiel den üblichen Korrekturen ausgesetzt sein. Und LS I 946:

> Erst in einem komplizierten *Ausdrucksspiel* gibt es Heuchelei und ihr Gegenteil. (Wie erst *in* einem Spiel einen falschen, oder richtigen Zug.)

Hacker meint[15], Wittgenstein könnte mit PU 249 auf die Sorge des Gegners eingehen, das Kind in PU 244 täusche vielleicht Schmerzen bloß vor und lerne deshalb »Ich habe Schmerzen« äußern, wo es »Ich täusche Schmerzen vor« äußern lernen müsse. Die Ergebnisse der Interpretationsmethoden unterscheiden sich also; vor allem aber spricht eine Interpretation im Lichte späterer Äußerungen dafür, daß Wittgenstein nicht gemeint hat, was die an der Vorgeschichte orientierte Methode ermittelt.

Anders selbst als überzeugende Aufhellungen von Äußerungsabsichten aus der Vorgeschichte spielen spätere Äußerungen eine Rolle dafür, was der Autor mit der früheren Äußerung *gesagt* hat. Denn jeder Autor (wie auch jeder Sprecher) darf frühere Äußerungen durch spätere klären und sogar zurückziehen; in den Grenzen des Rechts von Sprechern, durch eigene Erklärungen festzulegen, wie sie verstanden sein möchten, gilt auch für Autoren das Vorrecht des letzten Wortes. Demgegenüber bleibt festzuhalten: Selbst wenn wir aus der Vorgeschichte wissen, was Wittgenstein gemeint hat, wissen wir noch nicht, was er gesagt hat. Was er gemeint hat, mag ein Indiz dafür abgeben, was er zu meinen erklärt haben würde, und das wiederum stützt Annahmen darüber, was er gesagt hat, freilich nur in den Fällen, wo die Erklärung annehmbar gewesen wäre. Da sie um so unannehmbarer ist, je klarer die Bedeutung der Äußerung von sich aus war, schließe ich mit einigen Bemerkungen zum Thema, nämlich dazu, wie es kommt, daß die Bedeutung des Textes der ›Philosophischen Untersuchungen‹ im großen und ganzen nach einiger Anstrengung durchaus klar ist. (Um es noch einmal zu wiederholen: Das bedeutet nicht, daß, wenn ihre Bedeutung in manchen Fällen unklar ist, die Frage nach ihrer Bedeutung durch die Frage, was Wittgenstein gemeint habe, zu ersetzen wäre. Wenn eine Frage nicht beantwortet werden kann, müssen wir das als traurige Tatsache hinnehmen; und wenn wir aus naheliegenden Gründen das Interesse an der Frage verlieren und uns an ihrer Stelle einer anderen zuwenden, beantworten wir nicht die alte aus einem neuen Blickwinkel, sondern wenden uns einer

[15] Hacker 1990, *ad loc.*

neuen Frage zu.) Nach meiner Erfahrung genügen uns zum Verstehen des Textes vier hergebrachte Prinzipien:

(1) Das Prinzip, sprachliche Einzelheiten ernst zu nehmen – man interpretiere nichts anderes als den geschriebenen Text. Da ich meine, daß das Prinzip keine Verteidigung nötig hat, gebe ich einfach ein Beispiel, wo schon manch eine Interpretation in Mißachtung des Prinzips fehlgeschlagen ist. Nachdem er in PU 293 seine Geschichte vom Käfer in der Schachtel erzählt hat, teilt uns Wittgenstein etwas über die Konsequenzen aus einem Mißverständnis der »Grammatik des Ausdrucks der Empfindung« mit – ich wiederhole: nicht Ausdruck *für die* Empfindung, sondern Ausdruck *der* Empfindung. Wenn man die Wahl dieses Genitivs ernst nimmt, muß man annehmen, daß die ganze Geschichte nur Äußerungen in der ersten Person betrifft; dann erhält man durch PU 289, 290 eine Hilfe fürs Verständnis davon, was mit »dem Muster von ›Gegenstand und Bezeichnung‹« gemeint ist, und das trägt dazu bei zu sehen, warum einige der wilden Spekulationen, die man zu dieser Frage in der Literatur finden kann, schlichtweg überflüssig sind.

Das Prinzip setzt der Verwendung von Übersetzungen Grenzen. Meiner Einschätzung nach ist die Übersetzung von Elisabeth Anscombe insofern sehr verläßlich, als sie überall dort, wo ein entsprechender englischer Ausdruck zur Verfügung steht, normalerweise englische Ausdrücke wählt, die alle Bedeutungen der betreffenden deutschen Ausdrücke abdecken. Keine Übersetzung kann aber implizite exegetische Entscheidungen in Fällen vermeiden, wo es keinen englischen Ausdruck gibt, der alle möglichen Bedeutungen des deutschen abdeckt. In solchen Fällen muß man die Interpretation auf den deutschen Text gründen; und das ist natürlich kein Streitpunkt zwischen der immanenten und der biographischen Methode.

(2) Das Prinzip der Achtung vor dem Kontext – solange nicht zu viel dagegen spricht, interpretiere man den Text so, daß er bedeutsam für seinen Kontext ist und umgekehrt. Das Prinzip ist tief darin verwurzelt, wie wir gesprochene und geschriebene Sprache verstehen: Je größer der Abstand, desto schwächer ist der Einfluß. Wieder ein Beispiel:

Wie erkenne ich, daß diese Farbe Rot ist? – Eine Antwort wäre: »Ich habe Deutsch gelernt.« (PU 381)

Wenn man sie isoliert für sich betrachtet, hat die Bemerkung eine Wittgenstein-typische Pointe, nämlich daß man im Fall elementarer Farburteile nicht sinnvoll nach weiteren Begründungen fragen kann. Die Bemerkung findet sich aber in einem Kontext, wo es um die Frage geht, unter welchen Umständen die Äußerung »Ich stelle mir das-und-das vor« berechtigt ist. Sie ist nicht deswegen gerechtfertigt, weil ich das-und-das in meiner Vorstellung erkenne, sondern dann, wenn ich den Gebrauch von »ich stelle mir vor« beherrsche; die Frage »Wie erkenne ich, daß diese Farbe Rot ist?« in PU 381 ist also die voreingenommene Form, in der Wittgensteins Dialogpartner eine andere Frage stellt, nämlich: »Wie kann ich mir so sicher sein, wenn ich sage, daß ich mir etwas Rotes vorstelle?« Der entscheidende deutsche Ausdruck, dessen Gebrauch ich habe lernen müssen, ist nicht »rot«, sondern »ich stelle mir vor«.

Zusammen mit dem unten zu erörternden Kohärenzprinzip ist das Prinzip der Achtung vor dem Kontext für die Interpretation der ›Philosophischen Untersuchungen‹ enorm wichtig; beide sind unabdingbar, will man bestimmen, worum es in bestimmten Folgen von Abschnitten und dann auch in einzelnen Abschnitten geht; das wiederum ist wichtig für die Entscheidung, welche Sätze Wittgenstein und welche sein Dialogpartner sagt.

(3) Das Prinzip der wohlwollenden Interpretation – solange nicht zuviel dagegen spricht, interpretiere man den Text so, daß seine Behauptungen zutreffen. Das Prinzip läßt sich am besten damit verteidigen, daß um so unklarer wird, worum es im Text geht, je häufiger es verletzt wird, und ich gebe ein Beispiel, das mit dieser Verteidigung zusammenpaßt. In den Abschnitten über das Wollen (PU 611 – 632) spricht Wittgenstein wiederholt von »willkürlichen« Bewegungen und Handlungen. Nun könnte ich Austins ›Plea for Excuses‹ lang und breit zitieren, aber ich beschränke mich darauf zu sagen, daß die ganze Textfolge schierer Unsinn ist, wenn wir »willkürlich« hier nicht in der Bedeutung »nicht versehentlich«, »nicht unabsichtlich« lesen – sie kann einfach nicht von will-

kürlichen Bewegungen und Handlungen handeln. (Schierer Unsinn ist die Folge, wenn man »willkürlich« in seiner umgangssprachlichen Bedeutung versteht – »grundlos«, »sprunghaft« und ähnlich.) Der Widerspruch zum Wortlaut der Abschnitte wird durch die Tatsache gemildert, daß Wittgenstein »nicht unwillkürlich« abgekürzt haben könnte, das irgendwie unnötig langatmig klingt, oder daß er sich des Sprachgebrauchs der Psychologie des 19. und frühen 20. Jahrhunderts bedient hat, mit der er sich in der Textfolge auseinandersetzt.

(4) Das Prinzip der Kohärenz – solange nicht zuviel dagegen spricht, interpretiere man den Text so, daß alle seine Teile füreinander so bedeutsam wie möglich sind. Dieses Prinzip schließt genau wie eine bloße Konsistenzforderung schrankenlose exegetische Willkür aus; aber es reduziert die Willkür noch weiter, indem es so etwas wie induktive Konsistenz verlangt. Es ist nötig, um Interpretationen zu verhindern, die den Text als Steinbruch für Aphorismen benutzen.

Um ein mit Sicherheit kontroverses Beispiel zu geben: In PU 466 – 485 findet man Wittgenstein ganz plötzlich mit einer Behandlung des Problems der Induktion beschäftigt; er tut das nach meiner Einschätzung deshalb, weil er vorher gezeigt hat, daß es keine Verbindung zwischen sogenannten inneren Zuständen und ihrem Inhalt gibt, durch welche diese Zustände ihren Inhalt quasi-kausal determinieren könnten. Wittgensteins Argumentation zugunsten der Induktion dient in diesem Zusammenhang dazu, das Mißverständnis zu vermeiden, innere Zustände seien wirkungslos, weil es ohnehin keinerlei verläßliche Regularität gebe; in diesem Fall hätte Wittgenstein über sie nichts Besonderes gesagt.

Anwendungen des Kohärenzprinzips sind für Kontroversen immer gut, weil man beim Sehen von Strukturen ziemlich viel Freiheit hat; aber ohne das Prinzip geht es nicht. Man beachte darüber hinaus, daß es so lange nicht konsequent angewandt ist, wie man den Text nicht am Ende so verstehen kann, daß er ein und nur ein Hauptthema erörtert. Das ist eben das Schicksal aller Theoriebildung – das Interpretieren eines Textes ist dem ganz ähnlich, worauf theoretische Erklärungen aus sind, nämlich auf eine Menge von Daten einen Reim zu finden.

In einem argumentierenden Text, wie ihn die ›Philosophischen Untersuchungen‹ allemal darstellen, bedeutet Kohärenz nämlich nicht nur thematische Geschlossenheit, sondern auch straffe Argumentation. Die Struktur einer straffen Argumentation wird ein Text unter sonst gleichen Umständen um so eher aufweisen, je weniger zentrale Thesen er zu begründen sucht und je enger sie miteinander verknüpft sind. Gerade unter dieser Annahme kommt es erst zu der notwendigen Einschränkung der Interpretationswillkür. Eine vorläufig angenommene argumentative Einordnung zweier Bemerkungen definiert einen Zusammenhang, der dem Interpreten verbietet, ihnen Inhalte zu unterstellen, die innerhalb des angenommenen Zusammenhangs unverträglich wären. Gewiß: Sieht man probeweise die argumentative Einordnung anders, dann ändern sich auch die Zusammenhänge; aber wie jeder Interpret weiß, liegen die Möglichkeiten nicht auf der Straße, und es werden ihrer immer weniger, je mehr Text einbezogen wird. Immer kleiner wird damit auch die exegetische Beliebigkeit; das ist der Grund, warum die Interpretation die Zahl der voneinander unabhängigen Thesen des Textes klein halten muß.

Das Vermuten argumentativ gestifteter Zusammenhänge findet seine Grenze im Wortlaut und in der inhaltlichen Plausibilität des resultierenden Textverständnisses. Deshalb stellt die immanente Interpretation einen Versuch dar, der scheitern kann. Entgegen einem immer wieder anzutreffenden Mißverständnis ist immanentes Interpretieren also nicht zirkulär, auch wenn die Interpretation einer Stelle die einer anderen nur unter Voraussetzung des vermuteten inhaltlichen Zusammenhangs beeinflußt. Es kommen also durchaus Begründungen der folgenden Art vor: »Wenn die gesamte Interpretation richtig ist, muß diese Stelle *so* interpretiert werden. Das ist nach dem Wortlaut möglich, und die Stelle sagt dann keinen Unsinn. Also hat sich die Gesamtinterpretation auch an dieser Stelle bewährt.« Aber das ist ersichtlich kein Zirkel. Bedenklich wird es, wenn die Gesamtinterpretation zu große Mühe mit einer Textstelle hat, so daß man von einem Verbiegen des Textes sprechen muß. Solche Schwächen in Einzelfällen hat *jede* Gesamtinterpretation; je schwerer sie insgesamt wiegen, desto mehr Grund hat man, sich nach einer anderen umzusehen.

Sollte der Versuch der immanenten Interpretation endgültig scheitern, dann müßten wir, leider, zuerst und vor allem festhalten, daß es Wittgenstein nicht gelungen wäre auszudrücken, was immer er hätte sagen wollen. Aber bisher besteht kein Anlaß zur Resignation. Eine bis in alle Einzelheiten des Textes durchgeführte Gesamtinterpretation habe ich mit meinem Kommentar vorgelegt. Sie dürfte besonders leicht zu kritisieren sein, weil sie in den ›Philosophischen Untersuchungen‹ im wesentlichen *eine* These begründet findet, die man mit dem Schlagwort vom sozialen Charakter der menschlichen Seele bezeichnen könnte. (Der soziale Charakter des Meinens wird am ausführlichsten begründet – Wittgensteins Überlegungen zur Seele hatten ihren Ausgangspunkt in seinem Nachdenken über die Sprache.) Es sollte deshalb möglich sein, bald bessere immanente Gesamtinterpretationen zu finden.

Bis es soweit ist, kann man auf das vorläufig erreichte Textverständnis guten Gewissens die Hoffnung bauen, daß der Text aus sich heraus verständlich ist.

Kapitel 2

Sprachspiel, Gebrauch und Bedeutung

Daher die Wichtigkeit des Findens
und des Erfindens von *Zwischengliedern.*

1. Zwar hat Wittgenstein an keiner Stelle der ›Philosophischen Untersuchungen‹ ausdrücklich als These vertreten, Sinn oder Bedeutung sprachlicher Ausdrücke seien mit ihrem Gebrauch in der Sprache identisch.[1] Aber an einer Reihe von Stellen benutzt er damit verwandte Annahmen für seine jeweilige Argumentation, legt sich also auf etwas den Gleichsetzungen Ähnliches ernsthaft fest. Die Festlegung ist nicht überall gleich zwingend; an einigen Stellen werden schwächere Annahmen benutzt, die begründungsbedürftig aussehen und die man in naheliegender Weise durch Rückgriff auf die Gleichsetzungen begründen könnte. Und die Formulierungen sind nicht alle gleich ausdrücklich; sie reichen von rhetorischen Fragen bis zu stillschweigenden Voraussetzungen.

In PU 20 b fragt Wittgenstein mit Bezug auf zwei bestimmte Satzbeispiele:

Aber besteht der gleiche Sinn der Sätze nicht in ihrer gleichen *Verwendung*?

Die rhetorische Frage ist hier – wie an vielen Stellen der ›Philosophischen Untersuchungen‹ sonst – eine Form, in die Wittgenstein eine eigene Behauptung kleidet. Er benötigt in seiner Argumentation an dieser Stelle die Feststellung, daß zwei Sätze den gleichen Sinn genau dann haben, wenn ihre Verwendung gleich ist; daß er nicht mehr sagen will, ist mit dem Wortlaut verträglich. (»Die Gleichheit des Sinns besteht in der Gleichheit der Verwendung« kann man mit »Der gleiche Sinn besteht in der gleichen Verwendung«, wenn auch unschön, ausdrücken, wie man von »fehlenden Mitteln« als Ursache der Handlungsunfähigkeit spricht statt vom

[1] Vgl. Kapitel 3 zu PU 43 a.

»Fehlen der Mittel«.) Der Wortlaut würde aber in der nächstliegenden Interpretation mehr sagen, nämlich daß der Sinn der Sätze in ihrer Verwendung besteht. – Nach PU 60, 61 haben zwei Befehlssätze in einem bestimmten Paar von Sprachspielen den gleichen Sinn genau dann, wenn sie in diesem Paar von Sprachspielen dasselbe leisten; Wittgenstein verwahrt sich ausdrücklich gegen vorschnelle Verallgemeinerungen, aber wohl deshalb, weil »dasselbe leisten« für jedes Paar von Sprachspielen neu erklärt werden muß. Der Einspruch gegen die Verallgemeinerung richtet sich nicht gegen die Vorstellung, der Sinn sei bei gleicher Verwendung gleich, wenn für die Gesamtheit der Sprachspiele, in denen beide Sätze vorkommen, erst einmal erklärt ist, was es heißt, daß sie dasselbe leisten, also »der Gebrauch« der beiden Sätze genau beschrieben und gleich ist. Die Voraussetzung hat hier explizite Behauptungsform:

Freilich, ich würde auch sagen, ein Befehl in (a) habe den gleichen Sinn, wie einer in (b); oder, wie ich es früher ausgedrückt habe: sie leisten dasselbe. (PU 61)

Und in PU 138 akzeptiert Wittgenstein den Satz, die Bedeutung eines Wortes sei der Gebrauch, den wir von ihm machen, als eine Voraussetzung, die er gegen ein Gegenargument zu verteidigen hat (nämlich gegen die Vorstellung, man könne den zeitlich ausgedehnten Gebrauch nicht mit einem Schlage erfassen, wohl aber die Bedeutung). Die Verteidigung folgt in PU 139; dieselbe Figur wiederholt sich in PU 191 – 197. Fälle, in denen aus Gebrauchsunterschieden auf Bedeutungsunterschiede geschlossen wird, sind in den ›Philosophischen Untersuchungen‹ zu zahlreich, als daß man darauf einzeln verweisen müßte. Auch das Umgekehrte kommt vor. In PU 403 sagt Wittgenstein:

Wenn ich das Wort »Schmerz« ganz für dasjenige in Anspruch nähme, was ich bis dahin »meinen Schmerz« genannt habe, und was Andre »den Schmerz des L. W.« genannt haben, so geschähe den Andern damit kein Unrecht, solange nur eine Notation vorgesehen wäre, in der der Ausfall des Wortes »Schmerz« in anderen Verbindungen irgendwie ersetzt würde. Die Andern werden dann dennoch bedauert, vom Arzt behandelt, usw.

Das ist kaum anders zu verstehen als so, daß die neue »Notation« wegen der Verwendungsgleichheit dieselbe Bedeutung hätte wie jetzt »Schmerz« (abgesehen von der Anwendung auf L. W.); freilich wird die Voraussetzung nur implizit gemacht. Ähnliches gilt für PU 407:

Man könnte sich denken, daß jemand stöhnte: »Irgend jemand hat Schmerzen – ich weiß nicht wer!« – worauf man ihm, dem Stöhnenden, zu Hilfe eilte.

Im Kontext von PU 403 – 411 soll damit gesagt sein: Die in PU 407 für »Irgend jemand hat Schmerzen« erfundene Rolle wäre dieselbe wie die von »Ich habe Schmerzen«; wo diese Äußerung eine Rolle hat wie das Stöhnen, wird »ich« also nicht hinweisend gebraucht:

»Wenn ich sage ›Ich habe Schmerzen‹, weise ich nicht auf eine Person, die die Schmerzen hat, da ich in gewissem Sinne garnicht weiß, *wer* sie hat.« Und das läßt sich rechtfertigen. (PU 404)

Und die Kühnheit der Verallgemeinerung

»Ich« benennt keine Person, [...] (PU 410)

läßt sich kaum verstehen, wenn der Gedankengang nicht so ähnlich läuft wie: Die Äußerung aus PU 407 ist rollengleich mit der in PU 404, *also* bedeutungsgleich; da »ich« in der Äußerung aus PU 407 nicht den Sprecher benennt, kommt das wegen der Bedeutungsgleichheit mit der Äußerung aus PU 404 auch hier nicht in Frage.

Schließlich läßt sich die Mühe, mit der Wittgenstein in PU 549 – 568 diskutiert, ob gewisse Eigenheiten von Negationen, von Zahlwörtern oder von »sein« (dem Verb) wesentlich oder unwesentlich zu ihrem Gebrauch gehören, am leichtesten verstehen unter der Annahme, daß er sich darüber klarwerden möchte, was zu ihrer Bedeutung gehört (und ob das überhaupt eine klare Frage ist); und in dieselbe Richtung weist die an zahlreichen Stellen vorausgesetzte Annahme, die Bedeutung sei dann erfolgreich erklärt, wenn der Gebrauch erfolgreich erklärt sei (ausdrücklich erstmals in PU 29 – 30 benutzt; in der Literatur am häufigsten zitiert nach PU 560).

Will man sich auf all diese unterschiedlich ausdrücklichen Formulierungen von argumentativ benutzten, unterschiedlich starken Annahmen einen Reim machen, dann bleiben die einfachen Gleichsetzungen von Sinn des Satzes und Bedeutung des Wortes mit ihrem Gebrauch in der Sprache freilich als nächstliegende Maßnahmen übrig; und da die Interpretation sich mit Angst vor dem Risiko von Verallgemeinerungen um die Chance der Fruchtbarkeit brächte, sollte man es mit den Gleichsetzungen ruhig versuchen.

Wittgensteins einigermaßen konsequentes Unterscheiden zwischen den Wendungen »Bedeutung des Wortes« und »Sinn des Satzes«, auf die Hallett aufmerksam gemacht hat[2], bedeutet zwar nicht, daß er die beiden Sachen unterschiedlich charakterisiert hätte. Dazu käme es erst, wenn der »Gebrauch in der Sprache« für Wort und Satz mehr interessante Unterschiede aufwiese, als daß Wörter Teile von Sätzen sind; herauszufinden, was Wittgenstein unter dem »Gebrauch in der Sprache« versteht, ist aber, wie wir sehen werden, recht mühsam. Immerhin dürfen wir die hartnäckige Unterscheidung beider Wendungen als Hinweis darauf verstehen, daß auch Wittgenstein klar war, daß Bedeutungen von Wörtern und Bedeutungen von Sätzen sich zueinander nicht so verhalten müssen wie Flächen von Gemeinden zu Flächen von Ländern, sondern vielleicht eher so wie Preise von Geld zu Preisen von Rohstoffen. (Mit Freges Unterscheidung zwischen »Bedeutung« und »Sinn« haben Wittgensteins Redeweisen nichts zu tun.)

Wie Austin, ohne Wittgenstein zu nennen, polemisch angemerkt hat[3], nützt einem die Erläuterung, Sinn oder Bedeutung seien der Gebrauch des Ausdrucks, so lange nicht recht, wie man nicht weiß, worum es beim »Gebrauch« eigentlich gehen soll. Man kann sich der richtigen Antwort nähern, indem man sich von zwei mehr oder weniger naheliegenden Antworten entfernt: Der Gebrauch kann für Wittgenstein nicht charakterisiert werden durch Rückgriff auf die Absicht, mit der ein Ausdruck geäußert wird (siehe Abschnitt 2); und er kann auch nicht charakterisiert werden durch Rückgriff auf die Wirkungen, die mit seiner Verwendung kausal erzielt werden (siehe Abschnitt 3).

[2] Hallett 1977, ad PU 43.
[3] Austin 1962 a, 1975, S. 99 – 101 (deutsche Ausgabe 1979, S. 116 – 118).

2. Die Bedeutung durch die bei der Verwendung befolgte Absicht zu erläutern liegt nahe, wenn man sich an gängige Feststellungen wie die folgenden erinnert: »Im Englischen sagt man ›How do you do?‹, wenn man grüßen, und ›How do you feel?‹, wenn man sich nach dem Befinden erkundigen will.« Solche Feststellungen sind nicht nur richtig, sondern auch informativ. Eine allgemeine Erläuterung des Bedeutungsbegriffs nach ihrem Muster wird aber uninformativ und deshalb unbrauchbar, wenn »grüßen wollen« und »sich nach dem Befinden erkundigen wollen« durch ein Schema ersetzt werden, das in der einen oder anderen Verkleidung den Begriff enthält: »etwas äußern wollen, das xyz bedeutet«. Der darin vorausgesetzte Bedeutungsbegriff steht ja gerade zur Klärung an.

Warum das trotzdem reizvoll ist, kann man sich durch ein bißchen Wortakrobatik verständlich machen: Ein Sprecher tut eine Äußerung in der *Absicht*, damit etwas zu sagen, das xyz bedeutet, wenn xyz die Bedeutung ist, auf die er es *abgesehen* hat. Er meint die Bedeutung, weil sie ihm so unmißverständlich präsent ist wie etwas, das er *sehen* kann. Diese Motivation unterstellt Wittgenstein, wenn er seinem Gegner die Ausdrucksweise in den Mund legt, die Bedeutung schwebe dem Sprecher vor[4], und dazu sehr ausdrücklich feststellt, daß es keine Rolle spiele, ob sie ihm als Vorstellungsbild gegenwärtig sei oder als Zeichnung vor ihm auf dem Tisch liege (PU 141 b). Seine Polemik beruht im Kern auf der folgenden Überlegung: Wenn ein Sprecher mit einem Wort oder Satz etwas meint, dann muß das Folgen für die Verwendung des Ausdrucks haben. Meint er zum Beispiel mit dem Wort »Würfel« Würfel, dann muß er auf Grund seines Meinens gehindert sein, dem Satz »Das ist ein Würfel«, wobei auf ein Prisma gezeigt wird, zuzustimmen. Und meint er mit dem Satz »Addiere 2!«, es solle nach jeder beliebig angegebenen Zahl die zweitnächste herauskommen, dann muß er auf Grund seines Meinens gehindert sein, nach der Vorgabe »1000« das Ergebnis »1004« durchgehen zu lassen. Aus der »präsenten Bedeutung« muß also folgen, welche Anwendung im Einzelfall richtig ist.

[4] PU 51, Anm. S. 33/326/280, PU 139 – 141 mit Anm. (a) S. 54/350/309, PU 210, 323 b, 329, 663.

Nach der von Wittgenstein angegriffenen Konzeption von der präsenten Bedeutung ist, wenn man sie genau nimmt, das, was da präsent ist, selbst ein Symbol – ein Vorstellungsbild, ein artikulierter Gedanke oder was immer; denn sonst könnte für die richtige Verwendung nichts *daraus folgen*. Für die Anwendung des Ausdrucks, zu dessen Bedeutung dieses Symbol durchs Meinen gemacht werden soll, folgt natürlich nur dann etwas, wenn das Symbol Inhalt hat. Nun ist nicht einzusehen, wieso es im Rahmen der kritisierten Konzeption aus anderen Gründen Inhalt haben könnte als der Ausdruck, dessen Bedeutung es selbst sein soll. Denn man kann das vorschwebende Bild eines Würfels durch das Meinen einer geeigneten Projektionsvorschrift als Bild eines Prismas meinen und würde mit »Würfel« dann Prismen meinen (PU 139 d). Und man kann den verbal artikulierten Gedanken »Gib zu jeder vorgegebenen Zahl die zweitnächste an« durch das Meinen einer geeigneten Interpretationsvorschrift als Spezialfall des Gedankens »Gib im n-ten Tausender zu k k+2n an« meinen und würde für »1000« mit »addiere 2!« 1004 herausbekommen (PU 186). Also muß man die »präsente Bedeutung« ihrerseits durch eine geeignet gemeinte Interpretation festlegen, um die normale Bedeutung zu bekommen. Für diese gemeinte Interpretation stellt sich dasselbe Festlegungsproblem, und man steht mit der kritisierten Konzeption vor einem fehlerhaften unendlichen Deutungsregreß: Damit das Meinen eine Bedeutung festlegen kann, muß zuvor eine unendliche Reihe von Bedeutungen festgelegt sein. Wittgenstein spricht davon, daß man »Deutung hinter Deutung setzen« müßte (PU 201); aber:

Die Deutungen allein bestimmen die Bedeutung nicht. (PU 198)

Es gibt einen andersartigen Versuch, die Bedeutung von Ausdrücken auf die mit ihrer Verwendung verfolgte Absicht des Sprechers zurückzuführen, der von Wittgensteins Kritik nicht getroffen wird, nämlich die Analyse von Grice.[5] Für den Spezialfall einer Behauptung, daß p, besagt sie, daß der Sprecher mit seiner Äußerung genau dann meint, daß p, wenn er mit ihr den Adressaten zu

[5] Grice 1957, 1969.

der Überzeugung, daß p, bringen will; und zwar soll der Adressat nach dem Willen des Sprechers diese Überzeugung deshalb gewinnen, weil er erkennt, daß der Sprecher ihn mit seiner Äußerung dazu bringen will. (Ob der Adressat sich tatsächlich überzeugen läßt, spielt keine Rolle.) Kurz: Der Sprecher möchte seine Äußerungsabsicht durchs Offenlegen seiner Äußerungsabsicht erreichen.[6]

Die Gricesche Analyse gerät nicht in einen Regreß oder Zirkel. Sie ist aber für die Interpretation der ›Philosophischen Untersuchungen‹ nicht attraktiv, wenn die Bedeutung von Ausdrücken auf ihren Gebrauch in Äußerungen zurückgeführt werden soll, die mit Äußerungsabsichten getan werden, dank denen festliegt, was gemeint wird. Dafür muß zunächst eine Brücke geschlagen werden zwischen den Äußerungsabsichten vieler einzelner Sprecher in vielen einzelnen Fällen und der einen Bedeutung eines Ausdrucks in einer von allen diesen Sprechern benutzten Sprache. Man kann die Brücke schlagen, indem man von der Existenz konventional etablierter Erwartungen an die Absichten von Sprechern ausgeht: Von jemandem, der sagt: »Es regnet«, wird nach dieser Theorie erwartet, daß er den Adressaten auf dem Griceschen Wege davon überzeugen wolle, daß es regne; und diese an die Äußerung geknüpfte Absichtserwartung legt fest, was der Sprecher gefälligst zu meinen habe. Die Bedeutung der Äußerung ist dann nicht das mit ihr Gemeinte, sondern das mit ihr zu Meinende.[7]

Das ist für die Interpretation der ›Philosophischen Untersuchungen‹ eine wenig attraktive Analyse deshalb, weil man Wittgensteins Begriff der absichtlichen Handlung zugrunde zu legen hat, der auf den Begriff der beherrschten, gekonnt ausgeführten Handlung hinausläuft.[8] Das Handlungsmuster muß im Rahmen dieser Vorstellung unabhängig von Absicht und Absichtlichkeit beschrieben werden können. Für bedeutungsvolle Äußerungen ist

[6] Ein gut Teil der Diskussion über die Gedanken von Grice hat sich um das Problem gedreht, wie man die vom Sprecher angestrebte Offenheit begrifflich fassen kann. Das Problem haben schließlich unabhängig voneinander Bennett 1976, S. 126 f., und Kemmerling 1977, S. 162 – 165 (vgl. Kemmerling 1986, S. 145 – 148), mit ähnlichen Einfällen gelöst.

[7] Das ist im wesentlichen der gemeinsam von Lewis 1969, Schiffer 1972 und Bennett 1976 beschrittene Weg.

[8] Vgl. Kapitel 8.

das nach Wittgenstein allemal möglich, wie wir sehen werden (siehe Kapitel 6); man kann sagen, was es heißt, eine Äußerung in einer gewissen Bedeutung zu tun, ohne daß Sprecherabsichten in der Charakterisierung eine Rolle spielten. Man kann dann in einem zweiten Schritt sagen, was es heißt, eine solche Äußerung nicht versehentlich zu tun, insbesondere: sie ernstgemeint zu tun. (Man tut sie, grob gesprochen, in der Bereitschaft, für sie einzustehen.) Auch wenn Wittgenstein sich mit Grice naturgemäß nicht auseinandersetzen konnte, ist daher dieses Zurückführen von Bedeutungen auf Verwendungsabsichten keine Gebrauchstheorie im Sinne der ›Philosophischen Untersuchungen‹ – ganz abgesehen davon, daß es für Gricesche Absichten keine Textbelege gibt.

3. Daß es beim für Wittgenstein bedeutungsrelevanten »Gebrauch« auf die mit der Verwendung von Äußerungen gewöhnlich kausal erreichten Wirkungen ankäme, ist ein Mißverständnis, dem als erster Feyerabend[9] zum Opfer gefallen ist, als er in den ›Philosophischen Untersuchungen‹ eine »instrumentalistische« Bedeutungstheorie zu finden meinte. Das Mißverständnis betrifft die Rolle des von Wittgenstein oft wiederholten Vergleichs von Wörtern und Sätzen mit Werkzeugen und Instrumenten und, damit zusammenhängend, die Rolle des Redens von der »Funktion« und dem »Zweck« von Ausdrücken. Ein Ding ist ein Hammer, weil es im gewöhnlichen Gebrauch einen nicht mit der Hand, aber leicht mit diesem Ding zu erzeugenden und zu übertragenden Impuls auf feste Gegenstände überträgt; ähnlich hätte nach der instrumentalistischen Bedeutungstheorie der Satz »Es regnet« die Bedeutung, daß es regnet, weil er im gewöhnlichen Gebrauch die Überzeugung, daß es regnet, vom Sprecher auf den Empfänger überträgt (und das bei weitem zweckmäßigste Mittel für diese Übertragung darstellt).

Die Theorie mag ihre eigenen Meriten haben; Wittgensteins Theorie ist sie nicht. Es hätte die Interpreten stutzig machen sollen, daß schon beim ersten Auftauchen des Werkzeug-Vergleichs in PU 11 Maßstab, Leimtopf und Nägel als Werkzeuge genannt werden, die PU 14 dann als Beispiele benutzt, um sich über die Idee

[9] Feyerabend 1955, Abschnitt VII.

lustig zu machen, alle Werkzeuge »modifizierten« etwas. Offenbar wird der Vergleich hier nicht eingeführt, um auf eine innige Verknüpfung von Wörtern mit ihren Wirkungen hinzuweisen. Und stutzig müßte auch machen, wie Wittgenstein sich in PU 491 – 498 gegen das Mißverständnis zur Wehr setzt, der Ausdruck verhalte sich zu seiner Bedeutung wie das Mittel zum erreichten Zweck.

PU 491 gibt zwei sinnvolle Mittel-Zweck-Redeweisen an; in der ersten ist die Sprache das Mittel, in der zweiten die Verständigung der Zweck. »Ohne Sprache könnten wir uns nicht miteinander verständigen« wird demgegenüber im selben Abschnitt als sinnlos abgelehnt, also offenbar insofern, als eine Mittel-Zweck-Relation zwischen Sprechen und Verstehen ausgedrückt werden soll. PU 492, 493 und 495 bringen Beispiele für Zusammenhänge, in denen man einzelne Äußerungen oder eine ganze Sprache als Mittel zur Beeinflussung von Adressaten durch Sprecher ansehen kann; daß eine Einrichtung dazu taugt, macht sie *insofern* einer Sprache *ähnlich* (PU 493 a, 494). Für das, was Wittgenstein an dem für die Bedeutung wichtigen »Gebrauch« interessiert, ist dieser Aspekt aber irrelevant, weil die Gebrauchsregeln von Ausdrücken nicht – wie Bedienungsanleitungen – einer Beurteilung ausgesetzt sind, die das Ergebnis haben könnte: So gebrauchte Ausdrücke wären untauglich zum Beeinflussen, also bedeutungslos (PU 496, 497 a). Auch Tatsachen auszudrücken – allgemeiner: Bedeutungen hervorzubringen – kann nicht der Zweck der Sprache oder des Sprechens sein, weil die Beziehung zwischen Mittel und Zweck kausal ist, die zwischen Äußerung und ausgedrücktem Inhalt aber nicht (PU 497 b; mit einem Beispiel dafür, daß Sinnlosigkeit nicht Wirkungslosigkeit heißt, in PU 498).

Meggle[10] hat versucht, die instrumentalistische Interpretation der Gebrauchstheorie dadurch zu retten, daß er die Bedeutung von Ausdrücken mit dem Zweck identifizierte, welchen mit ihrer Verwendung anzustreben durch die Regeln der Sprachverwendung vorgeschrieben werde (»Regel-Zweck«). Die inhaltliche Schwäche dieser Position liegt darin, daß es solche vorgeschriebenen Zwecke nicht als bedeutungsrelevante Zwecke gibt. Wer jemandem mit-

[10] Meggle 1985, insbes. Abschnitt 7.

teilt, die nächste Bahn gehe in zwölf Minuten, ist beileibe nicht der Erwartung ausgesetzt, den Adressaten überzeugen zu wollen; er muß ihm lediglich für die Richtigkeit der Mitteilung geradestehen. Wer einen Gast auffordert, sich Wein nachzugießen, muß nicht etwa anstreben, daß die Aufforderung befolgt wird; er muß für die Befolgung lediglich die Verantwortung übernehmen. Meggle hält es für »eine gute Portion ›theoretischer‹ Voreingenommenheit« (S. 87) zu leugnen, daß die konventional etablierte Erwartung an den Bittenden, er habe zu wünschen, seine Bitte möge erfüllt werden, mit der Bedeutung der Bitte »zu tun haben soll« (S. 86). In dieser weichen Formulierung klingt das plausibel. Der Gebetene gerät unter Erwartungsdruck; das (unter anderem) bestimmt die Bedeutung der Bitte. Vom Bittenden wird erwartet, daß er darauf eingestellt ist, den Erwartungsdruck zu verantworten, unter den der Gebetene gerät; man wird ja auch von einem Schachspieler, der einen Springer von g1 nach f3 zieht, erwarten, daß er darauf eingestellt ist, mit diesem Zug e5 zu decken. *Dieser* Zusammenhang zwischen kompetentem, ernstgemeintem Sprechen und Zwecken, die kraft Bedeutung festliegen, besteht natürlich.

Was da als »Zweck« herauskommt, hätte man allerdings unabhängig von dieser Bedeutungstheorie in aller Regel nicht als Zweck der Handlungsweise, eine gewisse Äußerung zu tun, klassifiziert. Bitte, Aufforderung und Befehl sind eingängige Beispiele; aber schon beim zweiten Standardbeispiel, der Mitteilung, ist es gänzlich hergeholt, vom Sprecher erwarten zu sollen, er wolle den Adressaten überzeugen. Und was ist, in irgendeiner hilfreichen Verwendung von »Zweck«, der bedeutungsrelevante Zweck des Empfehlens, Vorschlagens, Ratgebens oder als-Möglichkeit-ins-Gespräch-Bringens *im Unterschied* zum Auffordern? Des Behauptens, Insistierens, Voraussagens, Rätselratens, Prophezeiens *im Unterschied* zum Mitteilen? Des Ernennens, Schenkens, Kaufens, Versprechens, Festsetzens, Grüßens, Dankens etc. etc.? Wenn die *Bereitschaft*, das bedeutungsrelevante konventionale Ergebnis (siehe Abschnitt 6) *in Kauf zu nehmen*, als *Absicht* angesehen wird, dieses zu erzielen, dann darf man einen Zusammenhang zwischen der Bedeutung ernstgemeinter Äußerungen und »Regel-Zwecken« postulieren. Aber diese Erklärung dafür, was sprachliche Bedeutung ist, hilft wirklich nicht viel weiter, als wenn man die Art, wie der Springer geht, dadurch bestimmt sieht, daß Spieler, die einen Springer von g1 nach f3 ziehen, darauf eingestellt zu sein haben, daß sie mit diesem Zug auch e5 decken.

Ob man nun an »Regel-Zwecke« glaubt oder nicht – sie finden sich nicht bei Wittgenstein. Aus den ›Philosophischen Untersuchungen‹ nennt Meggle als Belege nur PU 360 und 421, ohne aber viel davon herzumachen (mit Recht, weil die Aufforderung, den Satz als Instrument anzusehen, dort besonders deutlich als Hinweis darauf steht, wie unterschiedlich bei oberflächlicher Ähnlichkeit der Gebrauch sein kann); seinen Beleg bilden im wesentlichen die Abschnitte 32 und 33 der ›Philosophischen Grammatik‹ (PG). Dazu ist dreierlei anzumerken. Erstens kann man nicht gut mit einem Text von 1934 die Sprachauffassung der ›Philosophischen Untersuchungen‹ klären, und das auch noch unter Berufung auf Stellen, die – anders als solche aus demselben Kontext – nicht in die ›Philosophischen Untersuchungen‹ aufgenommen worden sind. Zweitens hat das von Rush Rhees unter dem Titel ›Philosophische Grammatik‹ herausgegebene Textkonvolut, wie schon das ›Big Typescript‹ teils als vorletzte, teils als unmittelbare Quelle (für die erste bzw. zweite Hälfte; für PG 32, 33 als vorvorletzte Quelle), so stark den Charakter des ständigen Herumprobierens, daß vielleicht Wittgensteins allmähliche Weiterentwicklung seiner Fragestellungen und Lösungsansätze daraus etwas klarer wird; aber Schlüsse auf den Inhalt späterer, ausgereifterer Vorstellungen lassen sich nicht ziehen. Das gilt insbesondere auch für den Kontext von PG 32, 33 (vom Herausgeber als »II« bezeichnet). Wenn man dennoch mit dem Text argumentieren will, sollte man sich, drittens, unbedingt die Gedankenführung näher ansehen. PG 31 nimmt die Rolle von PU 11 vorweg, »Werkzeug« zu benutzen, um auf Gebrauchsverschiedenheit zu insistieren, und PG 32, 33 dürften doch deutlich machen, (a) daß Wittgenstein – wie auch Meggle sagt – das Reden von »Zweck« zum Erhellen des Redens von »Sinn« *nur* akzeptiert, »soweit der Zweck durch eine Sprachregel ausgesagt wird« (PG 33); (b) daß er aber – und hier scheint mir der entscheidende Punkt zu liegen – die Einschränkung nicht macht, um zu einer klaren Definition zu kommen, sondern um dem Mißverständnis entgegenzuwirken, es handele sich bei »Sinn ist (durch Sprachregeln ausgesagter) Zweck« um eine *aufschlußreiche* Erläuterung: ein Mißverständnis, weil es eben gerade nicht um Zwecke in des Wortes gewöhnlichster Bedeutung geht, also um beabsichtigte Wirkungen, auch nicht um solche von allgemeinen Verhaltensweisen wie »ha!«-Sagen (Wittgensteins Beispiel) im Unterschied zu solchen von einzelnen Äußerungen wie »Milch mit Zucker« (PU 498); und (c) daß er als Beispiel für eine Sprachregel, die einen »Zweck aussagt«, der etwas mit der Bedeutung zu tun hat, nicht nur bringt: »Ich sage ›geh!‹, weil ich will, daß du mich allein läßt«, sondern als zweites und letztes Beispiel auch: »Ich sage ›vielleicht‹, weil ich nicht ganz sicher bin.« Daß ich nicht ganz sicher bin, ist überhaupt kein Zweck in irgendeinem Sinne. PG 32, 33 sagen also, wenn überhaupt etwas, dann dieses: Wer den Sinn von Sätzen mit ihrem Zweck zusammenbringt, sollte im Kopf behalten, daß er möglicherweise gar nicht von Zwecken redet.

Das leicht durchschaubare Mißverständnis, aus dem die instrumentalistische Interpretation des Zusammenhangs von Gebrauch und Bedeutung entstanden ist, beruht einfach darauf, daß die Einbettung des in den ›Philosophischen Untersuchungen‹ oft wiederholten Werkzeugvergleichs in Kontext und Argumentationsgang vernachlässigt wurde. An fast allen Stellen, wo der Vergleich vorkommt, dient er der Erinnerung daran, wie verschiedenartig der Gebrauch von Sprachmitteln sein kann, so sehr sie sich äußerlich auch ähneln mögen, wie stark sich bei oberflächlicher Ähnlichkeit die »Tiefengrammatik«, also der Gebrauch (PU 664), unterscheiden kann. Diesen Sinn hat der Vergleich nicht nur in PU 11 – 14, sondern auch in PU 291 (das im Anschluß an PU 290 b gelesen werden muß), in PU 360, 421 und 569 (wo der Übergang von PU 11 nach PU 14 inhaltlich wiederholt wird). (Falls man in PU 270 den »Knopf« oder in PU 271 das »Rad« mit sprachlichen Ausdrücken oder Äußerungen parallelisiert – das ist Interpretationssache -, sind das doch keine Beispiele für Werkzeuge im Sinne der instrumentalistischen Theorie; vielmehr geht es bei diesen Vergleichen darum, daß alles, was Bedeutung haben soll, eng mit Öffentlichem »verwoben« sein muß – vgl. Abschnitt 4.) Gerade wegen der möglichen Assoziationen mit Mechanismen wird »Funktion« in PU 559 als gefährliche Vorstellung gebrandmarkt. Schließlich bezeichnet »Zweck« in PU 426 sowie – wegen des Zusammenhangs mit »zugehörigem Benehmen« in PU 486 – in PU 489 das, was wir in Abschnitt 4 als »Rolle im Sprachspiel« charakterisieren werden.[11]

Wenn Wittgenstein ausgerechnet Werkzeuge als Vergleich gewählt hat, dann deshalb, weil sie wie sprachliche Ausdrücke durch ihren Gebrauch definiert sind, nicht wegen der Charakterisierung ihres Gebrauchs durch die mit ihnen kausal erreichbaren Zwecke. Der bedeutungsbestimmende Gebrauch von sprachlichen Ausdrücken muß anders gekennzeichnet werden.

4. Die für ein Verständnis der »Gebrauchstheorie der Bedeutung« fruchtbarste Vorstellung scheint mir Wittgensteins Gedanke zu sein, daß sprachliche Ausdrücke ihre Bedeutung ihrer »Rolle im Sprachspiel« verdanken. Sprachspiele sind in den ›Philosophischen Untersuchungen‹ Verhaltensabläufe, in denen Sprechen und anderes Handeln miteinander »verwoben« sind. (Diesen Ausdruck bringt erstmals PU 7; Wittgensteins Beispiele sind sämtlich durch das Merkmal gekennzeichnet.) Die ›Philosophischen Untersuchungen‹ kennen drei Möglichkeiten zu sagen, um welches Sprachspiel es geht, also Möglichkeiten, einzelne Sprachspiele zu kennzeichnen.

Die erste wird, bevor der Ausdruck »Sprachspiel« in PU 7 eingeführt wird, schon in PU 1 benutzt, nämlich für eine »Verwendung der Sprache«, wo jemand zum Einkaufen geschickt wird; das Sprachspiel wird dadurch gekennzeichnet, daß der Ablauf im einzelnen beschrieben wird. (Das nächste Beispiel folgt in PU 2 mit dem Sprachspiel der Bauenden.)

Die zweite Kennzeichnungsweise hat die Form »das Sprachspiel des ...«, wobei an der Leerstelle die Bezeichnung oder Beschreibung einer Tätigkeit steht; sie wird erstmals in Verbindung mit der

[11] Der »Zweck der Sprache« in PU 363 ist mit der instrumentalistischen Interpretation verträglich, ohne »Rolle im Sprachspiel« auszuschließen. Der »Zweck der Mitteilung« in PU 416 betrifft den Zweck einer einzelnen Mitteilung, deren Bedeutung bereits vorausgesetzt wird (so auch PU 657), und ist daher für die Streitfrage unergiebig.

ersten Kennzeichnungsweise in PU 6 verwendet, also ebenfalls vor Einführung des Wortes »Sprachspiel«, und zwar für das Sprachspiel des hinweisenden Lehrens der Wörter. Die längste Liste von so gekennzeichneten Sprachspielen bringt PU 23.[12]

Die dritte Kennzeichnungsweise hat die Form »das Sprachspiel mit dem Ausdruck ...«; sie kommt in dieser Form erstmals (übrigens in einer bewußt zweideutigen Formulierung) im letzten Satz von PU 71 vor. Damit ist die Menge aller auf die erste oder zweite Weise zu kennzeichnenden Sprachspiele (aus einer durch den Kontext spezifizierten Grundgesamtheit, meistens unserer Umgangssprache) gemeint, in denen der Ausdruck verwendet wird; es handelt sich also um den »Gebrauch« des Ausdrucks. (Ein degenerierter Fall ist der Gebrauch eines Ausdrucks in *einem*, in der ersten oder zweiten Weise gekennzeichneten, Sprachspiel: der Gebrauch ist dann mit diesem Sprachspiel identisch.) Für die Klärung von »Bedeutung« durch »Gebrauch« sind wir also darauf angewiesen, hinreichend Interessantes über die in der ersten oder zweiten Weise gekennzeichneten Sprachspiele herauszufinden.

Für alle davon in den ›Philosophischen Untersuchungen‹ genannten Exemplare gilt zweierlei: Erstens können sie mehr als einmal gespielt werden, und trotz Unterschieden zwischen beiden Malen wird – im Sinne seiner jeweiligen Kennzeichnung – beidemale dasselbe Sprachspiel gespielt. Für das Sprachspiel »Berichten eines Hergangs« (PU 23) und andere auf die zweite Weise gekennzeichnete Sprachspiele ist das selbstverständlich (verschiedene Leute berichten unterschiedlichen Zuhörern mit unterschiedlichen Äußerungen unterschiedliche Hergänge); aber auch die Bauenden aus PU 2 können ein paar Tage lang der dort gegebenen Beschreibung in unterschiedlicher Weise genügen. Zweitens müssen Äußerungen und nichtsprachliche Tätigkeiten miteinander »verwoben« sein (PU 7), ein bildhafter Ausdruck dafür, daß Tätigkeiten und Äußerungen in genauer anzugebender Weise regelmäßig miteinander zusammenhängen. Das gilt auch für eine ganze Reihe von Spielen für mehrere Mitspieler (nicht für alle) – sicher-

[12] Auf diese Weise wird ein Sprachspiel um so eindeutiger gekennzeichnet, je eindeutiger die an der Leerstelle einzusetzende Beschreibung oder Kennzeichnung eine Tätigkeit bestimmt. Aus diesem Grunde sind Adaptationen wie »das Sprachspiel des Philosophierens« absurd.

lich ein Grund dafür, daß Wittgenstein von »Sprachspielen« redet. (Ein weiterer Grund dafür dürfte in seinem früh dokumentierten[13] und auch in PU 31, 108 c, 561 – 568 noch benutzten Vergleich der Rolle von Figuren in einem Spiel mit der Bedeutung von Ausdrücken in einer Sprache zu sehen sein.) Wenn man diese Regelmäßigkeiten für ein Sprachspiel angegeben hat (so vollständig oder unvollständig und so genau oder ungenau, wie es gerade erforderlich ist), hat man das Sprachspiel gekennzeichnet und damit gesagt, *was* zweimal gespielt wird, wenn zwei Handlungsabläufe im Einklang mit den angegebenen Regelmäßigkeiten, aber sonst unterschiedlich, vorgekommen sind. Ein Sprachspiel, auf die erste oder zweite Weise gekennzeichnet, ist also eine Menge von Regelmäßigkeiten im Zusammenhang von Äußerungen und Tätigkeiten.

Was als »ein« Sprachspiel bezeichnet wird, hängt vom jeweiligen Erläuterungszweck ab; zum Beispiel wird das »Beschreiben eines Gegenstands nach dem Ansehen« häufig als Teil vom »Berichten eines Hergangs« vorkommen – beides »Sprachspiele« aus PU 23. Nach der »Gebrauchstheorie« sind die Regelmäßigkeiten mitbestimmend für die Bedeutung der in den Sprachspielen verwendeten Ausdrücke (*mit*bestimmend insoweit, als die Ausdrücke auch in anderen Sprachspielen vorkommen).

Man mag nun willens sein, die durch die Regelmäßigkeiten abstrakt definierte Stelle eines Ausdrucks im System der Regelmäßigkeiten (die Menge der Stellen, an denen in der Liste der Formulierungen für die Regelmäßigkeiten von dem Ausdruck die Rede ist) seine »Rolle im Sprachspiel« zu nennen; aber das ist noch kein gutes Motiv dafür, die so definierte Rolle mit der Bedeutung des Ausdrucks zu identifizieren. Wittgenstein müßte mindestens zeigen, daß zwei Ausdrücke, deren Rollen in einem Sprachspiel sich unterscheiden, auch unterschiedliche Bedeutungen haben (wenn man das unabhängig von der Gebrauchstheorie beurteilt) und daß zwei Ausdrücke einer Sprache, deren Bedeutungen sich (wiederum unabhängig von der Gebrauchstheorie beurteilt) unterscheiden, in einigen Sprachspielen, in denen die betreffende Sprache verwendet wird, auch unterschiedliche Rollen spielen.

[13] Wittgenstein und der Wiener Kreis, WA Bd. 3, S. 103 ff.

Um das zu zeigen, kann man das Gedankenexperiment aus PU 206 – 207 benutzen. Wittgenstein fragt in PU 206[14]:

Unter welchen Umständen würdest du sagen, daß die Leute dort Befehle geben, Befehle verstehen, befolgen, sich gegen Befehle auflehnen, usw.?

Wie der Vortext seit PU 198 verdeutlicht, heißt das zunächst einmal, daß man nur an den diesen Leuten gemeinsamen Verhaltensregelmäßigkeiten im Zusammenhang mit den Äußerungen, deren Bedeutung als Befehle zur Untersuchung ansteht, erkennen kann, ob die Vermutung zutrifft. PU 207 sagt nun, daß nicht jede Regelmäßigkeit genügt:

[...] denn knebeln wir z. B. einen dieser Leute, so hat dies die gleichen Folgen, wie bei uns: ohne jene Laute geraten ihre Handlungen in Verwirrung – wie ich mich ausdrücken will.

Die Regelmäßigkeit, daß die Laute dafür nötig und hinreichend sind, daß »gewöhnliche menschliche Tätigkeiten« (ebenda) nicht in Verwirrung geraten, ist noch keine Regelmäßigkeit, wie sie für bedeutungsfestlegende Sprachspiele ausreichen würde:

Zu dem, was wir »Sprache« nennen, fehlt die Regelmäßigkeit. (PU 207)

Für Wittgenstein legen die Regelmäßigkeiten in Sprachspielen die Bedeutung der darin vorkommenden Ausdrücke offenbar erst dann fest, wenn die Regelmäßigkeiten für dieses Ergebnis reich genug sind. Zu jeder Bedeutung muß also eine für Ausdrücke mit dieser Bedeutung charakteristische, reiche Menge von Verhaltensregelmäßigkeiten gehören. (Ähnliches gilt für die Unterscheidung verschiedener Wortarten; Wörter gehören um so eher zu einer besonderen Wortart, je stärker sich ihre Verwendung von der anderer Wörter im selben Sprachspiel unterscheidet: PU 8 – 10 u. ö.)

5. Von diesem Punkt der Überlegungen an wird jede übersichtliche Darstellung der Gebrauchstheorie zum Pilzesuchen im Winter, wenn man sich auf die in den ›Philosophischen Untersuchungen‹ zusammengetragenen Einzelheiten beschränkt. Wittgenstein hält den Leser ärgerlich knapp mit Beispielen dafür, wie Regelmäßigkeiten aussehen, die für Ausdrücke mit ganz bestimmten Bedeu-

[14] Zur Begründung der Interpretation vgl. Kapitel 4.

tungen charakteristisch sind. Und bisweilen führen seine Beispiele den Leser auf Abwege, vor allem dann, wenn sie den Eindruck erwecken, zu den bedeutungsbestimmenden Regelmäßigkeiten im Gebrauch von Ausdrücken gehöre es, sie auf die richtigen Situationen oder Dinge anzuwenden. Ein Prädikat wie »Sessel« auf ein Ding richtig anwenden heißt, eine zutreffende *Feststellung* des Inhalts *treffen*, ein Ding, auf das man etwa *zeigt*, sei ein Sessel, oder dieser Feststellung eines anderen *zustimmen* oder die entsprechende Frage *bejahen*. Das können keine elementaren Regelmäßigkeiten sein, nach denen der Forscher im unbekannten Land mit der ihm gänzlich fremden Sprache zunächst Ausschau halten könnte. Denn daß die Leute Feststellungen treffen, auf etwas zeigen, jemandem zustimmen oder eine Frage bejahen, kann man nur feststellen, wenn man die Bedeutung ihres Verhaltens insoweit bereits kennt. Daß die Leute im allgemeinen zutreffende Feststellungen treffen, sollte bei der Beschreibung des Sprachverhaltens als Ergebnis herauskommen; aber welche Regelmäßigkeiten im Verhalten akustische Äußerungen als Feststellungen charakterisieren, muß man zu diesem Zweck vorher geklärt haben. Wittgenstein gibt allerdings Tips zum Suchen, wie etwa in PU 268:

> Warum kann meine rechte Hand nicht meiner linken Geld schenken? – Meine rechte Hand kann es in meine linke geben. Meine rechte Hand kann eine Schenkungsurkunde schreiben und meine linke eine Quittung. – Aber die weitern praktischen Folgen wären nicht die einer Schenkung.

Wenn Sprecher S einem Adressaten A ein Ding *schenkt*, dann bestehen die »praktischen Folgen« darin, daß S nun gewisse Sachen nicht mehr darf, während A gerade diese Sachen darf – das Ding nach Gusto gebrauchen, seinen Gebrauch anderen vorenthalten oder gestatten, es beleihen oder verkaufen usw.; eine weitere »praktische Folge« ist, daß A sich gegenüber S als dankbar zu erweisen hat; S darf aber von A keine bestimmte Gegenleistung fordern. Man sieht unmittelbar, wie solche eigentümlichen Folgen verschiedene Bedeutungen voneinander unterscheiden: Wenn S das Ding A *verkauft*, darf S von A eine bestimmte Gegenleistung fordern, und A braucht S nicht dankbar zu sein. Wenn S das Ding A *vermietet*, darf A das Ding nicht beleihen oder verkaufen und muß es irgendwann zurückgeben, und S darf von A bis zur Rückgabe eine regelmäßige Gegenleistung fordern; wenn S das Ding A dagegen *leiht*, ist A nicht zu Gegenleistungen verpflichtet.

Das Beispiel des Schenkens wirft zwei Fragen auf. Die Schenkung ist ein *Rechtsgeschäft*; ist sie (im Kontext mit PU 258, 260 klarerweise als Parallele zur vermeintlich *aufzeichnenden* Verwendung von »E« und – allgemein – zur *Notiz* gedacht) ein glückliches Beispiel für *Sprachverwendung*? Und inwiefern handelt es sich um *Regelmäßigkeiten* im Verhalten, wenn Sprecher und Adressat nach bestimmten Äußerungen gewisse Dinge dürfen oder müssen? Sind das nicht *Regeln*? Wittgensteins Antwort auf die beiden Fragen ist: Wenn *Verhaltensregelmäßigkeiten* ein bestimmtes, in den ›Philosophischen Untersuchungen‹ näher beschriebenes Aussehen annehmen, dann heißt das nichts anderes, als daß das mit ihnen im Einklang stehende *Verhalten* gewissen *Regeln folgt*; und die für die Bedeutung von Ausdrücken entscheidende Rolle im Sprachspiel ist gerade deren Platz in solchen, regelfolgendes Verhalten ausmachenden Verhaltensregelmäßigkeiten. Deshalb haben die Verwendungen von Ausdrücken Bedeutungen gerade aus dem Grunde, aus dem Rechtsgeschäfte ihre rechtliche Bedeutung haben – Rechte und Pflichten der Beteiligten werden in charakteristischen Weisen umverteilt, und daß dem so ist, erschöpft sich in besonderen Regelmäßigkeiten im Verhalten aller Betroffenen.

Diese allgemeine Vorstellung läßt sich sehr detailliert konkretisieren; es handelt sich um die einzige bekannte Interpretation des »Rolle im Sprachspiel«-Gedankens, die über wolkiges Larifari hinausgeht, und sie hat den exegetischen Vorzug, Wittgensteins ausschweifendem Bemühen um eine Klärung des Begriffs des regelfolgenden Verhaltens eine systematische Funktion für seine Erörterung des Bedeutungsbegriffs (und verwandter Begriffe) zuzuweisen. Die kritische Diskussion hat zu dem – in PU 201 zum sechsten Male formulierten – Ergebnis geführt, daß die Erklärung der »Bedeutung« von Wörtern durch »Gebrauchsregeln« nur dann informativ sein kann, wenn die »Regeln« nicht ihrerseits als etwas Symbolisches verstanden werden.[15] Wittgenstein optiert statt des-

[15] Vgl. Kapitel 5.

sen für den regelfolgenden Gebrauch von Ausdrücken, der, wenn er bei Ausdrücken *für Regeln* weiterhilft, bei *allen* Wortausdrücken weiterhelfen wird, und macht sich daran, ihn in den Abschnitten bis PU 242 zu charakterisieren.[16]

Regelmäßiges Verhalten mehrerer Leute ist regelfolgendes Verhalten dieser Leute, wenn es jedem jeweils für ihn selbst und für die anderen selbstverständlich ist und eine erlernbare (im allgemeinen erlernte) Leistung darstellt. Dafür, daß ein Verhalten jemandem *selbstverständlich* ist, nennt Wittgenstein eine Reihe von Merkmalen: Der Handelnde rät nicht, was er wohl zu tun habe (PU 210), und entscheidet sich nicht zwischen Alternativen (PU 213, 219); er zweifelt nicht, was er zu tun habe (PU 213), handelt völlig sicher (PU 212), ohne Gründe angeben zu können (PU 211, 212); er handelt nicht auf Grund der Erkenntnis, so sei zu handeln (PU 213, 219), und ohne Information darüber, wie zu handeln sei (PU 222, 223); er fühlt sich gezwungen, so zu handeln (PU 219, 231); er neigt gegenüber Abweichungen anderer zu Tätlichkeiten (PU 240). (Diese Dispositionen können sich auch verbal äußern; vgl. PU 217, 219, 222, 228, 231.) – Das Merkmal, *erlernbare Leistung* (PU 232–237) zu sein, ist fürs regelfolgende Verhalten wichtig, weil Abweichungen damit zu Fehlern werden, die von anderen korrigiert werden; und aus diesen Korrekturen zu lernen ist der Korrigierte bereit.

Ein Außenstehender hätte also die Möglichkeit, am Korrekturverhalten Fehler zu erkennen (vgl. PU 54) und aus den Fehlern sowie dem nicht korrigierten, selbstverständlichen Verhalten die fragliche Regel hypothetisch zu erschließen. Er kann dann, statt die beobachteten Merkmale der Verhaltensregelmäßigkeiten einzeln aufzuzählen, sagen: »Das Verhalten der Leute folgt (vermutlich) der Regel R.« Das ist eine Hypothese; der Außenstehende muß versuchen, die Regel R so zu formulieren, daß sie das Verhalten fordert, das den Leuten selbstverständlich ist, und daß sie das Verhalten verbietet, das Korrekturverhalten auslöst. Der Außenstehende könnte zum Beispiel ein Sozialpsychologe sein, der das Verhalten von Leuten in Fahrstühlen untersucht, und könnte zu

[16] Erstmals zusammenfassend dargestellt bei Kemmerling 1975.

dem Ergebnis kommen: »Leute in Fahrstühlen folgen der Regel: ›Man hat möglichst großen Abstand voneinander zu halten.‹« Es kann durchaus sein, daß die Formulierung der Regel in dieser sozialpsychologischen Hypothese zum allerersten mal auftaucht; wenn die Hypothese zutrifft, dann weisen die Leute im Fahrstuhl also ein Verhalten auf, mit dem sie einer Regel folgen, die sie selbst nicht kennen. Sofern es um Regeln geht, deren Befolgung in Sprachspielen für die Bedeutungen von Ausdrücken verantwortlich sein soll, erfüllt Wittgensteins Darstellung damit eine Kardinalforderung; denn diese Regeln sind den »Mitspielern« fast ausnahmslos unbekannt. Und gleichzeitig macht die Darstellung durchsichtig, wieso die Tatsache, daß in der Verwendung von Ausdrücken Regeln befolgt werden, sich darin erschöpfen kann, daß eigentümliche Verhaltensregelmäßigkeiten obwalten.

6. Welches Verhalten für Leute, die miteinander ein Sprachspiel spielen, erlaubt oder verboten ist, kann sich also einfach daraus ergeben, wie die Tätigkeiten aussehen, mit denen die Verwendung von sprachlichen Ausdrücken verwoben ist. Wenn ein Sprecher S zum Adressaten A sagt: »Ich schenke dir diesen Ring«, dann ist es für S, A und alle anderen Geburtstagsgäste selbstverständlich, daß A von nun an den Ring anzieht, ohne S um Erlaubnis zu bitten; sie sind peinlich überrascht, wenn A dem S bei nächster Gelegenheit die Bitte um einen kleinen Gefallen abschlägt, und A, darauf aufmerksam geworden, wird sich beeilen, diesen Lapsus gutzumachen. Wenden wir nun Wittgensteins Aufforderung aus PU 206 auf ein konkretes Beispiel an:

> Denke, du kämst als Forscher in ein unbekanntes Land mit einer dir gänzlich fremden Sprache. Unter welchen Umständen würdest du sagen, daß die Leute dort Befehle geben, Befehle verstehen, befolgen, sich gegen Befehle auflehnen, usw.?

Wir sind in Latium und hören S, der A einen Ring übergibt, zu A sagen: »Dono tibi hunc anulum.« Auf Grund glücklicher Fügung verfallen wir auf die Vermutung, S habe A den Ring geschenkt. Nach was für Umständen müssen wir Ausschau halten, um unsere Vermutung zu überprüfen? Offenbar gerade nach den oben skizzierten »praktischen Folgen einer Schenkung«. Da die Sprache uns gänzlich unbekannt ist, müssen wir uns auf nicht-sprachliche Tätigkeiten beschränken; Beispiele: (1) Ein Dritter nimmt A den Ring weg; unsere Voraussage: Nicht S, sondern A holt sich ihn zurück, notfalls von anderen unterstützt; oder A wendet sich mit hilfeheischendem Ausdruck an die Umstehenden, und Hilfe kommt. (2) A bewahrt den Ring bei sich zu Hause auf; unsere Voraussage: Besucher, die ihn dort sehen, sind davon nicht überrascht. (3) Zu einem Fest, wo alle sich in solcher Weise schmücken, legt A den Ring an; unsere Voraussage: Niemand nimmt Anstoß daran. (4) Auf diesem Fest begegnet A erstmals nach der (von uns vermuteten) Schenkung S wieder; unsere Voraussage: A wird sich gegenüber S freundlich benehmen, und es ist nicht überraschend, wenn der Ring in das Freundlichkeitsverhalten einbezogen wird.

Für das zweite im Kontext des Schenkungsbeispiels genannte Sprachspiel – daß man sich eine Notiz macht – würden wir bei einer uns »gänzlich fremden Sprache« erhebliche Zusatzkomplikationen bekommen; halten wir uns an mündliche Berichte, wie in PU 206 genannt, und nehmen den Hinweis in PU 363 ernst:

Wann sagt man, etwas werde mitgeteilt? – Was ist das Sprachspiel des Mitteilens?

Ich möchte sagen: du siehst es für viel zu selbstverständlich an, daß man Einem etwas mitteilen kann. Das heißt: Wir sind so sehr an die Mitteilung durch Sprechen, im Gespräch, gewöhnt, daß es uns scheint, als läge der ganze Witz der Mitteilung darin, daß ein Andrer den Sinn meiner Worte – etwas Seelisches – auffaßt, sozusagen in seinen Geist aufnimmt. Wenn er dann auch noch etwas damit anfängt, so gehört das nicht mehr zum unmittelbaren Zweck der Sprache.

Die »weitern praktischen Folgen« einer Mitteilung haben offenbar damit zu tun, was der Adressat mit ihr anfangen kann. Man muß nun unbedingt beachten, daß auch eine falsche Mitteilung eine Mitteilung ist; falsche Mitteilungen sind keine Verstöße gegen Sprachregeln. Der Adressat einer Mitteilung, daß p, ist also nicht in der Lage dessen, der mit eigenen Augen gesehen hat, daß p. Er darf aber vom Sprecher erwarten, daß der für seine Mitteilung einsteht; wer etwas mitteilt, ähnelt einem, der sich für etwas verbürgt.[17]

[17] Als »wesentliche Regel« für »assert, state (that), affirm« erstmals bei Searle 1969, S. 66.

Deshalb kann eine Mitteilung allerdings auch nur in Situationen zustande kommen, wo dem Sprecher Wissen über den mitgeteilten Sachverhalt unterstellt wird (andernfalls liegt eine bloße Behauptung vor, die der Wette ähnelt[18]). Wie das Schenken nicht nur praktische Folgen hat, sondern auch die Vorbedingung, daß die zu verschenkende Sache dem Sprecher gehört, hat die Mitteilung nicht nur die praktische Folge, daß der Sprecher dem Adressaten für das Zutreffen geradesteht, sondern auch die Vorbedingung, daß das nötige Wissen von ihm erwartet wird.

Genauso ist es mit unserem dritten Beispiel, dem ebenfalls in PU 206 genannten Befehl, von Wittgenstein – wohl wegen der auf der Hand liegenden »praktischen Folgen« – am ausgiebigsten benutzt: Wenn Sprecher S dem Adressaten A befiehlt, H zu tun, dann muß A H tun. Allerdings kann S nur dann etwas befehlen, wenn er die notwendige Autorität hat; wo mit dem Beispiel ausführlich gearbeitet wird (PU 143 – 145, 185), ist S der Lehrer und A der Schüler. Die Autoritäts-Vorbedingung unterscheidet den Befehl zum Beispiel von der Bitte.

Man kann als Forscher in einem Land mit einer gänzlich fremden Sprache die Vermutung, Äußerungen seien Schenkungen, Mitteilungen oder Befehle, also daran überprüfen, daß es sich um Äußerungen handeln muß, die in für sie bezeichnenden sozialen Konstellationen vorkommen und dann charakteristische Auswirkungen auf die von den Sprachbenutzern anerkannten Verteilungen von Rechten und Pflichten haben.[19]

Daß die nötigen sozialen Konstellationen gegeben und daß die Verteilungen von Rechten und Pflichten anerkannt sind, heißt, daß die sie definierenden Verhaltens*regeln* benutzt werden können, um gewisse Besonderheiten der *Regelmäßigkeiten* in dem in Wittgensteins Sinne regelfolgenden Verhalten der Sprachbenutzer zutref-

[18] Auch Behauptungen werden von »dem der Behauptung entsprechenden Benehmen« (PU 486) als solche charakterisiert. (Kemmerling 1993, S. 115, macht dazu den einleuchtenden Vorschlag, Behauptungen nach dem Vorbild von Wetten anzusehen.)

[19] Die Überprüfung kann nur im Vergleich der Meriten von konkurrierenden Gesamtbeschreibungen der Regelmäßigkeiten bestehen, aus denen sich ergibt, was unter den Leuten als geboten und erlaubt gilt. Die auffälligsten Gründe für diesen Holismus: Verbotenes und Erlaubtes gibt es auch ohne sprachliche Äußerungen; auch außersprachliche Verhaltensweisen haben Verbote und Erlaubnisse zur Folge; daß etwas als verboten oder erlaubt gilt, ergibt sich oft aus den (so und so zu verstehenden) sprachlichen Reaktionen der Leute.

fend zu *beschreiben*. Aus der Interpretation folgt also gerade diejenige Stellung von Ausdrücken für Regeln, die PU 108 c ihnen zuweist:

Aber wir reden von [der Sprache] so, wie von den Figuren eines Schachspiels, indem wir Spielregeln für sie angeben, nicht ihre physikalischen Eigenschaften beschreiben.

Verallgemeinert heißt das: Zu jeder Äußerung mit einer wohlbestimmten Bedeutung gibt es eine soziale (durch Befolgen von Verhaltensregeln definierte) Konstellation als Vorbedingung und eine Auswirkung auf die Verteilung von Rechten und Pflichten; kurz: eine konventionale Vorbedingung und ein konventionales Ergebnis. Das Paar aus konventionaler Vorbedingung und konventionalem Ergebnis ist es, das uns davon sprechen läßt, die fragliche Äußerung habe die durch dieses Paar gekennzeichnete Bedeutung; etwa daß S A den Ring schenkt; daß S A mitteilt, es seien noch fünf Platten auf dem Stapel; daß S A befiehlt, Rechtsum zu machen. Was wir als Ethnolinguisten herausfinden müssen, ist, wie man in der fremden Sprache Äußerungen zustande bringt, die durch die gesuchten Paare aus konventionaler Vorbedingung und konventionalem Ergebnis gekennzeichnet sind, also die gesuchte Bedeutung haben: Sagt man »This ring is yours« oder »Dono tibi hunc anulum«? Und sagt man das, während man den Ring überreicht, oder sagt man es, während man ihn dem Beschenkten ansteckt?

Man muß also die Rolle der Äußerung (Schenken eines Rings) unterscheiden von der Form, die die Äußerung in einer Sprache haben muß, um im Gebrauch der Sprache diese Rolle zu spielen. Die Kennzeichnung der Rolle ist für alle Sprachen gleich; sonst könnte man gar nicht herauszufinden versuchen, ob das Schenken eines Rings im Lateinischen wie im Englischen sprachlich vor sich gehen kann, ob es also in beiden Sprachen Äußerungen mit dieser Bedeutung gibt. Dagegen werden die akustischen Eigenschaften sich stark unterscheiden (und auch die Umstände, unter denen die akustischen Ketten gerade diese Bedeutung annehmen, werden in Latium anders ausgesehen haben als in Sussex). Welche Äußerungen Schenkungen sind, stellt der Ethnolinguist an ihren konventionalen Rollen fest; wie Äußerungen mit diesen Rollen aussehen, schreibt er ins Lehrbuch der untersuchten Sprache.

Bedeutungsvolle Ausdrücke haben also zweierlei Eigentümlichkeiten: solche, die ihre Rollen, und solche, die ihr Aussehen kennzeichnen. Das und nichts anderes sagt PU 108 d:

Die Frage »Was ist eigentlich ein Wort?« ist analog der »Was ist eine Schachfigur?«

Ein Materialstück ist eine Schachfigur, wenn es in einem Spiel nach den Regeln für eine der sechs Figuren gebraucht wird. Wie ein solches Materialstück, etwa die Dame, aussieht, ist von Schachspiel zu Schachspiel verschieden. Die Aufgabe des Ethnolinguisten, herauszufinden, wie man auf Englisch schenkt, wie also dort Äußerungen aussehen, die die typische Rolle (die konventionale Vorbedingung und das konventionale Ergebnis) einer Schenkung haben, entspricht der Aufgabe, die der Beobachter eines Spielablaufs, den er für eine Schachpartie hält, hat, wenn er herausfinden will, welche der Materialstücke die beiden Damen sind. Die Eigentümlichkeiten des Spielablaufs (also die Rollen der Figuren) und die Eigentümlichkeiten, mit deren Hilfe die Spieler die Materialstücke voneinander unterscheiden, sind beide räumliche und zeitliche Phänomene, wie PU 108 c das ausdrückt; gleichwohl muß man sie unterscheiden.

Sprachregeln, auf denen die Bedeutungen von Äußerungen und Ausdrücken beruhen, sind Regeln für das Verhalten in Sprachspielen. Im Rahmen der hier entwickelten Ausarbeitung hat das zwei Folgen, die man im Auge behalten sollte. Zum einen ähneln diese Regeln dem, was Wittgensteinforschern und -kritikern dazu meistens einfällt, wenig. »Das Schwimmbad ist offen« als Mitteilung nur dann zu äußern, wenn man gute Gründe fürs Zutreffen hat, ist zum Beispiel kein passendes Exemplar, sondern statt dessen, dem Adressaten den Schaden zu ersetzen, wenn der sich auf die Äußerung hin zum Schwimmbad aufgemacht und es geschlossen gefunden hat (wobei der Schadensersatz auch in einer Entschuldigung oder im Erdulden von Häme wegen Unzuverlässigkeit bestehen kann). Zum andern bilden die Regeln ein buntes Sammelsurium, weil zu verschiedenen Äußerungsbedeutungen ganz verschiedene konventionale Voraussetzungen und Ergebnisse gehören; man sieht es den Verhaltensregeln nicht an einem einigermaßen einheitlichen Merkmal an, daß ihre Befolgung in einer Gruppe für die Bedeutung einer in dieser Gruppe gängigen Äußerung wesentlich und sie also Sprachregeln dieser Gruppe sind. Wenn der ranghöhere A und der rangniedere B zusammen auf eine Tür zugehen, hat das dasselbe konventionale Ergebnis, wie wenn B zu A sagt: »Bitte nach Ihnen.« Daß nur die zweite Regel eine Sprachregel ist, ergibt sich erst aus weiteren Tatsachen, auf die wir nicht eingegangen sind (und die jedenfalls nicht so einfach sind wie daß im zweiten Fall Schall erzeugt wurde – eine Geste wäre genauso bedeutungsvoll). Was bedeutungsrelevante Verhaltensregeln auszeichnet, ist, grob gesprochen, eine systematische Stellung: Sie knüpfen konventionale Ergebnisse, die für Äußerungsbedeutungen charakteristisch sind, an Verhaltensweisen, die weiter keine Funktion haben als die, das jeweilige konventionale Ergebnis (und was aus diesem folgt) zu erzeugen.

Soweit die Ausarbeitung des »Rolle im Sprachspiel«-Gedankens akzeptabel ist, wäre damit ein Argument vom Tisch, mit dem Kemmerling zu begründen versucht hat[20], in den ›Philosophischen Untersuchungen‹ gebe es keine – auch keine unfertige – Bedeutungstheorie. (Es geht dabei nicht um das Wort »Theorie«, und ein Streit um das Ausmaß der Unfertigkeit wäre langweilig.) Er hat seinen Einwand so formuliert, es sei Wittgenstein – entgegen seinem in der ›Philosophischen Grammatik‹ formulierten Bedürfnis[21] – nicht gelungen, einen sprachimmanenten Zweck von Äußerungen herauszuarbeiten, der, anders als viele andere Zwecke von Äußerungen, für ihre Bedeutung wesentlich wäre. Was »sprachimmanent« heißen soll, ist schwer zu charakterisieren[22]; die deutlichste Kennzeichnung gelingt Kemmerling mit dem Gegenbeispiel, das er Wittgenstein vorhält:

Sprachimmanente Zwecke, so wird durch Grices subtile und tiefschürfende Analyse nahegelegt, haben eine ganz ungewöhnliche Eigenschaft: Um die Er-

[20] Kemmerling 1992, S. 111f.

[21] Gegenüber der Verwendung von PG 32, 33 gelten dieselben Bedenken wie gegenüber Meggle (vgl. Abschnitt 3).

[22] Vgl. Kemmerlings Vergleich mit »schachimmanenten« und »schachtranseunten« Zwecken und Rollen von Schachzügen und -figuren S. 107 – 109.

füllung dieser Zwecke zu erlangen, reicht es aus, zum Ausdruck zu bringen, daß man ihre Erfüllung anstrebt. Gemäß Grices Theorie ist die bedeutungskonstitutive Art der Zeichenverwendung auch dadurch gekennzeichnet, daß Sprecher und Adressat einander wechselseitig Rationalität und ein gewisses Maß an Kooperativität unterstellen. (S. 120)

Da es Wittgenstein unbenommen blieb, die irreführende Redeweise von Zwecken im Zusammenhang mit Bedeutungen aufzugeben, ist das deutlich das Argument, es mangele den ›Philosophischen Untersuchungen‹ an einem gerade für Sprachverwendung typischen, einigermaßen einheitlichen Merkmal; das ist auch die Fassung, die Kemmerling seiner Kritik im Anschluß an die Diskussion der »Zweck«-Problematik anläßlich von Wittgensteins Redeweise von den »durch eine Sprachregel ausgesagten Zwecken« (PG 33) gibt:

Doch gerade das für unsere leitende Frage wichtigste Problem bleibt offen: Wie läßt sich zwischen Sprachregeln und anderen Regeln zur Verwendung von Sprache unterscheiden – etwa Regeln des Geschmacks, des guten Benehmens, der Moral, der Klugheit, usw.? (S. 117)

Im Rahmen der hier vorgelegten Ausarbeitung ist das Argument schlicht irrelevant, weil sie eine solche Unterscheidungsmöglichkeit (außerhalb einer Gesamtbeschreibung aller Verhaltensregeln einer Gruppe) nicht erwarten läßt. Für sie ist die Charakterisierung als sprachliche Äußerungen weder für einzeln betrachtete Handlungen noch für einzeln betrachtete typisierte Verhaltensweisen sinnvoll, sondern für beide nur als Elemente von Systemen von befolgten Verhaltensregeln, für deren beste Beschreibung den fraglichen Verhaltensweisen Äußerungsbedeutungen zuerkannt werden müssen.

7. Dieses Bild, oder ein ähnlich stark verallgemeinerndes, wird bei Wittgenstein nicht ausgemalt. Es kann aber aus zwei Gründen beanspruchen, ein Mosaik weiter zu füllen, das in den ›Philosophischen Untersuchungen‹ fragmentarisch angelegt ist: Es paßt haargenau zu dem Zusammenhang, den die ›Philosophischen Untersuchungen‹ zwischen Bedeutung, Verstehen und Meinen konstatieren; und es ist mit dem Text der ›Philosophischen Untersuchungen‹ überall verträglich, außer dort, wo Wittgenstein wie-

derholt einen offenkundigen Fehler macht, der sich ausgerechnet im Rahmen der hier vorgeschlagenen Weiterführung diagnostizieren läßt (siehe dazu Abschnitt 8).

Für die ›Philosophischen Untersuchungen‹ hat ein Ausdruck die Bedeutung x, wenn er als x zu verstehen ist; und er ist als x zu verstehen, wenn es regelfolgendes Verhalten (»Gepflogenheit«, PU 198, 199) ist, mit ihm in entsprechender Weise umzugehen. Der Ausdruck »in entsprechender Weise« versteckt die allgemeine Voraussetzung, daß es zu jeder Bedeutung eine entsprechende Weise gibt; die allgemeine Voraussetzung wird in den ›Philosophischen Untersuchungen‹ nicht thematisiert, weil Wittgenstein nur einzelne Beispiele analysiert, ausführlich sogar nur das Beispiel des richtigen Verstehens zweier arithmetischer Anweisungen, nämlich »Addiere 1!« (PU 143 ff.) und »Addiere 2!« (PU 185 ff.). »Addiere 2!« hat (bei uns) die uns vertraute Bedeutung, weil (bei uns) die Äußerung als Anweisung, nach jeder Zahl die zweitnächste zu schreiben, zu verstehen ist; und sie ist (bei uns) so zu verstehen, weil das Schreiben der zweitnächsten Zahl (unter uns) regelfolgendes Verhalten im Sinne der ›Philosophischen Untersuchungen‹ ist. Wäre es regelfolgendes Verhalten, über 1000 mit »1004, 1008, ...« fortzufahren, dann hätte »Addiere 2!« nicht die uns vertraute Bedeutung, sondern möglicherweise die, im n-ten Tausender 2n zu addieren. (Es müßte dann auch regelfolgendes Verhalten sein, über 2000 mit »2006, 2012, ...« fortzufahren.)

Den Zusammenhang zwischen Meinen und Bedeutung gibt Wittgenstein ungewöhnlich komprimiert und allgemein in PU 190 an, und zwar durch eine Erläuterung dafür, was es heißt, einen Ausdruck in einer bestimmten Bedeutung zu meinen. Dabei wird vorausgesetzt, daß man nur dann beanspruchen darf, einen Ausdruck in einer bestimmten Bedeutung zu meinen, wenn sich aus dem Meinen ergibt, daß in konkreten Fällen ein bestimmter Umgang mit dem Ausdruck der richtige ist. Auch in diesem Fall dient ein arithmetischer Ausdruck als Beispiel:

> Man kann nun sagen: »Wie die Formel gemeint wird, das bestimmt, welche Übergänge zu machen sind.« Was ist das Kriterium dafür, wie die Formel gemeint ist? Etwa die Art und Weise, wie wir sie ständig gebrauchen, wie uns gelehrt wurde, sie zu gebrauchen.

Wir sagen z. B. Einem, der ein uns unbekanntes Zeichen gebraucht: »Wenn du mit ›x!2‹ meinst x^2, so erhältst du *diesen* Wert für y, wenn du 2x damit meinst, *jenen.*« – Frage dich nun: Wie macht man es, mit »x!2« das eine, oder das andere zu *meinen*?

So kann also das Meinen die Übergänge zum voraus bestimmen. (PU 190)

Die Interpretation[23] fängt am besten mit der Schlußfrage des zweiten Absatzes an; die Antwort muß lauten: mit »x!2« meint man x^2, wenn man bereit ist, »x!2« wie »x^2«, und meint man 2x, wenn man bereit ist, »x!2« wie »2x« zu gebrauchen, also so, wie wir »x^2« bzw. »2x« »ständig gebrauchen«, wie (um die für einige Interpreten erstaunlich irreführende syntaktische Mehrdeutigkeit zu beheben) »x^2« bzw. »2x« zu gebrauchen wir gelehrt wurden. Kurz: Das Meinen legt die Bedeutung, in der der Ausdruck gemeint wird, insoweit fest (letzter Absatz), als es darin besteht, daß man sich einer etablierten Verwendung einfügt. Auch hier wird vorausgesetzt, daß verschiedene gemeinte Bedeutungen sich durch verschiedene etablierte Verwendungen unterscheiden.

Vom oben angemahnten Zusammenhang zwischen der Rolle eines Ausdrucks im Sprachspiel und seiner Bedeutung kann man sich also auf zwei Wegen überzeugen lassen. Entweder betrachtet man eine Reihe von Beispielen, für welche die Kennzeichnung von Äußerungsbedeutungen durch ihre konventionalen Vorbedingungen und ihre konventionalen Ergebnisse einleuchtet, und verläßt sich darauf, mit anderen Äußerungsbedeutungen werde das auch klappen. Oder man betrachtet die allgemeine begriffliche Verknüpfung zwischen Bedeutung, Verstehen und Meinen und dem Umgang mit dem Ausdruck. Natürlich kann man beides kombinieren; der zweite Weg stellt ja nichts anderes dar als die Verallgemeinerung der vielen Einzelergebnisse, die auf dem ersten Wege gefunden werden.

Mit dem zweiten Weg kann man sich unter Umständen leichter anfreunden, wenn man ihn als Aufklärung eines Bedeutungszusammenhanges zwischen »Bedeutung«, »richtig verstehen« und »passend handeln« ansieht; ich habe das früher so zu suggerieren versucht: Damit eine Äußerung Bedeutung hat, muß sie in einer Situation getan werden, in der eine solche Äußerung als dies oder

[23] Zur ausführlichen Begründung der Interpretation vgl. Kapitel 6, S. 127 – 132.

jenes bedeutend aufzufassen ist. In der Sprachgemeinschaft gilt eine Äußerung in der und der Situation als Äußerung mit dieser oder jener Bedeutung, als Äußerung, die so oder so zu verstehen ist; und deshalb hat sie Bedeutung. In einer bestimmten Sprachgemeinschaft gilt auf eine bestimmte Äußerung hin, die in einer bestimmten Situation getan wird, eine bestimmte Verhaltensdisposition als richtig. Diese Verhaltensdisposition haben heißt, die Äußerung richtig verstehen; und die Äußerung in der bestimmten Situation tun heißt, eine Lage schaffen, in der die Verhaltensdisposition als richtig gilt, in der also gerade sie das richtige Verstehen der Äußerung darstellt. Sinnvoll sprechen kann also nur, wer sich zusammen mit denen, zu denen er spricht, innerhalb eines durch das gemeinsame Verhalten als gültig ausgewiesenen Regelsystems bewegt, in welchem klar ist, welche Verhaltensdisposition das richtige Verstehen seiner Äußerung darstellt.[24] – Aber das bleibt ein Versprechen, das nur durch die Kleinarbeit auf dem ersten Weg erfüllt werden kann.[25]

8. Die oben angekündigte Bestätigung ex negativo ergibt sich daraus, daß das skizzierte Bild von der Kennzeichnung von Äußerungsbedeutungen durch konventionale Vorbedingungen und konventionale Ergebnisse, das so schön zur »Rolle im Sprachspiel« paßt, eine wesentliche Unterscheidung zwischen Äußerungsbedeutung und Satzbedeutung verlangt, die Wittgenstein nicht nur nicht mitmacht, sondern gegen die er vereinzelt sogar polemisiert; und an diesen Stellen ist er offenkundig im Unrecht. Bedeutungsvolle *Äußerungen* sind Äußerungen von Sätzen in Situationen, die die Bedingung erfüllen, daß in der betreffenden Sprache die Äußerung des Satzes in diesen Situationen eine Bedeutung im Sinne der bisher charakterisierten »Rolle im Sprachspiel« hat. (Die betreffenden Situationen sind keine sogenannten »Vorkommnisse«; sie können sich wiederholen, und wenn in einer Wiederholung derselben Situation derselbe Satz geäußert wird, kommt eine Äußerung mit derselben Äußerungsbedeutung zustande.)

[24] v. Savigny 1969, S. 72 (1974, S. 69, 1993, S. 70).
[25] Ich will nicht behaupten, daß die Aufgabe trivial sei; vgl. v. Savigny 1988 a, S. 78 – 80, 138 – 141.

Will man demgegenüber von der Bedeutung oder dem Sinn von *Sätzen* reden, dann geht es ersichtlich um einen anderen Bedeutungsbegriff. Dieser Bedeutungsbegriff hat eine etablierte Verwendung, die zumindest in den Grenzen klar ist, in denen es einen disziplinierten Gebrauch des Begriffs der korrekten Übersetzung von einer Sprache in die andere gibt. In diesem Sinne hat der Satz »Dies ist hier« ungefähr dieselbe Bedeutung wie der Satz »This is here«. Daraus folgt natürlich nicht, daß jede Äußerung des Satzes »This is here« dieselbe Bedeutung (im Sinne derselben Rolle im Sprachspiel) hat wie jede Äußerung des Satzes »Dies ist hier«, und zwar schon deshalb, weil – wie wir unten sehen werden – nicht jede Äußerung des Satzes »Dies ist hier« dieselbe Bedeutung hat.

Wittgenstein streitet dagegen an einigen Stellen mehr oder weniger explizit ab, daß Sätze außerhalb von Verwendungssituationen überhaupt Sinn hätten, so in PU 117 b (und mit demselben Beispiel in PU 514), PU 348, 349, 408, 409 und 520. Möglicherweise hat er übersehen, daß ein Satz, außerhalb einer Verwendungssituation betrachtet, etwas anderes ist als ein Satz, für den es keine Verwendungssituation gibt; auf diesen Sachverhalt wird einmal, nämlich in PU 525, ganz deutlich hingewiesen (und für Wörter genauso in PU 534).

Ohnehin unterscheiden ja die ›Philosophischen Untersuchungen‹ nicht etwa sorgfältig zwischen Satz und Äußerung, und das bekommt der Argumentation gelegentlich ziemlich schlecht, etwa in PU 22 (der »*Zug* im Sprachspiel« wäre die Äußerung, und daß »daß das und das der Fall ist« als Äußerung vorkäme, hat Frege nie behauptet), ein Fehler, der in genau dieser Form in PU 49 wiederholt wird. (Die Unterscheidung trifft Wittgenstein dagegen ganz eindeutig in PU 447 b.) PU 23 begründet die Annahme, es gebe unzählige Arten von Sätzen, damit, daß es unzählige verschiedene Arten der Verwendung von sprachlichen Ausdrücken gibt. Auch PU 344, 345 sind in dieser Hinsicht auffällig.

Demgegenüber wird gelegentlich der Unterschied ganz deutlich gemacht, so etwa in PU 21, 70 a, 79 a, d und 278. Und an einer Reihe von Stellen ist es für die Interpretation sogar bedeutsam, daß Wittgenstein nicht etwa behauptet, ein gewisser Satz habe keinen Sinn, sondern nur, seine Äußerung in einer gewissen Situation (oder einer Reihe von Situationen) habe keinen Sinn:

Man kann von *einem* Ding nicht aussagen, es sei 1 m lang, noch, es sei nicht 1 m lang, und das ist das Urmeter in Paris. (PU 50)

Dieser Satz ist überhaupt nur verständlich, wenn »aussagen« als »mitteilen« oder »behaupten« verstanden wird; daß der *Satz* »Das Urmeter ist 1 m lang« selbst Sinn hat, folgt schon daraus, daß Wittgenstein ihn in indirekter Rede verwendet. Dasselbe gilt zum Beispiel für PU 227[26], 246 c und 260 c. Das beste systematische Beispiel ist Wittgensteins »grammatischer Satz«, der in PU 247 – 252 eingeführt und danach noch häufig als klärendes Instrument eingesetzt wird. Ein »grammatischer Satz« ist einer, der nur in einer bestimmten Verwendung, nämlich zur Erläuterung des Sprachgebrauchs, Sinn hat. Sehr häufig kommt es Wittgenstein darauf an, daß ein als derartige Erläuterung verwendeter Satz seiner Form nach so aussieht, als werde er verwendet, um etwas anderes mitzuteilen oder zu behaupten. Der grammatische *Satz* kann also in einer den Sprachgebrauch erläuternden *Äußerung* verwendet werden, nicht aber in einer etwas anderes behauptenden oder mitteilenden *Äußerung*.

Wittgenstein hätte Satzbedeutung und Äußerungsbedeutung deutlicher auseinanderhalten können, wenn er seine Fragmente in der skizzierten Weise vervollständigt hätte.[27] Manchmal sieht man eben offen daliegende Einzelheiten deshalb nicht, weil man in übergroßer Angst davor, durch vorschnelle Verallgemeinerungen den Einzelfällen Unrecht zu tun, Zusammenhänge ignoriert, die einem andere Einzelheiten erst auffallen machen.

Als Forscher im unbekannten Land mit der uns gänzlich fremden Sprache haben wir glücklich herausgebracht, daß »Dat is dir« als eine von S, dem x gehört, an A gerichtete Äußerung, bei der S dem A das x aushändigt, das typische konventionale Ergebnis einer Schenkung hat. Wir nehmen deshalb die Hypothese an, »Dat is dir« habe die Bedeutung, daß S A den übergebenen Gegenstand schenkt. Zu unserer Überraschung äußert derselbe Sprecher gegenüber demselben Adressaten beim Aushändigen desselben Gegen-

[26] Vgl. v. Savigny 1988 b, 1994, *ad loc.*

[27] Soweit ich sehe, ist er mit der Unterscheidung nie zu Rande gekommen, obgleich er sie gesehen hat. Ein charakteristisches Beispiel dafür ist in ›Letzte Schriften zur Philosophie der Psychologie‹, Bd. I, die Bemerkung 44.

standes am nächsten Tag wiederum »Dat is dir«; diesmal hat er den Gegenstand aus einem Fach eines Regals geholt, das er verwaltet und wo viele ähnliche Gegenstände lagern, die von verschiedenen Leuten im Laufe der letzten Stunden dort abgegeben worden sind. (Die Szene mag während des Karnevals in einem rheinischen Fundbüro spielen.) Diese zweite Äußerung, finden wir heraus, hat die konventionale Vorbedingung und das konventionale Ergebnis einer Mitteilung von S an A, daß der übergebene Gegenstand A gehöre. Welche Bedeutung hat »Dat is dir«? Schenkung oder Mitteilung?

Wir haben im wesentlichen zwei Optionen. Auf die eine legt Wittgenstein sich mit seinen polemischen Bemerkungen fest, und sie ist besonders unschön: Das Beispiel wird als Beleg dafür gewertet, daß der Satz »Dat is dir« mehrdeutig ist; er hat überhaupt nur in Verwendungssituationen Sinn, und wenn er in n Situationen benutzt werden kann, um n verschiedene Dinge zu sagen, dann ist er n-deutig. Mit dieser Option verbaut man sich die ohnehin geringe Chance, eine Theorie zu finden, die einem sagt, was für Dinge man in was für Situationen mit »Dat is dir« sagen kann. (Man beachte, daß die Indexikalität für das Problem keine Rolle spielt.) Man hat auch keine Aussicht auf eine Theorie, die das unverzichtbare Datum rettet, daß »Dat is dir« im Rheinischen *dasselbe bedeutet* wie im Schriftdeutschen »Das gehört dir« und »Das ist deins« oder wie im Englischen »This is yours« – Sätze, die sich in bezug auf die bei ihren Verwendungen zustande kommenden Äußerungsbedeutungen weitgehend gleich verhalten wie »Dat is dir«. *Wenn* sie dasselbe bedeuten, dann sollte man auf Theorien des Rheinischen, des Schriftdeutschen und des Englischen hoffen dürfen, aus denen sich *ergibt*, daß sie dasselbe bedeuten.

Das mag wohl oder übel zugunsten der zweiten Option ausgehen, nämlich so, daß die Theorien des Rheinischen, des Schriftdeutschen und des Englischen konkret angeben, was die Sätze bedeuten, indem sie etwas angeben, das sie zu der Bedeutung der Sätze erklären, also etwas, das am Satz hängt (sich aus Lexikon und Grammatik ergibt), nicht an Verwendungen des Satzes. Herauskommen muß dann, daß die Sätze *dieselbe Bedeutung haben*. Französische Lehrbücher des Rheinischen, des Schriftdeutschen und des Englischen könnten zum Beispiel für alle drei Sätze als Bedeutungen angeben »que la chose appartient à la personne adressée«. Mit einer »Metaphysik der Bedeutungen« hat das nicht das geringste zu tun; freilich muß man aufpassen, für die Theorien des Rheinischen, des Schriftdeutschen und des Englischen kein metaphysisches Korsett zu schmieden und etwa a priori begründen zu wollen, Satzbedeutungen müßten Wahrheitsbedingungen sein. In den anvisierten Theorien treten Satzbedeutungen als theoretische Entitäten auf, die man für Sätze postuliert (und deren Zuordnung zu den Sätzen auf der Basis von deren Struktur und Wörtern von der Semantik der jeweiligen Sprache geleistet werden muß), weil die Pragmatik der Sprache es anders nicht fertigbringt, diejenigen Äußerungsbedeutungen auf die Reihe zu bringen, die die Verwendungen der Sätze in typisierten Situationen haben. (Möglicherweise kann man auch die Situationen nicht typisieren, ohne für sie eine ähnliche Theorie wie für die Sätze zu machen. Jedenfalls ist einigermaßen unwahrscheinlich, daß man für alle natürlichen Sprachen mit einer bündigen Theorie der Implikaturen auskommt.) Welche theoretischen Entitäten eine Theorie zu Systematisierungs- und Voraussagezwecken postuliert, schreibt man ihr tunlichst nicht vor, sondern überläßt man am besten ihr selbst.

Deshalb geht Wittgenstein in seiner Aversion gegen wolkige Bedeutungstheorien entschieden zu weit, wenn er behauptet, der *Satz* »Ich bin hier« habe außerhalb von Verwendungssituationen keinen Sinn (PU 117 b, 514); richtig ist, daß es wenige Typen von Situationen geben dürfte, in denen man ihn verwenden könnte, um eine bedeutungsvolle *Äußerung* zu tun, und daß er insbesondere nicht für selbstverifizierende Mitteilungen benutzt werden kann. Auch ein diszipliniert eingeführter Begriff der Satzbedeutung kettet diese hinreichend eng an die »Rolle im Sprachspiel«; nur müssen *Rollen von bedeutungsvollen Äußerungen* (also von Verwendungen von Sätzen in Situationen, wo Äußerungsbedeutungen zustande kommen) unterschieden werden von *Rollen von bedeutungsvollen Sätzen* (also von Sätzen, die man in gewissen Situationen verwenden kann, um bedeutungsvolle Äußerungen zu tun). Die Rolle einer bedeutungsvollen Äußerung wird angegeben durch ihre konventionale Vorbedingung und ihr konventionales

Ergebnis; die Rolle eines bedeutungsvollen Satzes ist sein Beitrag zum Zustandekommen der Rollen der bedeutungsvollen Äußerungen dieses Satzes.

Dabei ist »Beitrag« ein ziemlich bildhafter Ausdruck. Äußerungsbedeutungen sind im Standardfall Paare aus einer illokutionären Rolle (S empfiehlt A) und einer Proposition (daß A den Hund kauft). Man möchte deshalb meinen, der »Beitrag« des geäußerten Satzes müsse eines von beiden sein; Wahrheitsbedingungen-Semantiker neigen instinktiv dazu, diesen Beitrag, also die Satzbedeutung, mit der Proposition der Äußerungsbedeutung zu identifizieren. Wie das Beispiel des in Standardsituationen für die genannte Empfehlung verwendbaren Satzes »Der Hund ist bissig« zeigt, ist der Instinkt wenig hilfreich. Daß die Satzbedeutung den Beitrag des Satzes zu den Äußerungsbedeutungen darstellt, ist eine verkürzte Redeweise dafür, daß die Regeln für das Zustandekommen von Äußerungsbedeutungen – ihre Gesamtheit ist die Pragmatik der Sprache – mit zwei Informationen auskommen müssen: der über die relevanten Situationsumstände und der über die Satzbedeutung. Für die Pragmatik ist am Satz nur die Satzbedeutung interessant.

9. Es ist erstaunlich, daß Wittgenstein mit der Bedeutung von Wörtern offenbar weniger Schwierigkeiten hatte als mit der Bedeutung (bei ihm: dem Sinn) von Sätzen; jedenfalls gibt es kaum vergleichbare Polemik. (Die einzige deutliche Ausnahme findet sich in PU 117 a.) Wortbedeutungen sind nämlich noch eine Stufe theoretischer als Satzbedeutungen: Sie werden in der Semantik einer Sprache postuliert, weil diese sich anders nicht zu helfen weiß, wenn sie aus Wörtern und Satzstrukturen jene Satzbedeutungen konstruieren soll, die sie der Pragmatik der Sprache zur Verfügung stellen muß, damit diese systematisch voraussagen kann, welche Äußerungsbedeutungen die Verwendungen der Sätze in typisierten Situationen haben werden. Wenn die Bedeutung des Wortes seine Rolle im Sprachspiel ist, dann also insofern, als sie sein Beitrag zu den Bedeutungen der Sätze ist, in denen es vorkommt, deren Bedeutung oder Rolle wiederum ihr Beitrag zu den Bedeutungen oder Rollen ist, die ihre Äußerungen haben. Was dabei

unter »Beitrag« genau zu verstehen ist, hängt natürlich davon ab, wie der theoretische Aufbau der (hoffentlich korrekten!) Semantik bzw. Pragmatik aussieht.

Es ist deshalb eine außerordentlich gewagte Annahme, man müsse etwa die Bedeutung eines exemplarischen Eigennamens angeben können, indem man – wie das Wittgenstein offensichtlich vorschwebte – die Regeln seiner Verwendung angebe. Natürlich war gerade Wittgenstein klar, daß diese Regeln alles andere als einfach sind. Daß ein Gegenstand auf einen Namen getauft ist, heißt zum Beispiel so lange nichts, wie man die Zeremonie nicht als Taufe kennzeichnen kann; und sie ist keine Taufe, wenn sie nicht das Ergebnis hat, daß das Wort nachher *als Name* für den Gegenstand *verwendet werden* kann – ein offenkundiger Erläuterungszirkel. Bleibt die Folge aus, dann ist bloß das Täfelchen angeheftet, welches ja erst dadurch zum Namenstäfelchen wird, daß der darauf stehende Name den Gegenstand wirklich bezeichnet, also tatsächlich als Name für ihn gebraucht wird (PU 15, 26). Für Personennamen weist PU 27 (vgl. auch PU 691) unter bewußter Ausnutzung der Mehrdeutigkeit der Wendung »jemanden mit einem Namen rufen« auf eine typische Verwendung hin: Wenn S in Richtung einer Gruppe von Menschen »Hans!« ruft und daraufhin von genau einer Person aus der Gruppe erwartet wird, daß sie mit S Kontakt aufnimmt, dann paßt das zu der Annahme, daß diese Person Hans heiße. Aber man braucht nur über die vielfältigen sozialen Funktionen von Personennamen nachzudenken, um zu sehen, wie kompliziert es wird, auf dieser Basis Personennamen von Titeln oder Verwandtschaftsanreden zu unterscheiden; und es scheint fast ausgeschlossen, daß man die in einer Sprache verwendeten Eigennamen ohne sehr starke Annahmen über die Syntax, wohl auch über die Wortbildung dieser Sprache identifizieren könnte.

Kapitel 3

»Die Bedeutung eines Wortes ist sein Gebrauch in der Sprache«: Schlußwort zu ›Philosophische Untersuchungen‹ § 43 a

Man kann es nicht bemerken, – weil man es immer vor Augen hat.

Lange vor dem Erscheinen der ›Philosophischen Untersuchungen‹ war die »Gebrauchstheorie der Bedeutung« unter anderen auch Wittgenstein zugeschrieben worden; kein Wunder also, daß die Interpreten ihre explizite Formulierung prompt in PU 43 a fanden –

Man kann für eine *große* Klasse von Fällen der Benützung des Wortes »Bedeutung« – wenn auch nicht für *alle* Fälle seiner Benützung – dieses Wort so erklären: Die Bedeutung eines Wortes ist sein Gebrauch in der Sprache.

– und sich auf Fragen wie die folgenden stürzten: Geht es hier ausschließlich um Wortbedeutung, oder soll die »Theorie« allgemein gelten? Welche Fälle nimmt im ersten Satz die vorsichtige Einschränkung von der »Theorie« aus, und warum tut sie das? Wie kann man die »Theorie« im Rahmen grundlegender Annahmen über Sprachspiele, Regelfolgen usw. begründen?

Für sich genommen, sind das interessante Fragen; aber PU 43 a hat mit keiner von ihnen auch nur das geringste zu tun, wie man in unvoreingenommener Exegese leicht zeigen kann. Freilich muß man auf die Einzelheiten des Textes achten; und da fällt zunächst die fast peinliche Umständlichkeit der Formulierung »Klasse *von* Fällen *der* Benützung *de*s Wortes ›Bedeutung‹« auf. In einem Text von Wittgenstein nötigt die unbeholfene Reihung von Genitiven zu wortwörtlicher Interpretation: In denjenigen Fällen, die zu der »*großen* Klasse« gehören und in denen mit dem Wort »Bedeutung« über Wortbedeutung geredet wird, kann das *Wort* »Bedeutung« in bestimmter Weise erklärt werden. (Das *Wort* »Bedeutung«, *nichts* anderes, insbesondere nicht die Wortbedeutung![1]) Wenn nun jemand sagt: »Das Wort ›A‹ kann folgendermaßen erklärt werden: A ist B«, dann verwendet er die materiale Redeweise, und »Fälle der Benützung« sind Kontexte. PU 43 a gibt also den folgenden Hinweis: In vielen, wenngleich nicht allen Kontexten, in denen mit dem Wort »Bedeutung« über Wortbedeutung geredet wird, kann das Wort »Bedeutung« durch den Ausdruck »Gebrauch in der Sprache« ersetzt werden. – Worauf will Wittgenstein hinaus? Es könnte aufschlußreich sein, einen Blick auf den unmittelbaren Kontext zu werfen, PU 43 b:

Und die *Bedeutung* eines Namens erklärt man manchmal dadurch, daß man auf seinen *Träger* zeigt.

Das ist ein Kontext, in dem mit dem Wort »Bedeutung« über Wortbedeutung geredet wird. (Namen sind Wörter.) Man vergleiche nun: »An vielen Abenden – wenn auch nicht an allen – gehe ich ins Kino. *Und* heute ...« mit: »An vielen Abenden – wenn auch nicht an allen – gehe ich ins Kino. Heute *jedoch* ...«. Wegen seiner Einleitung mit »Und« *fällt PU 43 b in die »große Klasse«*. Wir ersetzen *»Bedeutung«* entsprechend dem Hinweis in PU 43 a und erhalten:

Und den *Gebrauch* eines Namens *in der Sprache* erklärt man manchmal dadurch, daß man auf seinen *Träger* zeigt.

Das trifft freilich zu. Nicht immer, aber manchmal: Wenn die Erklärung des Namens klarmachen soll, *wer so heißt*; wenn der Träger anwesend ist; und wenn der Adressat weiß, daß das erklärte Wort ein Eigenname ist und wie Eigennamen gebraucht werden (wenn also die in PU 30, 31 diskutierten Bedingungen erfüllt sind, was in aller Regel der Fall ist).

Was soll das Ganze nun? Die Rolle eines Textabschnitts ist nicht unabhängig von seinem Kontext; richten wir unser Augenmerk also dorthin. Seit der »Nothung«-Argumentation in PU 39 hat Wittgenstein sich mit der Vorstellung herumgeschlagen, jeder wirkliche Name müsse als seine Bedeutung einen Träger haben. PU 40 diagnostiziert es als Mißbrauch der Sprache, den Träger

[1] Auch die englische Übersetzung »For a *large* class of cases [...] in which we employ the word ›meaning‹ it can be defined thus« läßt nur eine außerordentlich weit entfernte Möglichkeit offen, daß »it« sich auf »meaning« bezieht.

eines Namens als dessen Bedeutung zu bezeichnen. PU 41, 42 versuchen zu verstehen, warum man dennoch auf die irrige Vorstellung verfallen könnte: Die Regeln eines Sprachspiels *könnten* so sein, daß die Verwendung von Namen in diesem Sprachspiel von der Existenz ihrer Träger abhinge. PU 44 faßt fiktive Sprachspiele ins Auge, in denen Namen nur in der Anwesenheit des Trägers gebraucht werden; und PU 45 merkt an, daß so etwas für den hinweisenden Gebrauch von »dieses« gilt – das Wort kann nur dann hinweisend gebraucht werden, wenn etwas da ist, auf das man zeigen kann (weshalb das Demonstrativum als der einzige »eigentliche« Name angesehen wurde, PU 38).

Inmitten dieser Bemerkungen erweist sich PU 43 als weiterer therapeutischer Hinweis, der in ausführlicher Paraphrase natürlich seinen epigrammatischen Witz verliert: »Daß der Träger des Namens die Bedeutung des Namens sei, meinst du deshalb, weil man die Bedeutung des Namens aufzeigen kann, indem man auf den Träger des Namens zeigt. Nun paß mal auf: Sehr oft – nicht immer – können wir statt von der ›Bedeutung‹ eines Wortes von seinem ›Gebrauch in der Sprache‹ reden, und das ist ganz gewiß der Fall, wenn wir von der Bedeutungserklärung für einen Namen sprechen, die dadurch zustande kommt, daß man auf den Namensträger zeigt (statt daß zum Beispiel die Etymologie des Namens angegeben würde). In solchen Fällen erklären wir, wen man mit diesem Namen ruft, wer so heißt, wie der Name in der Sprache also zu gebrauchen ist. Aber du würdest doch aus diesem Grunde nicht etwa den Träger des Namens mit dem Gebrauch des Namens verwechseln; warum also aus demselben Grunde den Träger des Namens mit der Namensbedeutung verwechseln?«

Damit ist die Rolle von PU 43 a klar: Der Absatz bereitet uns auf eine Erinnerung daran vor, was eigentlich erklärt wird, wenn man die Bedeutung eines Namens dadurch erklärt, daß man auf den Träger zeigt. *PU 43 a dient unserem Verständnis von PU 43 b.* Damit der Absatz diese Rolle spielen kann, wäre es vollkommen nutzlos, wollte man ganz genau anzugeben versuchen, wann die Ersetzung möglich ist und wann nicht; die Parenthese wischt den Gedanken an genauere Einschränkungen als nebensächlich beiseite. Deswegen existiert das große Rätsel gar nicht, ob Wittgenstein ganz bestimmte Ausnahmen im Sinn hatte oder nicht. Und der Hinweis wäre keineswegs überzeugender, wenn er sich auf eine Theorie der Wortbedeutung stützte, aus der folgen würde, daß die Ersetzung in einer gewissen, wohldefinierten großen Klasse von Fällen zulässig wäre. Über Theorien bricht sofort Streit aus; hier ist allein wichtig, daß die durch die Ersetzung entstehende Ausdrucksweise *im vorliegenden Fall* völlig normal ist, gleich welche Sprachtheorie man hat.

PU 43 a deutet eine Theorie der Wortbedeutung nicht einmal an.[2]

[2] Nur wenige Interpreten haben sich mit PU 43 a wirklich exegetisch Mühe gegeben, und sie haben ohne Ausnahme den in PU 43 a mit Händen zu greifenden Hinweis auf die Möglichkeit, PU 43 b umzuformulieren, übersehen. (Das mag daran liegen, daß sich beide Abschnitte mit der Erklärung von Bedeutung beschäftigen und so scheinbar auf derselben Argumentationsebene liegen.) Vgl. Hallett 1967, der PU 43 b nicht einmal zitiert, was für eine Monographie zum Thema immerhin bemerkenswert ist und sich hoffentlich nicht daraus erklärt, daß man in der maßgebenden Textausgabe umblättern muß, um von PU 43 a zu PU 43 b zu kommen; in Hallett 1977, ›Detailed Commentary‹ zu PU 43, argumentiert er dafür, PU 43 b aus der »großen Klasse« in PU 43 a auszuschließen. Garver 1978, S. 254 f., sowie Baker und Hacker 1980, *ad loc.*, schließen mit Recht aus dem Kontext des Abschnitts, daß die Namenserklärungen in b zur »großen Klasse« in a gerechnet werden müssen, äußern allerdings allesamt Unbehagen daran, daß überhaupt von der Bedeutung von Eigennamen die Rede sei. Bedenken dagegen, daß Wittgenstein an die Bedeutung von Eigennamen geglaubt haben könnte oder dürfte, sind allerdings dort müßig, wo er *gegen* eine bestimmte Theorie der Bedeutung von Eigennamen argumentiert oder Therapien dafür vorschlägt. Hunter 1971, S. 379 – 381, 388, hält b für eine Warnung davor, a zu mißdeuten, und C. Black 1974 betrachtet Eigennamen sogar als von Wittgenstein angeführtes Beispiel für die Einschränkung in a. Hanfling 1989, der b ebenfalls als Ausnahme interpretiert (S. 45), argumentiert wenig überzeugend, Wittgenstein könne, wenn Eigennamen typischerweise durch Hinweis erklärt würden, nicht »manchmal« sagen. Hier ist, das kommt vor, die älteste Untersuchung die beste geblieben: Nach Specht 1963, S. 108 f., handelt a von Kontexten, in denen »Bedeutung« durch »Gebrauch« ersetzt werden kann; aber obgleich er Eigennamen mit einschließt, übersieht Specht, daß b solch ein Kontext ist. Und deswegen unterläßt er den entscheidenden Ersetzungsschritt, aus dem die Bedeutung von b erhellt.

Kapitel 4

Viele gemeinsame menschliche Handlungsweisen

Die Schwierigkeit aber ist,
das Vorurteil zu beseitigen.

In der mir zugänglichen, um exegetische Arbeit am Text der ›Philosophischen Untersuchungen‹ bemühten Literatur wird PU 206 c ohne viel Federlesens[1] durchweg so verstanden, daß Wittgenstein hier die Existenz eines Inbegriffs oder eines strukturierten Systems von zusammenhängenden Verhaltensneigungen voraussetze, welches den Menschen als sprachverwendungsfähiges Lebewesen von den übrigen Lebewesen unterscheide:

> Die gemeinsame menschliche Handlungsweise ist das Bezugssystem, mittels welches wir uns eine fremde Sprache deuten.

Rudolf Haller hat dieser Interpretation die das anthropologische Gewicht des so interpretierten Satzes besonders scharf pointierende Form gegeben,

> [...,] daß unter der gemeinsamen menschlichen Handlungsweise nicht verschiedene Lebensformen, Handlungsformen oder Handlungstypen verstanden werden können, sondern etwas, was man die Natur des menschlichen Daseins nennen könnte, etwas, das mit dem antiken Begriff des zoon politikon, des Menschen als sozialem Lebewesen, am besten verdeutlicht werden kann. Auf dem Hintergrund der gemeinsamen menschlichen Handlungsweise deuten wir uns jeweils fremde und unbekannte Sprachen und grenzen das nicht-menschliche ›Sprechen‹, sei es von Löwen oder Bienen, vom menschlichen ab.[2]

Wittgenstein hatte eine Gabe, die die Beachtung seiner Werke gefördert, ihr Verständnis aber im großen und ganzen mehr behindert als erleichtert hat: die Gabe nämlich, pointierte Bemerkungen zu schreiben, die, aus dem Zusammenhang gerissen, ein Licht aufleuchten lassen, bei dessen Anblick das Publikum nur »Aah« sagen

[1] Ausnahmen mit genaueren Textanalysen bilden Haller 1979, insbes. S. 531-533, Baker und Hacker 1985, S. 186, 189 f., Schulte 1990, S. 154-159 (mit abweichender Interpretation, vgl. Anm. 13), und Raatzsch 1993, S. 50-52.

[2] Haller 1984, S. 55.

kann. Freilich, sieht man sich den Kontext an, dann bleibt vom Aah-Erlebnis gewöhnlich nicht einmal ein Aha-Erlebnis übrig, sondern man versteht bloß einen nüchternen Schritt in einer nüchternen Argumentation. So wird es uns auch mit PU 206 c gehen: Die Existenz einer für den Menschen als Menschen charakteristischen Handlungsweise wird darin nicht vorausgesetzt. Nur vorweg die syntaktische Bemerkung, daß die *jeweilige* gemeinsame menschliche Handlungsweise sprachlich genausogut gemeint sein *kann*; daß sie gemeint *ist*, wird im folgenden gezeigt. Der Text des Originals schließt die richtige Interpretation nicht aus, anders als »The common behaviour of mankind«, womit die englische Übersetzung den für sie sehr seltenen Fehler macht, eine Interpretationsalternative ohne Not zu verbieten. »Common human behaviour«, »shared human behaviour« hätten den Fehler vermieden.

1. Bedenken

Kritisch prüfen läßt sich die exegetische Haltbarkeit der üblichen Interpretation nur, wenn für die Nachprüfung ein hinreichend scharfes Verständnis zugestanden wird, und zwar in zweierlei Hinsicht: Wer über die fragliche Handlungsweise nicht verfügt, gilt nicht als Mensch, wohl aber, wer über sie verfügt; und die fragliche Handlungsweise hat einigermaßen scharfe Grenzen. Die Forderung ist nicht zu streng zu verstehen; zum Beispiel kann auch als Mensch gelten, wer von Leuten abstammt, die zu einer Gruppe gehören, in der die fragliche Handlungsweise sehr weit verbreitet ist; und der einzelne mag Defizite an der einen Ecke der Handlungsweise an der anderen kompensieren. Aber es muß sinnvoll sein, von *der* Handlungsweise zu reden und sie *den* Menschen zuzuordnen. Unverzichtbar ist wegen des Textes von PU 206 c, daß die fragliche Handlungsweise, wo nicht notwendig und hinreichend, so doch in einem im Einzelfall plausiblen Sinn entscheidend dafür ist, daß ein Verhalten als Sprachbenutzung aufgefaßt werden kann.

Im Blick auf ein scharfes Verständnis der These stellen sich freilich sofort erhebliche Bedenken ein. Ich werde sie ausführen, um zu zeigen, daß die vom Wortlaut des isoliert betrachteten Satzes her so reizvolle Interpretation eine erhebliche Beweislast deshalb trifft, weil andere Stellen in den ›Philosophischen Untersuchungen‹ nach Wortlaut und jeweiligem Kontext in eine andere Richtung deuten. Der nächste Schritt würde darin bestehen müssen, die übliche Interpretation im engeren Kontext von PU 206 c stark zu machen; wenn das gelänge, könnten nur schrittweise Kontexterweiterungen der mit ihr unverträglichen Textstücke zu einer Entscheidung führen – äußerstenfalls eine Gesamtinterpretation. Schon der nächste Schritt scheitert aber; wie in Abschnitt 2 zu zeigen ist, läßt die Interpretation sich aus dem Kontext nicht nur nicht belegen, sondern wird von ihm rundweg ausgeschlossen. Die vorläufigen Verdachtsmomente brauchen daher über ihre Funktion als Mahner zur Vorsicht hinaus nicht argumentativ strapaziert zu werden.

Lebensformen und Sprachen

Nach PU 19 a kann man sich »unzählige« Sprachen vorstellen; die beiden Beispiele dort sind »eine Sprache [...], die nur aus Befehlen und Meldungen in der Schlacht besteht« und »eine Sprache, die nur aus Fragen besteht und einem Ausdruck der Bejahung und der Verneinung«. Als Beispiele werden also disjunkte Sprachen angegeben. In diesem Fall kann der an »Und unzählige Andere« anschließende Satz

Und eine Sprache vorstellen heißt, sich eine Lebensform vorstellen

sprachlich nicht anders verstanden werden als so, daß es zu disjunkten Sprachen unterschiedliche Lebensformen gibt. Die Lesart »die Lebensform des Sprachverwendens« ist ausgeschlossen; dazu müßte der Satz so ähnlich lauten wie: »Freilich – eine dieser Sprachen vorstellen heißt immer, sich dieselbe Lebensform vorstellen.«

Zum selben Ergebnis kommt die Interpretation von PU 23, obgleich dort in b über »das *Sprechen*[3] der Sprache« gesagt wird, daß

[3] Die Ausgabe Oxford 1967 hat, anders als die Werkausgabe, kursives *»Sprechen«* wie die Druckvorlage, TS 227.

es »ein Teil ist einer Tätigkeit, oder einer Lebensform«. Aber zum einen ist »das *Sprechen* der Sprache« nicht etwa dasselbe wie die Sprachverwendung (von der in PU 25 die Rede ist). Das sagt zwar die englische Übersetzung mit »the *speaking* of language« – nur: Warum dann nicht einfach »Sprechen«? Die Lesart »das *Sprechen* dieser [jeweiligen] Sprache« ist nicht nur möglich, sondern sogar geboten, weil »Sprach*spiel*« ausdrücklich benutzt wird, um etwas am *Sprechen* der Sprache hervorzuheben, und es wird in PU 23 a benutzt, um wie in PU 19 a darauf hinzuweisen, daß es unzählige »Typen der Sprache« gibt. Also: Jedes Sprechen einer *neuen* Sprache ist ein neues Sprachspiel. Das ist genau das, worauf der Kontext der Stelle hinauswill.

Zum anderen bedeutet,

daß das *Sprechen* der Sprache ein Teil ist einer Tätigkeit, oder einer Lebensform

nicht etwa, daß jeder Sprachensprecher teilhat an der allumfassenden Lebensform, die dem Sprachverwenden zugrunde liegt oder es ausmacht, sondern daß jedes Sprechen einer Sprache in eine Lebensform eingebettet ist; und verschiedene Sprachen können gerade durch Unterschiede zwischen den einbettenden Lebensformen zustande kommen. Man muß sich das in PU 23 a für die Arten der Ausdrucksverwendung, für die Typen der Sprache, für die Sprachspiele (wie in PU 19 a für die Sprachen) verwendete Wort »unzählige« nämlich genauer anschauen. Natürlich braucht man nicht »unendlich viele« zu lesen, sondern im Alltagsverständnis »unüberschaubar viele«; aber auf Grund zweier Sachverhalte heißt es auch »unabgeschlossen viele«: In PU 23 a wird gesagt, daß sich ständig neue Sprachspiele entwickeln; und die Beispielsliste in PU 23 c ist offenkundig so zu verstehen, wie Wittgenstein sich Erklärungen durch Beispiele überhaupt vorstellt: als offen und fortsetzbar (vgl. PU 69, 71, 75 u. ö.). Damit bekommt die Lebensform ein ganz erhebliches Gewicht: Unterschiede zwischen Lebensformen sind leicht vorstellbar, wenn sie für Unterschiede zwischen eingebetteten Sprachen verantwortlich sein sollen; zum Beispiel gibt es in einer Gesellschaft ohne Autoritätsverhältnisse keine Befehle, und das Schenken kennen wir nur, weil wir das Eigentum als Institution haben. Die Menge der sozialen Regeln einer Gesellschaft kann man sich natürlich jederzeit so verändert denken, daß Typen von Äußerungen entfallen, erst möglich werden oder sich Nuance für Nuance ändern.

Die Einbettung der Sprache in die jeweilige Lebensform begründet also, warum es unabgeschlossen viele Sprachen geben kann.[4] Sie macht ja auch erst verständlich, wieso es die beiden primitiven Sprachen aus PU 19 a geben könnte. Sie sind nämlich alles andere als leicht vorzustellen – es sei denn, man malt sich einbettende Lebensformen, die von der unseren sehr stark abweichen, sehr ausführlich aus. (Wie sieht eine Lebensform aus, in der es Schlachten gibt, aber keine Sprache von Handwerkern, die Waffen schmieden?)

Mit dem Gebrauch der Pluralform »Lebensformen« schließe ich mich in Hallers Kontroverse mit Garver[5] der Sprechweise von Haller an. Garver bevorzugt den Singular, um damit diejenige einheitliche Grundlage der menschlichen Sprachverwendung zu kennzeichnen, die Wittgenstein seiner Auffassung nach mit dem Singular »Lebensform« bezeichnet. Statt von unterschiedlichen Lebensformen spricht Garver (mit Bezugnahme auf PU II i) von Modifikationen der Lebensform des Sprachverwendens. In der Interpretation von PU 206 c sind Haller und Garver einer Meinung, abgesehen davon, daß Garver – anders als Haller – die »gemeinsame menschliche Handlungsweise« mit »der menschlichen Lebensform« identifiziert. Eine zusätzliche Stütze für die übliche Interpretation von PU 206 c bedeutet die Identifikation nicht; denn die (angenommene) Lebensform kann auch Garver nicht aus dem Text konkret mit Inhalt füllen.

Jede Sprache kann durch Weiterentwicklung reicher werden: eine Selbstverständlichkeit, die Wittgenstein unterstellt werden muß, die sich aus den bisherigen Überlegungen zur Interpretation ergibt und die er für die historischen Vorstufen unserer jetzt gesprochenen Sprache in PU 18 ausdrücklich festhält. Zwar fordert er den Leser in PU 2 auf, die Sprache der beiden Bauenden »als

[4] Nützlich zu den angesprochenen Interpretationsfragen: Strawson 1954, S. 25 f.; Kenny 1973, S. 166 f.; Whittaker 1978, S. 45; Baker und Hacker 1980, S. 157 f., 135 f.; Hilmy 1987, S. 163-180; Thompkins 1990, S. 198.

[5] Haller 1984, S. 61; Garver 1984 sowie ders. 1990, insbes. S. 188-190.

vollständige primitive Sprache« aufzufassen, und in PU 6 erklärt er es für vorstellbar, sie sei »die *ganze* Sprache« der beiden oder sogar eines Volksstammes; aber selbst wenn man »vollständig« im Sinne von »ein für allemal abgeschlossen« verstehen wollte, wozu gar kein Anlaß besteht[6], müßte man doch den Argumentationszusammenhang beachten. Wittgenstein räumt mit der Annahme der Vollständigkeit der Sprache aus PU 2 Augustinus eine Voraussetzung ein (eine Sprache, die bei gutwilliger Betrachtung nur Gegenstandsbezeichnungen enthält), um aus dieser Annahme Schlußfolgerungen zu ziehen, die für Augustinus unangenehm sind (daß nämlich sogar in dieser Sprache die Zeichen nur dank ihrer Einbettung in soziale Handlungszusammenhänge Bedeutung haben, nicht dank der Zuwendung des Sprechers zu irgend etwas). Für diese Argumentation muß Wittgenstein ersichtlich nicht selbst die Meinung teilen, die Sprache aus PU 2 sei ein für allemal abgeschlossen.

Wenn jede Sprache durch Weiterentwicklung reicher werden kann, dann offenbar jedenfalls auch deshalb, weil jede Lebensform durch Weiterentwicklung reicher werden kann. Die Beispiele aus PU 18 beleuchten gerade diese Art der Weiterentwicklung; denn den chemischen Symbolismus und die Infinitesimalnotation enthält »unsere Sprache« nur insoweit, als unsere Lebensform mannigfach unterschiedliche Umgangsformen mit Laien und mit Fachleuten kennt (was ja nicht sein müßte). Von den Laien wird erwartet, sich auf die Fachleute für Chemie und Mathematik zu verlassen; nur insofern enthält auch die Sprache der Laien die Sprache der Fachleute.

Was für jede Lebensform gilt, gilt auch für unsere jetzige Lebensform. Entweder enthält sie die von der üblichen Interpretation als anthropologisch vorgegeben postulierte »gemeinsame menschliche Handlungsweise« nicht; dann verfügen wir über letztere nicht als ein Bezugssystem und können uns keine fremde Sprache deuten; das ist falsch. Oder beide fallen zusammen; dann würde eine Weiterentwicklung unserer Lebensform die Entwicklung einer reicheren Sprache erlauben, die für niemanden kraft des Ver-

[6] Dazu Mosedale 1978, S. 341; Baker und Hacker 1980, S. 66; Birsch 1990, S. 347-349.

fügens über unsere jetzige Lebensform, also für niemanden kraft seiner Teilhabe an der »gemeinsamen menschlichen Handlungsweise« deutbar wäre. Oder unsere jetzige Lebensform ist reicher als die postulierte »gemeinsame menschliche Handlungsweise« (der plausibelste Fall). Dann sind uns schon jetzt mehr Sprachen deutbar als jene, die die »gemeinsame menschliche Handlungsweise« uns zugänglich macht.

Die entscheidende Voraussetzung der Argumentation ist, daß die Einbettung der Sprache in eine Lebensform Hand in Hand geht mit der Deutbarkeit der Sprache für Menschen, die über die die Lebensform ausmachenden Handlungsweisen verfügen. Ohne diese oder eine ähnliche Voraussetzung wird man in PU 206 c die Annahme einer einzigen menschlichen Handlungsweise schwerlich finden.

Fremde Traditionen und der Löwe

In PU II xi 215 (S. 223/536/568) sagt Wittgenstein:

Wir sagen auch von einem Menschen, er sei uns durchsichtig. Aber es ist für diese Betrachtung wichtig, daß ein Mensch für einen andern ein völliges Rätsel sein kann. Das erfährt man, wenn man in ein fremdes Land mit gänzlich fremden Traditionen kommt; und zwar auch dann, wenn man die Sprache des Landes beherrscht. Man *versteht* die Menschen nicht. (Und nicht darum, weil man nicht weiß, was sie zu sich selber sprechen.) Wir können uns nicht in sie finden.

Diese Feststellung darf wohl als weitere Herausforderung an die übliche Interpretation von PU 206 c gelten: Die Tatsache, daß man sich in Menschen nicht finden kann, sie in diesem Sinne nicht versteht, schließt nicht nur nicht aus, daß man sich ihre Sprache *deutet*, sondern ist sogar damit verträglich, daß man sie *beherrscht*, also in der Unterhaltung mit ihnen gebrauchen kann! Bekanntlich benutzt Wittgenstein in ›Teil I‹ den Ausdruck »deuten« oft terminologisch im Sinne von (ein Zeichen durch ein anderes) »übersetzen« und gibt, noch ungewöhnlicher, für diesen Wortgebrauch in PU 201 sogar eine Definition:

»Deuten« aber sollte man nur nennen: einen Ausdruck der Regel durch einen anderen ersetzen.

Und der terminologische Gebrauch dient dazu festzuhalten, daß Deuten (im Gegensatz zum »Auffassen«) fürs Verstehen *nicht ausreicht* (PU 28 – 29, 84 – 87, 198 – 201, 213, 505 – 506, 634; vgl. Kapitel 5, Abschnitt 2). Natürlich haben wir es nicht mit direkter Unverträglichkeit zu tun; denn selbst wenn die Forderung nach Konsistenz von ›Teil I‹ und ›Teil II‹ aufrechterhalten wird, kann man sich darauf hinausreden, wer im Sinne der zitierten Feststellung Menschen nicht verstehe, könne doch die »gemeinsame menschliche Handlungsweise« mit ihnen teilen. Nur würde das bedeuten, daß diese Gemeinsamkeit nicht einmal weit genug ginge, damit man mit anderen Menschen umgehen könnte, und dann würde die Forderung immer dringender, auf Grund des Textes der ›Philosophischen Untersuchungen‹ einen Kern von charakteristisch menschlichen Handlungsweisen anzugeben, der arm genug ist, um derartige Fremdheit noch zuzulassen, aber reich genug, um die postulierte Rolle fürs Deuten fremder Sprachen zu spielen.

Freilich könnte man mir hier die Vernachlässigung des Kontextes vorwerfen; jedermann kennt ja, was im übernächsten Absatz steht (PU II xi 217, S. 223/536/568):

Wenn ein Löwe sprechen könnte, wir könnten ihn nicht verstehen.

Seit Pitcher[7] wird diese Äußerung gemeinhin so gedeutet, daß Wittgenstein hier wie an vielen anderen Stellen (bloß besonders gekonnt) sage: Das Produzieren von akustischen Ereignissen wird zum bedeutungsvollen Sprechen erst dadurch, daß es in eine passende menschliche Lebensform eingebettet ist; der Löwe hat keine solche, weil er kein Mensch ist; selbst wenn seine Laute phonetisch nicht von wohlgeformten deutschen Sätzen unterscheidbar wären, wären sie daher doch bedeutungslos.[8] Das sieht doch nachgerade wie eine Umformulierung von PU 206 c aus! Sofern also – das könnte offen bleiben – zwischen der vorher zitierten Stelle von S. 223/536/568 und PU 206 c (in der üblichen Interpretation) über-

[7] Pitcher 1964, S. 243.
[8] Ich bin dieser Interpretation selbst noch gefolgt in v. Savigny 1986, S. 468.

haupt ein Widerspruch bestehen sollte, würde dieser durch den Löwen-Aphorismus in ihrem engeren Kontext zumindest entwertet, und es bestünde ein unabhängiger Grund, die »Fremdheit« als Möglichkeit auch bei gemeinsamer menschlicher Handlungsweise zuzulassen.

Dazu ist zweierlei zu bemerken. Zum einen ist der Löwen-Aphorismus natürlich auch mit der Annahme verträglich, daß es in PU 206 c nicht um eine allgemein menschliche Handlungsweise geht. Es kann eine solche geben, ohne daß PU 206 c ihr die angesonnene Rolle zuwiese; oder dem Löwen kann jede für die Sprachverwendung hinreichende Lebensform abgehen, auch wenn die verschiedenen für die Sprachverwendung hinreichenden Lebensformen keinen Kern gemeinsam haben, der allein für die Sprachverwendung ausreicht; schließlich kann seine Lebensform dem Löwen die Verwendung einer Sprache erlauben, die wir, wie die Dinge liegen, wegen zu großer Unterschiede zu unseren Lebensformen nicht lernen können, ganz unabhängig davon, ob es den gemeinsamen hinreichenden Kern gibt.[9]

Zum andern, und das ist wichtiger, gibt die beliebteste Interpretation des Löwen-Aphorismus ihm die falsche argumentative Pointe. Wittgenstein hat nicht etwa an dieser Stelle eine verbesserte Formulierung von PU 206 c fallengelassen, weil er sie gerade noch übrig hatte, sondern ein Argument für einen ganz bestimmten Satz aus der erstzitierten Stelle von S. 223/536/568 gebracht. *Diese* Notwendigkeit, den Kontext zu berücksichtigen, ergibt sich freilich nicht aus dem kleinen räumlichen Abstand, sondern daraus, wie die beiden Stellen sich in den Gedankengang von PU II xi einfügen.

[9] Luckhardt 1995 schlägt eine solche Interpretation vor: Die von Wittgenstein für entscheidend wichtig gehaltenen Feinheiten im Ausdrucksverhalten würden uns bei Löwen, hätten sie eine Sprache, so fremd sein, daß die Sprache uns unzugänglich wäre. Die Interpretation scheint mir zwei Schwächen zu haben: Erstens hätte Wittgenstein bei einer Sprache *von Löwen* nicht »ein Löwe« sagen, sondern die Gattungsbezeichnung »der Löwe« aus der Quelle (MS 167, S. 23 – die Angabe der Stelle verdanke ich Luckhardt; in LS I, 190, steht bereits »ein Löwe«) beibehalten oder den Plural wählen sollen. Zweitens paßt die Stelle, so interpretiert, nicht gut in den eben zitierten Kontext, der ja gerade sagt, daß wir die Sprache von Menschen verstehen können, obgleich sie uns ganz fremd sind; zumindest würde man im Löwen-Aphorismus ein »freilich« erwarten. – Aus den gleich anzugebenden Gründen scheint mir die Interpretation allerdings unwichtig.

Im Zuge seiner mit PU II xi 151 auf S. 214/526/553 einsetzenden Diskussion des erlebten Meinens erörtert Wittgenstein ab PU II xi 191, S. 220/532/562, »Das stille, ›innerliche‹ Reden« und die Frage eines privilegierten Zugangs; das führt ihn mit PU II xi 199 auf S. 221/533/564 (»Ich weiß, was ich will, [...]«) zur Erörterung der Frage, welches Wissen vom »Innern« des Anderen man beanspruchen könne. Sie wird auf S. 223/536/568 mit dem Ergebnis abgeschlossen, daß das Innere des Anderen uns nicht verborgen ist, und geht mit PU II xi 218 (ebenda) »Man kann sich ein Erraten der Absicht denken« zu einer diagnostischen Erörterung über, der man als Thema den Satz aus PU II xi 222 »Die Art der Sicherheit ist die Art des Sprachspiels« von S. 224/537/569 geben kann: Hinter Wissensansprüchen können ganz unterschiedliche soziale Garantien stehen.

Der Löwen-Aphorismus steht am Schluß der Ausführungen zum Wissen vom »Innern« des Anderen, und wenn wir hinschauen, wie er an die erstzitierte Stelle von S. 223/536/568 anschließt, können wir sehen, warum er seinen Platz hier gefunden hat:

> [...] Man *versteht* die Menschen nicht. (Und nicht darum, weil man nicht weiß, was sie zu sich selber sprechen.) Wir können uns nicht in sie finden.
>
> »Ich kann nicht wissen, was in ihm vorgeht« ist vor allem ein *Bild*. Es ist der überzeugende Ausdruck einer Überzeugung. Es gibt nicht die Gründe der Überzeugung an. *Sie* liegen nicht auf der Hand.
>
> Wenn ein Löwe sprechen könnte, wir könnten ihn nicht verstehen.

Das »Bild« (verwendet wie in PU 115: Solange wir den sprachlichen Ausdruck mißverstehen, hält das Bild uns gefangen) drückt das Nichtverstehen, das Nichthineinfindenkönnen aus. »Es gibt nicht die Gründe der Überzeugung an« *wiederholt* den Satz in der Klammer; der Löwen-Aphorismus *begründet* ihn: Wenn wir einen Löwen sprechen hörten, wüßten wir darüber, was er sagt, genausoviel, wie wenn wir von einer innerlich redenden Person *nur ihre innerlich gebrauchten Zeichen* wahrnähmen; beim Löwen wüßten wir nicht, was er sagt; also wüßten wir es auch bei der Person nicht; also liegt Nichtverstehen nicht daran, daß stille Selbstgespräche nicht belauschbar sind. Ersichtlich ist für diese Begründung die beliebte Deutung des Löwen-Aphorismus entschieden zu stark; wir könnten den Löwen nicht verstehen, ganz gleich warum, und das genügt für den Zusammenhang. Das Argument ist dasselbe wie (im zugehörigen Kontext):

Spräche ich laut zu mir selbst, in einer Sprache, die die Anwesenden nicht verstehen, so wären meine Gedanken ihnen verborgen. (PU II xi 207, S. 222/534/566)

Mit den Überlegungen in diesem Abschnitt hoffe ich gezeigt zu haben, daß die übliche Interpretation von PU 206 c der Begründung bedarf. Ich gehe jetzt zur direkten Kritik und zur Begründung der Alternativinterpretation über.

2. Wem fehlt die gemeinsame menschliche Handlungsweise?

Einer Regel folgen, das ist analog dem: einen Befehl befolgen. Man wird dazu abgerichtet und man reagiert auf ihn in bestimmter Weise. Aber wie, wenn nun der Eine *so*, der Andere *anders* auf Befehl und Abrichtung reagiert? Wer hat dann Recht?

Denke, du kämst als Forscher in ein unbekanntes Land mit einer dir gänzlich fremden Sprache. Unter welchen Umständen würdest du sagen, daß die Leute dort Befehle geben, Befehle verstehen, befolgen, sich gegen Befehle auflehnen, usw.?

Die gemeinsame menschliche Handlungsweise ist das Bezugssystem, mittels dessen wir uns eine fremde Sprache deuten. (PU 206)

Denken wir uns, die Leute in jenem Land verrichteten gewöhnliche menschliche Tätigkeiten und bedienen sich dabei, wie es scheint, einer artikulierten Sprache. Sieht man ihrem Treiben zu, so ist es verständlich, erscheint uns ›logisch‹. Versuchen wir aber, ihre Sprache zu erlernen, so finden wir, daß es unmöglich ist. Es besteht nämlich bei ihnen kein regelmäßiger Zusammenhang des Gesprochenen, der Laute, mit den Handlungen; dennoch aber sind diese Laute nicht überflüssig; denn knebeln wir z. B. einen dieser Leute, so hat dies die gleichen Folgen, wie bei uns: ohne jene Laute geraten ihre Handlungen in Verwirrung – wie ich mich ausdrücken will.

Sollen wir sagen, diese Leute hätten eine Sprache; Befehle, Mitteilungen, usw.?

Zu dem, was wir »Sprache« nennen, fehlt die Regelmäßigkeit. (PU 207)

Für die Interpretation von PU 206 c spielt der enge Zusammenhang von PU 206 und PU 207 eine wesentliche Rolle. Inhaltlich ist er eindeutig gegeben: Die Leute, um deren Sprache es in PU 207 c geht, sind »diese Leute« in PU 207 b, also »die Leute in jenem Land« in PU 207 a; und das sind »die Leute dort« aus PU 206 b mit der »fremden Sprache«, offenbar einem Beispiel für »eine fremde Sprache« in PU 206 c. Damit ergibt sich ein ungewöhnlich streng durchkomponierter, klappsymmetrischer Aufbau: PU 206 a »Aber wie, wenn [...] reagiert?« entspricht PU 207 c »fehlt die Regelmäßigkeit«; PU 206 b »Unter welchen Umständen [...]« entspricht PU 207 b; dann sollte PU 206 c PU 207 a entsprechen, sollten also beide Absätze als Thema das Deuten einer fremden Sprache mittels der gemeinsamen menschlichen Handlungsweise haben. Da es sich in PU 207 a bloß um den Schein (PU 207 c!) »einer artikulierten Sprache« handelt, scheitert der Versuch, bei den Leuten eine Sprache zu finden, und der Mißerfolg muß daher rühren, daß es an der gemeinsamen menschlichen Handlungsweise mangelt. *Woran* scheitert der Versuch? Der Text gibt nur einen Grund an:

Es besteht nämlich bei ihnen kein regelmäßiger Zusammenhang des Gesprochenen, der Laute, mit den Handlungen; [...]

Diese ausführliche Formulierung wird in PU 207 c zusammengefaßt:

Zu dem, was wir »Sprache« nennen, fehlt die Regelmäßigkeit.

Darüber, welche Regelmäßigkeit fehlt, sagt der Text indirekt etwas mehr. Eine Regelmäßigkeit besteht nämlich: Solange die Leute »Laut geben« können, geraten ihre Handlungen nicht in Verwirrung. (Es spielt für die Interpretation keine Rolle, ob der Wechsel des Numerus von »einen dieser Leute« zu »ihre Handlungen« ausdrücken soll, daß alle »Laut geben« müssen oder daß die Handlungen eines jeden, der geknebelt wird, in Verwirrung geraten; beides ist sprachlich möglich.) Die Leute geben zum Beispiel ununterbrochen »Stimmfühlungslaute« (ohne die sie unruhig und verwirrt werden); das sind »die gleichen Folgen, wie bei uns« im idiomatischen Sinne von »Folgen, wie sie auch bei uns auftreten würden«. Der regelmäßige Zusammenhang zwischen dem Vorhandensein von Stimmfühlungslauten und koordiniertem Verhalten genügt also nicht für eine Sprache; es müssen komplexere Regelmäßigkeiten sein, die uns erlauben, bestimmte Laute als Befehle, bestimmte andere als Mitteilungen usw. zu charakterisieren (PU 207 b).[10]

[10] Vgl. dazu Kapitel 2, Abschnitt 6.

Das Scheitern unseres Versuchs, ihre Sprache zu erlernen, ist eine *Folge* davon, daß sie gar keine Sprache haben (daß die notwendige Regelmäßigkeit zwischen Worten und Handlungen nicht obwaltet); Wittgenstein beschreibt realistisch, in welcher Weise wir herausfinden, daß sie keine Sprache haben. (Bevor der Philologe sich an die Beschreibung einer lebenden Sprache macht, wird er sie gewöhnlich lernen.) Es ist aber zu betonen, daß die Sprache fehlt, weil die Regelmäßigkeit fehlt, nicht weil wir sie nicht erlernen können; PU 207 c ist eindeutig. Jedenfalls haben Interpreten des Originaltextes nicht die Entschuldigung von anderen, die, auf die vollständig korrekte Übersetzung »There is not enough regularity for us to call it a language« angewiesen, den Konsekutivsatz »for us to call it a language« übersehen, die Zäsur nach »for us« statt davor setzen und dank diesem Mißverständnis der Oberflächengrammatik bei der Feststellung landen: »Für uns genügt die Regelmäßigkeit nicht; deshalb kann man das keine Sprache nennen.« Das freilich wäre anthropozentrischer Sprachimperialismus reinsten Wassers, der darauf hinausliefe, daß, was Menschen nicht lernen können, keine Sprache wäre.

Weil im Blick auf PU 206 c hier natürlich eine große Versuchung liegt, sei darauf hingewiesen, daß – abgesehen von den Bemerkungen in Abschnitt 3 – nicht nur der eindeutige Wortlaut von PU 207 c diese Interpretation ausschließt, sondern auch zwei weitere Belege dagegen sprechen. Der erste ist sehr direkt in PU 185 zu finden, wo der Schüler etwas gelernt hat, was wir nicht lernen könnten, nämlich daß die durch 2, 4, 6, ..., 996, 998, 1000 festgelegte Reihe mit 1004, 1008 fortzusetzen ist; er hat im Anfangsstück eine Regelmäßigkeit gesehen, die wir nicht sehen können. Ohne Zweifel ist er ein Mensch; er wird sogar ausdrücklich so genannt.

Der zweite Beleg ist indirekt, aber ich halte ihn für gewichtig: die Selbstgesprächler-Sprache aus PU 243 a. Die Rolle der mit diesem Abschnitt eingeleiteten Erörterungen ist strittig; aus Gründen, die anzuführen hier nicht der Ort ist, schließe ich mich der Meinung an, die Strawson bereits 1954 vertreten hat:[11] Wesentlich ist nicht, daß es um Empfindungen oder um eine Sprache für sie, sondern

[11] Strawson 1954, S. 43.

daß es um eine Sprache für nur eine Person geht. Dann kann die ausdrücklich als möglich bezeichnete Sprache der Menschen,

die nur monologisch sprächen. Ihre Tätigkeit mit Selbstgesprächen begleiteten

keine Sprache für nur eine Person sein. Das ergibt sich tatsächlich ausdrücklich aus dem Text:

Einem Forscher, der sie beobachtet und ihre Reden belauscht, könnte es gelingen, ihre Sprache [sic!] in die unsre zu übersetzen.

Sie sprechen also ein und dieselbe Sprache, und zwar öffentlich zugänglich[12]; wenn ein von außen kommender Forscher ihre Äußerungen übersetzen kann, dann können sie sich selbst gegenseitig verstehen. Wieso dann »nur monologisch«? Die Selbstgesprächler haben keine Adressaten für ihre Äußerungen; das ist etwas anderes, als keine Zuhörer zu haben, und macht die Sprache für uns unglaublich fremd. Auch wir kennen zwar Äußerungen, die nicht schon kraft ihrer Bedeutung einen bestimmten Adressaten haben, aber nur als Äußerungen, die sich an jeden richten, den sie angehen: »Ist da jemand?« – »Hilfe!« – Oder schriftlich: »Betreten verboten.« – »Hier schrieb Grabbe den ›Gothland‹.« – Wieder mündlich, aber historisch später: Rundfunknachrichten, Fernsehreklame. (Die Verfremdung wird deutlich, wenn man sich vorstellt, die Sprecher und Schauspieler wendeten sich Mikrofon und Kamera ganz zu, aber niemand lauschte oder starrte vor Lautsprecher oder Fernsehschirm.) Zeitungs- und Buchtexte bilden die üblichste Masse von schriftlichen Beispielen.

Ich halte es für lernpsychologisch äußerst fraglich, daß wir an diesen Äußerungen als ersten Äußerungen unsere Sprache lernen könnten; offenkundig ist die adressatenlose Sprache aber das Thema von PU 243 a. Man beachte: Der Forscher hört die Selbstgesprächler »Vorsätze und Entschlüsse fassen«, nicht etwa Versprechen geben oder Voraussagen machen; sie tun also keine Äußerung, kraft deren Bedeutung sie sich den Erwartungen herausgehobener anderer Leute (die sich in besonderer Weise auf

[12] So auch Mounce 1986, S. 190, 197 f., und Malcolm 1989, S. 19. Die Schwierigkeiten der von Hacker 1972, S. 222 f., und Hanfling 1989, S. 92, vertretenen Interpretation, jeder spreche eine eigene Sprache, legt Teichman 1976, S. 145-148, dar.

ihre Versprechen oder Voraussagen verlassen dürften) aussetzen. Sie haben niemanden, der als Adressat ihrer Äußerung gelten kann. Dabei sind ihre Äußerungen öffentlich verständlich; andernfalls könnte der Forscher sie nicht erfolgskontrolliert übersetzen. Die Sprache kann also von den Selbstgesprächlern auch gelernt, wenn auch nicht gelehrt werden, durch Nachmachen, nicht durch Unterricht; aber ob wir sie lernen könnten, bleibt offen, während in Wittgensteins Gedankenexperiment das Übersetzen – eine für ihn mit dem Deuten identische Tätigkeit – möglich ist. Die Selbstgesprächler-Sprache ist also deutbar; aber ihre Lernbarkeit ist jedenfalls fraglich. Das genügt für den in PU 207 a wichtigen Unterschied zwischen »Sprache« und »für uns erlernbare Sprache«; es kann Sprachen geben, die für uns deutbar, aber nicht erlernbar sind.

Damit ist das folgende Ergebnis erzielt: Damit das Verhalten der »Leute in jenem Land« als ein Sprechen einbettendes Verhalten gekennzeichnet werden kann, fehlt es nach dem Text von PU 207 nur an der *unter ihnen* fürs Sprechen notwendigen Regelmäßigkeit zwischen Lauten und Handlungen. (»Es besteht nämlich bei ihnen [sic!] kein regelmäßiger Zusammenhang [...]«.) Die Begründung ist, daß *sie keine ausreichende gemeinsame Handlungsweise* haben; die Begründung ist nicht, daß *wir keine ausreichende Handlungsweise mit ihnen gemeinsam* haben. Nun kommt es nach PU 206 c für das Deuten der Sprache im wesentlichen auf die gemeinsame Handlungsweise an. Was in PU 207 a exemplarisch als fehlend nachgewiesen wird, dergestalt, daß wegen dieses Mangels keine Sprache da ist, ist die den vom Forscher beobachteten Menschen gemeinsame Handlungsweise. Mithin ist sie es, die in PU 206 c in Rede steht, und nicht die allen Menschen und daher ihnen mit uns gemeinsame menschliche Handlungsweise.

Das Ergebnis wird durch den Textbefund von PU 207 a unmittelbar verstärkt:

> Denken wir uns, die Leute in jenem Land verrichteten gewöhnliche menschliche Tätigkeiten [sic!] [...]. Sieht man ihrem Treiben zu, so ist es verständlich [sic!], erscheint uns ›logisch‹ [sic!].

Schwer verständlich, wie ihr »Treiben« keine ihnen mit uns gemeinsame menschliche Handlungsweise sein sollte.[13] ›Man *versteht* die Menschen. Wir können uns in sie finden.‹ Die uns mit ihnen gemeinsame Handlungsweise ist also da; nicht ihr Fehlen ist der Grund, warum wir unsere Vermutung, sie sprächen eine Sprache, nicht durch Deuten dieser vermuteten Sprache bestätigen können. Eine ausreichende gemeinsame Handlungsweise fehlt ihnen vielmehr, was die Verbindung ihrer Laute mit ihren Handlungen angeht. (Wir stehen nicht in Rede, weil wir ihre Laute gar nicht äußern.)[14]

Was also sagt PU 206? Absatz a: Wenn auf einen Befehl keine gleichmäßige Reaktion *in der betroffenen Gruppe* erfolgte, hätte keiner Recht, wären also die richtige Befolgung und damit der Inhalt gar nicht festgelegt; die Äußerung wäre kein Befehl. Absatz b: Du würdest es dann sagen, wenn das Geben, Verstehen, Befolgen und Auflehnen sich *in der betroffenen Gruppe* gleichmäßig manifestierte. (Beispiel: Der Vermutung, »A« sei in den Umständen U ein Befehl, H zu tun, kommt die Beobachtung entgegen, daß »A«, in U von jemandem in autoritativer Stellung geäußert, im allgemeinen nach sich zieht, daß die durch die autoritative Stellung und andere Umstände definierten Leute H tun, sich nur unter Mühe weigern und für die Weigerung bestraft werden.) Absatz c: Solche Regelmäßigkeiten müssen zwischen dem Lautgeben in bestimmten Umständen und den Handlungen aller *in der betroffenen*

[13] Raatzsch 1993, S. 50-52, interpretiert, es erscheine nur so, als ob, was die Leute verrichten, gewöhnliche menschliche Tätigkeiten seien, und das Treiben erscheine uns nur logisch. Das ist mit der Stellung von »wie es scheint« ebenso schwer verträglich wie dem Wechsel von »wie es scheint« zu »erscheint uns«.

[14] Schulte 1990, der die Auffassung vertritt, es gehe um eine den Leuten und dem Forscher gemeinsame Handlungsweise, wendet gegen die hier vertretene Interpretation ein: »Verfehlt ist diese Deutung jedoch, insoweit sie unterstellt, nach Wittgenstein wäre ein Verständnis der fremden Sprache auch dann möglich, wenn zwischen der Handlungsweise des Feldforschers und der der Eingeborenen keine Gemeinsamkeit bestünde.« (S. 156) Diese Folge hat die Interpretation natürlich nicht – im Gegenteil: sie benutzt die Nennung der »gewöhnliche[n] menschliche[n] Tätigkeiten« in PU 207 für die Begründung. Darüber, wieviel Forscher und Leute gemeinsam haben müssen, wird in PU 206 nichts gesagt; das schließt nicht aus, daß aus vielen anderen Äußerungen Wittgensteins ein zusammenhängendes Bild von derart notwendigen Gemeinsamkeiten gewonnen werden kann, die zusammen vielleicht sogar fürs Deuten der fremden Sprache einigermaßen hinreichend und notwendig sein mögen. Es gibt aber nicht den Schatten einer Andeutung, daß die für den Forscher zur Deutung der Sprachen A, B und C möglicherweise jeweils erforderlichen gemeinsamen Handlungsweisen a bzw. b bzw. c einen gemeinsamen Kern haben müßten.

Gruppe bestehen, damit die Laute sprachliche Äußerungen sind, so daß wir sie deuten können.

3. Der Kontext von PU 206, PU 207

Der Vortext hat notorische Querelen ausgelöst, die aber, soweit sie exegetisch ernstzunehmen sind, seine Grundlinien nicht in ihrer Funktion tangieren, den Inhalt von PU 206, PU 207 mit festzulegen. Spätestens seit PU 134 werden zusammenhängend Verstehen und Meinen erörtert. Die Argumentation hat einen kritischen Strang: Daß jemand etwas unter einem Zeichen versteht (mit ihm meint), kann nicht so erläutert werden, daß er über eine interne Interpretation des Zeichens verfügt, falls dieses Verfügen nach dem Vorbild der Präsenz von etwas Zeichenähnlichem (in seinem Bewußtsein oder vor seinen Augen) verstanden wird. Das entscheidende Argument ist der Deutungsregreß, besonders ausdrücklich in PU 139 – 141, 186, 198, 201. Die Argumentation hat, zweitens, zahlreiche diagnostische Teile, denen es darum geht, verständlich zu machen, wie man gleichwohl auf die falsche Vorstellung verfallen kann. Der längste von ihnen, PU 151 – 184, analysiert den verführerischen Reiz der berechtigten und zuverlässigen Äußerung »Jetzt versteh ich's!«, die, als Mitteilung des Wissens vom eigenen Verstehen mißverstanden, das Bild des dem Bewußtsein präsenten Bedeutungsinhalts als Erklärung des vermeintlichen Wissens besonders nahelegt (vgl. Kapitel 9, Abschnitte 5 und 6). Drittens führt die Argumentation in immer schärferer Pointierung auf eine konstruktive These, eine alternative Vorstellung davon, wie man unter einem Zeichen etwas verstehen, etwas mit ihm meinen könne (vgl. Kapitel 6): Man muß sich beim Verwenden des Zeichens einer üblichen, implizit geregelten Verwendung einfügen. (Es gibt keine aufgestellten Regeln, aber die Zeichenverwendung weist die in PU 198 – 242 übersichtlich dargestellten Merkmale regelfolgenden Verhaltens auf.) Zusätzlich zu den die kritische Argumentation besonders ausdrücklich formulierenden, oben genannten Abschnitten sind dafür insbesondere PU 190, 199 und 202 als sehr klare Formulierungen zu nennen.

Dieser Vortext läuft über PU 204 (Regeln kann man nicht ohne die eingeführte Gepflogenheit des Befolgens aufgestellter Regeln aufstellen, vgl. Kapitel 5, S. 114–117) und PU 205 (niemand hat auch nur die Absicht, bestimmte Regeln zu befolgen, wenn nicht eine bestimmte Handlungsweise als Befolgen dieser Regel üblich ist) geradlinig auf die hier verteidigte Interpretation von PU 206 c zu. Nirgendwo im Vortext findet sich auch nur der Schatten einer Andeutung, die Menschen müßten als Menschen im wesentlichen einem Grundbestand von gleichen Regeln folgen.

Der Folgetext von PU 207 (direkt an das Stichwort »Regelmäßigkeit« anknüpfend) kennzeichnet schon in PU 208 Regelmäßigkeit als etwas, das erlernbar und einübbar ist und für jemanden insoweit vorliegt, als er es lernen und einüben kann. PU 211 – 214 sagen so eindeutig, wie man sich das nur wünschen kann, daß es über die Erlernbarkeit hinaus keine Begründung dafür gibt, warum eine bestimmte Fortsetzung die regelgemäße ist, und PU 224 – 227 machen ausdrücklich klar, daß es keine Entscheidung darüber gibt, welche von mehreren verschiedenen Fortsetzungen eines Reihenanfangs seiner Regel gemäß sei, solange alle diese Fortsetzungen die Kennzeichen regelfolgenden Verhaltens haben (i. W. Erlernbarkeit und Selbstverständlichkeit). Begründen läßt sich gegenüber andersartigem, ebenfalls regelfolgendem Fortsetzen keines (PU 217); es ist ein erfreulicher Zustand, daß es de facto nicht zu Schwierigkeiten kommt (PU 240). Eine Auszeichnung für die Art und Weise, wie *wir* einander Regelmäßigkeiten erlernen sehen, gibt es also nicht; und wenn man für die übliche Interpretation von PU 206 c etwas aus dem Folgetext lernen will, dann dieses: Wundere dich nicht, wenn Menschen aus anderen Kulturkreisen ganz anders lernen, wenn für sie ganz andere Regeln zu befolgen sind, wenn zwischen ihren Lauten und Handlungen ganz andere Regelmäßigkeiten walten als bei uns.

4. Die bedeutungscharakteristische Handlungsweise

Ich will zum Schluß auf die einzige nach meiner Einschätzung mögliche Interpretation hinweisen, nach der in PU 206 c von etwas

Gruppeninvariantem die Rede sein könnte. Sie ist mit den vorstehenden Überlegungen verträglich, legt eine sehr weitgehende Interpretation von PU 206 b und PU 207 b zugrunde und findet angedeutete Stützen verstreut in den ›Philosophischen Untersuchungen‹; aber die in Rede stehende Gruppeninvarianz bringt keine Gemeinsamkeit unter den Menschen.

In Kapitel 2 habe ich einen Versuch gemacht, die durch Regelmäßigkeiten besonderer Art (nämlich durch regelfolgendes Verhalten) im Zusammenhang einer Äußerung mit anderem Verhalten charakterisierte Rolle dieser Äußerung im Sprachspiel mit der Bedeutung der Äußerung zu identifizieren. Das entspricht Wittgensteins offenkundiger Absicht; für den eingeschlagenen Weg konnte dagegen in Kapitel 2 (Abschnitt 5) nur der Anspruch verteidigt werden, daß er von den ›Philosophischen Untersuchungen‹ vorgezeichnet werde. Er bestand darin, die Bedeutung einer Äußerung durch ein Paar aus einer für die Äußerung notwendigen konventionalen Vorbedingung und einem auf Grund der Äußerung eintretenden konventionalen Ergebnis zu charakterisieren; sowohl das Zutreffen der Vorbedingung als auch das Eintreten des Ergebnisses lassen sich durch das Aussehen des regelfolgenden Verhaltens charakterisieren.

Wesentlich für das Vorgehen ist die Annahme, daß jede Bedeutung einer Äußerung (eines illokutionären Aktes) sich durch ein solches Paar charakterisieren läßt: die Mitteilung, daß p, etwa durch die Vorbedingung, daß dem Sprecher Wissen unterstellt wird, und durch das Ergebnis, daß der Adressat sich auf Kosten des Sprechers auf p verlassen darf; der Befehl, H zu tun, etwa durch die Vorbedingung, daß der Sprecher die notwendige Autorität hat, und durch das Ergebnis, daß der Adressat H tun muß. Wenn die Annahme zutrifft, dann haben wir es hier tatsächlich mit etwas Gruppeninvariantem zu tun, das man sehr indirekt als »Handlungsweise« bezeichnen könnte. Passen würde das alles natürlich zum »Bezugssystem«. Wir würden keinen Laut eines Angehörigen eines fremden Volksstamms ein Versprechen, einem anderen zu helfen, nennen, wenn er nicht auf Grund seines Lautes der allgemeinen Erwartung der Stammesmitglieder ausgesetzt wäre, dem anderen zu helfen.

In diesem Sinne verstanden, müßte »die gemeinsame menschliche Handlungsweise« diejenige Funktion bezeichnen, die nach unserem Begriff von Sprache jeder Äußerungsbedeutung ein Paar aus konventionaler Vorbedingung und konventionalem Ergebnis zuordnet. Ich halte die Interpretation nicht für eine plausible Exegese von PU 206 c: Da sie sich auf den Anschluß an PU 206 a, b stützt, wo nur Befehle kommen, müßte es statt »eine fremde Sprache« eher heißen, »eine Äußerung in einer fremden Sprache«; der Kontext legt sie in keiner Weise nahe; und Wittgenstein wird damit eine systematische Vorstellung unterstellt, für deren Abgeschlossenheit sich in den ›Philosophischen Untersuchungen‹ kein Beleg findet.

Wie dem auch sei: Für die übliche Interpretation von PU 206 c wäre das keine Hilfe. Denn an der so definierten »Sprache überhaupt« haben tatsächlich auf der Erde vorkommende Sprachen unterschiedlich Anteil; die Argumentation unterschiedlicher Lebensformen schlägt voll durch, weil jeder Sprechakt seine ganz besondere Einbettung in maßgeschneiderte soziale Konventionen braucht. (Kündigungen eines Arbeitsverhältnisses gibt es nur, wo es Arbeitsverträge gibt.) Vor allem aber ist an diesen Regeln nichts spezifisch Menschliches. Verschiedene soziale Tiere verfügen über unterschiedliche (bescheidene) Teile davon (Warnen, Drohen, Schenken usw.); keine menschliche Gesellschaft verfügt über alle; und wer weiß, wann Computer so weit programmiert sind, daß wir sie daran teilhaben lassen?

Kapitel 5

Der neue Begriff der Regel: Regelfolgendes Verhalten statt Regelung

Dieser Idee aber liegt eine
irreführende Analogie zu Grunde.

Die Frage, was nach den ›Philosophischen Untersuchungen‹ dazugehöre, daß man mit einem Verhalten einer Regel folge, gehört aus verschiedenen Gründen zu den am breitesten diskutierten Interpretationsproblemen. Das mag zum einen daran liegen, daß viele weitere exegetische Fragen damit zusammenhängen; zum andern wohl daran, daß es die unerschütterliche Zuversicht, in den ›Philosophischen Untersuchungen‹ die richtige Antwort zu finden, genauso gibt wie die wilde Entschlossenheit, die dort zu findende Antwort zu widerlegen. Man tut deshalb gut daran, in dieser exegetischen Frage mit einer Sorgfalt zu verfahren, die schon nach Umständlichkeit aussehen mag.

1. Wer einer Regel folgt, braucht keinen Ausdruck für sie zu benutzen

Eine Regel kann sprachlich formuliert werden, so daß ein Beobachter wahrheitsgemäß *sagen* kann: »Diese Person folgt der Regel R.« Wir wollen »R« einen *Ausdruck für die Regel* nennen, der die Person folgt. Dann könnte – in *einem* Sinne von »wissen« – ein Wissen der Person darum, daß sie R folgt, so aussehen: Wenn sie gefragt wird: »Welcher Regel folgst du?«, könnte sie antworten: »R« (oder mit einer Übersetzung von »R« in ihre eigene Sprache). In diesem Sinne (dem handgreiflichsten Sinne von »wissen, daß«) ist das Wissen um eine Regel für Wittgenstein keine notwendige Bedingung für ihre Befolgung. PU 53, 54 und 82, 83 stellen die auffälligsten unmittelbaren Textbelege dar.

Der Kontext von PU 53, 54 beginnt mit PU 38:

Und merkwürdigerweise wurde von dem Worte »dieses« einmal gesagt, es sei der *eigentliche* Name.

Der Grund dafür sollte sein, daß der Sprecher auf den gemeinten Gegenstand nur (körperlich oder geistig) zu zeigen brauche, damit das Demonstrativpronomen »dieses« eindeutig etwas bezeichne.[1]

Das Benennen erscheint als eine *seltsame* Verbindung eines Wortes mit einem Gegenstand. – Und so eine seltsame Verbindung hat wirklich statt, wenn nämlich der Philosoph, um herauszubringen, was *die* Beziehung zwischen Namen und Benanntem ist, auf einen Gegenstand vor sich starrt und dabei unzählige Male einen Namen wiederholt, oder auch das Wort »dieses«.

Wer auf eine blaue Kugel zeigt, kann allerdings auf die Kugel *oder* auf ihre Farbe *oder* auf ihre Form zeigen; wer auf eine farblose Kugel zeigt, kann auf die Kugel *oder* auf ihre Form zeigen. Eine Eindeutigkeitsgarantie für sein Zeigen hat »der Philosoph« erst, wenn die Kugel gar keine Eigenschaften mehr hat (auch die Kugelform nicht mehr), sondern ein »einfacher Gegenstand« ist. Derart radikale Erklärungen für die Möglichkeit des Benennens sind natürlich ein Hinweis darauf, daß ihr Vertreter sich hoffnungslos in seine Grübeleien verstrickt hat, und dieser Lage versucht Wittgenstein abzuhelfen: Von der »Nothung«-Argumentation in PU 39 bis zu PU 45 liefert der Text verschiedene Diagnosen und Therapien für die Vorstellung, daß »eigentliche Namen«, um bedeutungsvoll zu sein, »einfache Gegenstände« als Träger haben müssen. PU 46 gibt ein Beispiel aus der philosophischen Tradition, in dem die Vorstellung angeblich ausgedrückt wird; in PU 47–49 wird dann ganz sachlich die absolute Einfachheit erörtert, in PU 50 notwendige Existenz, die angeblich den *Erfolg* des Zeigens gewährleistet (es ist auf jeden Fall etwas da, worauf man zeigt); PU 51 – 54 nehmen sich die Benennensrelation vor, die, wie in PU 48 illustriert wird, im ›Theaitetos‹ naiverweise als selbstverständlich angenommen wird. PU 55 ff. diagnostizieren dann die suggestive Kraft verschiedener Ausdrucksweisen, die, wenn sie mißverstanden werden, die Metaphysik der »eigentlichen Namen« und der »Urelemente« begünstigen.

1 Wittgenstein spielt auf eine Vorstellung von Bertrand Russell an; zu den Einzelheiten vgl. v. Savigny 1988 b, 1994, *ad loc.*

In diesem Kontext kann man von der Abschnittsfolge PU 51 – 54 erwarten, daß mit der Vorstellung aufgeräumt wird, Benennen gehe in der »Verbindung« (PU 38) von Gegenstand, Name und Sprecher vor sich, und daß diese Vorstellung durch etwas anderes ersetzt wird. Genau so kommt es; unmittelbar zu Anfang von PU 51 fragt Wittgenstein, worin die unterstellte »Entsprechung« zwischen Buchstaben und Farben (seinen Vertretern für »eigentliche Namen« und »Urelemente« aus PU 48) denn bestehe, und in PU 53 bietet er drei mögliche Antworten an: im Gebrauch von Farbmustern beim Lehren der Wörter (»auf die und die Art« bezieht sich zurück auf das »Hinweisen auf Paradigmen« aus PU 51); in der Existenz einer Farbtabelle, die zum Lehren und zur Entscheidung in Streitfällen gebraucht würde; und darin, daß Leute, die Komplexe aus Farbquadraten beschrieben oder solche Komplexe nach Beschreibungen anfertigten, verfügbare Farbtabellen benutzten. Wittgenstein macht in PU 53 c den Vorschlag, solch eine Tabelle »den Ausdruck einer Regel des Sprachspiels« zu nennen, und er setzt den *Ausdruck für eine Regel*, der in unterschiedlichen Gebrauchsweisen (wie beim Lehren, Entscheiden, Beschreiben und Herstellen) derselbe bleibt, von der *Regel* eines Sprachspiels ab, die sehr verschiedene Rollen spielen kann.

Nun wird vom einzigen Ding, das Wittgenstein als »Ausdruck einer Regel« bezeichnet, nämlich der Farbtabelle, gesagt, sie »übernehme hier die Rolle, die in anderen Fällen Gedächtnis und Assoziation spielen« (PU 53 b).

Dieser Gedanke betrifft nicht die *Funktionsweise* des Gedächtnisses, sondern die *Fähigkeit* zum Gebrauch von Farbwörtern; abgesehen davon, daß eine »Tabellentheorie des Gedächtnisses« keinem vernünftigen Menschen ohne Not unterstellt werden sollte, wird das schon aus der ersten Nennung einer Farbentabelle in den ›Philosophischen Untersuchungen‹ deutlich:

> Ich schicke jemand einkaufen. Ich gebe ihm einen Zettel, auf diesem stehen die Zeichen: »fünf rote Äpfel«. Er trägt den Zettel zum Kaufmann; der öffnet die Lade, auf welcher das Zeichen »Äpfel« steht; dann sucht er in einer Tabelle das Wort »rot« auf und findet ihm gegenüber ein Farbmuster; nun sagt er die Reihe der Grundzahlwörter [...] bis zum Worte »fünf« und bei jedem Zahlwort nimmt er einen Apfel aus der Lade, der die Farbe des Musters hat. – So, und ähnlich, operiert man mit Worten. (PU 1)

Würde der Kaufmann die Tabelle wirklich benutzen, um die Äpfel auszusuchen, dann gäbe er eine ziemlich traurige Figur ab; die Benutzung der Tabelle dient der Erläuterung dafür, was er *können* muß, um den Gebrauch von Farbwörtern (im Unterschied zu anderen Wörtern) zu beherrschen. (Daß »›Muster in meinem Geiste‹« mir nichts nützen, sagt PU 73 sogar ausdrücklich.) Daher ist das Verfügen über die Farbtabelle, sofern es typisch für das Befolgen der von ihr ausgedrückten Regel ist, ersetzbar durch das Ausüben erworbener Fähigkeiten, *ohne daß man überhaupt über einen Ausdruck für die Regel verfügt.*

Das bringt natürlich ein Problem mit sich: Wie *kann* man einer Regel folgen, ohne einen Ausdruck für sie zu haben?[2]

> Denken wir doch daran, in was für Fällen wir sagen, ein Spiel werde nach einer bestimmten Regel gespielt!
>
> Die Regel kann ein Behelf des Unterrichts im Spiel sein. Sie wird dem Lernenden mitgeteilt und ihre Anwendung eingeübt. – Oder sie ist ein Werkzeug des Spieles selbst. – Oder: Eine Regel findet weder im Unterricht noch im Spiel selbst Verwendung; noch ist sie in einem Regelverzeichnis niedergelegt. Man lernt das Spiel, indem man zusieht, wie Andere es spielen. Aber wir sagen, es werde nach den und den Regeln gespielt, weil ein Beobachter diese Regeln aus der Praxis des Spiels ablesen kann, – wie ein Naturgesetz, dem die Spielhandlungen folgen – Wie aber unterscheidet der Beobachter in diesem Fall zwischen einem Fehler der Spielenden und einer richtigen Spielhandlung? – Es gibt dafür Merkmale im Benehmen der Spieler. Denke an das charakteristische Benehmen dessen, der ein Versprechen korrigiert. Es wäre möglich, zu erkennen, daß Einer dies tut, auch wenn wir seine Sprache nicht verstehen. (PU 54)

PU 54 a lädt den Leser dazu ein, verschiedenartige Fälle zu betrachten, wobei Spiele das Beobachtungsfeld bilden, und b führt drei Beispiele an: Erstens wird die Regel beim Lehren des Spiels gebraucht; »Sie wird [...] mitgeteilt« impliziert hier (im Unterschied zum Lehren von Farben durch Muster), daß ein Ausdruck (im oben erklärten Sinne) zur Verfügung steht. Zweitens ist die Regel »ein Werkzeug des Spieles«; das ergäbe keinen Sinn, wenn es sich nicht auf PU 53 b zurückbezöge, so daß die Regel also entweder als expliziter Ausdruck verfügbar ist oder das Befolgen ein Ausüben ausdrucksunabhängiger Kompetenz darstellt. Der bei weitem in-

[2] Canfield 1974 macht in seinem Kommentar zu PU 54 auf S. 72 f. auf die in diesem Kontext grundlegende Unterscheidung von expliziten und impliziten Regeln aufmerksam.

teressanteste Fall ist der dritte (man beachte den schieren Umfang seiner Beschreibung): Es gibt überhaupt keinen Ausdruck für die Regel; wie man der Regel folgt, wird durch die Beobachtung kompetenter Spieler gelernt. Selbst kompetente Spieler machen allerdings einmal Fehler; Fehler zu machen aber darf von dem, der das Spiel gemäß seinen Regeln zu spielen lernen möchte, nicht gelernt werden. Er muß die Fehler als etwas erkennen können, das er besser vermeidet; und er kann sie erkennen, wie Wittgenstein feststellt (der dadurch auch die Frage aus PU 51 beantwortet: »Was ist hier das Kriterium dafür, daß dies ein Fehler war?«): »Es gibt dafür Merkmale im Benehmen der Spieler.« Im Abschnitt 3 ist von diesen »Merkmalen« zu handeln; wir sollten hier lediglich zur Kenntnis nehmen, daß die »Merkmale« keine »im Benehmen des Spielers« (im Singular), sondern solche im Benehmen »der Spieler« (im Plural) sind.

Betrachten wir nun den Kontext von PU 82, 83. Es steht außer Frage, wo er endet, nämlich mit PU 88, wenn man den einleitenden Satz von PU 89 ansieht:

> Wir stehen mit diesen Überlegungen an dem Ort, wo das Problem steht: Inwiefern ist die Logik etwas Sublimes?

Diese Zäsur ist überdeutlich. Man mag allerdings darüber streiten, wo der Kontext von PU 82, 83 beginnt. Die am wenigsten von einer vorgefaßten Interpretation abhängige Zäsur befindet sich vor PU 81:

> F. P. Ramsey hat einmal im Gespräch mit mir betont, die Logik sei eine ›normative Wissenschaft‹. [...] All das kann aber erst dann im rechten Licht erscheinen, wenn man über die Begriffe des Verstehens, Meinens und Denkens größere Klarheit gewonnen hat. Denn dann wird es auch klar werden, was uns dazu verleiten kann (und mich verleitet hat) zu denken, daß, wer einen Satz ausspricht und ihn *meint*, oder *versteht*, damit einen Kalkül betreibt nach bestimmten Regeln. (PU 81)

Plötzlich mit Frank Peter Ramsey konfrontiert zu werden, schreckt den Leser doch beträchtlich mehr auf, als wenn man ihn zur Betrachtung verschwindender Sessel (PU 80) oder unerhörter Neuigkeiten über Moses (PU 79) auffordert. PU 81 schlägt nun mit seinem ersten und letzten Satz ein Thema an: Wenn man einen Kalkül betreiben will, legt man einfach Vorschriften nieder, bestimmt sie. Die sich daraus ergebenden Regeln sind »bestimmte Regeln«. »Bestimmt« bedeutet hier auch »wohlbestimmt« – »erkennbar an ihrem Ausdruck«; denn wenn wir möchten, daß jemand (uns selbst eingeschlossen) einen *von uns selbst* vorgegebenen Kalkül betreibt, müssen wir ihm Ausdrücke für Regeln geben, die er erkennen und verstehen kann. Im ganzen läuft der Abschnitt (unter anderem) darauf hinaus, daß es verständliche Motive für die Vorstellung gibt, Regeln, die zum Sprechen einer Sprache verwendet werden sollen, seien in diesem Sinne bestimmt; das ist aber, wie im letzten Satz unmißverständlich festgestellt wird, eine falsche Auffassung vom Meinen und Verstehen von Sätzen.

Die Argumentation impliziert, daß Regelfolgen im Sprachgebrauch anders aussehen könnte; aber wie?

Was nenne ich ›die Regel, nach der er vorgeht‹? – Die Hypothese, die seinen Gebrauch der Worte, den wir beobachten, zufriedenstellend beschreibt; oder die Regel, die er beim Gebrauch der Zeichen nachschlägt; oder, die er uns zur Antwort gibt, wenn wir ihn nach seiner Regel fragen? – Wie aber, wenn die Beobachtung keine Regel klar erkennen läßt, und die Frage keine zu Tage fördert? – Denn er gab mir zwar auf meine Frage, was er unter »N« verstehe, eine Erklärung, war aber bereit, diese Erklärung zu widerrufen und abzuändern. – Wie soll ich also die Regel bestimmen, nach der er spielt? Er weiß sie selbst nicht. – Oder richtiger: Was soll der Ausdruck »Regel, nach welcher er vorgeht« hier noch besagen? (PU 82)

Der einleitende Satz von PU 82 stellt genau die Frage, was wir als die Regel, der jemand folgt, zu bezeichnen bereit sein sollten, wenn wir uns erst einmal vom Vorurteil der »bestimmt ausgedrückten Regel« befreit haben.[3] Der Übergang von PU 81 zu PU 82 entspricht dem von PU 51 zu PU 53 sehr genau, und am Anfang von PU 82 werden zwei Antworten aus PU 51, 53 wiederholt, nämlich die bloße deskriptive Regelmäßigkeit und die geschriebene Regel, auf die man sich berufen kann. (Die Regel, die er uns selbst sagt, bezieht sich zurück auf PU 79 b.) Der Gedanke geht jedoch noch einen Schritt weiter, indem er die Möglichkeit ins Auge faßt, daß nichts Derartiges zu entdecken ist.

[3] Hallett 1977 weist im »Detailed Commentary« zu PU 82 richtig darauf hin, daß hier der *Begriff* der Regel zur Debatte steht. Sowohl Bogen 1972, S. 203 f., als auch Baker und Hacker 1980, *ad loc.*, schließen, daß es für Wittgenstein Fälle von Gebrauch ohne Regeln gebe, und verpassen damit Wittgensteins sprachliche Filigranarbeit.

Weit entfernt von der Schlußfolgerung, daß in solch einem Falle gar keiner Regel gefolgt würde (»Oder richtiger« wäre als Einleitung für eine rhetorische Frage arg betulich), verlangt der letzte Satz von PU 82, daß wir unseren Horizont erweitern. Es könnte sein, daß wir nicht finden, wonach wir suchen, weil wir eine falsche Vorstellung davon haben, wie das Erwartete aussehen müsse; und die Anführungzeichen definieren sowohl im einleitenden als auch im Schlußsatz von PU 82 als Thema der Überlegungen unzweideutig nicht den Ausdruck »Regel«, sondern »die Regel, nach der er vorgeht«.

Es könnte der Fall sein, daß Regelfolgen dort entdeckt wird, wo es keinen Ausdruck für die Regel gibt, den die regelfolgende Person verwenden könnte, um uns über die Regel zu informieren, nach der sie vorgeht. Wenn man sie in diesem Lichte betrachtet, hat die Mehrdeutigkeit der beiden dem letzten Satz in PU 82 vorangehenden Sätze die wichtige Funktion, uns dazu zu bringen, die enttäuschte Erwartung in einen Wechsel der Definition umzumünzen: Von »Wie soll ausgerechnet ich die Regel seines Spiels herausfinden (in der ersten Bedeutung von ›bestimmen‹), wenn sogar er selbst sie mir nicht sagen kann (erste Bedeutung von ›Er weiß sie [ja] *selbst* nicht‹)?« sollen wir dahin kommen zu fragen: »Was soll man in Fällen, wo seine Meinung gar nicht zählt (zweite Bedeutung von ›Er selbst weiß sie [schließlich] *nicht*‹), unter der Regel seines Spiels verstehen (zweite Bedeutung von ›bestimmen‹)?«

Die wichtigste Antwort aus PU 54 steht noch aus, und das ist die in PU 83 gegebene.

> Steckt uns da nicht die Analogie der Sprache mit dem Spiel ein Licht auf? Wir können uns doch sehr wohl denken, daß sich Menschen auf einer Wiese damit unterhielten, mit einem Ball zu spielen, so zwar, daß sie verschiedene bestehende Spiele anfingen, manche nicht zu Ende spielten, dazwischen den Ball planlos in die Höhe würfen, einander im Scherz mit dem Ball nachjagen und bewerfen, etc. Und nun sagt Einer: Die ganze Zeit hindurch spielen die Leute ein Ballspiel, und richten sich daher bei jedem Wurf nach bestimmten Regeln.
> Und gibt es nicht auch den Fall, wo wir spielen und – ›make up the rules as we go along‹? Ja auch den, in welchem wir sie abändern – as we go along.

Die Beschreibung der ballspielenden Leute hat eine deutliche Pointe: Es ist zumindest schwierig, die Regeln zu erkennen, denen sie folgen, wenn es denn solche gibt. Sagt Wittgenstein, daß sie überhaupt keinen Regeln folgen? Natürlich nicht. Der Kontext läßt, wie oben ausgeführt, den Leser ein Beispiel für regelgeleitetes Verhalten erwarten, wo die Tatsache, daß es sich um Regelfolgen handelt, an etwas anderem als an einem in Gebrauch befindlichen Ausdruck für die Regel zu erkennen ist; und die Tätigkeiten stellen genau dieses Beispiel dar: »verschiedene bestehende [sic!] Spiele« anzufangen heißt, den jeweiligen Regeln *so lange zu folgen*, bis man sich einem anderen Spiel zuwendet; »den Ball planlos in die Höhe« zu werfen kann, *wenn es im Zuge des gemeinsamen Spielens vorkommt*, zum Beispiel heißen, daß der Ball *gefangen werden muß* oder etwas ähnliches (»planlos« heißt dann »unvorhersehbar«); »einander im Scherz mit dem Ball nachjagen und bewerfen« heißt, daß man *versuchen muß*, andere zu treffen bzw. dem Ball auszuweichen. (»Heißt« bedeutet, daß man, wenn man sich nicht danach richtet, nicht zu den Menschen gehört, die sich »auf einer Wiese damit unterhielten, mit einem Ball zu spielen«.) Wir haben also in PU 83 ein Beispiel für regelgeleitetes Verhalten, ohne daß irgendein Teilnehmer (und ein Beobachter allenfalls mit Mühe) einen Ausdruck für die Regel(n) findet.

Auch in PU 83 a hebt der Schlußsatz diesen Gedanken durch eine entscheidende Mehrdeutigkeit hervor. Wenn wir »*ein* Ballspiel«, »*richten* sich« und »*bestimmten*« betonen, erhalten wir: »Sie führen ein bestehendes Spiel aus, und deswegen müssen sie bei jedem Wurf genau festgelegte Regeln beachten.« Wenn wir dagegen »ein *Ball*spiel«, »*daher*« und »*Regeln*« betonen, erhalten wir statt dessen: »Sie spielen mit einem Ball, und das macht verständlich, daß sie sich offensichtlich bei jedem Wurf nach diesen oder jenen Regeln richten.« (Auf die Zweideutigkeit von »bestimmt« wird an verschiedenen Stellen der ›Philosophischen Untersuchungen‹ ausdrücklich hingewiesen; vgl. zum Beispiel Anm. S. 66/364/325.) Wenn wir die Zweideutigkeit in PU 82 als Ermunterung dazu beherzigt haben, uns aus der Enttäuschung heraus einer neuen Fragestellung zu öffnen, sollten wir diesen zweiten Fingerzeig benutzen, um von einem spöttischen »Wie töricht! Wider den Augenschein postuliert er, die Leute verwendeten Regelbücher!« überzugehen zu der nachdenklichen Frage: »Könnte er nicht ganz vernünftigerweise meinen, daß wir nur deshalb sagen dürfen, daß *die Leute* mit einem Ball *spielen*, weil wir sehen, daß sie regelfolgendes Verhalten an den Tag legen?« Regelfolgendes Verhalten an den Tag zu legen bedeutet, *diesen oder jenen* Regeln zu folgen; »bestimmten Regeln« in diesem Sinne steht direkt und scharf im Gegensatz zu »bestimmten Regeln« im Schlußsatz von PU 81, wo die Bedeutung »wohlbestimmt« als falsche Auffassung zurückgewiesen wird.

Ein Ergebnis von PU 82, 83 ist dann, daß es regelfolgendes Verhalten geben kann, ohne daß die Leute, die den Regeln folgen, über *Ausdrücke* für die Regeln verfügen. Also müssen wir erwarten, daß die nun folgenden kritischen Bemerkungen über die Wirksamkeit von Regeln in PU 84 – 87 *Ausdrücke* für Regeln betreffen. Die kritische Argumentation (die in Abschnitt 2 dieses Kapitels skizziert werden soll) ist eine reductio, die in der Tat davon abhängt, daß Ausdrücke von Regeln zur Debatte stehen, auch wenn der in der Argumentation gebrauchte Ausdruck »Regel« lautet.

Diese Interpretation von »Regel« in PU 84 – 87 als »Regelausdruck« wird durch die Bezugnahme im ersten Satz gestützt:

> Ich sagte von der Anwendung eines Wortes: sie sei nicht überall von Regeln begrenzt. (PU 84)

»Ich sagte« bezieht sich auf PU 68 b:

> »Aber dann ist ja die Anwendung des Wortes nicht geregelt; das ›Spiel‹, welches wir mit ihm spielen, ist nicht geregelt.« – Es ist nicht überall von Regeln begrenzt; aber es gibt ja auch keine Regel dafür zum Beispiel, wie hoch man im Tennis den Ball werfen darf, oder wie stark, aber Tennis ist doch ein Spiel und es hat auch Regeln.

Der Schiedsrichter *darf* einen Aufschlag *nicht* deshalb *zum Fehler erklären*, weil der Spieler den Ball dazu so und so hoch geworfen hat. Jede Höhe, in die er den Ball geworfen hat, ist also *regelgerecht*. Aber es gibt keinen Ausdruck für eine Regel, der das in den offiziellen Tennisregeln festlegte. Der Spieler gehorcht einer Aufschlagregel, ohne daß es einen Ausdruck für sie gäbe.

Daß es um Ausdrücke für Regeln geht, wird in den Beispielen in PU 85 – 87 ausdrücklich gesagt:

Eine Regel steht da, wie ein Wegweiser. [...] Aber wo steht, in welchem Sinne ich ihm zu folgen habe; ob in der Richtung der Hand, oder (zum Beispiel) in der entgegengesetzten? [...] (PU 85)[4]

»Eine Regel steht da« bedeutet, daß sie niedergeschrieben ist, während »ein Wegweiser steht da« bedeutet, daß der Wegweiser aufgerichtet ist oder daß er sich an einem bestimmten Platz befindet. Wittgenstein wird hier, indem er sich eine amüsante Doppeldeutigkeit zunutze macht, vollkommen explizit, was die Rolle des Wegweisers betrifft, der *für sich allein* nicht hilfreich ist: er nützt gar nichts, wenn man ihn als reinen Ausdruck einer Regel betrachtet, die irgendwo geschrieben steht und weitere Anwendungsregeln wie etwa Ketten von Wegweisern oder Kreidestriche benötigt.

Ein Sprachspiel wie (2) werde mit Hilfe einer Tabelle gespielt. [...] Die Tabelle ist also eine Regel, nach der [B] sich beim Ausführen der Befehle [des A] richtet. ... (PU 86)

Eine solche Tabelle in dieser Funktion ist in PU 53 ausdrücklich »Ausdruck einer Regel des Sprachspiels« getauft worden; sie ist ja auch ein graphisches Gebilde, und es geht darum, daß sie, bloß als solches Gebilde betrachtet, nichts regeln kann. Dasselbe gilt in PU 87, wo die Regel eine Worterklärung ist:

Nimm an, ich erkläre: »Unter ›Moses‹ verstehe ich den Mann, wenn es einen solchen gegeben hat, der die Israeliten aus Ägypten geführt hat, wie immer er damals geheißen hat und was immer er sonst getan, oder nicht getan haben mag.« – Aber über die Wörter dieser Erklärung sind ähnliche Zweifel möglich wie die über den Namen »Moses« (was nennst du »Ägypten«, wen »die Israeliten«, etc.?).

Wittgenstein zitiert hier sogar den ganzen Regelausdruck, und wieder geht es darum, daß der allein die Bedeutung nicht festlegt.

Daß es in PU 84 – 87 um den Ausdruck für eine Regel geht, habe ich nur zu dem Zweck angeführt, meine Interpretation von PU 82, 83 zu bestätigen. Meine Behauptung, PU 82, 83 sagten, man könne Regeln folgen, ohne Ausdrücke für sie zu haben, wird durch die Tatsache bestätigt, daß die Kritik an Regeln in PU 84 – 87 nur Ausdrücke für Regeln betrifft. Die Pointe von PU 84 – 87 ist eine

[4] In der englischen Übersetzung scheint der Fingerzeig des ersten Satzes nicht erhalten werden zu können; das könnte der Grund dafür sein, daß Bogen das Beispiel so auffaßt, daß es gegen die Bedeutung von *Regeln* für das Meinen gerichtet sei (1972, S. 182 f., 190, 236 f.).

andere, daß nämlich das Benutzen von Ausdrücken für Regeln allein nicht für unseren Sprachgebrauch ausreicht (vgl. Abschnitt 2).

An verschiedenen Stellen ihres Kommentars betonen Baker und Hacker, daß nach Wittgenstein die Fähigkeit, ein Wort zu lehren, eine notwendige Bedingung für die Beherrschung seines Gebrauchs darstelle.[5] Das würde so etwas wie ausdrückbare Kenntnis der Regeln erfordern. Unstrittig ist, daß Wittgenstein von kompetenten Sprechern nicht die Fähigkeit fordert, explizite Definitionen zu geben; er bevorzugt Erklärungen durch Reihen von Beispielen (oder, im Falle arithmetischer Regeln, die die Bildung von Folgen festlegen, Erklärungen durch ausreichend lange Anwendungsreihen). Es gibt für Bakers und Hackers Meinung sogar einen Beleg im Text:

> Was heißt es: wissen, was ein Spiel ist? Was heißt es, es wissen und es nicht sagen können? Ist dieses Wissen irgendein Äquivalent einer nicht ausgesprochenen Definition? So daß, wenn sie ausgesprochen würde, ich sie als den Ausdruck meines Wissens anerkennen könnte? Ist nicht mein Wissen, mein Begriff vom Spiel, ganz in den Erklärungen ausgedrückt, die ich geben könnte? Nämlich darin, daß ich Beispiele von Spielen verschiedener Art beschreibe; zeige, wie man nach Analogie dieser auf alle möglichen Arten andere Spiele konstruieren kann; sage, daß ich das und das wohl kaum mehr ein Spiel nennen würde; und dergleichen mehr. (PU 75)

Wittgenstein scheint hier zu sagen, daß mein Verständnis eines Wortes nicht weiter gehe als meine Fähigkeit, es zu erklären (durch Beispiele usw.). Ich bezweifle jedoch, daß man ihm diese Meinung zuschreiben kann.

Zunächst verletzt die Zuschreibung das Prinzip der wohlwollenden Interpretation. Man braucht das Wort »Spiel« auf eine Nachfrage hin nicht erklären zu können, um es gebrauchen und angemessen auf Fehlanwendungen reagieren zu können, selbst wenn als Erklärung bloß Beispiele verlangt werden. Es ist nützlich, sich zu vergegenwärtigen, daß man Beispiele in verschiedenen Zusammenhängen geben kann und daß das Geben von Beispielen in manchen Kontexten wesentlicher für das Aufweisen von Sprachkompetenz ist als in anderen. »Welche Spiele möchtest du bei deiner Geburtstagsfeier spielen?« kann mit einer Aufzählung

[5] 1980, »Exegesis« von PU 75; vgl. aber auch dies. 1985, S. 83 – 85, 161, und S. 155 – 159.

der Lieblingsspiele eines Kindes beantwortet werden, und der Vorschlag »Möchtest du vielleicht Ringelreihen spielen?« kann auf heftigen Protest stoßen. Bei einem Kind, das bestimmte Spiele mag und andere nicht, ist die Fähigkeit, solche Antworten zu geben, ziemlich wichtig für seine Sprachkompetenz, und man kann sogar sagen, mit seinen Aufzählungen und seinem Protest habe es Beispiele und Gegenbeispiele gegeben; mit einer Erklärung des Wortes »Spiel« hat das aber überhaupt nichts zu tun. Wenn jemand unfähig ist, anderen Leuten Wörter zu erklären, ob nun sprachlich oder durch Beispiele, kann das daher kommen, daß aus irgendwelchen Gründen das Erklären und das Lehren von Wörtern die *einzigen* sprachlichen Handlungen sind, die er nicht beherrscht. Angesichts der Tatsache, daß er so komplizierte Dinge kann wie den Weg nach Larissa erklären, seine Motive erklären und den Sonnenaufgang erklären, stellen wir nicht in Frage, daß er ein kompetenter Sprecher mit einem merkwürdigen Ausfall ist.

Zweitens wird der Auffassung sofort, nämlich in PU 78, in plausibler Weise widersprochen:

Vergleiche: *wissen* und *sagen*:
wieviele m hoch der Mont-Blanc ist –
wie das Wort »Spiel« gebraucht wird –
wie eine Klarinette klingt.
Wer sich wundert, daß man etwas wissen könne, und nicht sagen, denkt vielleicht an einen Fall wie den ersten. Gewiß nicht an einen, wie den dritten.

Die Unstimmigkeit kann durch die Annahme ausgeräumt werden, daß Wittgenstein in PU 75, durch den Kontext veranlaßt, seine Ansicht überspitzt und bloß das Verlangen nach der Fähigkeit, *stärkere* Formen von Erklärungen zu geben, zurückweist. Im kritischen Satz wäre neben »ganz« nicht »Erklärungen« zu betonen, sondern »ich«: »Ist nicht mein Wissen, mein Begriff vom Spiel, [soweit Erklärungen eine Rolle spielen,] *ganz* in den Erklärungen ausgedrückt, die *ich* geben könnte?«

Ich ziehe also den Schluß, daß es nach Wittgensteins Meinung fürs Regelfolgen nicht nötig ist, Ausdrücke für die Regel zur Verfügung zu haben, nicht einmal in dem weiten Sinne, daß man auf Verlangen ihre Anwendung durch Beispiele lehren können müßte.

2. Die Benutzung eines Ausdrucks für eine Regel ist für ihre Befolgung nicht hinreichend

Eines ist nach Wittgensteins Ansicht ganz bestimmt nicht hinreichend, um einer Regel zu folgen, nämlich daß man einen Ausdruck für sie benutzt. (Es ist dabei gleichgültig, ob der Ausdruck »im Geiste« oder vor Augen und Ohren sein soll; vgl. zum Beispiel PU 141 b.) Bis PU 201 kehrt seine Begründung dafür nicht weniger als fünfmal wieder, wobei sie jedes Mal von ein und demselben kritischen Punkt abhängt; und zwar in Kontexten, wo sie sowohl wichtige Schritte in der Gesamtargumentation darstellt als auch eine sehr ausdrückliche Form annimmt, oft betont durch Wiederholung und durch Variation der Beispiele. Noch bemerkenswerter ist, daß Wittgenstein an jeder Stelle, wo er die Vorstellung kritisiert, daß man einer Regel einfach kraft der Benutzung eines Ausdrucks für sie folgen könnte, ein und dieselbe Alternative empfiehlt. Die Erörterungen ähneln sich dermaßen, daß einige Schlüsselwörter fast zu termini technici werden (was bei Wittgenstein äußerst selten ist). Damit weist seine Erörterung das vertraute dialektische Schema von Kritik und konstruktiver Gegenthese auf.

Die Struktur des Gedankenganges hat die bekannte Form der reductio: Nehmen wir einmal an, es wäre für eine Person ausreichend, einen Ausdruck für eine Regel R zu benutzen, damit sie, indem sie etwas Bestimmtes *tut*, R folgt. Dann wäre es ausreichend dafür, mit dem *Unterlassen* dieser selben Handlung R zu folgen, daß sie einen Ausdruck für eine Regel zweiter Ordnung R' benutzte, die festlegte, daß »R« im vorliegenden Falle genau konträr zu verstehen wäre. Um diese Möglichkeit auszuschließen, muß die Person einen Ausdruck für eine alternative Regel zweiter Ordnung R1 benutzen, die besagt, daß »R« tatsächlich so zu interpretieren ist, daß man ihr folgt, wenn man diese bestimmte Sache *tut*. Für R1 ist ihrerseits die Benutzung eines Ausdrucks für eine gegenläufige Regel R1' möglich; daher muß man den Ausdruck für eine Regel dritter Ordnung R2 benutzen, um eine Interpretation von »R1« abzusichern, die ihrerseits die ursprüngliche Interpretation von »R« gewährleistet. Da die Person es jederzeit fertigbringen kann, auf jeder Stufe gegenläufige Interpretationen von Ausdrücken für

Regeln zu benutzen, braucht sie auf jeder Stufe Interpretationen zum Ausschließen von Störungen. Daher wäre in jedem Einzelfall eine unendliche Folge interpretierender Regelausdrücke notwendig, soll das Benutzen von Ausdrücken für Regeln hinreichend dafür sein, daß man den Regeln in einzelnen Fällen folgt.

Statt daraus etwa zu schließen, daß es kein Regelfolgen geben könne, folgert Wittgenstein, da es Regelfolgen nun einmal gebe, könne nicht das Benutzen eines Ausdrucks für eine Regel dafür verantwortlich sein, daß wir imstande sind, ihr zu folgen. Man kann nicht sagen, daß er die von ihm angebotene Alternative bewiese; statt dessen beruft er sich auf alltägliche Erfahrungen: Wo der Ausdruck für eine Regel wirklich dafür eine Rolle spielt, daß wir darauf festgelegt sind, nicht dieses, sondern jenes zu tun, beruht das darauf, *daß der Ausdruck in selbstverständlicher Weise gebraucht wird.* Wo Wittgensteins Sprache terminologisch wird, nennt er das: den Ausdruck »auffassen«, im Gegensatz zu: ihn »deuten«. Hier sind die fünf zentralen Stellen:

(1) In PU 28 und 29[6] ist der Ausdruck für eine Regel die hinweisende

Definition der Zahl Zwei: »Das heißt ›zwei‹« – wobei man auf zwei Nüsse zeigt […].

Der Schlußsatz von PU 28

Das heißt, die hinweisende Definition kann in *jedem* Fall so und anders gedeutet werden

bezieht sich ganz offensichtlich auf hinweisende Definitionen, von denen man annimmt, daß sie aus sich selbst heraus eindeutig sein sollen. Die Regeln zweiter Ordnung liefern in PU 29 Interpretationen für »Das«, indem sie »Zahl«, »Farbe« und »Länge« einführen:

»Diese *Zahl* heißt ›zwei‹«. […] »Diese *Farbe* heißt so und so«, »Diese *Länge* heißt so und so«, usw.

[6] Zur Interpretation vgl. Arrington 1979, bes. S. 320 f.

Regeln dritter Ordnung sollen benötigt werden, um diese »durch andere Wörter« zu definieren. Wittgensteins Alternative wird im Schlußsatz von PU 29 präsentiert:

Und wie er die Erklärung ›auffaßt‹, zeigt sich darin, wie er von dem erklärten Wort Gebrauch macht.

Wörter erklären und sein Korrelat, Worterklärungen akzeptieren, sind, wie PU 27 sagt, »ein eigenes Sprachspiel«; von ihrer Einbettung in die Gepflogenheiten dieses Sprachspiels lebt die hinweisende Definition.

Der engere Kontext reicht von PU 26 bis PU 31. Er begründet die Behauptung, daß niemand als Einzelkämpfer Wörtern Bedeutung verleihen, das heißt Regeln für ihren Gebrauch niederlegen könne. Die Begründung erreicht ihren Höhepunkt in PU 32 b, wo Wittgenstein eine authentische Interpretation für das Motiv seines Augustinus-Zitats in PU 1 liefert, nämlich als Kritik der Vorstellung, daß jemand Bedeutungen meinen könne, bevor er eine Sprache ausreichend beherrsche. PU 1 – 19 a führen genau diesen Gedanken für die Wortbedeutung durch, PU 19 b – 24 für die Satzbedeutung, und PU 25 stellt kurz und bündig fest, daß die Fähigkeit zu sprechen nicht durch die Fähigkeit zu denken erklärt werden könne. PU 33 – 37 führen denselben Gedanken fürs Zeigen aus – niemand sorgt dafür, daß er auf etwas zeigt, durch Angelegenheiten, die in seinem Geiste vorfallen –, und sogar der terminologische Gegensatz kehrt mit »deuten« und »Gebrauch macht« in PU 34 wieder.

(2) In den Abschnitten PU 84 – 87, um die es oben in der Begründung dafür ging, daß die Kritik in PU 82, 83 nicht das Regelfolgen, sondern die Tauglichkeit von Regelausdrücken betrifft, wird der Gedanke nicht weniger als viermal wiederholt. Die Ausdrücke für Regeln erster Ordnung sind Ausdrücke für Spielregeln (PU 84), ein Wegweiser (PU 85), eine Tabelle mit Bildern von Bausteinformen (PU 86) und eine verbale Erklärung des Ausdrucks »Moses« (PU 87); Regeln zweiter Ordnung (für die im Text wie bei jenen erster Ordnung die Ausdrücke betrachtet werden) sind jeweils »eine Regel [...], die die Anwendung der Regel regelt«, die (fehlende) Information, wie man dem Wegweiser zu folgen habe,

ein Schema zum Lesen von Tabellen und schließlich Erklärungen von Wörtern, die in einer Erklärung von »Moses« vorkommen. Auf den infiniten Regreß wird durch »und so fort« in PU 84 a, durch »können wir uns nun nicht weitere Regeln zur Erklärung *dieser* vorstellen?« in PU 86 c und in PU 87 a durch »diese Fragen kommen auch nicht zu einem Ende, wenn wir bei Wörtern wie ›rot‹ ›dunkel‹, ›süß‹, angelangt wären« hingewiesen. Wittgenstein erläutert seine Alternative so, daß wir nicht überall dort zweifeln, was zu tun ist, wo »wir uns einen Zweifel *denken* können« (PU 84 b); daß nicht immer ein Zweifel offen gelassen wird (PU 85), nämlich nicht »unter normalen [!] Verhältnissen« (PU 87), wo der Ausdruck für die Regel (der Wegweiser) »seinen Zweck erfüllt« (ebenda); daß es eingeführte Arten gibt, Tabellen zu lesen (PU 86 a, b)[7]; und daß keine Erklärung

> einer anderen bedarf – es sei denn, daß *wir* sie benötigen, um ein Mißverständnis zu vermeiden [...] – also eines, das ohne die Erklärung eintreten würde (PU 87).

Der engere Kontext geht von PU 81 bis 88. In PU 65 – 80 begründet Wittgenstein, daß, so wie die Dinge liegen, unser Sprachgebrauch nicht kraft Regeln regelgeleitet ist, deren Inhalt uns jeweils von vornherein klar wäre, da drei empirische Tatsachen dieser Vorstellung widersprechen: Allgemeine Prädikatausdrücke werden nicht von Kriterien regiert, auf die man sich im Gebrauch stützen könnte; die Anwendung von Wörtern entwickelt sich in unvorhergesehenen Weisen; und wir wissen nicht jetzt für jeden Fall, der jetzt eintreten könnte, wie ein Wort anzuwenden wäre. Die Absicht von PU 81 – 88 ist nicht, daraus den Schluß zu ziehen, daß die Alltagssprache eben regellos sei, sondern uns zu einer Überprüfung unseres Begriffs davon einzuladen, was es bedeutet, einer Regel zu folgen. Um dieses Zieles willen sollen uns die Abschnitte PU 84 – 87 davon überzeugen, daß explizite Regeln gar nicht für die überwältigende Sicherheit sorgen würden, die wir im Sprachgebrauch doch beobachten können.

[7] In der Doppeldeutigkeit von »eingeführt« liegt ein Hinweis, daß nämlich ein Wortgebrauch, der erfolgreich »eingeführt« (Partizip Perfekt Passiv) worden ist, »eingeführt« (Zustandspassiv in adjektivischem Gebrauch) ist. Und aufs Zweite kommt es an.

(3) In PU 139 – 141[8] ist der Gedankengang so deutlich, daß diese Abschnitte häufig für seine erste explizite Formulierung gehalten werden.[9] Der Ausdruck für eine Regel erster Ordnung ist hier das Bild eines Würfels; ein Ausdruck für eine Regel zweiter Ordnung ist ein Bild einer Projektionsmethode, zum Beispiel Projektionslinien; und es mag sogar, in PU 141 b, einen Ausdruck für eine Regel dritter Ordnung geben, nämlich wenn »das Bild (welcher Art immer es sei)« das Bild einer Methode der Anwendung der Projektionslinien ist. Der infinite Regreß kommt ganz offensichtlich in Gang, selbst wenn er nicht benannt wird, und Wittgensteins Alternative wird an verschiedenen Stellen angegeben: »Das Bild des Würfels *legte* uns allerdings eine gewisse Verwendung *nahe*« (PU 139); »daß uns nur der eine Fall und kein andrer einfiel« (PU 140); die Tatsache, daß »die Menschen im allgemeinen von *diesem* Bild *diese* Anwendung machen«, der »normale« Fall (PU 141); vgl. auch die offensichtliche Erklärung, die in der Anmerkung (*b*) S. 54/354/309 ausgelassen ist: Wir beschreiben eben das Bild des alten Mannes *üblicherweise* so, wie wir es tun.

Die Formulierungen von Wittgensteins Alternative sind aus ihrem Kontext in PU 139–141 gelöst, wie der Leser unschwer erkennt, und zwar alle aus dem gleichen Grunde: Sie wird jedesmal genannt, um uns klarzumachen, daß Ausdrücke für Regeln uns nicht zu bestimmten Arten der Befolgung zwingen können, sondern daß Ausdrücke für Regeln uns *nur insofern* »zwingen«, als wir feste Gewohnheiten für ihre selbstverständliche Anwendung haben. Die konstruktive Alternative wird also in einer therapeutischen Diskussion benutzt, die in PU 134 mit einer Kritik an der Vorstellung eingesetzt hat, daß ein Ausdruck (das erste Beispiel ist »Es verhält sich so und so« aus dem ›Tractatus‹) in dem Sinne seine Anwendung autonom festlegen könne, daß die Einzelfälle (im Fal-

[8] Zur Interpretation vgl. Baker und Hacker 1980, »Exegesis« von PU 139, 141, und M. McGinn 1984, bes. S. 23.

[9] Es könnte ein weiteres Motiv für diese Einschätzung geben: PU 89 – 133 werden gewöhnlich als Wittgensteins kondensierter metaphilosophischer Katechismus aufgefaßt, und das ergibt für PU 134 ff. keine einfache Anbindung an den Vortext von PU 89. Die Gedankenführung bewahrt dagegen den Zusammenhang, wenn der sogenannte metaphilosophische Teil statt dessen als Fortsetzung der Kritik an expliziten Regeln interpretiert wird; aber das ist eine andere Sache. Vgl. dazu Kapitel 14.

le des ersten Beispiels: Sätze) zu ihm »passen«. Nach den Bemerkungen über Normalität in PU 142 fährt die Erörterung mit einer detaillierten Betrachtung darüber fort, worin die Kenntnis einer Regel in Wirklichkeit besteht (nämlich in der Kompetenz, die man erwirbt, wenn man die Regel lernt).

(4) In PU 185 –190 nimmt der Gedanke folgende Form an: *Allein* auf Grund einer Formel (des Ausdrucks einer algebraischen Regel), die jemand benutzt, kann er weder sagen, wie sie in zukünftigen Fällen anzuwenden ist, noch ist er darauf festgelegt. So lange, wie sein Meinen der Regel in nichts weiter besteht als in der Benutzung verschiedener Ausdrücke für sie (»+ 2«, »Du solltest doch *zwei* addieren« in PU 185[10], »er solle nach jeder Zahl, die er schreibt, die zweitnächste schreiben« in PU 186), legt er überhaupt noch nichts fest. Die Klassifikation der Ausdrücke danach, ob sie Ausdrücke für Regeln erster oder zweiter Ordnung sind, ist hier nicht eindeutig; das macht aber nichts, weil der Angelpunkt der Regreßargumentation in sehr ausdrücklicher Weise festgestellt wird:

> »Der richtige Schritt ist der, welcher mit dem Befehl – wie er *gemeint* war – übereinstimmt.« – Du hast also zur Zeit, als du den Befehl »+ 2« gabst, gemeint, er solle auf 1000 1002 schreiben – und hast du damals auch gemeint, er solle auf 1866 1868 schreiben, und auf 100034 100036, usf. – eine unendliche Anzahl solcher Sätze? – »Nein; ich habe gemeint, er solle nach *jeder* Zahl, die er schreibt, die zweitnächste schreiben; und daraus folgen ihres Orts alle jene Sätze.« – Aber es ist ja gerade die Frage, was, an irgendeinem Ort, aus jenem Satz folgt. Oder auch – was wir an irgendeinem Ort »Übereinstimmung« mit jenem Satz nennen sollen (und auch mit der *Meinung*, die du damals dem Satz gegeben hast, – worin immer diese bestanden haben mag). (PU 186)

»*Meinung*« bezieht sich mit unübersehbarer Ironie auf die irrige Auffassung des Dialogpartners vom Meinen einer Regel als dem Benutzen eines Ausdrucks für sie. Die Ironie könnte darüber hinaus durch den abweichenden Gebrauch von »Meinung« angedeutet sein, der nicht, wie hier intendiert, das Verbalsubstantiv »Meinen«, sondern nur »Meinung« im Sinne von »Überzeugung« bedeuten kann.

[10] Zur Interpretation vgl. Hunter 1985, S. 77, 79, und Canfield 1975, bes. S. 476.

Es ist traurig, aber wahr, daß Autoren, die Wittgenstein Skepsis gegenüber der Möglichkeit unterstellen, daß jemand irgendwann irgend etwas meinen könne, PU 190 einfach nicht zur Kenntnis nehmen, obwohl der Schlußsatz des Abschnitts ausdrücklich ausspricht:

So kann also das Meinen die Übergänge zum Voraus bestimmen.

Denn dieser Abschnitt präsentiert Wittgensteins konstruktive eigene Auffassung in ausdrücklichster Form[11]:

Damit, daß man ein Zeichen in dieser oder jener Weise meint, kann man dessen zukünftige Anwendungen durchaus bestimmen, *wenn das Meinen darin besteht, daß man sich einem eingeführten Gebrauch eines Zeichens einfügt.* Wenn man ein Zeichen so oder so meint und sich damit dem eingeführten Gebrauch genau dieses Zeichens anschließt, dann meint man es in Übereinstimmung mit seiner Bedeutung so oder so. Man kann jedoch ein Zeichen auf neue, unübliche Art und Weise verwenden[12]; die einzige Möglichkeit, das zu tun, besteht darin, sich nach dem eingeführten Gebrauch eines üblichen Zeichens zu richten. Man kauft gleichsam den Gebrauch dieses Zeichens für jenes Zeichen ein, das man meint. (Wittgenstein übertreibt hier übrigens seinen Gedanken. Wichtig ist die Möglichkeit, sich nach einem eingeführten Gebrauch zu richten; es ist nicht nötig, daß tatsächlich ein Zeichen mit diesem Gebrauch in Umlauf ist. Es kann durchaus alltägliche wortlose Unterscheidungen und Praktiken geben, die sich von selbst verstehen. Wir könnten Wörter für sie haben, die darauf beruhen, haben aber keine.)

PU 186–190 spielen in ihrem Kontext ebenfalls eine wesentliche Rolle. Am Ende der langen Erörterung in PU 151–184, warum Verstehens-Ausdrucksäußerungen bei all ihrer Verläßlichkeit nicht als unfehlbare Mitteilungen über Bedeutungsinhalte im Geiste des Sprechers, der sich ihrer bewußt wäre, mißverstanden werden dürfen, kehrt PU 185 ausdrücklich zur Frage von PU 143 zurück, nämlich der Frage danach, was für das Verstehen wichtig

[11] Zur Detailinterpretation vgl. Kapitel 6.
[12] Baker und Hacker 1985 leugnen diese Möglichkeit (*ad loc.*).

ist, wenn nicht die Benutzung eines Ausdrucks; und von PU 191 führt der Gedanke über diagnostische Erwägungen geradewegs zum Schlußsatz von PU 197 hin, der ein weiteres Mal Wittgensteins Alternative zum Meinen als Benutzen eines Ausdrucks angibt:

Wo ist die Verbindung gemacht zwischen dem Sinn der Worte »Spielen wir eine Partie Schach!« und allen Regeln des Spiels? – Nun, im Regelverzeichnis des Spiels, im Schachunterricht, in der täglichen Praxis des Spielens.

(5) Damit sind wir bei PU 198 und 201 angelangt.[13] Beide Abschnitte wiederholen den mittlerweile vertrauten Gedanken einschließlich Wittgensteins eigener Auffassung.

»Aber wie kann mich eine Regel lehren, was ich an *dieser* Stelle zu tun habe? Was immer ich tue, ist doch durch irgendeine Deutung mit der Regel zu vereinbaren.« – Nein, so sollte es nicht heißen. Sondern so: Jede Deutung hängt, mitsamt dem Gedeuteten, in der Luft; sie kann ihm nicht als Stütze dienen. Die Deutungen allein bestimmen die Bedeutung nicht.

»Also ist, was immer ich tue, mit der Regel vereinbar?« – Laß mich so fragen: Was hat der Ausdruck der Regel – sagen wir, der Wegweiser – mit meinen Handlungen zu tun? Was für eine Verbindung besteht da? – Nun, etwa diese: ich bin zu einem bestimmten Reagieren auf dieses Zeichen abgerichtet worden, und so reagiere ich nun.

Aber damit hast du nur einen kausalen Zusammenhang angegeben, nur erklärt, wie es dazu kam, daß wir uns jetzt nach dem Wegweiser richten; nicht worin dieses Dem-Zeichen-Folgen eigentlich besteht. Nein; ich habe auch noch angedeutet, daß sich Einer nur insofern nach einem Wegweiser richtet, als es einen ständigen Gebrauch, eine Gepflogenheit, gibt. (PU 198)

Unser Paradox war dies: eine Regel könnte keine Handlungsweise bestimmen, da jede Handlungsweise mit der Regel in Übereinstimmung zu bringen sei. Die Antwort war: Ist jede mit der Regel in Übereinstimmung zu bringen, dann auch zum Widerspruch. Daher gäbe es hier weder Übereinstimmung noch Widerspruch.

Daß da ein Mißverständnis ist, zeigt sich schon darin, daß wir in diesem Gedankengang Deutung hinter Deutung setzen; als beruhige uns eine jede wenigstens für einen Augenblick, bis wir an eine Deutung denken, die wieder hinter dieser liegt. Dadurch zeigen wir nämlich, daß es eine Auffassung der Regel gibt, die *nicht* eine *Deutung* ist; sondern sich, von Fall zu Fall der Anwendung, in

[13] Zur kritischen Seite des Gedankens gibt es in der Literatur zu diesen Abschnitten viel Unfug und zu viel Beschäftigung mit diesem Unfug. Empfehlenswerte Interpretationen sind: Kemmerling 1975; Fogelin 1976, S. 142 f., (1987, S. 159-161); McDowell 1984, bes. S. 331, 339, 342, 350 f.; C. McGinn 1984, S. 16 f., 42 f.; Baker und Hacker 1985, »Exegesis« von PU 198, 201; Tait 1986, S. 476 f.

dem äußert, was wir »der Regel folgen«, und was wir »ihr entgegenhandeln« nennen.

Darum besteht eine Neigung, zu sagen: jedes Handeln nach der Regel sei ein Deuten. »Deuten« aber sollte man nur nennen: einen Ausdruck der Regel durch einen anderen ersetzen. (PU 201)

In PU 198 b weist Wittgenstein seinen Dialogpartner ausdrücklich darauf hin, daß es *Ausdrücke* für Regeln sind, die keinen Inhalt durch Deutungen erhalten können, welche – im terminologischen Sinne aufgefaßt – selbst Ausdrücke und damit in derselben Lage sind wie der ursprüngliche Ausdruck für die Regel; und wenn es nicht dieser mittlerweile stabile Sinn wäre, der »Regel« in »Deuten einer Regel« als *Ausdruck einer Regel* identifiziert, würde allein der Schlußsatz von PU 201 ausreichen, um den Bereich der Relation »x ist eine Deutung von y« auf Ausdrücke festzulegen. Das »Paradox« in PU 201 betrifft damit jemanden, der nichts als Ausdrücke (von Regeln) zur Verfügung hat. Wittgensteins konstruktive eigene Auffassung lautet in PU 198, »daß sich Einer nur insofern nach einem Wegweiser richtet, als es einen ständigen Gebrauch, eine Gepflogenheit, gibt«, und taucht in PU 201 wieder auf (durch »Auffassung« technisch signalisiert): »was wir (von Fall zu Fall der Anwendung) ›der Regel folgen‹, und was wir ›ihr entgegenhandeln‹ nennen«. Und diese konstruktive eigene Auffassung wird er nun bis PU 242 im einzelnen ausführen.

3. Regeln beherrschen: Sich-Einfügen statt Kontrollieren

Über einen Ausdruck für eine Regel zu verfügen ist zu ihrer Befolgung nicht notwendig; einen Ausdruck für eine Regel zu benutzen, ist nicht hinreichend, will man sich nach ihr richten. Warum beschäftigt sich Wittgenstein so ausführlich damit, daß das Verfügen über Ausdrücke für Regeln fürs Regelfolgen irrelevant ist? Meine Antwort lautet: Es gibt nur eine Art von Regeln, denen man gerade dann folgen kann, wenn es Ausdrücke für sie gibt, nämlich solche, die einzig deshalb gelten, weil sie von einer Autorität festgesetzt werden, die die Kompetenz besitzt, solche Regeln festzusetzen. Die Autorität definiert den Regelinhalt durch den von ihr gewählten Ausdruck. Leute, die solch eine Regel befolgen wollen, müssen dazu ihren Ausdruck in Anspruch nehmen, und in Fällen unsicherer Anwendung müssen sie die Autorität nach einer kompetenten Deutung fragen – das heißt nach einem weiteren Ausdruck. Sobald irgendwelche weiteren »Auffassungen« des Inhalts einer einmal festgesetzten Regel gebräuchlich werden, hört diese auf, einzig deshalb zu gelten, weil sie festgesetzt worden ist; denn die Autorität kontrolliert ihre Anwendung dann nicht mehr. *Wittgensteins Kritik an festgesetzten Regeln motiviert seine Argumentation gegen die Wirksamkeit von Regelausdrücken.* Darum bringt er in PU 204, immer noch auf der kritischen Linie von PU 198 und 201, ein weiteres Argument, das, obwohl es nicht dasselbe Regreßargument ist, den gleichen nicht empirischen, sondern begrifflichen Charakter besitzt.

Ich kann etwa, wie die Sachen stehen, ein Spiel erfinden, das nie von jemandem gespielt wird. – Wäre aber auch dies möglich: Die Menschheit habe nie Spiele gespielt; einmal aber hat Einer ein Spiel erfunden, – das dann allerdings nie gespielt wurde?

Die Frage in PU 204 ist, ob jemand ein Spiel *erfinden* könnte, wenn die Menschheit nie Spiele *gespielt* hätte; deutlich ist eine negative Antwort beabsichtigt. Da das alles andere als einleuchtend ist, wenn nicht zum Erfinden von Spielen das Niederlegen von Regeln gehört, und wegen des Kontexts des Abschnitts halte ich es für ziemlich plausibel, daß das Erfinden und Spielen von Spielen als konkrete Beispiele für das Festsetzen von Regeln und für das Regelfolgen dienen. Wenn man den Abschnitt in diesem Sinne paraphrasiert, besagt er folgendes: »Ich kann etwa, wie die Sachen stehen, eine Regel festsetzen, die nie von jemandem befolgt wird. – Wäre aber auch dies möglich: Die Menschheit sei nie Regeln gefolgt; einmal aber hat einer eine Regel festgesetzt, – die dann allerdings nie befolgt wurde?« Das ist unmöglich, weil die Sachen dann nicht so stehen würden, wie sie jetzt stehen und uns erlauben, Regeln festzusetzen, denen nie jemand folgt.

Manchmal legen wir Regeln nieder; zum Beispiel schreiben wir in einen Vertrag: »Die Miete ist am Dritten des Monats fällig.« Wenn wir so verfahren, verlassen wir uns auf zwei Tatsachen: Sowohl die Adressaten (in diesem Fall die Vertragsparteien) als auch die zuständigen Autoritäten verstehen den Ausdruck in der gleichen Weise; und *es gibt eine Regel oder ein Regelsystem, das fordert, daß alle betroffenen Leute die Regel befolgen* (in diesem Falle: den Vertrag einhalten), wenn sie unter gewissen besonderen Umständen niedergeschrieben worden ist. Im deutschen Recht ist dieses Regelsystem zweiter Ordnung das Mietrecht, ein Teil des Zivilrechtes. Dieses System wiederum besteht zum großen Teil aus festgesetzten Regeln (festgesetzt vom Parlament oder den Gerichten); weitere Schritte führen bis zur niedergeschriebenen Verfassung. Auch für die Verfassung gilt die obige Bedingung; aber die Regel, die fordert, daß die Leute die Verfassung befolgen, ist keine festgesetzte Regel. Als Bayern 1949 gegen das neue Grundgesetz der Bundesrepublik stimmte und gleichwohl seine Gültigkeit anerkannte, befolgte es die Regel, daß das Grundgesetz in Kraft treten würde, wenn zwei Drittel der Bundesländer zustimmten; diese Bestimmung war Teil des Grundgesetzes (Artikel 144) und konnte deshalb von Bayern bei dieser Gelegenheit nicht als eine vorher in Kraft gesetzte Regel befolgt werden. In dieser Weise können festgesetzte Regeln deswegen Geltung haben, weil sie festgesetzt sind, und sie können wirksam regeln, weil sie Geltung haben; letzten Endes aber leben sie davon, daß die Leute Regeln folgen, die nicht festgesetzt worden sind.[14] Anders: Wenn Regeln nur deshalb Geltung hätten, weil sie festgesetzt wären, dann brauchte man für jede geltende, weil festgesetzte Regel eine die Festsetzung legitimierende, also geltende, also festgesetzte Regel. Den unter der Voraussetzung, alle Regelgeltung beruhe auf Festsetzung, entstehenden Regreß kann man als *Festsetzungsregreß* von dem in Abschnitt 2 erörterten *Deutungsregreß* unterscheiden.

Um Geltung zu haben, muß eine festgesetzte Regel kein einziges Mal befolgt werden, sei es, weil nie die Gelegenheit eintritt (das gemietete Haus brennt vor dem Einzug des Mieters nieder) oder weil sie ständig verletzt wird (die Miete wird nie pünktlich bezahlt); sie

[14] Der Gedanke stammt von H. L. A. Hart, The Concept of Law, Oxford (Clarendon Press) 1961, S. 103 – 107. Das Buch, leider unter Philosophen zu wenig beachtet, gibt ein klares, systematisches Bild vom Gelten nicht festgelegter Regeln – bei Hart »the existence of rules« -, das Wittgensteins Überlegungen zu verstehen erlaubt.

behält ihre Geltung genau so lange wie die entsprechende Regel zweiter Ordnung. Wenn diese eine nicht festgesetzte Regel ist, behält sie selbst so lange ihre Geltung, wie ausreichend viele Regeln erster Ordnung, die sie garantiert, im großen und ganzen eingehalten werden; sonst könnten die Anwendungen der Regel zweiter Ordnung nämlich nicht als das Festsetzen von Regeln gekennzeichnet werden.

Wenn die Menschen nie Regeln gefolgt wären, dann wären sie auch nie Regeln zum Festsetzen von Regeln gefolgt. Dann könnte man keine Regel festsetzen. Regeln zu *folgen*, die nicht festgesetzt sind, liegt allem *Regeln* zugrunde; autonomes Regeln erfordert eine Grundlage, die Wittgenstein vor PU 204 mit einigen sehr klaren Worten allgemein bezeichnet hat und für die er bis PU 242 »Erinnerungen zu einem bestimmten Zweck« zusammenträgt (PU 127) – zu dem Zweck nämlich, übersichtlich darzustellen, wie Regelfolgen aussieht und wie gerade nicht. Diese sehr klaren Worte besagen, daß ein einzelner nur als Mitglied einer Gruppe, die groß genug ist, um informelle Institutionen auszubilden, als jemand gekennzeichnet werden kann, der Regeln folgt – Regeln, denen die ganze Gruppe folgt:

Nein; ich habe auch noch angedeutet, daß sich Einer nur insofern nach einem Wegweiser richtet, als es einen ständigen Gebrauch, eine Gepflogenheit, gibt. (PU 198)
Einer Regel folgen, eine Mitteilung machen, einen Befehl geben, eine Schachpartie spielen sind *Gepflogenheiten* (Gebräuche, Institutionen). (PU 199)

Gehen wir die sehr klaren Worte der Reihe nach durch.[15]

(1) »Gebrauch« in PU 198 ist natürlich der Gebrauch, sich nach Wegweisern zu richten, nicht etwa ein Gebrauch von Wegweisern, wie die englische Übersetzung meint; das ist jedenfalls deshalb das nächstliegende Verständnis, weil »eine Gepflogenheit« Apposition zu »Gebrauch« ist und es keine Gepflogenheit von Wegweisern gibt. Kann das der Gebrauch eines einzelnen sein? Ich halte die Ausdrucksweise »Es ist sein Gebrauch, sich nach Wegweisern zu

[15] Für hilfreiche kritische Kommentare zu den beiden folgenden Seiten danke ich Pascal Ernst, Oliver Scholz und Joachim Schulte.

richten« für abweichend; zu erwarten wäre: »Es ist seine Art«, »Er hat die Gewohnheit«. Im übrigen träfe eine Interpretation, die »Gebrauch« nicht als Singular des Plurals »Gebräuche« in PU 199 auffaßt (siehe (6)), eine erhebliche Beweislast.

(2) Dieses letzte Argument gilt auch für »Gepflogenheit« (das, anders als »Gebrauch«, ohne weiteres jemandes Art oder Gewohnheit bezeichnen könnte[16]); das Wort bezeichnet in PU 199 aus inhaltlichen Gründen eine gemeinschaftliche Gepflogenheit (siehe (5)).

(3) »Ständig« in PU 198 würde, wenn »Gebrauch« für »Art« oder »Gewohnheit« stünde, die Art, Gewohnheit oder Gepflogenheit des einzelnen in eine Marotte umdeuten; einer würde sich nur insofern nach einem Wegweiser richten, als er andauernd an Wegweisern entlangliefe. Möglich wäre mit der gezwungenen Lesung »beharrlich« für »ständig« (»beständig«) auch die Deutung, einer richte sich nur insofern nach einem Wegweiser, als er das ausnahmslos tue. Beide Deutungen sind inhaltlich untragbar.

(4) »Es gibt eine« Gepflogenheit, wie in PU 198, nicht schon deshalb, weil ein einzelner die Gepflogenheit hat. Aus »Hans hat die Gepflogenheit zu pfeifen, wenn er in den Keller geht« folgt *nicht*, daß es eine Gepflogenheit gibt, zu pfeifen, wenn man in den Keller geht. Es gibt dann auch weder eine Gepflogenheit, daß Hans pfeift, wenn er in den Keller geht (das ist ungrammatisch), noch eine Gepflogenheit zu pfeifen, wenn Hans in den Keller geht, sondern nur Hansens Gepflogenheit zu pfeifen, wenn er in den Keller geht. Der Existenzquantor ist in der natürlichen Sprache nicht so leicht einzuführen, wie die Beispiele der Logiklehrbücher uns das glauben machen.

(5) »*Gepflogenheiten*« in PU 199 kann nicht *jemandes* Art oder Gewohnheit bedeuten, weil der zitierte Satz dann besagen würde, daß einer Regel folgen, eine Mitteilung machen, einen Befehl geben und eine Schachpartie spielen Dinge seien, die nur als Gewohnhei-

[16] Allerdings ist hier die Auskunft bei Grimm(-Hildebrand-Wunderlich) IV 1, 2, 1897, zu beachten, wonach der Ausdruck zur österreichischen (!) Geschäftssprache gehört und nur »Herkommen« heißt (Sp. 3528).

ten von Leuten vorkommen, etwa wie das Rauchen als Gewohnheit von Rauchern. Diese Auffassung kann man Wittgenstein nicht ernsthaft unterstellen. (Man beachte, daß im Schlußsatz von PU 197 »in der täglichen Praxis des Spielens« steht und nicht etwa »im täglich ausgeübten Spielen«, weil die Existenz des Schachspiels nicht davon abhängt, daß täglich Spieler spielen. Das wäre Unfug; »täglich« heißt hier »alltäglich« in dem Sinne, wie es in »im täglichen Leben« vorkommt.[17]) »Gepflogenheiten« sind also gesellschaftlich bestehende Bräuche.

(6) »Gebräuche« ist nicht der Plural von »Gebrauch« in dem Sinne, wie jemand von Dingen Gebrauch macht, oder der Art, wie jemand etwas tut; »Gebrauch« in diesem Sinne hat im Deutschen keine Pluralform. (Man kann von »Gebrauchsweisen« reden.) Die Form kann sich nur auf gesellschaftlich bestehende Gepflogenheiten beziehen.[18]

(7) »Institutionen« spricht für sich selbst.

Zusammenfassend: »daß sich einer nur insofern nach einem Wegweiser richtet, als es einen ständigen Gebrauch, eine Gepflogenheit, gibt« wäre eine mehr als befremdliche Formulierung für: »daß sich einer nur insofern nach einem Wegweiser richtet, als er das in dauernd wiederholter Ausübung einer von ihm beherrschten Praxis tut«, und »Einer Regel folgen, eine Mitteilung machen, einen Befehl geben, eine Schachpartie spielen sind *Gepflogenheiten* (Gebräuche, Institutionen)« ist unmöglich als Formulierung für »Einer Regel folgen, eine Mitteilung machen, einen Befehl geben, eine Schachpartie spielen kann einer nur insofern, als er das gewohnt ist, als es für ihn üblich ist, als er das von sich erwartet.«

Also können wir die Formulierung »daß sich einer nur insofern nach einem Wegweiser richtet, als es einen ständigen Gebrauch, eine Gepflogenheit gibt« im letzten Satz von PU 198 folgender-

[17] Grimm(-Lexer-Kralik) XI, 1, 1, 1935, gibt für diese Bedeutung drei Nachweise bei Goethe (Sp. 79).

[18] Dem steht freilich nicht entgegen, daß flinke deutschsprachige Philosophen wähnen, zu jedem englischen Singular, der einen deutschen als Entsprechung hat, müsse dem englischen Plural auch ein deutscher entsprechen. Wer über »Wortgebräuche«, ohne an Riten mit Wörtern zu denken, das Sprachgefühl nicht malträtiert fühlt, der hat keines zu malträtieren.

maßen lesen: Einer folgt einer Regel nur insofern, als in seinem gesellschaftlichen Umfeld eine entsprechende Handlungsweise herkömmlich ist. Das ist nicht überraschender als die Tatsache, daß *einer* nur insofern *berühmt* ist, als er innerhalb seines gesellschaftlichen Umfeldes wohlbekannt ist, oder daß *ein* Fahrer nur insofern *flüssig fährt*, als seine Geschwindigkeit zu jedem Zeitpunkt an die der vorausfahrenden Autos angepaßt ist.

Da es in Deutschland keine gesellschaftliche Gepflogenheit gibt, den Verkehr fließend zu halten (stop-and-go wird als notwendiges Übel behandelt), kann ich das letzte Beispiel mangels Erfahrung nicht verwenden; ich wähle statt dessen das Beispiel des *Schritthaltens*. Schritthalten ist das, was ein Mitglied einer Gruppe tut, die *im Gleichschritt geht*. Wenn wir die Sache genauer betrachten, sehen wir, daß die Leute nicht bloß im selben Rhythmus gehen; sie passen sich mit allen möglichen Signalen in ihren Haltungen und Bewegungen und mit allen möglichen Reaktionen auf solche Signale aneinander an. Nun löse man eine Person aus der Gruppe heraus und lasse sie allein weitergehen, genauso, als ob sie noch Teil der Gruppe wäre: Sie hält dann nicht mehr Schritt.[19] Man könnte sie sogar vervielfachen, indem man ihre Bewegungen einschließlich aller Anpassungssignale und Reaktionen ganz genau kopiert und eine neue marschierende Gruppe herstellte; wir könnten auch dann nicht sagen, daß irgendeine dieser Personen Schritt hielte. (Sie benähmen sich eher wie Marionetten; wenn sie ein Ballett tanzen würden, würde es wieder andere korrigierende Signale und Reaktionen geben.) Der Grund ist deutlich: Die absolut synchronisierten Bewegungen wären nicht von der Gemeinschaft kontrolliert, und ich bezweifle, daß man, ohne ein Mißverständnis anzuzetteln, sagen könnte, daß die Leute im Gleichschritt gingen.

[19] Statt von »Herauslösen aus« kann man natürlich auch von »Betrachten in Abstraktion von« reden. Trotz allen kursiven Donnerkeilen vom Oxforder Olymp ist fürs Regelfolgen vollkommen unwichtig, ob die Verhaltensweise *actually shared* oder *logically shareable* ist; wesentlich ist ausschließlich, daß sie hinsichtlich eines (existenten oder nicht-existenten) sozialen Referenzrahmens charakterisiert wird. »x folgt Regel R in G« ist ein Prädikat mit einer Variablen G; damit kann man ausdrücken, daß Robinson einen Kalender führt, und zwar nach englischen Gepflogenheiten, und kann recht haben: a) wenn Robinson in England ist, b) wenn Robinson auf seiner Insel ist, c) wenn England in der Nordsee versunken ist. Die Korrektur eigener Fehler (PU 506) wäre so nicht zu charakterisieren, setzte man nicht einen Referenzrahmen voraus, in welchem interpersonales Korrekturverhalten genauso aussieht.

Das *Schritthalten* entspricht dem *Regelfolgen einer einzelnen Person; im Gleichschritt gehen* entspricht der *Existenz einer gesellschaftlich eingeführten Gepflogenheit.* Zur Gepflogenheit mag mehr als die Tatsache gehören, daß alle Beteiligten bloß ein und derselben Regel folgen; zur Wegweiser-Gepflogenheit, die notwendig ist, damit eine beliebige Person sich nach einem Wegweiser richten kann, gehört zum Beispiel, daß man den Regeln folgt, Wegweiser auf bestimmte Art aufzustellen, öffentliche Wege zu haben, Namen für Orte zu gebrauchen usw., genauso wie, daß man der Regel folgt, in der (wie wir es nennen) Zeigerichtung zu gehen.

Wenn zum Regelfolgen die Existenz einer Gepflogenheit gehört, dann gehören zum Regelfolgen natürlich auch regelmäßige Verhaltensweisen *einzelner* Personen einschließlich des Korrekturverhaltens vieler einzelner, da die Existenz einer Gepflogenheit bedeutet, daß sich viele Leute sehr regelmäßig verhalten und sich gegenseitig (und auch selbst, vgl. PU 506) korrigieren. Kein Beleg, der sich in den ›Philosophischen Untersuchungen‹ dafür finden läßt, daß Regelfolgen eine Praxis von Individuen ist, kann daher als Gegenbeispiel dagegen dienen, daß Regelfolgen ein soziales Phänomen ist. Wittgensteins Beschreibungen seiner konstruktiven eigenen Auffassung an den fünf zentralen Stellen, die im zweiten Abschnitt erörtert worden sind, deuten manchmal den sozialen Charakter an oder betonen ihn (PU 86 b, 87 c, Anm. (b) S. 54/350/309, PU 139 c, 140 b, 141 c, d, 190, 198 c, 199 b), manchmal auch nicht (PU 29 c, 85, 141 b, 198 b, 199 c); aber darin liegt keine Inkonsistenz. Belege, die gegen den sozialen Charakter des Regelfolgens sprechen, könnte man nur in einem Fall von Regelfolgen finden, in dem es keine Gepflogenheit gäbe – der Versuch wäre ein hoffnungsloses Unterfangen in Anbetracht der positiven Belege, und um so hoffnungsloser, als sämtliche Beispiele, die in den von Baker und Hacker identifizierten Quellen auf nichtsoziale Regeln[20] hinweisen könnten, in den Text der ›Philosophischen Untersuchungen‹ *nicht* mit aufgenommen worden sind. (Die Sprache der Selbstgesprächler in PU 243 a ist kein Gegenbeispiel;

[20] 1985, S. 164, 169 – 179. PU 154, 155, die auf S. 177 als Beleg angeführt werden, sind in keiner Weise von Bedeutung.

es handelt sich um eine Sprache, die ihren Verwendern nach dem Wortlaut des Textes gemeinsam ist, so daß sie sich gegenseitig verstehen können, auch wenn sie einander nicht ansprechen. Andernfalls könnte es auch nicht, wie dort angenommen, eine korrekte Übersetzung geben.[21])

Gegen diese Interpretation spricht nicht die unleugbare Tatsache, daß einer einer Regel folgen kann, der niemand sonst folgt; wollte man sich zieren, Wittgenstein die dargelegte soziale Auffassung vom Regelfolgen zu unterstellen, um ihn vor diesem Einwand zu retten, dann käme man ihm mit den falschen Waffen zu Hilfe. Es gibt die Möglichkeit, einer bestimmten Regel als einziger zu folgen, gleich in zweierlei Form: Man kann als einzelner einen Vorsatz fassen und ihn regelmäßig ausführen, und man kann ohne Vorsatz als einziger einer Regel folgen, die man selbst nicht kennt, indem man sich als einziger selbst korrigiert. Aber beide Fälle setzen das soziale Regelfolgen voraus: Daß jemand einen Vorsatz faßt, *bindet* ihn nur insofern, als er die Kompetenz hat, sich selbst zu binden, und diese Kompetenz bedarf letzten Endes des Hintergrundes von nicht festgelegten Regeln (siehe oben S. 114 – 117). Und seine Selbstkorrektur ist nur deshalb als Korrektur erkennbar, weil sie das zwischen verschiedenen Personen übliche Korrekturverhalten nachahmt.

Die Fähigkeit zum Regelfolgen ist dann grundsätzlich eine soziale Fähigkeit; eine Sprache beherrschen heißt nicht, daß man kraft eigener Autorität seine Wörter meinend mit Bedeutungen versieht, sondern besteht im Anpassen eigener Äußerungen daran, wie andere sie aufzufassen pflegen. Unter den sechzehn Textstellen, an denen »beherrschen« nach Kaal und McKinnon in ihrer ›Concordance‹ zu den ›Philosophischen Untersuchungen‹ vorkommt, findet sich eine, wo das Wort mit einfachen Anführungszeichen versehen ist, nämlich PU 150: »(Eine Technik ›beherrschen‹.)«[22] Der Leser kann diese Anführungszeichen nur so verstehen, daß sie auf die doppelte Bedeutung des Wortes hin-

[21] Zu den Einzelheiten vgl. Kapitel 4, S. 86 – 88.

[22] In PU 20, wo das Wort zum ersten Mal vorkommt, könnte es aus dem gleichen Grunde hervorgehoben sein.

weisen – mit etwas vertraut sein; oder aber: kontrollieren und Macht ausüben -, und für Wittgenstein ist der Hinweis sehr sinnvoll an dieser Stelle, wo er seine Erörterung der in PU 147 a ausgedrückten Vorstellung des Dialogpartners beendet, der dank seinem eigenen gegenwärtigen Geisteszustand eine Zahlenfolge richtig weiterführen zu können glaubt. Der Sprecher wird nicht durch etwas geleitet, dessen er sich in seinem eigenen Geiste bewußt ist, das heißt durch etwas, das er in jenem philosophischen Sinne ›meint‹, der Wittgenstein ein Greuel ist; sondern die Fortsetzung der Reihe ist insofern richtig, als sie seine Fähigkeit zum Weitermachen an den Tag legt: »so, wie wir es tun« (PU 145 b) – in diesem Kontext, wo *die* Regel einer Reihe zur Debatte steht (PU 143); oder aber in irgendeiner gebräuchlichen Weise, wenn mit der richtigen Fortsetzung diejenige gemeint ist, die der Absicht des Sprechers entspricht (PU 190). Und darum ist die Auffassung falsch

zu denken, daß, wer einen Satz ausspricht und ihn *meint*, oder *versteht*, damit einen Kalkül betreibt nach bestimmten Regeln. (PU 81)

Mit dem Herausarbeiten des Deutungsregresses und des Festsetzungsregresses hat Wittgenstein auf zwei voneinander unabhängigen Wegen eine Vorstellung widerlegt, nach der die reizvolle Auffassung, sprachliche Ausdrücke verdankten ihre Bedeutung den Regeln für ihre Verwendung, unter Benutzung eines Regelungsbegriffs expliziert werden können soll, der am Vorbild festgesetzter, erlassener, bestimmter Regeln orientiert ist. An die Stelle dieses Vorbildes hat er eine Alternative gesetzt, die man mit dem Schlagwort »Anpassung« andeuten kann. Ich halte das für kein schlechtes Schlagwort; sich auf die Raktionen anderer einzustellen ist in den allermeisten Fällen kein Konformismus, sondern der Versuch, mit den Mitmenschen auszukommen. In einem ganz kleinen Anteil von Fällen kann man ihre Erwartungen zu höheren und guten Zwecken beharrlich enttäuschen, um sie zu erziehen. Aber dazu muß man eben zuerst und vor allem ein zuverlässiger Mensch sein; von einem, der als verrückt gilt, werden sie nichts lernen wollen, und der Nonkonformismus hilft nichts, wenn er überspannt wirkt.

Allerdings ist Wittgensteins Alternative nicht etwa zwingend; sie ist reizvoll, und eine andere ist nicht in Sicht. H. L. A. Hart[23] hat eine sehr ähnliche Alternative für die Analyse der Rechtsgeltung vorgeschlagen, und einige Jahre später haben D. Lewis und – soweit mir bekannt ist, unabhängig von ihm – St. Schiffer[24] Begriffe der Konvention expliziert, die – reinigt man sie von einem empirisch unwahrscheinlichen rationalistischen Überbau[25] – auf Wittgensteins Merkmale der Selbstverständlichkeit und Lernbarkeit (vgl. Kapitel 2, Abschnitt 5) hinauslaufen. Die konstruktive Alternative scheint also nicht nur konkurrenzlos zu sein, sondern auch nahezuliegen. Trotzdem ist es, wo A widerlegt und B als Ersatz vorgeschlagen wird, immer reizvoll und manchmal instruktiv, danach zu fragen, warum der Autor ausgerechnet auf B (und nicht auf ein seinem Einfallsreichtum ebenfalls erreichbares, uns freilich unzugängliches C) verfallen ist.

Ich will dieses Kapitel mit einer schwer begründbaren Vermutung schließen, die freilich gut zu Wittgensteins Lebenslauf paßt. Sein frühes Bild von der Sprache, wie es sich im ›Tractatus‹ zeigt, vernachlässigt den Gebrauch der Sprache im Umgang mit anderen in geradezu auffallender Weise. Über weite Strecken hat man den Eindruck, die Sprache als ein die Welt abbildendes System könne ganz gut ohne Menschen auskommen, die sie benutzen; wo ein Mensch ins Spiel kommt, ist es einer, der an eine Sachlage denkt oder über sie spricht, nicht einer, der einen anderen Menschen versteht. Das von der Theorie zu lösende Problem scheint darin zu bestehen, wie Ausdrücken Bedeutungen zugeordnet werden können, nicht darin, wie man es als Sprecher schafft, sich so auszudrücken, daß andere einen verstehen können.

Der seit 1929 dokumentierte Neuanfang zeigt ein anderes Bild; und eines der frühesten Beispiele hat Wittgenstein in die ›Philosophischen Untersuchungen‹ übernommen (PU 433): das Problem der »Kluft zwischen dem Befehl und seiner Befolgung« (aus dem er in nachprüfbaren Schritten die Argumentation des Deutungsre-

[23] 1961: »The existence of rules«.
[24] Lewis 1969, Schiffer 1972.
[25] Vgl. v. Savigny 1983, §§ 8 – 12; 1988 a, §§ 11 – 15.

gresses entwickelt hat). Das Bild ist das eines erstaunlich radikalen Wandels von einer egozentrischen zu einer partnerorientierten Perspektive. Wenn der frühe Wittgenstein glaubte, die anderen hätten nur deshalb etwas zu verstehen, weil er etwas zu meinen hätte, dann dreht der späte Wittgenstein dieses Verhältnis radikal um: Er hat nur deshalb etwas zu meinen, weil die anderen etwas zu verstehen haben. Nur deshalb, weil sie auf seine Äußerungen in eingeführter Weise reagieren, kann er damit, daß er etwas äußert, eine Äußerung tun, mit der sie in bestimmter Weise umgehen, kann er also etwas sagen, das sie in für ihn voraussehbarer Weise verstehen werden – nur deshalb also kann er mit seinen Äußerungen etwas meinen.

Er legt nicht selbst die Regeln fest, nach denen seine Äußerungen zu interpretieren sind. Er benutzt die Umgangsformen, die die anderen ihm zur Verfügung stellen.

Auch Wittgenstein war eben ein Mensch, der auf andere angewiesen war. Daß er dies zu akzeptieren irgendwann nach dem Ersten Weltkrieg gelernt hat, ist meine schwer begründbare Vermutung.

Kapitel 6

Was Wittgenstein zum Meinen meint

Wir führen die Wörter von ihrer metaphysischen, wieder auf ihre alltägliche Verwendung zurück.

Seit etwa zwei Jahrzehnten geht in der Philosophie das Gerücht um, Wittgenstein habe in den ›Philosophischen Untersuchungen‹ gezeigt oder zeigen wollen, oder man könne ihn jedenfalls ohne allzu große Verrenkungen so verstehen, als habe er gezeigt oder zeigen wollen, kein Sprecher könne beim Verwenden eines Ausdrucks diesen so meinen, daß die Art und Weise, wie er ihn meine, festlege, ob seine Verwendung des Ausdrucks zu irgendeinem Zeitpunkt korrekt sei. (Dies würde nichts anderes bedeuten, als daß kein Sprecher einen Ausdruck inhaltlich bestimmt meinen könnte.) Davon in der Argumentation schwer unterscheidbar wird die These vertreten, kein Sprecher könne wissen, wie er einen Ausdruck in der Vergangenheit gemeint habe oder ihn jetzt meine; er könne also selber nicht wissen, welche Verwendung in Zukunft die korrekte sei.

Nachdem ernstzunehmende Interpreten Wittgensteins sich von ihrer ersten Verblüffung erholt hatten, haben sie rasch und überzeugend gezeigt, daß eine solche Wittgenstein-Interpretation nicht haltbar ist; seltsamerweise sind allerdings dafür die beiden aussagekräftigsten Abschnitte der ›Philosophischen Untersuchungen‹ nie herangezogen worden. Diese beiden Abschnitte haben den besonderen Vorzug, daß wer aus unerfindlichen Gründen das sachliche Problem interessant findet, hier Wittgensteins ungewöhnlich plausible Erläuterung dafür findet, wie Sprecher die »Aufgabe« bewältigen. (Unerfindlich müssen Gründe, das Problem interessant zu finden, schon deshalb sein, weil es nicht mehr darstellen kann als eine Denksportaufgabe; schließlich weiß jeder, daß wenn man keinen Ausdruck inhaltlich bestimmt meinen könnte, das Problem nicht einmal formulierbar wäre.)

Die Frage, ob und woher ein Sprecher nach Wittgensteins Auffassung weiß, was er meint, ist ebenso leicht zu beantworten; allerdings fallen die Antworten differenziert aus, je nachdem, wonach gefragt wird. Auch hier sind Wittgensteins Antworten einfach zu ermitteln, und auch hier gilt, daß sie ungewöhnlich plausibel klingen.

1. Da der Schlußsatz von PU 190 lautet:

So kann also das Meinen die Übergänge zum Voraus bestimmen.

und da Wittgensteins Gegner PU 189 mit der Frage einleitet:

»Aber sind die Übergänge also durch die algebraische Formel *nicht* bestimmt?«

worauf Wittgenstein unmittelbar entgegnet:

- In der Frage liegt ein Fehler.

sollte zwischen dem Anfang von PU 189 und dem Ende von PU 190 geklärt sein, welchen Fehler man zu vermeiden hat, wenn man zu Recht sagen möchte, die Übergänge seien durch die algebraische Formel zum Voraus bestimmt.

Von »Übergängen« ist deshalb die Rede, weil es im Vortext seit PU 185 um die weitere Entwicklung von Zahlenfolgen an beliebigen Stellen geht, also zum Beispiel um die Frage, was nach 1000 oder nach 100034 das nächste Glied der Folge $a_n = 2n$ ist (PU 185, 186). (Die im Text genannten »algebraischen Formeln« sind teilweise unorthodox, zum Beispiel »+2« für die eben genannte Folge oder »+3« in PU 189.) Die Frage, ob »+2« *den Übergang* von 100034 nach 100036 *bestimmt*, Zahlen, an die kein Beteiligter je gedacht hat, ist also dieselbe wie die, ob *aus* »$a_n = 2n$« *folgt*, daß a_{50018} 100036 ist, oder anders ausgedrückt, ob »$a_n = 2n$« für $n = 50018$ 100036 als Wert *festlegt* oder eben *bestimmt*. Die Sachverhalte, daß die Übergänge von einer beliebigen Stelle zur anderen und daß die Werte für beliebige Argumente bestimmt sind, brauchen also in diesem Zusammenhang nicht unterschieden zu werden.

PU 190 ist wesentlich kürzer als PU 189, und PU 189 macht einen wesentlich umständlicheren Eindruck als PU 190. PU 190 scheint sogar so klar, daß man den Abschnitt für aus sich heraus verständlich halten möchte: Man kann mit der neu erfundenen Formel »x!2«[1] für beliebiges x einen Wert bestimmen, wenn man damit zum Beispiel eine der Formeln »x^2« oder »2x« meint, und die Frage kann höchstens noch lauten, wie man es anstellt, mit »x!2« eine dieser Formeln zu meinen; soweit Absatz b:

Wir sagen z.B. Einem, der ein uns unbekanntes Zeichen gebraucht: »Wenn du mit ›x!2‹ meinst x^2, so erhältst du *diesen* Wert für y, wenn du 2x damit meinst, *jenen*.« Frage dich nun: Wie macht man es, mit »x!2« das eine, oder das andere *meinen*?

Wie man das schafft, sagt Absatz a: Man gebraucht »x!2« so, wie eine dieser beiden Formeln gemeint ist. Dann meint man den Ausdruck so, wie eine dieser beiden Formeln gemeint ist, und daß man ihn so meint, bestimmt den Wert von »x!2« für beliebiges x, weil sowohl »x^2« als auch »2x« so gemeint sind, daß sie den Wert für beliebiges x bestimmen.

Diese Interpretation ist in erster Näherung richtig; das zeigt sich aber erst nach etwas Zusatzarbeit. Daß man »x!2« wie »x^2« oder wie »2x« insofern meint, als man bereit ist, den ersteren Ausdruck wie einen der letzteren zu gebrauchen[2], sagen die entscheidenden Sätze aus PU 190 a nicht unmittelbar:

Was ist das Kriterium dafür, wie die Formel gemeint ist? Etwa die Art und Weise, wie wir sie ständig gebrauchen, wie uns gelehrt wurde, sie zu gebrauchen.[3]

Nach der obigen Interpretation muß »die Formel« gerade der neue Ausdruck »x!2« sein, und für den gibt es vorläufig keinen ständigen Gebrauch, den wir schon gelehrt wurden.

Die einfachste Lösung dieses Detailproblems besteht darin zu sagen: Doch; es gibt diesen Gebrauch, *wenn* die Formel irgendwie gemeint ist. Anders: Gibt es ihn nicht, dann ist sie nicht gemeint. Nun kann man »x!2« nach b irgendwie meinen; also gibt es einen

[1] Die mögliche Lesart »x Fakultät mal 2«, auf die Sven Laudi hingewiesen hat, hat der Text nicht im Auge.

[2] Diesen dispositionalen Sinn von »gebrauchen« legt Wittgenstein offenbar zugrunde.

[3] Wo immer dieser Satz zitiert wird, sollte dringend daran erinnert werden, daß »wie uns gelehrt wurde, sie zu gebrauchen« sich nicht auf *Lehrmethoden* bezieht – dann wäre der Gebrauch ja für verschiedene Leute unterschiedlich -, sondern in sprachlich gewählter, nur mit dem Vorbeischrammen am persönlichen Passiv verunglückter Form aufs *Unterrichtsergebnis*: »wie sie zu gebrauchen uns gelehrt wurde« – recte: »wie sie zu gebrauchen wir gelehrt wurden«.

Gebrauch von »x!2« schon, falls jemand die Formel erfolgreich meint, und zwar einen ständigen Gebrauch, den wir gelehrt worden sind. Es ist eben gerade der Gebrauch von »x^2« oder von »2x« – je nachdem, ob der Erfinder »x!2« wie »x^2« gebraucht oder wie »2x«. Man kann einen Ausdruck A also unter der Bedingung irgendwie meinen, daß es einen ständigen Gebrauch eines Ausdrucks B gibt und man innerhalb dieses Gebrauchs an der Stelle von B den Ausdruck A verwendet. (Man könnte sich denken, daß es unbesetzte »Stellen« gibt, wohlbestimmte Verwendungsmöglichkeiten für nicht existente, aber erlernbare Wörter; auch an einer solchen Stelle könnte man A gebrauchen. Aber es gibt keine Stelle für »quus«, genausowenig wie für »grue«.)

Soweit PU 190 über die Möglichkeit, durchs Meinen von »x!2« irgend etwas festzulegen (also den Ausdruck inhaltlich bestimmt zu meinen). Das Detailproblem aus dem Ergebnis der Interpretation in erster Näherung ist behoben; dafür ergibt sich ein Folgeproblem, und deshalb sei das Ergebnis von oben wiederholt: Man meint den Ausdruck »x!2«, indem man ihn (dispositional) so gebraucht, wie »x^2« oder wie »2x« gemeint sind, und dann bestimmt, wie man »x!2« meint, eine Zahl für beliebiges x, weil die Arten, wie »x^2« und »2x« gemeint sind, ihren Wert für beliebiges x bestimmen.

Wie machen das »x^2« und »2x«? Das ist das Folgeproblem. Wir haben die Bestimmungsleistung des Gemeintwerdens neuer Ausdrücke auf die Bestimmungsleistung des Gemeintwerdens alter Ausdrücke zurückgeführt. Wie geht es damit weiter? Bleiben wir bei dem reizvoll klaren Abschnitt PU 190, dann können wir, und zwar diesmal ohne Nebenfragen, Absatz a direkt anwenden:

> Man kann nun sagen: »Wie die Formel gemeint wird, das bestimmt, welche Übergänge zu machen sind.« Was ist das Kriterium dafür, wie die Formel gemeint ist? Etwa die Art und Weise, wie wir sie ständig gebrauchen, wie uns gelehrt wurde, sie zu gebrauchen.[4]

Also nicht mehr, wie »x!2«, sondern: wie »x^2« und »2x« gemeint sind, bestimmt die Werte für beliebiges x insofern, als, wie sie gemeint sind, sich danach richtet, wie sie gewöhnlich in der erlernten Weise gebraucht werden.

[4] Siehe Anm. 3

Was ist passiert? Davon, daß ein Ausdruck irgendwie gemeint ist, redet man gewöhnlich nur dann, wenn er anders als normal verwendet wird. Das gilt für »x!2«, einen neuen Ausdruck, der deshalb vorläufig nur anders als »normal« gemeint sein kann. Aber wozu soll bei »x^2« und bei »2x« eigens das Meinen bestimmen, daß die beiden Ausdrücke für $x = 0$ und $x = 2$ dieselben Werte 0 bzw. 4 haben, wenn das doch aus ihrer ganz normalen Verwendung folgt? Hier ist die Einleitung »Man kann nun sagen« zu beachten, die zwar keineswegs ironisch ist oder (wie das in den ›Philosophischen Untersuchungen‹ redensartlich feste »Man möchte nun sagen«) eine Gegneräußerung signalisiert, die aber an den Diskussionszusammenhang erinnert und zusammenfaßt, was der haltbare Kern einer vorher kritisch diskutierten Vorstellung ist.

Die seit PU 1 kritisch diskutierte Vorstellung ist, ein vom Individuum allein geleistetes Meinen lege die Bedeutung fest; seit PU 134 geht es konkreter um die angebliche Leistung der vor Eingriffen anderer geschützten (»vorschwebenden«) und in diesem Sinne »innerlich« gemeinten Bedeutung; schließlich seit PU 185 um die Unmöglichkeit, die Bestimmungsleistung eines in diesem Sinne internen Meinens gegenüber einem anderen, der den fraglichen Ausdruck anders verwenden zu müssen glaubt, mit Mitteln der Vernunft durchzusetzen – also darum, daß aus dem »internen Meinen« nichts folgt.

In Frage steht jetzt der *haltbare Kern* der Auffassung, ein Individuum bestimme dadurch, daß es mit einem Ausdruck etwas meine, dessen Anwendung. Natürlich kann es auch einen üblichen Ausdruck in seiner üblichen Bedeutung meinen; und in PU 190 führt Wittgenstein den üblichen Fall, daß man einen unüblichen Ausdruck irgendwie meint und dadurch eine Anwendung für konkrete Einzelfälle bestimmt, auf den unüblichen Fall, daß man einen üblichen Ausdruck eigens wie üblich meint und dadurch eine Anwendung für konkrete Einzelfälle bestimmt, offenbar deshalb zurück, um seinem Gegner zu sagen: Wer durchs Meinen die Verwendung des Ausdrucks bestimmen will, muß sich letzten Endes auf übliche Verwendungen von Ausdrücken stützen; ob er seinen Gebrauch dann noch mit dem Epitheton »Meinen« schmückt, ist seine Sache.

Das zu verstehen verlangt vom Gegner ein genaueres Verständnis davon, was es mit dem »Bestimmen« der Verwendung auf sich hat, und ihm dazu zu verhelfen ist das Ziel des langen, umwegigen Abschnitts 189. Absatz c sagt:

Die Frage »Steht dort eine Formel, die y bestimmt?« heißt dann dasselbe wie: »Steht dort eine Formel dieser Art, oder jener Art?« -

und dazu ist vorher gesagt:

Wir können anderseits verschiedene Arten von Formeln, und zu ihnen gehörige verschiedene Arten der Verwendung (verschiedene Arten der Abrichtung) einander entgegensetzen. Wir *nennen* dann Formeln einer bestimmten Art (und der dazugehörigen Verwendungsweise) »Formeln, welche eine Zahl y für ein gegebenes x bestimmen«,[5] und Formeln anderer Art solche, »die die Zahl y für ein gegebenes x nicht bestimmen«. ($y = x^2$ wäre von der ersten Art, $y \neq x^2$ von der zweiten.)

Das »anderseits« stellt diese Unterscheidung einer vorher getroffenen, grundlegenderen Unterscheidung in Absatz b gegenüber:

Oder wir können sagen: »Diese Menschen sind so abgerichtet, daß sie alle auf den Befehl ›+3‹ auf der gleichen Stufe den gleichen Übergang machen. Wir könnten dies so ausdrücken: Der Befehl ›+3‹ bestimmt für diese Menschen jeden Übergang von einer Zahl zur nächsten völlig.« (Im Gegensatz zu andern Menschen, die auf diesen Befehl nicht wissen, was sie zu tun haben; oder die zwar mit völliger Sicherheit, aber ein jeder in anderer Weise, auf ihn reagieren.)

»$y = x^2$« ist im selben Absatz als Beispiel in derselben Rolle wie »+3« gebraucht; aber dieses Hinweises bedürfte es gar nicht, um klarzumachen: dasjenige Bestimmen, um das es in Absatz b geht, muß bereits vorausgesetzt werden, damit der in Absatz c gemeinte Unterschied zwischen Bestimmen und Nichtbestimmen überhaupt sinnvoll ist. Für eine Formel wie »$y \neq x^2$« *ist* im Sinne von Absatz b *bestimmt, daß sie* im Sinne von Absatz c für gegebenes x *kein y bestimmt*. (Im Sinne unserer Art, Arithmetik zu treiben, liegt fest: »$y \neq x^2$« ist keine funktionale Relation.)

Der Fehler in der in PU 189 a gestellten Frage

»Aber sind die Übergänge also durch die algebraische Formel *nicht* bestimmt?«

[5] Die Werkausgabe wiederholt an dieser Stelle eine gute Zeile.

besteht offenbar darin, daß der Gegner den Unterschied zwischen Formeln, die Übergänge bestimmen, und solchen, die sie nicht bestimmen, machen will, ohne den dafür notwendigen Hintergrund zu akzeptieren. Den dafür notwendigen Hintergrund bilden gemeinsam beherrschte Verwendungsweisen für Formeln, in deren Rahmen sich ergibt, daß die einen Formeln Übergänge bestimmen (weil, wer so wie üblich rechnet, wohlbestimmte Werte erhält), die anderen Formeln nicht (weil, wer so wie üblich rechnet, keine wohlbestimmten Werte erhält). Für den Gegner soll das Bestimmen ja eine von gemeinsamen Verwendungsweisen unabhängige Leistung des Meinens sein. Wittgenstein diagnostiziert den Fehler gegen Ende von PU 189 so:

– was wir aber mit der Frage anfangen sollen »Ist $y = x^2$ eine Formel, die y für ein gegebenes x bestimmt?« ist nicht ohne weiteres klar.

Die Formel stammt nämlich aus der uns vertrauten Art, Arithmetik zu treiben, und »x^2« ist ein Paradebeispiel für einen Funktor. Deshalb kann die Frage die Vertrautheit mit unserer Art von Arithmetik, unserem Begriff der Funktion, testen:

Diese Frage könnte man etwa an einen Schüler richten, um zu prüfen, ob er die Verwendung des Wortes »bestimmen« versteht;

oder es kann darum gehen, Übersicht über die Folgen von axiomatisch festgelegten Regeln für unsere Art, Arithmetik zu treiben, zu gewinnen (vgl. PU 125 b):

oder es könnte eine mathematische Aufgabe sein, in einem bestimmten System zu beweisen, daß x nur ein Quadrat besitzt.

PU 189 und 190 sagen damit: Es gibt tatsächlich ein Bestimmen der Verwendung des Ausdrucks durchs Meinen – man kann durchaus einen Ausdruck in einer Bedeutung meinen, dergestalt, daß die gemeinte Bedeutung festlegt, wie in Zukunft mit ihm umzugehen ist. Dieses Meinen ist aber nichts anderes, als daß man bereit ist, den Ausdruck so wie einen Ausdruck zu gebrauchen, der seine die Verwendung festlegende Bedeutung dank seinem etablierten Gebrauch hat. Ein Festlegen der Verwendung von irgendwie gemeinten Ausdrücken gibt es ohne den Anschluß an einen etablierten Gebrauch nicht; der etablierte Gebrauch ist für eine die

Verwendung bestimmende Bedeutung, sei sie gemeint oder nicht, notwendig und hinreichend.

PU 190 ist ein für die Erläuterung von Wittgensteins Vorstellung von der die Anwendung bestimmenden Leistung des Meinens reizvoller Abschnitt deshalb, weil er dort ganz ausdrücklich – mit typographischer Hervorhebung – sagt, was er seinem Leser gerade erläutert hat (allerdings nur seinem Leser – nicht jemandem, der auf Biegen und Brechen einen durch freie Assoziation des in der englischen Übersetzung von PU 198, 199 für »Gepflogenheit« benutzten Wortes »custom« an verzweifelte erkenntnistheoretische Ausflüchte eines berühmten schottischen Philosophen entstandenen und seit Quines offenbar als Test für die Weltfremdheit analytischer Philosophen ausgeheckter These von der Unverständlichkeit der eigenen Sprache für ihren Sprecher auch in die disputations à la mode lancierbaren Einfall durch ein argumentum ad auctoritatem salonfähig machen will). Sie findet sich aber, inhaltlich gleichlautend, auch an einer Reihe von weiteren Stellen der ›Philosophischen Untersuchungen‹, wo sie jeweils ebenfalls eine wesentliche Rolle im engeren und weiteren Kontext des Argumentationsgangs spielt.[6] Es handelt sich ohne jeden Zweifel um Wittgensteins Meinung, und sie ist auch so vernünftig, wie ein gegenüber dem Autor wohlwollender Interpret sich das nur wünschen kann. Man meint einen Ausdruck in einer Bedeutung, dergestalt, daß diese Bedeutung einen auf eine bestimmte Verwendung in Einzelfällen festlegt, dadurch, daß man ihn in einer Rolle zu gebrauchen bereit ist (dispositional »gebraucht«), die durch eine etablierte Ausdrucks-Verwendungsweise bereitgestellt wird.

Daß die nötige Verwendungsweise etabliert ist, ist also Voraussetzung dafür, daß man einen Ausdruck in einer Bedeutung (also inhaltlich bestimmt) meinen kann. Diese Voraussetzung ist natürlich ein sozialer Sachverhalt. Läge er nicht vor, dann würde man den Ausdruck nicht in einer Bedeutung meinen. Liegt er aber vor, dann meint man tatsächlich etwas. Es ist dann eine Tatsache, den Verwender des Ausdrucks betreffend, daß er etwas meint. Diese Tatsache ist keine Tatsache, die nur den Verwender des Ausdrucks

[6] PU 28, 29; PU 84 – 87; PU 139 – 141; PU 198 – 201; vgl. dazu Kapitel 5, Abschnitt 2.

beträfe; vielmehr handelt es sich um eine der zahllosen sozialen Tatsachen, ihn betreffend, als da sind: Er ist verheiratet (oder nicht verheiratet, je nachdem); er ist beliebt (oder nicht, je nachdem); er ist fleißig (oder nicht, je nachdem). Und so weiter – unzählige Tatsachen, die ihn deshalb betreffen, weil die sozialen Verhältnisse um ihn herum ihn darauf festnageln. Wären sie anders, dann wären die ihn betreffenden sozialen Tatsachen anders. Wer nach deutschem Recht verheiratet ist, wäre es nicht, wenn er dieselbe Prozedur vor dem Standesamt durchlaufen hätte, diese aber eine andere Bedeutung hätte. Wer in einer mit Zuwendung geizenden Gruppe beliebt ist, ist es nicht in einer, in der jeder so viel Zuwendung bekommt wie er. Wer in einer nordrhein-westfälischen Gesamtschule fleißig ist, könnte in der Mittelstufe eines bayerischen Gymnasiums ein Faulpelz sein, und zwar mit genau derselben individuellen Arbeitsleistung. Das ändert nichts daran, daß das Tatsachen sind. Richtige Tatsachen mit Ecken und Kanten, an denen man sich objektive blaue Flecken holen kann.

2. Nicht genug damit, daß nach den ›Philosophischen Untersuchungen‹ Sprecher ihre Ausdrücke in diesen oder jenen Bedeutungen meinen können (wenn sie es denn für nötig halten, statt sich auf das zu verlassen, was sie mit ihrer Verwendung ohnehin sagen): Sie können nach den ›Philosophischen Untersuchungen‹ sogar wissen, was sie meinen und was sie sagen, und das in vierfacher Ausfertigung. Da das Wissen in den vier Ausfertigungen nicht nur von den ›Philosophischen Untersuchungen‹ behauptet wird, sondern jeder denkende Mensch (oder in der Gegenüberstellung von PU 66: jeder nicht denkende, sondern schauende Mensch) es auf Schritt und Tritt antrifft, könnte man auch einfach erinnerungsweise darauf hindeuten und es anschließend auf Grund der skizzierten Analyse davon, was es in den ›Philosophischen Untersuchungen‹ mit dem Meinen auf sich hat, verständlich machen, um die Skizze durch Bewährung an ihren Folgerungen inhaltlich zu bestätigen. Exegetisch ist man aber in der angenehmen Lage, diese so richtigen Folgerungen auch als Behauptungen im Text der ›Philosophischen Untersuchungen‹ wiederzufinden.

Das Wissen in erster Ausfertigung: Der Sprecher weiß, wie er eine Verwendung seines Ausdrucks meint, in dem Sinne, daß er sich im Zusammenhang mit der Verwendung so verhält, wie sich einer zu verhalten hat, der die Verwendung so und nicht anders meint.[7] Er *weiß*, daß er einen Kollegen auf einer Konferenz in G. mit »Guten Tag, Herr L.« *begrüßt* hat; und zwar weiß er das in dem Sinne, daß er es für normal hält, wenn Professor L. zurückgrüßt, und für hochnäsig, wenn der es nicht tut; daß er ihn beim zweiten Kontakt nach drei Minuten nicht noch einmal grüßt; daß er bei diesem zweiten Kontakt nicht auf einen erneuten Gruß wartet; daß er nicht überrascht ist, wenn der Kollege beim dritten Kontakt den Versuch eines Dritten, sie miteinander bekanntzumachen, abblockt; daß er beim Begrüßen eines zweiten Kollegen P., der sich mit L. unterhält, P.s verwunderte Aufforderung: »Ja Herr v. S., wollen Sie denn nicht den Kollegen L. auch begrüßen?« mit der Erläuterung beantwortet: »Ich hatte schon die Ehre, Herrn L. guten Tag zu sagen.« Kurz, der Sprecher kann mit seiner Äußerung »Guten Tag, Herr L.« in der einem Gruß entsprechenden Weise umgehen – er hat ausdrücklich anerkannt, daß Professor L. als jemand zu behandeln ist, der in die allfälligen sozialen Transaktionen einzubeziehen ist, statt als Fremder und Außenstehender ignoriert zu werden, und hat damit für alle sichtbar die Verpflichtung zu entsprechendem Verhalten übernommen.

Wissen in dieser Ausfertigung ist Können – »knowing how« im Sinne von Gilbert Ryles klassischer und weiterhin unverzichtbarer Kennzeichnung.[8] Für die ›Philosophischen Untersuchungen‹ folgt, daß der Sprecher es hat, daraus, daß er seine Äußerung in einer bestimmten Bedeutung meint, deshalb, weil sein Meinen darin besteht, daß er zu der dieser Bedeutung entsprechenden, etablierten Verwendung des Ausdrucks bereit ist. Etablierte Verwendungsweisen haben es an sich, aus der Bereitschaft vieler einzelner zu Verhaltensweisen zu bestehen, die jeweils fast vollständig der etablierten Verhaltensweise entsprechen. Jeder einzelne ist im all-

[7] Das Beispiel folgt einer Aufforderung aus PU 489.
[8] In seinem klassischen und weiterhin unverzichtbaren Werk ›The Concept of Mind‹, London 1949, insbes. Kapitel 2.

gemeinen bereit, das Übliche zu tun, erwartet es von den anderen und erwartet, daß die anderen es von ihm erwarten. In dieser Ausfertigung wissen, was man meint, unterscheidet sich also kaum vom Wissen, wie man sich als Angehöriger einer sozialen Schicht bei einem Treffen von Angehörigen dieser Schicht zu verhalten hat.

Hier ist ein schlagendes Beispiel dafür, daß man nach den ›Philosophischen Untersuchungen‹ in diesem Sinne weiß, was man meint:

Wenn ich die Beschreibung gebe: »Der Boden war ganz mit Pflanzen bedeckt«, – willst du sagen, ich weiß nicht, wovon ich rede, ehe ich nicht eine Definition der Pflanze geben kann? (PU 70)

Im Kontext geht es um die Frage, ob nur der weiß, was er meint, der für die verwendeten Begriffe alle Regeln für alle Anwendungsfälle im voraus angeben kann – also um jemanden, der »knowing that« im exemplarischen Sinne hat. Mit »willst du sagen, ich weiß nicht, wovon ich rede« wendet sich Wittgenstein ungewöhnlich polemisch gegen diese überspitzte Forderung; und da die Frage rhetorisch ist, sagt er, daß er auch ohne »knowing that« weiß, wovon er redet. Möglicherweise ist »willst du sagen, ich weiß nicht, wovon ich rede« in PU 70 allerdings stärker zu interpretieren; dann würde diese Stelle nicht belegen, daß es für Wittgenstein ein Wissen, wovon man redet, im Sinne von »knowing how« gibt, also ohne daß »knowing that« nötig wäre, und von den Belegstellen wären andere anzuführen. Die Redeweise »Willst du sagen, ich weiß nicht, wovon ich rede« hat nämlich viel von »Was fällt dir eigentlich ein, meine Ausdrucksweise zu kritisieren«. Dabei geht es nicht darum, ob man (im hier diskutierten epistemischen Sinn) weiß, was man meint, sondern darum, mit »Ich weiß selbst am besten« oder ähnlichen »Ich weiß« benutzenden Redewendungen, auch solchen in der Form rhetorischer Fragen, sozial definierte Standpunkte gegen mögliche Angriffe zu behaupten.[9]

Daß die individuelle Verwendungsfähigkeit dazu gehört, daß man sich dem sozial etablierten Gebrauch anschließt, ergibt sich aus zahlreichen Überlegungen in PU 198 – 242, wo Wittgenstein

[9] Vgl. Kapitel 10, Abschnitt 1.

die Kennzeichen eines sozial etablierten Regelfolgens weitgehend daran erläutert, wie jeder einzelne sich verhalten muß, damit sie sich insgesamt, und daher wieder jeder einzelne für sich, regelfolgend verhalten.

Wissen, was man meint, heißt in zweiter Ausfertigung, daß man in aller Regel den Inhalt eigener Äußerungen korrekt wiedergeben kann, sei es in indirekter Rede oder mit anderen Worten. Diese Fähigkeit haben Sprecher »in aller Regel«, nicht schon kraft ihrer Beherrschung der Sprache, in der sie ihre Äußerungen tun, weil es sich um eine metasprachliche Fähigkeit handelt; aber noch eher, als wir von einem guten Walzertänzer erwarten, daß er uns die Schrittfolge beschreiben kann, statt sie nur zu wiederholen, halten wir einen Sprecher des Deutschen für einigermaßen beschränkt, der die Frage »Was hast du ihm denn von der Angelegenheit erzählt?« nicht beantworten kann, oder allenfalls durch eine wörtliche Wiederholung aus dem Gedächtnis. PU 501 appelliert ironisch an diese beim Gegner selbstverständlich vorauszusetzende Fähigkeit in einem Zusammenhang, wo es um die Sprachabhängigkeit des Begriffs eines Satzsinnes geht:

»Der Zweck der Sprache ist, Gedanken auszudrücken.« – So ist es wohl der Zweck jedes Satzes, einen Gedanken auszudrücken. Welchen Gedanken drückt also z. B. der Satz »Es regnet« aus? -

Man darf die in aller Regel bei kompetenten Sprechern ausgeprägte Fähigkeit, den Inhalt eigener Äußerungen wiederzugeben, freilich nicht mit der viel weitergehenden Forderung verwechseln, Sprecher müßten das können, damit ihre Äußerungen bedeutungsvoll seien.[10]

In dritter Ausfertigung könnte Wissen, was man mit einem Ausdruck meint, darin bestehen, daß man eine vollständige Definition dieses Ausdrucks geben könnte. Das ist im allgemeinen eine theoretische Aufgabe für begnadete Linguisten mit viel theoretischem Verstand und mit viel Geld für Mitarbeiter; aber in besonders einfachen Fällen kann man die Forderung, ein einzelnes Wort aus

[10] Vgl. Kapitel 5, Abschnitt 1.

einer Äußerung zu erläutern, vielleicht durch eine Definition befriedigen, die den eigenen Wortgebrauch genau trifft. Freilich ist man darauf angewiesen, daß niemand sich nach der Bedeutung der im Definiens verwendeten Ausdrücke erkundigt. Dann kann man zum Beispiel auf die Frage »Was hast du jetzt mit ›Onkel‹ gemeint?« antworten: »Einen Bruder des Vaters oder der Mutter.« Zweifel an dieser Möglichkeit äußern die ›Philosophischen Untersuchungen‹ nicht; wo sie sich gegen die Definierbarkeit von Wörtern zu wenden scheinen, geht es durchweg ausschließlich darum, daß es nicht das Verfügen über solches definitorische Wissen ist, das den Wortgebrauch festlegt (vgl. insbesondere PU 66 – 80).

In vierter Ausfertigung heißt wissen, was man meint: Der Sprecher kann sagen, was er mit einer Äußerung meint, und was er da sagt, ist verbindlich. Wenn er sagt: »Mit ›abrakadabra‹ meine ich ›Heute ist schönes Wetter‹« (vgl. PU 508, 665), dann ist sein »Abrakadabra« zu verstehen als »Heute ist schönes Wetter« (warum, werden wir gleich sehen); damit, daß er das meint, hat er also recht, wenn er es nur sagt. Allerdings ist bekannt, daß eine Garantie dafür, mit einem Indikativsatz gewisser Art nicht Unrecht behalten zu können, kein Indiz für irrtumsgefeites Wissen ist. Austins explizit performative Äußerungen wie »Ich verspreche, morgen zu kommen« bilden eine ganze Klasse von Gegenbeispielen, und der beim Pilzesuchen im Wald auf die Frage »Wo bist du?« geantwortete Ruf »Ich bin hier« kann zwar nicht falsch sein, drückt aber nichts aus, was man gemeinhin unter Wissen versteht – Bescheidwissen.

Um was es anstelle von Bescheidwissen geht, wenn einer sagt: »Mit dem fetten alten Kerl habe ich Marcus Licinius Crassus gemeint«, wird deutlich, wenn man sich eine von vielen möglichen Reaktionen auf solch eine Äußerung ansieht: »Er muß schon am besten wissen, wen er gemeint hat«, und das noch einmal umformuliert: »Man muß es schon ihm selbst überlassen, über wen er hat reden wollen.« Das scheint ein Spezialfall davon zu sein, daß wir Leute reden lassen und dann auf ihre Äußerungen reagieren, statt ihnen Äußerungen in den Mund zu legen. Deshalb ist es eine – sozial wahrscheinlich vorteilhafte – Konvention, Sprechern das Recht vorzubehalten, unklare Äußerungen selbst nachträglich zu interpretieren, ja sogar klare Äußerungen im Wege der nachträglichen Uminterpretation durch Äußerungen mit anderer Bedeutung zu ersetzen. (Das Recht hat Grenzen. Vor allem in sehr formellen Zusammenhängen muß es nicht gelten – wer bei einer Versteigerung den Arm hebt, hat das letzte Gebot erhöht, und es hilft ihm nichts zu sagen: »Ich wollte nur meiner Freundin zuwinken.«)

Die ›Philosophischen Untersuchungen‹ anerkennen diese Unangreifbarkeit von »Ich meine«-Äußerungen mehrfach, insbesondere innerhalb der Folge PU 661 – 693, die der Rolle von »Ich meine«-Äußerungen im Verhaltensmuster des etwas-mit-etwas-Meinens gewidmet ist; Ziel der Kritik ist die Vorstellung, die Sicherheit der Äußerungen beruhe darauf, daß sie über innerlich zugängliche seelische Vorgänge des Meinens berichteten:

Aber wie, – kann ich denn nicht sagen »Mit ›abrakadabra‹ meine ich Zahnschmerzen«? Freilich; aber das ist eine Definition; nicht eine Beschreibung dessen, was in mir beim Aussprechen des Wortes vorgeht. (PU 665)

Mit »das ist eine Definition« wird an das Recht des Sprechers, seine Äußerung zu *interpretieren*, erinnert. Das kann die Sicherheit verstehen helfen, mit der er das sagen kann. Das Recht, eine Äußerung *zurückzuziehen*, spielt in PU 668 eine Rolle:

Aber kann man nicht auch so lügen, indem man sagt »Es wird bald aufhören« und den Schmerz meint, – aber auf die Frage »Was hast du gemeint?« zur Antwort gibt: »Den Lärm im Nebenzimmer«? In Fällen dieser Art sagt man etwa: »Ich wollte antworten ...., habe mir's aber überlegt und geantwortet ....«

Unter einer Lüge stellt man sich zunächst einen falschen Bericht vor; es ist deshalb für Wittgenstein hier wichtig, daran zu erinnern, daß eine ganz ähnliche Form der Unzuverlässigkeit darin besteht, zu einer Äußerung nicht zu stehen. PU 682 nennt den Fall, daß der Inhalt einer Äußerung durch »Ich meine« *bekräftigt* wird:

»Du sagtest ›Es wird bald aufhören‹. – Hast du an den Lärm gedacht, oder an deine Schmerzen?« Wenn er nun antwortet »Ich habe ans Klavierstimmen gedacht« – konstatiert er, es habe diese Verbindung bestanden, oder schlägt er sie mit diesen Worten? – Kann ich nicht *beides* sagen? Wenn, was er sagte, wahr war, bestand da nicht jene Verbindung – und schlägt er nicht dennoch eine, die nicht bestand?

Eine für den Stil der ›Philosophischen Untersuchungen‹ typische Formulierung dafür, daß das Sprechervorrecht besteht, findet sich im Rahmen einer therapeutischen Äußerung in PU 678 – »dem ja niemand widersprochen hat«:

»Und doch *meinte* ich damals das eine und nicht das andre.« Ja, – nun hast du nur einen Satz mit Emphase wiederholt, dem ja niemand widersprochen hat.

In dreierlei Ausfertigung gibt es ein Wissen, was man meint, in den ›Philosophischen Untersuchungen‹ nicht. Man kann nicht allgemein den Gebrauch von Ausdrücken in einer vor allen anderen Beschreibungen ausgezeichneten Weise beschreiben, weil die Beschreibung der Rolle eines Ausdrucks von der Gewichtung mehr oder weniger nebensächlicher Einzelheiten der Verwendung abhängt. Wittgenstein macht das in PU 551 – 568 an Zahlwörtern, Verneinungspartikeln und dem Verb »sein« vor und kommt nahe an das Ergebnis heran, daß Rollenbeschreibungen nur im Rahmen einer von mehreren gleich gut möglichen Gesamtbeschreibungen einer Sprache sinnvoll seien. Zweitens kann man nicht wissen, ob man einen Ausdruck so gebraucht, daß auch für die unvorstellbarsten Fälle klar wäre, ob er darauf passen würde (PU 80). Und schließlich gibt es kein Wissen darum, was man mit einem Ausdruck meint, das sich auf vergangene konkrete Anwendungen des Ausdrucks in Einzelfällen stützte und das kraft dieser Grundlage erlaubte, für die Zukunft zu deduzieren, welche Verwendung die korrekte wäre (PU 147).

Kapitel 7

Warum kann das Lächeln des Säuglings nicht Verstellung sein?

Unser Fehler ist, dort nach einer Erklärung zu suchen, wo wir die Tatsachen als ›Urphänomene‹ sehen sollten. D. h., wo wir sagen sollten: *dieses Sprachspiel wird gespielt.*

Das Lächeln eines Säuglings ist nach Wittgenstein deswegen nicht unaufrichtig, weil die Regeln unserer Sprachspiele dafür sorgen, daß Säuglinge nicht nur so tun, als ob sie lächeln. Wir gönnen nämlich Säuglingen nicht den Status von Personen, die uns für etwas geradestehen könnten. Vielmehr behandeln wir sie konventional so, daß wir uns nicht auf sie verlassen dürfen; daß wir uns auf sie verließen, können sie also nicht ausnutzen. Es ist deshalb eine konventionale Tatsache, daß sie zur Verstellung keine Gelegenheit haben.

1. Im einleitenden Satz von PU 249

Sind wir vielleicht voreilig in der Annahme, daß das Lächeln des Säuglings nicht Verstellung ist?

versteckt sich ein »grammatischer Satz« im Sinne Wittgensteins. Das läßt sich überzeugend begründen, wenn man den Kontext des Abschnitts berücksichtigt, und zwar die Abschnitte PU 247 – 252, die scheinbar weder mit der in PU 246 unmittelbar vorausgehenden Frage (Wer kann besser von meinen Schmerzen wissen – ich selbst oder andere?) noch mit der in PU 253 folgenden (Kann ein anderer meine Schmerzen haben?) irgendwie zusammenhängen. Diese beiden Fragen haben eine eindeutige Funktion im umfassenderen Kontext der Privatsprachenargumentation; zwischen ihnen wirkt die Folge der Abschnitte PU 247 – 252 wie ein Fleck in einem kunstvollen Muster: zwar so störend, aber eben deshalb auch so klar abgegrenzt.

Wovon handelt die Textfolge? Das kann man an Abschnitt PU 248, der auch erklärt, warum der Autor sein Muster verdirbt, und an PU 251 sehr einfach sehen.

Der Satz »Empfindungen sind privat« ist vergleichbar dem: »Patience spielt man allein.« (PU 248)

PU 248 teilt uns mit, daß der in PU 246 behandelte Satz »Empfindungen sind privat« dem Satz »Patience spielt man allein« vergleichbar ist, der, wenn man sich seine Äußerung nicht unter sehr hergeholten Umständen vorstellen will, kaum anders als in einer definitionsartigen Erklärung gebraucht werden kann, nämlich der eines gewissen Kartenspiels namens »Patience«. PU 251 führt für solche Sätze den Terminus »grammatischer Satz« ein:

Was bedeutet es, wenn wir sagen: »Ich kann mir das Gegenteil davon nicht vorstellen«, oder: »Wie wäre es denn, wenn's anders wäre?« – Z. B., wenn jemand gesagt hat, daß meine Vorstellungen privat seien; oder, daß nur ich selbst wissen kann, ob ich einen Schmerz empfinde; und dergleichen.

»Ich kann mir das Gegenteil nicht vorstellen« heißt hier natürlich nicht: meine Vorstellungskraft reicht nicht hin. Wir wehren uns mit diesen Worten gegen etwas, was uns durch seine Form einen Erfahrungssatz vortäuscht, aber in Wirklichkeit ein grammatischer Satz ist.

Aber warum sage ich »Ich kann mir das Gegenteil nicht vorstellen«? Warum nicht: »Ich kann mir, was du sagst, nicht vorstellen«?

Beispiel: »Jeder Stab hat eine Länge«. Das heißt etwa: wir nennen etwas (oder *dies*) »die Länge des Stabes« – aber nichts »die Länge einer Kugel«. Kann ich mir nun vorstellen, daß ›jeder Stab eine Länge hat‹? Nun, ich stelle mir eben einen Stab vor; und das ist alles. Nur spielt dieses Bild in Verbindung mit diesem Satz eine ganz andere Rolle als ein Bild in Verbindung mit dem Satz »Dieser Tisch hat die gleiche Länge wie der dort«. Denn hier verstehe ich, was es heißt, sich ein Bild vom Gegenteil zu machen (und es muß kein Vorstellungsbild sein).

Das Bild aber zum grammatikalischen Satz konnte nur etwa zeigen, was man »Länge eines Stabes« nennt. Und was sollte davon das entgegengesetzte Bild sein?

Der Abschnitt führt den Satz »Jeder Stab hat eine Länge« als Beispiel ein, um den Charakter des Satzes »Ich kann mir das Gegenteil nicht vorstellen« (und vielleicht anderer Sätze) zu klären, und gibt eine definitionsartige Übersetzung: »Wir nennen etwas (oder *dies*) ›die Länge eines Stabes‹ – aber nichts ›die Länge einer Kugel‹«. Wenn man die Frage einmal beiseite läßt, ob das Beispiel seinem

Erläuterungszweck gerecht wird, kann man an Wittgensteins Vorgehen ablesen, daß er im vorliegenden Kontext Sätze wie »Ich kann mir das Gegenteil nicht vorstellen« als Beispiele für Aussagen darüber oder Erinnerungen daran benutzt, was wir so und so nennen (zumindest dort, wo wir über Aussagen nachdenken, bei denen unsere Vorstellungskraft nicht durch ein Lernen aus neuen Erfahrungen erweitert werden könnte).

Mit den Worten »das Bild aber zum grammatikalischen Satz« in PU 251 e bezieht sich Wittgenstein explizit auf »dieses Bild in Verbindung mit diesem Satz« in PU 251 d, wo »dieser Satz« lautet: »Jeder Stab hat eine Länge«. Also ist das, was er als »grammatischen Satz« bezeichnet (»grammatikalisch« ist eine Ausdrucksvariante), ein Satz, der in erster Linie dazu geeignet ist, den Gebrauch eines oder mehrerer in ihm vorkommender Schlüsselwörter zu erklären oder an den Gebrauch zu erinnern; ja man kann sogar – in Übereinstimmung mit dem gesamten Text der ›Philosophischen Untersuchungen‹[1] – annehmen, daß ein Satz nur in den Fällen grammatischer Satz heißt, wo er tatsächlich zu diesem Erklärungs- oder Erinnerungszweck verwendet wird. (Wittgenstein hat der Unterscheidung, die man zwischen der Bedeutung eines Satzes und der Bedeutung seiner Äußerungen treffen kann, nicht sehr viel Respekt gezollt.[2]) In PU 251 b werden die Worte »Ich kann mir das Gegenteil nicht vorstellen« folgendermaßen charakterisiert: »Wir wehren uns mit diesen Worten gegen etwas, was [...] in Wirklichkeit ein grammatischer Satz ist«. Dieser grammatische Satz wird nicht explizit angeführt; als mögliche Formulierungen, die die Beispiele aus PU 251 a weiterführen, wären denkbar: »Meine Vorstellungen *können* nur privat sein«, oder: »Nur ich selbst *kann* wissen, ob ich Schmerzen empfinde.«

Ein weiteres Beweisstück für die Annahme, daß unsere Textfolge von grammatischen Sätzen handelt, ist ihr Anfang mit PU 247:

»Nur du kannst wissen, ob du die Absicht hattest.« Das könnte man jemandem

[1] Besonders deutlich PU 458; vgl. auch PU 47 c. Die erste gründliche Untersuchung zu dieser Frage findet sich in Scholz 1969, S. 48 – 53, insbes. S. 51.
[2] Vgl. Kapitel 2, Abschnitt 8.

sagen, wenn man ihm die Bedeutung des Wortes »Absicht« erklärt. Es heißt dann nämlich: *so* gebrauchen wir es.

(Und »wissen« heißt hier, daß der Ausdruck der Ungewißheit sinnlos ist.)

Der Abschnitt zeigt, daß ein grammatischer Satz nicht immer einfach als Worterklärung gebraucht werden muß; denn obwohl Wittgenstein selbst sagt, es gehe um die Bedeutung des Wortes »Absicht«, sagt er dann weiter, »Es«, das heißt »Das«, das heißt der in solch einer Erklärung gebrauchte Satz würde heißen: »*So* gebrauchen wir es« (das heißt das Wort »Absicht«). Dieser Schritt von der Erklärung der Bedeutung zur Erklärung des Gebrauchs wäre nun ausgerechnet bei Wittgenstein völlig bedeutungslos, wäre er nicht selbst im folgenden eingeklammerten Satz mit der Erklärung fortgefahren, warum die Erinnerung an dieser Stelle wichtig ist: »(Und ›wissen‹ heißt hier, daß der Ausdruck der Ungewißheit sinnlos ist.)« Das heißt: In Fällen, wo der Satz »Nur du kannst wissen, ob du die Absicht hattest« als Erklärung der Bedeutung des Wortes »Absicht« gebraucht wird, erfährt der Adressat, daß er keine Ungewißheit ausdrücken darf, wenn er jemandem seine Absicht erklärt, weil es zum Gebrauch des Wortes »Absicht« gehört, daß eine Person, die ihre Absicht ausdrückt, das nicht mit dem Ausdruck der Ungewißheit tun darf. (Ich interpretiere »der Ausdruck der Ungewißheit« als »das Kundtun von Ungewißheit«, nämlich während man seine Absicht erklärt.) Wittgenstein sagt hier also, daß man mit der Erklärung eines Wortes durch einen grammatischen Satz den Hörer auch über Einzelheiten des Wortgebrauchs wie etwa die informieren kann, welche Autorität ein Sprecher beim Gebrauch des Wortes beanspruchen darf. »Patience spielt man allein« als klassischer analytischer Satz ist nur ein spezieller Fall; die Informationen über den Sprachgebrauch, welche von grammatischen Sätzen vermittelt werden, können sehr verschiedenartig sein.

Es scheint also plausibel und bedarf vielleicht keiner weiteren Begründung, daß Sätze mit »*Nur* das und das *kann* ...« oder »Das und das *kann nicht* ...« in der betrachteten Textfolge die Rolle von grammatischen Sätzen im oben erklärten Sinn spielen. Diese Annahme wirft ein Licht auf die Eingangsfrage von PU 250:

Warum kann ein Hund nicht Schmerzen heucheln? Ist er zu ehrlich? Könnte man einen Hund Schmerzen heucheln lehren? Man kann ihm vielleicht beibringen, bei bestimmten Gelegenheiten wie im Schmerz aufzuheulen, ohne daß er Schmerzen hat. Aber zum eigentlichen Heucheln fehlte diesem Benehmen noch immer die richtige Umgebung.

Wenn wir annehmen, die Eingangsfrage sei eine »grammatische Frage« (zu diesem Ausdruck vgl. PU 47), das heißt eine Frage, die mit einem grammatischen Satz zu beantworten ist, und davon ausgehen, daß die Frage deutlich unterstellt, daß ein Hund Schmerzen nicht heucheln kann, können wir vermuten, daß der Satz »Ein Hund kann keine Schmerzen heucheln« für Wittgenstein ein grammatischer Satz ist. Wenn das so wäre, müßte man ihn verwenden können, um Einzelheiten im Gebrauch eines in ihm vorkommenden Wortes zu erklären; wegen der unmittelbar anschließenden Frage »Ist er zu ehrlich?« halte ich »heucheln« für das zu erklärende Wort. In der Literatur ist die Meinung vertreten worden, das Erklärte sei das Wort »Schmerzen«[3]; aber obwohl man diese Interpretation vielleicht an den größeren Zusammenhang der Privatsprachenargumentation anschließen könnte, scheint sie doch durch die Feststellung im letzten Satz des Abschnitts ausgeschlossen zu werden, das Benehmen des Hundes könne kein *eigentliches Heucheln* sein, und nicht: er könne keine *wirklichen Schmerzen* heucheln. (Der Grund dafür, daß nämlich die notwendige Umgebung fehlt, wird im zweiten Abschnitt diskutiert.)

Mitten unter den betrachteten Abschnitten findet sich nun PU 249:

Sind wir vielleicht voreilig in der Annahme, daß das Lächeln des Säuglings nicht Verstellung ist? – Und auf welcher Erfahrung beruht unsre Annahme?

(Das Lügen ist ein Sprachspiel, das gelernt sein will, wie jedes andre.)

Unter der Voraussetzung, daß der Abschnitt einen grammatischen Satz enthalten sollte, sind mögliche Kandidaten: »Das Lächeln eines Säuglings *kann nicht* Verstellung sein«; »wir *wissen*, daß das Lächeln eines Säuglings nicht Verstellung ist«; und: »es ist keine *Annahme* von uns, daß das Lächeln eines Säuglings nicht Verstellung ist.« Da der eingeklammerte Satz vom Lügen handelt und da die grammatische Frage zu Beginn von PU 250 wahrscheinlich das Wort »heucheln« betrifft, ist es am wahrscheinlichsten, daß das

[3] Hallett 1977, *ad loc.*

Wort, dessen Gebrauch durch einen jener grammatischen Sätze erklärt werden soll, das Wort »Verstellung« ist; Wittgensteins Grund für die Ansicht, der Sprachgebrauch sei dafür verantwortlich, daß das Lächeln des Säuglings nicht Verstellung sei, versuche ich im zweiten Abschnitt darzulegen. Es besteht auch die Möglichkeit, daß hier Fragen zur Debatte stehen, die die Lernfähigkeit betreffen (»Das Lügen ist ein Sprachspiel, das gelernt sein will«, PU 249; »Man kann ihm vielleicht beibringen ...«, PU 250); damit beschäftige ich mich im dritten Abschnitt.

2. Da Wittgenstein in PU 249 das Wort »Verstellung« und nicht zum Beispiel »gespielt« benutzt, sowie wegen »Lügen« im selben Abschnitt und »heucheln« im folgenden, können wir annehmen, daß das Lächeln eines Babys in dem Sinne nicht Verstellung sein kann, daß es nicht unaufrichtig lächeln kann. Verstellung in einem dem Lügen verwandten Sinne, das heißt verwandt damit, daß man so tut, als ob man eine zutreffende Mitteilung macht, ist nun zum entsprechenden unverstellten Verhalten parasitär, und zwar im gleichen Sinne, wie Lügen dazu parasitär ist, daß man eine zutreffende Mitteilung macht. Mit »parasitär« meine ich, daß nur lügen kann, wer eine Mitteilung machen kann, und daß sich nur verstellen kann, wer zu dem entsprechenden unverstellten Verhalten in der Lage ist. Es kommt dabei darauf an, was »können« und »in der Lage sein« heißt.

Ich gehe, um das zu klären, den Umweg übers Mitteilen. In einem gewissen Ausmaß wird die Interpretation hier zur Rekonstruktion; sie stellt einen Versuch dar, fürs Mitteilen allgemein zu verstehen, was Wittgenstein meint, wenn er sagt, daß die Bedeutung eines Ausdrucks von seinem Gebrauch, seiner Funktion oder Rolle im Sprachspiel komme; daß sich am geregelten Umgang mit einem Ausdruck zeige, ob man ihn verstehe oder etwas mit ihm meine (sei es als Sprecher oder Hörer); und besonders, daß dafür, ob man sich eine Notiz macht (PU 260), etwas beschreibt (PU 290–292) und etwas behauptet (PU 486 a), wesentlich ist, *was für ein Benehmen der Äußerung folgt.*[4] Dieser Vorschlag einer Rekon-

[4] Eine ausführliche Begründung dafür, daß diese Rekonstruktion in den ›Philosophischen Untersuchungen‹ jedenfalls vorgezeichnet ist, findet sich in Kapitel 2.

struktion beschränkt sich auf eine notwendige Bedingung: Wenn ein Sprecher S einem Adressaten A mitteilt, daß p, dann darf sich A auf Kosten von S darauf verlassen, daß p der Fall ist.[5] Anders: Eine Äußerung hat in einem Sprachspiel die Bedeutung einer Mitteilung, daß p, nur dann, wenn sie nach den Regeln des Sprachspiels den Adressaten in die Lage versetzt, sich auf Kosten des Sprechers darauf verlassen zu dürfen, daß p.

Es ist unmittelbar klar, daß und warum Wittgenstein solch eine Formel nie unterschrieben hätte. Sie ist sehr allgemein, und jeder, der ihr zustimmen will, muß sehr gezwungene Interpretationen von »sich auf Kosten von jemandem auf etwas verlassen dürfen« gelten lassen. Ein sehr formales Beispiel ist das eines Bankangestellten, der einem Kunden mitteilt, dieser könne bestimmte Aktien zu einem bestimmten Kurs kaufen; wenn der Kunde daraufhin andere Aktien zu einem unvorteilhaften Kurs losschlägt, um an das Geld für die erste Transaktion zu gelangen, und wenn dann herauskommt, daß der Bankangestellte einen zu niedrigen Ankaufskurs genannt hat, muß die Bank für den Verlust des Kunden aufkommen. Ein ganz informelles Beispiel: Wenn ich jemandem mitteile, daß die Badeanstalt geöffnet ist, und wenn er hingeht und sie geschlossen findet, muß ich für seine verlorene Zeit »bezahlen«, indem ich sein Geschimpfe akzeptiere. Die notwendige Bedingung schert also viele verschiedene Fälle über einen Kamm. Aber Wittgenstein fragt uns schließlich selbst ganz allgemein, unter »welchen Umständen« wir sagen würden, daß die Leute in einem neu entdeckten Land eine Sprache haben, die Befehle enthält (PU 206), und das ist nur ein Beispiel; für Mitteilungen ist dieselbe allgemeine Frage sinnvoll, wie PU 207 b zeigt. Selbst wenn also unsere notwendige Bedingung ziemlich allgemein ist, kann sie uns doch die richtige allgemeine Vorstellung davon vermitteln, auf welche Umstände wir achten müssen, wenn wir uns fragen, ob gewisse Geräusche bedeuten, daß Leute einander etwas mitteilen.

Wenn wir um der Interpretation willen von der Bedingung ausgehen, können wir leicht sehen, warum ein Säugling nicht die Mög-

[5] Wenn diese Bedingung dafür wesentlich ist, daß eine Äußerung eine Garantie dafür ist, daß p Tatsache ist, ist sie mit Searles »essential rule« für Behauptungen identisch (1969, S. 66).

lichkeit hat, uns irgendeine Tatsache mitzuteilen: Wir würden ihn einfach nicht verantwortlich machen, wenn sich das, was er gesagt hat, als falsch herausstellte; daher würden wir uns nicht *auf Kosten des Säuglings* auf das verlassen, was er gesagt hat, selbst wenn Gott ihn mit wunderbaren Sprachfähigkeiten ausgestattet haben sollte. In diesem Fall könnten wir natürlich seiner Äußerung vertrauen, wenn uns frühere Erfahrung gelehrt hätte, daß sich seine Äußerungen normalerweise als zutreffend herausstellten; aber das würde heißen, daß wir *auf eigenes Risiko* einem natürlichen Zeichen, einem Symptom oder Indikator vertrauen würden. (Wir würden den Säugling als Orakel benutzen.) Um im Sprachspiel des Mitteilens handeln zu können, muß man den Status einer Person haben, die für Schäden aufkommt. Säuglinge haben diesen Status nicht, und deswegen können sie nichts mitteilen. Wir geben ihnen schlicht und einfach nicht die Gelegenheit.

In dieser Hinsicht behandeln wir sie wie Hunde. »Warum kann ein Hund nicht Schmerzen heucheln?« (PU 250) Weil wir, wenn ein Hund bei bestimmten Anlässen in einer Weise jault, die nicht von seinem Jaulen unterscheidbar ist, wenn er seinen Schwanz in der Tür eingeklemmt hat, und wenn der Tierarzt dann herausfindet, daß mit ihm abgesehen davon, daß ihm irgendein mutwilliger Mensch dieses Jaulen zu bestimmten Anlässen beigebracht hat, alles in Ordnung ist, dann dem Hund das Geld, das wir normalerweise für Hundefutter ausgeben, *nicht* um den Betrag der Tierarztrechnung kürzen. Freilich sind wir hereingelegt worden; aber wir tadeln nicht ihn dafür. Armer Hund – wir nehmen ihn nicht ernst: »Zum eigentlichen Heucheln fehlte diesem Benehmen noch immer die richtige Umgebung.« (PU 250) Die richtige Umgebung würde aus Leuten bestehen, die ihn ernst nähmen. Man beachte, daß wir Leute sein *könnten*, die ihren Hunden die Schuld geben; aber wir sind es nicht.

Wir brauchen an der obigen notwendigen Bedingung fürs Mitteilen nicht so, wie sie ist, festzuhalten. Was wir brauchen, ist lediglich erstens, daß jemand von diesen oder jenen Regeln erfaßt werden muß, um in der Lage zu sein, jemand anderem etwas mitzuteilen, und zweitens, daß ein Säugling von diesen Regeln nicht erfaßt wird. Er kann dann kein Teilnehmer am Sprachspiel des Mitteilens sein. Also kann man meine Interpretation auch akzeptieren, wenn man ein Bild vom Mitteilen hat wie das von Grice (siehe oben, S. 40f.), vorausgesetzt, man verlangt, daß die wesentlichen Absichten der Sprecher konventionalisiert sind (wie bei Lewis[6], Schiffer[7] und Bennett[8]). Ohne solch ein Element, das das Mitteilen fest in einem System geregelten Verhaltens verankert, kommt meine Interpretation nicht aus. Man beachte allerdings, daß eine rein intentionalistische Auffassung des Mitteilens, Lügens und Verstellens für eine Exegese unseres Textes nicht weiterhilft; denn *es gibt im Text auch nicht den geringsten Hinweis* darauf, daß (was sonst ganz vernünftig sein mag) ein Säugling keine höherstufigen Absichten haben kann. Im Gegensatz dazu wird das konventionale Element im engeren Kontext, nämlich in PU 250, durch zwei wörtliche Parallelen zu eindeutigen Stellen signalisiert: Der erste Satz, »Warum kann ein Hund nicht Schmerzen heucheln?«, stellt eine mit der Einleitungsfrage von PU 268, »Warum kann meine rechte Hand nicht meiner linken Geld schenken?«, fast identische Frage, und das Wort »Umgebung« bezieht sich in PU 584 ganz deutlich auf ein Gesellschaftssystem.[9]

Ich habe mich auf die Parallele zwischen Verstellung und Lüge verlassen, weil Wittgenstein selbst auf sie hinweist. Ihre Substanz ist allerdings noch nachzuweisen: Gibt es Regeln fürs Lächeln, dergestalt, daß jeder, der in der Lage sein will, ein Lächeln vorzutäuschen, von ihnen erfaßt werden muß und daß Säuglinge von ihnen nicht erfaßt werden? Sicher machen wir uns gegenseitig für das, was wir sagen, verantwortlich; aber gilt das auch für unser Lächeln? Die Antwort ist eindeutig Ja. Wenn ich das Tischtuch meiner Gastgeberin mit Rotwein bekleckere und sie verzweifelt ansehe und wenn sie dann freundlich lächelt, geht sie die Verpflichtung ein, mich nicht zu tadeln; wenn ihr Mann dagegen spöttisch lächelt, stellt er sich damit der Herausforderung, zeigen zu können, daß ich mindestens ungeschickt war. Wenn A eine Aufgabe für B in ganz bestimmter Weise ausführen soll, sie aber anders

[6] 1969, bes. S. 154–159.
[7] 1972, Kapitel V.
[8] 1976, Kapitel 7.
[9] Vgl. dazu Kapitel 11, S. 236–238.

verrichtet, dann kann er beim Bericht an B in einer Weise lächeln, die B deutlich um Verzeihung bittet, und dadurch akzeptieren, daß B ihn mit Recht tadeln könnte; und wenn B dann in einer Weise zurücklächelt, die deutlich macht, daß die Sache erledigt ist, verpflichtet er sich, A nicht weiter zu tadeln. Wenn man im Verlauf einer Unterhaltung auf eine Äußerung eines anderen mit einem irritierten Lächeln reagiert, berechtigt man den Sprecher zur Erwartung, man habe noch etwas dazu zu sagen. Und ein gegenseitiges Lächeln kann natürlich unter passenden Umständen den Wert einer ausdrücklichen Übereinkunft haben.

Ich frage mich, ob es überhaupt befremdlich klingt, solche Beobachtungen mit Feststellungen über die-Wahrheit-Sagen und Lügen zu verknüpfen; wenn das so ist, mag es hilfreich sein, plausible ethologische Erklärungen in Grundzügen zu rekapitulieren. Soziale Lebewesen müssen ihr Verhalten aufeinander abstimmen, und um das zu schaffen, müssen sie sich auf die verschiedensten Schlüsselreize im Verhalten der anderen verlassen. Soweit sie das lernen und soweit es auch erlernbar ist, solche Schlüsselreize zu »senden«, werden die Lebewesen ein Gleichgewicht zwischen den durch Schlüsselreize ausgelösten Erwartungen und dem Senden der Schlüsselreize erreichen: Sie werden nämlich Schlüsselreize nur dann senden, wenn sie auf die damit ausgelösten Erwartungen eingestellt sind. Dieses Gleichgewicht wird in aller Regel durch die unfreundlichen Reaktionen stabilisiert, die auf enttäuschte Erwartungen zu folgen pflegen. Nun ist das Lächeln beim Menschen einer der allerwichtigsten Schlüsselreize. Zum Beispiel weckt es unter passenden Umständen die Erwartung, freundlich behandelt zu werden, und diese Erwartung wird konventional gestützt. Unter anderen Umständen weckt es die Erwartung, die lächelnde Person sei erfreut; wenn sie lächelt, obwohl sie gar nicht erfreut ist, muß sie es sich deshalb gefallen lassen, so behandelt zu werden, als ob sie es wäre.

3. Nach meiner Interpretation kann also das Lächeln eines Säuglings deswegen nicht Verstellung sein, weil wir uns schlicht weigern, sein Verhalten als von ihm zu vertretenden Schlüsselreiz zu behandeln, gleich was der Säugling tut. Ich räume ein, daß das

nicht die nächstliegende Interpretation ist; denn in PU 249 b sagt Wittgenstein:

(Das Lügen ist ein Sprachspiel, das gelernt sein will, wie jedes andere.)

Und derselbe Gedanke kehrt in einem der letzten Sätze von PU II xi wieder: »Ein Kind muß viel lernen, ehe es sich verstellen kann.« (PU II xi 253, S. 229/541/577.) Die Betonung des Lernens scheint in eine andere Richtung zu weisen: Es könnte der Fall sein, daß die lernende Person sich grundlegenderer Fähigkeiten bedienen muß, um bestimmte fortgeschrittene zu erwerben. Die Fähigkeit, unaufrichtig etwas zu tun, was von den anderen als x-Tun behandelt wird, könnte in dieser Form die Fähigkeit, x zu tun, voraussetzen; oder es kann die Fähigkeit, unaufrichtig zu lächeln zu lernen, auf jeden Fall die Fähigkeit zu lächeln voraussetzen.

Obwohl ich ernsthaft bezweifle, daß man den ›Philosophischen Untersuchungen‹ überhaupt irgendeine Lerntheorie unterstellen kann, könnte man den Gedanken zugestehen, daß die Fähigkeit zum Vortäuschen eines Lächelns erworben wird. Dann müssen wir, um den Satz »Das Lächeln des Säuglings kann nicht Verstellung sein« als wahr zu begründen, zusätzlich annehmen, daß es für den Säugling, der ja lächeln kann (nicht von Geburt an, aber Säuglinge lernen es in wenigen Wochen), so lange ein spezifisches Hindernis gibt zu lernen, so zu tun, als ob er lächelt, wie er noch Säugling ist. Es kann eines geben; aber *nichts im Text weist darauf hin*. Und man beachte, daß es nicht einfach irgendein Hindernis sein darf; sondern es muß seine Rolle als Hindernis den Regeln des Sprachspiels verdanken. Denn wir haben es mit einem grammatischen Satz zu tun. Auch solche Hindernisse mögen existieren; aber auch *auf sie weist im Text nichts hin*. Selbst wenn es also der Fall wäre, daß eine Person sehr viel mehr Erfahrung im Sozialverhalten braucht, als ein Säugling aus begrifflichen Gründen haben kann (weil er zum Beispiel nicht mehr als Säugling gelten würde, sobald er anfinge, aktiv am sozialen Austausch teilzunehmen), würde der Interpretation die Textbasis fehlen. Auf der anderen Seite ergibt die hier vorgeschlagene Interpretation einen Sinn für das direkte Nebeneinander von PU 250 und PU 249. Und ganz allgemein wird die oben angedeutete Interpretation des aus PU II xi, S. 229/541/577 zitierten Satzes durch PU II iv zumindest in Frage gestellt. Denn die rhetorische Frage »Und auf welcher Erfahrung beruht unsere Annahme?« in PU 249 hat eine deutliche Parallele in den Sätzen: »*Glaube* ich auch, daß er kein Automat ist? [...] Ich habe nicht die *Meinung*, daß er eine Seele hat.« (PU S. 178/489/495.) Für diesen Gedanken kommt es auf die Lerngeschichte der anderen Person überhaupt nicht an; worum es geht, ist: »Meine Einstellung zu ihm ist eine Einstellung zur Seele.« (Ebenda.)

Eine ähnliche, wenn auch etwas anders gelagerte Antwort auf die Einleitungsfrage von PU 249 könnte man in der Unterscheidung sehen, die Wittgenstein in PU 244 zwischen natürlichem und erworbenem Ausdrucksverhalten trifft. Wir wollen die Tatsache, daß Säuglinge zu lächeln lernen, vernachlässigen (eine Tatsache, die Wittgenstein vielleicht nicht bekannt war); dann *könnte man denken*, er habe in PU 249 gemeint, das Lächeln eines Säuglings könne deshalb nicht Verstellung sein, weil Verstellung absichtlich und natürliches Ausdrucksverhalten unabsichtlich ist – *wenn das Lächeln in PU 249 tatsächlich als Beispiel für natürliches im Gegensatz zu erworbenem Ausdrucksverhalten benutzt wird.* Das ist jedoch mit Blick auf den Kontext extrem zweifelhaft: Nach PU 250 wäre das Jaulen des Hundes kein Heucheln, obwohl er es beigebracht bekommen hat.

Darüber hinaus ist die Betonung des Lernens mit der im zweiten Abschnitt gegebenen Interpretation gar nicht unverträglich; wir müssen uns nur daran erinnern, daß es Wittgenstein überall in den ›Philosophischen Untersuchungen‹, wo er vom Lernen handelt, darum geht, daß der Lernende die *Kompetenz erwirbt, bestimmten Regeln zu folgen*, oder *daß er in ein Sprachspiel eingeführt wird.* Erst nach der Einführung zählt der Lernende als Person, auf die die Regeln Anwendung finden; in dieser Interpretation ist das Handikap des Säuglings im wesentlichen dasselbe. Wittgenstein interessiert sich also, obwohl Lernen natürlich das Erwerben von Kompetenzen bedeutet, durchweg für eine besondere Kompetenz, nämlich die des Regelfolgens. Der Erstspracherwerb ist sein häufigstes Beispiel; das zweithäufigste ist das Lernen der Anwendung algebraischer Formeln. (Mit diesen Textstellen sind alle Einträge aus der Konkordanz von Kaal und McKinnon[10] erledigt, die ich im folgenden nicht explizit anführe.) In PU 137 ist die zu lernende Regel eine explizit formulierte Syntaxregel; PU 156 diskutiert das Lesenlernen. PU 535 fragt: »Was geschieht, wenn wir lernen, den Schluß einer Kirchentonart als Schluß zu empfinden?«; so wie die Frage in den Kontext eingebunden ist, ist die Antwort dieselbe wie die in PU II xi 113, S. 208/520/544 gegebene: »Das Substrat dieses Erlebnisses ist das Beherrschen einer Technik.« PU 9, 159 – 160 und S. 180/491/498 behandeln das Auswendiglernen; wenn das Auswendiggelernte noch korrigierbares Benehmen ist, widerspricht es meinem Gedanken nicht, und wenn es das nicht ist, ist es für das Lernen des Verstellens bedeutungslos. PU 52, 89, 340 und 413 sind Bemerkungen darüber, was ein Philosoph lernen muß; sie können hier getrost übergangen werden. Auf S. 174/485/490 wie möglicherweise in PU 386 (wo es sich andernfalls auf das Lernen von Sprache bezöge) wird »lernen« in derselben anglizistischen Weise für »erfahren von« mißbraucht wie in PU 246 b; und in PU 308 kommt es in der Zusammensetzung »näher kennenlernen« vor, was in PU 249 nicht zur Debatte steht.

Die einzigen ernsthaften Schwierigkeiten könnten durch den wiederholten Bezug aufs Lernen gegen Ende von PU II xi entstehen, wo das zu Erwerbende eine Menschenkenntnis ist, die einem »ein ›fachmännisches‹ Urteil« über die Echtheit des Ausdrucks ermöglicht. Aber selbst wenn man die ausdrückliche Bezugnahme auf die Gedanken über Übereinstimmung und Regeln auf S. 227/539f./573f. ausgerechnet in diesem thematischen Zusammenhang einfach abtun will, lehrt der Kontext etwas sehr Interessantes. Er fängt direkt nach dem berühmten Löwen-Aphorismus (PU II xi 217, S. 223/536/568) an und erörtert bis zum Ende von PU II xi verschiedene Typen von Sicherheit. Vor dem Hintergrund des Stils der ›Philosophischen Untersuchungen‹ im allgemeinen ist ein Merkmal dieser Textfolge bemerkenswert: Die These, die begründet werden soll, wird in expliziter Form angeführt (PU II xi 222, S. 224/537/569) – »Die Art der Sicherheit ist die Art des Sprachspiels.« Was das heißt, dürfte klar sein: Unterschiedliche

[10] Kaal und McKinnon 1975, s. v. lernen.

Sprachspiele unterscheiden sich in ihren Regeln; unterschiedliche Regeln bewehren die Sprecher mit unterschiedlichen Arten von Sicherungen gegen Angriffe. Deswegen gibt es unterschiedliche Arten der Sicherheit, zum Beispiel in der Mathematik, beim Reden über Farben oder beim Einschätzen der Gefühle anderer Leute; die Sicherheit einer Person beim Ausdrücken ihrer Gewißheit wird mit sozialer Sicherheit verglichen. Eine Person muß, um in diesen Sprachspielen Sicherheit richtig ausdrücken zu können, erkennen lernen, ob sie gerade in einer unangreifbaren Position ist oder nicht – unangreifbar nach den Regeln des jeweiligen Sprachspiels. Was gelernt wird, ist also auch in diesem Fall die Beherrschung eines Regelsystems.

4. Es ist also Sache der Konvention, daß das Lächeln des Säuglings nicht unaufrichtig ist. Wie alle konventionalen Tatsachen könnte auch diese anders sein. Wenn unsere Säuglinge viele ihrer Fähigkeiten sehr viel schneller erwürben, als sie es tatsächlich tun, würden wir sie möglicherweise anders behandeln. Wenn zum Beispiel drei Wochen alte Säuglinge sechsjährigen Kindern in all dem sehr ähnlich wären, was für unsere Praxis, von Kindern Ehrlichkeit zu erwarten und sie für Lügen zu bestrafen, von Bedeutung ist, dann *könnte* es sein, daß wir die Säuglinge wie ältere Kinder behandeln würden. Wir würden uns dann *möglicherweise* auf sie verlassen und sie bestrafen, wenn sie uns enttäuschten. Wenn unsere Konventionen in Wirklichkeit anders sind, dann deshalb, weil es zu »gewisse[n] sehr allgemeine[n] Naturtatsachen« (PU II xii) gehört, daß Säuglinge sechsjährigen Kindern sehr unähnlich sind.

(Das Gelten von Konventionen läßt sich nicht empirisch *begründen*, wohl aber empirisch *erklären*. Man muß dazu erklären können, warum eine Gruppe mit den zu erklärenden Konventionen bessere Überlebenschancen hat als ohne sie oder mit anderen. So, wie Säuglinge sind, hat eine Gruppe mit Konventionen, nach denen Säuglinge für nichts verantwortlich gemacht werden, bessere Überlebenschancen als eine Gruppe mit Konventionen, nach denen man sich auf Äußerungen von Säuglingen verlassen darf.)

PU 249 hat in seinem Kontext keine andere Funktion, als einfach ein weiteres Beispiel für einen grammatischen Satz zu liefern; viel interessanter ist jedoch, daß sich in diesem Abschnitt Wittgensteins Behandlung *nichtsprachlichen Ausdrucksverhaltens* nach dem Vorbild *sprachlicher Äußerungen* ankündigt. Genauso, wie eine Person mit einer gegebenen sprachlichen Äußerung nur insofern etwas meinen kann, als sie auf die Neigung der anderen vorbereitet ist, in einer diesem Meinen angemessenen Weise mit der Äußerung umzugehen[11], kann auch sonst ein seelischer Sachverhalt einer Person nur bestehen, wenn andere geneigt sind, mit dem Ausdrucksverhalten der Person in einer dem seelischen Sachverhalt angemessenen Weise umzugehen. Wir werden dieser exegetischen Feststellung noch mehrfach begegnen.

Die Beobachtungen zeigen eine gemeinsame Linie: Ein gegebener seelischer Sachverhalt einer Person P besteht nur dann, wenn P ein Verhaltensmuster ausprägt, das diesen Sachverhalt ausdrückt (wobei das Muster lange Zeiträume umfaßt und Muster der Unterdrückung und ähnliches einschließt); und ein gegebenes Verhaltensmuster drückt einen bestimmten seelischen Sachverhalt nur dann aus, wenn es in eine gesellschaftliche Umgebung mit Reaktionsweisen eingebettet ist, die das Verhalten als Ausdruck genau dieses Sachverhalts charakterisieren. In dieser Weise ist die Begründung für die Unverstelltheit des Lächelns von Säuglingen zu verallgemeinern.[12]

[11] Vgl. dazu Kapitel 6.
[12] Vgl. zusammenfassend Kapitel 11.

Kapitel 8

Die absichtliche Handlung

Nun aber frage ich mich:
Was tust du?

Die Abschnitte PU 611 – 632 beschäftigen sich nach einem Vorlauf über Absichtsäußerungen in PU 588 – 610 (deren Text zum größten Teil aus diagnostisch-therapeutischen Erörterungen besteht) zusammenhängend mit dem Willen, dem Wollen und mit etwas, das Wittgenstein eine »willkürliche« Handlung nennt (PU 613, 614, 616, 627, 628, 629). In seinen Beispielen kann von Willkür oder Willkürlichkeit im üblichen Sinne nicht die Rede sein. Gemeint ist vielmehr

> das Gebiet, in welchem wir sinnvoll sagen, daß uns etwas nicht einfach geschieht, sondern daß wir es *tun*. (PU 612)

Ein Beispiel ist, daß man den eigenen Arm hebt:

> Wenn ich meinen Arm hebe, so habe ich *nicht* gewünscht, *er* möge *sich* heben. Die willkürliche Handlung schließt diesen Wunsch aus. (PU 616; »*er*« und »*sich*« von mir hervorgehoben.)

> Betrachte diese Beschreibung einer willkürlichen Handlung: »Ich fasse den Entschluß, um 5 Uhr die Glocke zu ziehen; und wenn es 5 schlägt, macht mein Arm nun diese Bewegung.« – Ist das die richtige Beschreibung, und nicht *die*: ».... und wenn es 5 schlägt, hebe ich meinen Arm«? (PU 627)

Es geht um die meisten, also um die gewöhnlichen Fälle:

> Wenn ich meinen Arm hebe, *versuche* ich meistens nicht, ihn zu heben. (PU 622)

Die seltsame Wortwahl »willkürlich« dürfte sich als Aufnahme der Ausdrucksweise derjenigen Psychologen und Philosophen – und, soweit nötig, als Übersetzung in die Sprache der ihnen zeitgenössischen und im Denken verwandten deutschsprachigen Philosophen und Psychologen – erklären, mit denen Wittgenstein sich auseinandersetzt.[1] Möglicherweise ist das der Grund, warum das Wort beim ersten Vorkommen, wo es positiv zur Kennzeichnung einer Handlung benutzt wird, in einfachen Anführungszeichen steht:

Wenn ich meinen Arm ›willkürlich‹ bewege, so bediene ich mich nicht eines Mittels, die Bewegung herbeizuführen. (PU 614)

Was Wittgenstein als normales Verhalten bezeichnet, das uns »nicht einfach geschieht«, sondern das wir *»tun«* (PU 612), ist offenbar einfach ein Verhalten, das uns nicht gegen unseren Willen, nicht versehentlich, nicht unabsichtlich unterläuft. Für die positive Charakterisierung haben wir im Deutschen kein besonderes Wort. »Willentlich« und »absichtlich« sind viel zu stark; wer von einem Rechtshänder bloß sagen will, er halte beim Abtrocknen den Teller in der linken und das Geschirrtuch in der rechten Hand, drückt sich äußerst irreführend aus, wenn er sagt, der Mensch mache das absichtlich so. Dann fragt jeder sofort, was denn Besonderes los sei; die Antwort kann zum Beispiel lauten, der Teller sei ein besonders altes Quimper-Stück oder der Abtrockner wolle seinen rechten Ellenbogen schonen. Daß Verhaltensweisen weder versehentlich noch unabsichtlich sind, braucht gewöhnlich nicht gesagt zu werden, nämlich dann nicht, wenn die Beschreibung der Handlung diese als ganz normal ausweist.

Es wird deshalb im Folgenden nicht zu vermeiden sein, für Wittgensteins Thema beharrlich die umständlichen Ausdrücke »nicht versehentlich« und »nicht unabsichtlich« zu benutzen.

Während die Literatur[2] sich sehr ausführlich mit Wittgensteins kritischer Argumentation gegen verfehlte Bilder vom Wollen auseinandergesetzt hat, ist nach meiner Kenntnis in der Abschnittsfolge kein positives Bild von der nicht versehentlichen Handlung identifiziert worden.[3] Das zu tun ist Aufgabe dieses Kapitels. Gesucht ist also eine Antwort auf Wittgensteins auffallend ulkig formuliertes Problem:

[1] In der Literatur sind drei identifiziert worden; vgl. Hallett 1977, S. 574 – 576 (Schopenhauer und James), Candlish 1991, S. 206 – 217 (Russell, James und Schopenhauer), Shanker 1993, *passim* (James und Russell). Hinweise auf den deutschsprachigen psychologischen Hintergrund Wittgensteins sind mir in diesem Zusammenhang nicht bekannt.

[2] Vgl. zusätzlich zu den in Anm. 1 genannten Arbeiten Winch 1968, S. 42, 52 f., Hornsby 1980, S. 74, Hunter 1985, S. 201, und Mason 1988, S. 189 f., 192 – 194.

[3] Candlish 1991 hat sich deshalb um Auskunft aus den ›Zetteln‹ bemüht (S. 222 – 224).

Aber vergessen wir eines nicht: wenn ›ich meinen Arm hebe‹, hebt sich mein Arm. Und das Problem entsteht: was ist das, was übrigbleibt, wenn ich von der Tatsache, daß ich meinen Arm hebe, die abziehe, daß mein Arm sich hebt? (PU 621)

Das ist so sehr nach dem Zweikomponenten-Bild von Seele und Verhalten formuliert, daß beim Leser die Alarmglocken schrillen müssen, und zweifellos mit voller Absicht so formuliert. Wir sollten also darauf vorbereitet sein, daß das Armheben nicht etwa deshalb nicht versehentlich ist, weil es aus so etwas wie einem Beabsichtigen oder Wollen oder Versuchen und dem Sichheben des Arms zusammengesetzt wäre.

Wittgensteins positives Bild findet sich, hübsch zusammenhängend, in PU 627 – 632 (und ist in PU 612, also zu Beginn der kritischen Folge, angekündigt). Diese Textbasis ist schmal; trotzdem werden wir das Bild in Abschnitt 1 einigermaßen problemlos gewinnen können. Und was Wittgenstein über Absichtsäußerungen sagt, fügt sich, setzt man das gewonnene Bild voraus, nahtlos in sein Bild von den Ausdrucksäußerungen (vgl. Kapitel 9) ein; das ist in Abschnitt 2 zu zeigen. Die exegetische Lage ist also einigermaßen sicher. Allerdings bringt das positive Bild ein sachliches Problem mit sich, auf das im dritten Abschnitt dieses Kapitels eingegangen werden soll.

1. Der oben zitierte Text von PU 627 geht (mit Bezug auf die Beschreibung »und wenn es 5 schlägt, macht mein Arm nun diese Bewegung«) so weiter:

Die erste Beschreibung möchte man so ergänzen: »und siehe da! mein Arm hebt sich, wenn es 5 schlägt.« Und dies »siehe da« ist gerade, was hier wegfällt. Ich sage *nicht*: »Sieh, mein Arm hebt sich!« wenn ich ihn hebe.

Dem folgt, ungewöhnlich für den Stil der ›Philosophischen Untersuchungen‹, eine verallgemeinernde Auswertung:

Man könnte also sagen: die willkürliche Bewegung sei durch die Abwesenheit des Staunens charakterisiert. Und nun will ich nicht, daß man fragt »Aber *warum* erstaunt man hier nicht?« (PU 628)

Bevor wir uns erkundigen, warum Wittgenstein hier eine naheliegende und anscheinend ganz harmlose Frage verbieten will, wollen wir einen Augenblick beim Staunen bleiben. Es findet sich, weit entfernt, in derselben Funktion wieder, nämlich eine Verhaltensweise zu kennzeichnen, die von der positiv zu klärenden Verhaltensweise abgegrenzt wird:

Aber könnten wir nicht auch rechnen, wie wir rechnen (Alle übereinstimmend, etc.), und doch bei jedem Schritt das Gefühl haben, von den Regeln wie von einem Zauber geleitet zu werden; erstaunt darüber vielleicht, daß wir übereinstimmen? (Der Gottheit etwa für diese Übereinstimmung dankend.) (PU 234)

Der Abschnitt gehört in eine Folge, in der als für das Regelfolgen (hier: richtig rechnen) charakteristisches Element auseinandergesetzt wird, daß es erlernbar ist. Was man als Ergebnis eines solchen Lernvorgangs tut, nämlich übereinstimmend rechnen, ist dann eine Leistung, die man erbringt, weil man es kann. Wir *staunen* dann *nicht* mehr über die Übereinstimmung, also über das gekonnte Verhalten; im Gegenteil:

Damit es mir erscheinen kann, als hätte die Regel alle ihre Folgesätze zum voraus erzeugt, müssen sie mir *selbstverständlich* sein. (PU 238)

Das ist charakteristisch dafür, daß ich die durch die Regel definierte Praxis, zum Beispiel das Addieren, beherrsche. Ich *kann rechnen*; anders, als wenn ich über beständig richtige Ergebnisse meines Ratens staunen würde.

Daß eine Bewegung, für welche »die Abwesenheit des Staunens« charakteristisch ist, eine ist, die man macht, weil man sie machen *kann*, wird mit der Wittgenstein manchmal eigenen Neigung zur kompositorischen Anordnung von Abschnitten[4] gleich zu Beginn der hier betrachteten Folge der einleitenden Fragestellung des Dialogpartners (PU 611) entgegengesetzt, auch wenn die Ausführung dann fünfzehn dem Problem des Dialogpartners gewidmete Abschnitte lang auf sich warten läßt:

Von der Bewegung meines Armes, zum Beispiel, würde ich nicht sagen, sie komme, wenn sie komme, etc. Und hier ist das Gebiet, in welchem wir sinnvoll sagen, daß uns etwas nicht einfach geschieht, sondern daß wir es *tun*. »Ich brauche nicht abwarten, bis mein Arm sich heben wird, – ich kann ihn heben.« (PU 612)

Es drängt sich damit der Eindruck auf, daß die Schlußfrage von PU 628, »Aber *warum* erstaunt man hier nicht?«, so barsch zurückge-

[4] Ein auffallendes Beispiel stellen die durch die thetischen Zäsuren PU 1, PU 25, PU 32 und PU 38 gegliederten ersten 38 Abschnitte dar; vgl. Kapitel 14, S. 275f.

wiesen wird wie andere Fragen danach, warum man etwas könne:

»Wie kann ich einer Regel folgen?« – wenn das nicht eine Frage nach den Ursachen ist, so ist es eine nach der Rechtfertigung dafür, daß ich *so* nach ihr handle. (PU 217)

Wie sich aus dem Kontext ergibt, wird eine bestimmte Erklärung abgewiesen, nämlich die, ich könnte deshalb richtig handeln, weil ich über Informationen darüber verfügte, wie richtiges Handeln auszusehen habe (vgl. insbesondere PU 211 – 214, 219, 222, 223, 228 – 231). Die in PU 611 – 632 zurückgewiesene Informationsquelle, die mir angeblich die sichere Voraussicht soll erlauben können, was mein Arm gleich tun werde, sind Erfahrungen eines Wollens (PU 611), denen eine unmittelbare, nicht-kausale Verknüpfung mit der Bewegung eigen sein soll (PU 613). Das erlaubt einen ersten Teil des Verständnisses dafür, warum wir nicht nach einem Grund für »die Abwesenheit des Staunens« bei der nicht versehentlichen Handlung fragen sollen. Die Frage würde voraussetzen, daß ohne das innerlich erfahrbare Wollen und seinen nicht-kausalen Nexus mit der Bewegung das Zustandekommen der Bewegung, zu der man sich für 5 Uhr entschlossen hat, zu bestaunen wäre, ganz wie man sich mit einem falschen Bild vom Regelfolgen im Kopf wundern müßte, wie ohne eine von der Regel gegebene Information, sie sei so und so zu befolgen, die Regelbefolgung möglich sein sollte. Das paßt so gut zu Wittgensteins ständig wiederholten Warnungen davor, sich nicht durch verfehlte Erklärungsbedürfnisse in unnötige Probleme zu verwickeln[5], daß sich als zweiter Teil des Verständnisses der unwirschen Zurückweisung der Frage, warum man hier nicht staune, die Annahme aufdrängt: Daß einer über seine eigene nicht-versehentliche Bewegung nicht staunt, ist kein Hinweis auf eine Erklärung dafür, wie er sie zustande gebracht hat, sondern gehört zur *Beschreibung* der Bewegung als nicht versehentlich. Es ist also wörtlich zu nehmen, wenn der Text sagt,

die willkürliche Bewegung sei durch die Abwesenheit des Staunens charakterisiert. (PU 628)

[5] Vgl. Kapitel 13.

Nun gibt es vielerlei Dinge, über die wir nicht staunen und die uns selbstverständlich sind, ohne daß wir deshalb sagen dürften, wir könnten sie. Bei eigenen Handlungen gibt es aber eine Besonderheit: Wir können sie für die unmittelbare Zukunft vorhersagen (ohne dann über sie zu staunen), während andere das nicht können:

Wenn Leute über die Möglichkeit des Vorherwissens der Zukunft reden, vergessen sie immer die Tatsache des Vorhersagens der willkürlichen Bewegungen. (PU 629)

Wegen des oben zitierten Vortextes nehme ich an, daß es um das Vorherwissen eigener Handlungen geht. Woher kommt diese Fähigkeit, wenn sie *nicht* auf Beobachtungen von eigenen Willensakten zurückgeht, denen der Wollende ansieht, daß sein Arm sich gleich bewegen wird? PU 630 fordert uns auf:

Betrachte die beiden Sprachspiele:

a) Einer gibt einem Andern den Befehl, bestimmte Armbewegungen zu machen, oder Körperstellungen einzunehmen (Turnlehrer und Schüler). Und eine Variante dieses Sprachspiels ist dies: Der Schüler gibt sich selbst Befehle und führt sie dann aus.

b) Jemand beobachtet gewisse regelmäßige Vorgänge – z. B. die Reaktionen verschiedener Metalle auf Säuren – und macht daraufhin Vorhersagen über die Reaktionen, die in bestimmten Fällen eintreten werden.

Es ist zwischen diesen beiden Sprachspielen eine offenbare Verwandtschaft, und auch Grundverschiedenheit. In beiden könnte man die ausgesprochenen Worte »Voraussagen« nennen. Vergleiche aber die Abrichtung, die zu der ersten Technik führt, mit der Abrichtung für die zweite!

Auf welche »offenbare Verwandtschaft« und »Grundverschiedenheit« zwischen den Sprachspielen a) und b) es ankommt, muß aus dem Ergebnis des Vergleichs folgen, zu dem der Schlußsatz auffordert. Wäre unter der »ersten Technik« die von Turnlehrer und Schüler gemeinsam beherrschte zu verstehen (mit der Fähigkeit des Schülers, den eigenen Lehrer zu spielen, als »Variante«), dann ginge es bei der »Abrichtung, die zu der ersten Technik führt« auch um die Ausbildung von Turnlehrern. Da Wittgenstein sonst das Wort »Abrichtung« aber nur für das Unterrichten des Schülers durch den Lehrer benutzt, muß unter der »ersten Technik« die »Variante« des Sprachspiels a) zu verstehen sein: »Der Schüler gibt sich selbst Befehle und führt sie dann aus.«

Die Aufforderung, die dazu führende »Abrichtung« zum Zwecke des Vergleichs anzuschauen, kann keine lehr-, lern- oder entwicklungspsychologische Frage aufwerfen; die ›Philosophischen Untersuchungen‹ stellen Fragen nach Lernvorgängen in aller Regel, um die damit erworbenen Fähigkeiten zu klären. Es kommt also darauf an, daß der Turnschüler sich selbst Befehle geben *und sie dann auch ausführen könnte*. Seine Befehle haben eine »Ausführungswahrscheinlichkeit« und ähneln insofern wegen der Trefferquote von Voraussagen denen in Sprachspiel b). Es gibt aber eine »Grundverschiedenheit«: Die Voraussagen in b) werden nicht nach Training, sondern nach Beobachtungsreihen gemacht, und auf die Beobachtung bestimmter Fälle hin. Der Schüler gibt sich seine Befehle dagegen nicht im Vertrauen darauf, daß er sie bisher immer hat ausführen können, und soweit seine Übungen »Reaktionen« sind, sind sie Reaktionen auf seine eigenen Äußerungen (die natürlich nichts anderes sind als Äußerungen von Entschlüssen, wenn auch möglicherweise in der zweiten Person Singular formuliert). Dagegen reagieren die Metalle auf den Kontakt mit den Säuren, nicht auf die Voraussagen. Der Eingangssatz von PU 631 verknüpft Äußerungen beider Arten, eine Entschlußäußerung und eine Voraussage:

»Ich werde jetzt zwei Pulver einnehmen; eine halbe Stunde darauf werde ich erbrechen.«

Es scheint demnach klar, daß für Wittgenstein die »willkürliche«, das heißt die nicht unabsichtliche Handlung diejenige ist, die die Ausübung der Fähigkeit zu solchen Handlungen darstellt; sie ist beherrschtes, kontrolliertes Verhalten. Nur von kontrolliertem Verhalten sagen wir ohne Bereitschaft zu näherer Erläuterung, daß die Person die betreffende Sache »getan« hat. Andernfalls ist sie ihr unterlaufen, oder sie hat sie versehentlich oder unabsichtlich getan. Was eine Person nicht unabsichtlich getan hat, wird ihr zugerechnet: Sie hat in den (durch wechselnde Umgangsformen und durch die im Sinne dieser Umgangsformen einschlägigen Umstände bestimmten) jeweiligen Grenzen und Formen für das Verhalten einzustehen und kann in den (mit denselben Kautelen versehenen) jeweiligen Grenzen und Formen Verdienst dafür beanspruchen.

Versehen befreit (mit denselben Kautelen) von der Pflicht zum Einstehen: Es entschuldigt; und es beraubt des Verdienstes – es war »einfach Glück«. Jedes Versehen nagt am sozialen Status.

Wer Foxtrott tanzt und einen Schritt unabsichtlich oder versehentlich tut, weicht vom etablierten Vorbild des Foxtrott-Tanzens ab. Tritt er dabei seiner Partnerin auch noch auf die Füße, dann ist das natürlich nicht bloß ein falscher Schritt, sondern auch ein Mißgeschick, ein Mißerfolg; allerdings warum? Weil sie sich an die etablierte, *die* Foxtrottschrittfolge hält. Wenn er ihr auf die Füße tritt, obwohl er richtig tanzt, aber sie eben leider nicht, dann ist das ein Mißerfolg für ihn (denn das wollte er nicht). Er hat aber nicht versehentlich den (richtigen) Foxtrottschritt gemacht, sondern hat, indem er *nicht versehentlich* den richtigen *Foxtrottschritt gemacht* hat, ihr *versehentlich* (und nicht etwa absichtlich) *auf die Füße getreten*. Ob ein Verhalten versehentlich oder nicht versehentlich ist, richtet sich mithin nach dem Vorbild, in dessen Lichte es beurteilt wird: Das *versehentliche auf-die-Füße-Treten* war ein *nicht-versehentlicher Foxtrottschritt*, weil es *als Foxtrottschritt beherrscht* war, *als auf-die-Füße-Treten unkontrolliert*.

Sehr oft beurteilen wir die Kontrolliertheit des Verhaltens nach einem Erfolg, für dessen Beschreibung das Vorbild des Verhaltens nicht beschrieben werden muß. Daß ein Verhalten erfolgreich ist, sollte deshalb eng damit zusammenhängen, daß es einem etablierten Vorbild entspricht. Das trifft zu: Wo wir die Kontrolliertheit nach dem Erfolg beurteilen, scheint der Erfolg ein in den Augen aller, die davon Kenntnis haben könnten, für den Handelnden vorteilhafter Sachverhalt zu sein. (Bei Abweichungen brauchen wir sehr spezielle Informationen darüber, warum der Handelnde einen uns selbstverständlichen Wunsch nicht hat.) Vorteile haben es nun begrifflich an sich, daß Verhaltensweisen, die dazu tendieren, sie zu erzielen, üblich sind und damit zu etablierten Vorbildern werden. (Wir bestärken uns im allgemeinen gegenseitig in allem, was uns daran hindert auszusterben.) Wahrscheinlich haben deshalb so viele von unseren als Vorbildern eingeschliffenen Verhaltensweisen so klar erkennbare Erfolge. Ein Vorbild der beherrschten Vorwärtsbewegung auf hindernisfreiem Gelände ist zum Beispiel das Geradeausgehen. Es hat Vorteile: Man kommt so schnell wie möglich vorwärts (ein von allen als selbstverständlich vorausgesetztes Ziel), und man spart Energie (was wir möglicherweise nicht wissen – dann ist der Vorbildcharakter des Geradeausgehens von diesem Ziel unabhängig). Wird das Ziel als selbstverständlich vorausgesetzt, dann wird das Mittel zur sozial etablierten Verhaltensweise. Man kann auch – absichtlich oder nicht-unabsichtlich – anders als geradeaus gehen; dann hat dieses Verhalten ein anderes Vorbild, das einem den anderen verständlichen, andersartigen Ziel entspricht. Deshalb ist es weiter nicht verwunderlich, wenn man, statt versehentliches Verhalten durch Abweichung vom etablierten Vorbild zu kennzeichnen, häufig einfach auf seine Ineffizienz hinweisen kann – aber in fast allen Fällen relativ zu *etablierten* Erfolgen!

2. Betrachtet man die nicht-unabsichtliche Handlung als beherrschte, kompetent ausgeführte Handlung, dann wird zunächst verständlich, warum der Handelnde sagen kann, welche Absicht er hat: Er drückt sie in genau demselben Sinne aus, wie er sonst Ausdrucksäußerungen tut (vgl. Kapitel 9).

Nicht auf Grund von Beobachtungen meines Verhaltens sagte ich, ich würde jetzt zwei Pulver einnehmen. (PU 631)

Warum will ich ihm außer dem, was ich tat, auch noch eine Intention mitteilen? – Nicht, weil die Intention auch noch etwas war, was damals vor sich ging. Sondern, weil ich ihm etwas über *mich* mitteilen will, was über das hinausgeht, was damals geschah.

Ich erschließe ihm mein Inneres, wenn ich sage, was ich tun wollte. – Nicht aber auf Grund einer Selbstbeobachtung, sondern durch eine Reaktion (man könnte es auch eine Intuition nennen). (PU 659)[6]

Wie andere Ausdrucksäußerungen, die einen seelischen Sachverhalt ausdrücken, zu dem eine Kompetenz gehört (»Ich weiß weiter«), muß der Handelnde gelernt haben, seine Absicht nur dann vor der Handlung zu äußern, wenn er auch daran geht, sie »in die Tat umzusetzen«, also mit dem Ausführen anzufangen. Das verlangt von ihm nicht mehr an hellseherischen Gaben, als daß er Luft holen kann, bevor er den Rucksack hochhebt: Die Ab-

[6] Die Verwendung von »mitteilen« ist cum grano salis zu nehmen, wie PU 296, 298 oder PU 386 b (wiederholt in PU 594) zeigen; vgl. dazu Kapitel 9, Abschnitt 8.

sichtsäußerung ist ein sprachliches in-die-Hände-Spucken. Das ist die simple Erklärung für das Vorherwissen eigener Handlungen aus PU 629. Äußert er eine Absicht, ohne die Tat folgen zu lassen, dann muß sich zum Beispiel ein Hindernis ebenso ergeben haben, wie wenn nach einem Stück kontrollierten Verhaltens die weitere Ausführung unterbleibt, weil ein Hindernis auftritt, angesichts dessen *nicht* weiterzumachen mit der Kompetenz zur Ausführung verträglich ist. (Vgl. die entsprechende Störung der Fortsetzung einer Reihe trotz Fähigkeit dazu in PU 323.) Denkt man außerdem daran, wie weit sich Verhaltensmuster über die Zeit erstrecken können, dann kann die Ausdrucksäußerung ohne weiteres nach der Handlung kommen (»Ich wollte ...«), ganz wie man das Verstauen des Rucksacks im Schließfach durch ein letztes Zurechtrücken vollendet. Die Absichtsäußerung kann sogar kontrafaktisch getan werden:

»Wenn er damals ins Wasser gefallen wäre, so wäre ich ihm nachgesprungen.« (PU 187)

Wie das Beispiel zeigt, muß unter Umständen allerdings jemandes ganzes Leben schon das Muster des im allgemeinen beherrscht Handelnden aufweisen, damit eine solche Äußerung als zuverlässiger Ausdruck einer latenten Handlungsfähigkeit akzeptabel ist. Man muß der Person abnehmen können, daß sie als guter Schwimmer Nichtschwimmer nicht ertrinken läßt.

Absichtsäußerungen gehen über die Standardrolle von Ausdrucksäußerungen – den im Verhaltensmuster ausgeprägten seelischen Sachverhalt kraft ihrer semantischen Bedeutung und ihrer passenden Plazierung zu signalisieren – allerdings hinaus, wenn sie zu authentischen Interpretationen eigener Handlungen werden, zu Absichtserklärungen. Solche Äußerungen legen ein Handlungsmuster verbindlich als dasjenige fest, das andere zum Verständnis des Verhaltens zu benutzen haben:

»Nur du kannst wissen, ob du die Absicht hattest.« Das könnte man jemandem sagen, wenn man ihm die Bedeutung des Wortes »Absicht« erklärt. Es heißt dann nämlich: *so* gebrauchen wir es.

(Und »wissen« heißt hier, daß der Ausdruck der Ungewißheit sinnlos ist.) (PU 247)

Was der Satz in der Klammer besagt, ist: Wer nachträglich erklärt, was für eine Handlung auszuführen er die Absicht hatte, darf das nicht mit dem »Ausdruck der Ungewißheit«, also unsicher tun, eben weil seine Erklärung verbindlich ist.

Ein Weg, auf dem es dazu kommt, ist von den Ausdrucksäußerungen her bekannt: Das Verhalten weist ein Muster auf, welches nur unter sprachverwendenden Lebewesen denkbar ist, und weist es insoweit gerade deswegen auf, weil die Ausdrucksäußerung zum Ensemble gehört. (Vgl. Kapitel 12. Der Übergang von »signalisierenden« zu »definierenden« Ausdrucksäußerungen ist fließend.) Das gilt für diejenigen von Wittgensteins Beispielen, mit denen er allem Anschein nach eine allgemeine Abhängigkeit der Absichtlichkeit von Handlungen von der Existenz von Institutionen nachweisen will (zum Beispiel »Ich habe die Absicht, Schach zu spielen«).

Über einen zweiten Weg, auf dem die Verbindlichkeit von Absichtserklärungen zustandekommen kann, läßt sich spekulieren. Für nicht-unabsichtliches Verhalten wird der Handelnde verantwortlich gemacht. Der Fall kann so geartet sein, daß ein Verhalten als Handlung eines ersten Typs vorwerfbar und mißglückt, als Handlung eines zweiten Typs geglückt und nicht vorwerfbar ist. Vorwürfen ausgesetzt zu sein ist schwerwiegend; wenn der Handelnde sagen kann: »Ich habe die Handlung ersten Typs versehentlich getan«, dann ist er entschuldigt, aber sich entschuldigen zu müssen schwächt den sozialen Status. Die Umgebung könnte statt dieser Entschuldigung die Äußerung akzeptieren: »Ich wollte nicht die Handlung ersten Typs, sondern die Handlung zweiten Typs tun«. Damit kommt eine unter Umständen weniger schwerwiegende Beurteilung des Handelnden heraus. Nehmen wir nun an, es handele sich um eine verträgliche Gesellschaft; dann wird sie dazu neigen, ein Vorrecht zur authentischen Selbstinterpretation zu konzedieren, das unter verschiedenen Umständen mehr oder weniger weit gehen mag.

Schließlich kann es auf einem dritten Weg zum Privileg der authentischen Interpretation der eigenen Handlung kommen. Die Umgebung kann den Handelnden nämlich auch aus purem Eigeninteresse durch eine authentische Selbstinterpretation festlegen lassen, welche Handlung sein Verhalten dargestellt habe. Viele Handlungen legen den Handelnden auf Folgehandlungen fest (oder schränken jedenfalls die Menge derjenigen Verhaltensweisen, auf die andere vorbereitet sein müssen, stark ein). Räumt man ihm das Recht zur authentischen Selbstinterpretation seines Verhaltens ein, dann räumt man ihm das »Recht« ein, sein künftiges Verhalten für die Umgebung berechenbarer zu machen. Der Preis für die Anerkennung seiner Selbstinterpretation (was immer sie ihm in der jeweiligen Situation an Vorteilen bringt) besteht also in seiner für die Umgebung bequemen Selbstbindung für die Zukunft.

3. Das bisher entwickelte Bild gilt für alles Verhalten, das kompetent, kontrolliert, beherrscht ausgeführt werden kann. Beim Lidreflex und beim gewöhnlichen Lidschlag schließt man das Auge weder versehentlich noch nicht-unabsichtlich; hingegen ist gekonntes Klappern mit den Augendeckeln (etwa beim Flirten) nicht unabsichtlich (und außer bei Personen, die gewohnheitsmäßig Augenflirts starten, sogar absichtlich), und nur diese Sorte von Lidschlag kann einem versehentlich unterlaufen. Im wesentlichen dürfte es sich beim nicht-unabsichtlichen oder versehentlichen Verhalten um erlerntes Verhalten handeln. Jedenfalls muß es erlernbar sein. Das hat auf Grund von Wittgensteins Vorstellungen vom Lernen und Richtigmachen die unmittelbare Folge, daß nicht versehentliches, nicht unabsichtliches Verhalten, deshalb erst recht auch absichtliches, und genauso versehentliches und unabsichtliches Verhalten nur im Rahmen sozial etablierter Standards für die jeweiligen Verhaltensweisen möglich ist.

Und diese Folgerung ist natürlich problematisch, selbst wenn sie nur die mit dem jeweiligen Verhalten nicht unabsichtlich ausgeführte Handlung betrifft, nicht die mit dieser Handlung möglicherweise verfolgten entfernteren Ziele. Die Argumentation bezog sich auf die mit der absichtlichen Handlung verfolgte Absicht nur insoweit, als diese wiederum in einer absichtlichen Handlung besteht – etwa wenn man nicht versehentlich den Arm hebt in der Absicht, sich zu Wort zu melden. Sie bezog sich nicht auf das Ziel, welches darin besteht, daß der Vorsitzende dem Handelnden das

Wort erteilt. Aber daß die Folgerung problematisch ist, können einfache Reihen von Tätigkeiten verdeutlichen, für die die Plausibilität der Behauptung, sie seien nur vor dem Hintergrund von sozialen Standards, die für ihre Ausführung etabliert seien, nicht-versehentlich auszuführen, vom Anfang zum Ende deutlich abnimmt:

seinen Platz einnehmen – platznehmen – sich setzen – sich niedersetzen

wettlaufen – joggen – weglaufen – laufen

ein Sonnenbad nehmen – sich sonnen – in der Sonne liegen

Äpfel ernten – Äpfel pflücken – Äpfel abmachen

Sicherlich kann man seinen Platz nur deshalb versehentlich (und nur deshalb nicht versehentlich) einnehmen, weil es Regeln gibt, wann, möglicherweise auch wie man ihn einzunehmen hat; aber auf welche Art und Weise man sich im Wald, um von einer Wanderung auszuruhen, auf einen Stein niedersetzt, scheint dem Vergleich mit sozial vorgegebenen Mustern weit weniger zugänglich. Warum sollte man sich nicht auf die verschiedensten Arten und Weisen nicht versehentlich auf einen Felsbrocken oder auf einen Baumstumpf setzen können?

Ich werde weder auf die Gefahr der Versuchung eingehen, alle im Sinne Wittgensteins beabsichtigungsfähigen Handlungen zu konventionalisieren, noch den Versuch machen, die Vorstellung als allgemeingültig zu erweisen, so gut es geht. Statt dessen beschränke ich mich auf einen kurzen Ausblick auf die Problemlandschaft.

Die einzige aussichtsreiche Alternative dazu, das in Rede stehende nicht versehentliche Verhalten zu charakterisieren, macht vom Merkmal der Zielgerichtetheit Gebrauch. Ein großer Vorzug dieser Charakterisierung ist, daß man unmittelbar wahrnehmen kann, ob Verhalten zielgerichtet ist (wobei Wahrnehmbarkeit die Möglichkeit von Wahrnehmungsirrtümern, wie sonst auch, nicht ausschließt). Insoweit ist es allerdings von dem spontan als beherrscht beurteilten Verhalten nicht zu unterscheiden; einen Vorzug hat der Ansatz erst dann, wenn die Kompetenz nur deshalb festzustellen ist, weil ein ungewöhnliches Ziel oder (was wegen der dann ins Spiel kommenden Nebenziele oder Vorlieben für besondere Verhaltensweisen aufs selbe hinausläuft) ein Ziel auf ungewöhnliche Weise angestrebt wird. Solche Ziele kann man nur durch Befragung der betreffenden Person ermitteln. Nehmen wir zum Beispiel an, sie schwimme in der Brandung ausgerechnet in der Nähe der scharfen Klippen – sowohl zielgerichtet für Selbstmordkandidaten, die einen Unfall vortäuschen wollen, als auch ein absolutes Versehen für Schwimmer, die bloß die Brandung genießen wollen. Wir können uns auf die Vor- und (hoffentlich) die Nachgeschichte verlassen; aber solange wir uns auf das nichtsprachliche Verhalten verlassen, läßt sich zielgerichtetes von als kompetent akzeptiertem Verhalten auch bei beliebiger Komplexität nicht unterscheiden.

Wenn die betroffene Person uns ehrlich sagt, was ihr Ziel ist, sind wir leider auch nicht viel weiter. Zwar sind solche Äußerungen als Ausdrucksäußerungen gewöhnlich verbindlich; wir müssen aber wissen, wie wir sie zu verstehen haben. Und da sprachliches Ausdrucksverhalten nur ein Teil des Ausdrucksverhaltens ist, gibt es im Prinzip alle möglichen Gründe, warum die Ausdrucksäußerung zum übrigen Verhalten so schlecht passen kann, daß sie ihre übliche Verbindlichkeit einbüßt. Sie muß ja in ein erkennbares Muster passen. Deshalb werden wir uns schlicht weigern, einem schlechten Schwimmer die Äußerung abzunehmen, er schwimme in der wilden Brandung nahe bei den scharfkantigen Felsen, weil er sich zu verletzen wünsche, um die heilende Wirkung des Meerwassers zu genießen. Wir werden ihn vielmehr für verrückt halten, für jemanden, der zu zielgerichtetem Handeln nicht fähig ist. Das Handeln einer Person muß weitgehend in verständlicher Weise zielgerichtet sein, damit wir ihre Wunschäußerungen als Hinweis auf ihre Ziele verwerten können.

Nun gibt es eine riesengroße Klasse von Fällen, wo wir zielgerichtetes Verhalten feststellen und durch Angabe von Zielen beschreiben, ohne die Betreffenden fragen zu können: das Verhalten von höheren Tieren.

> Was ist der natürliche Ausdruck einer Absicht? – Sieh eine Katze an, wenn sie sich an einen Vogel heranschleicht; oder ein Tier, wenn es entfliehen will. (PU 647)

Warum sollte das nicht auch bei Menschen möglich sein? Ich habe keine Einwände; aber das Beispiel wird uns lehren, inwiefern Wittgensteins Gedanke letzten Endes doch der richtige sein könnte. Wenn wir nicht, wie im Falle der Katze, anthropomorph argumentieren, ohne uns über die (oft durchaus bestehende) Rechtfertigung dieser Argumentation irgendwelche Gedanken zu machen, dann werden wir uns den Biologen anschließen müssen, die keine disziplinierte Methode kennen, höheren Tieren bis zu den Primaten hin Verhaltensziele zuzuschreiben, die nicht letzten Endes aus dem obersten Ziel der Arterhaltung (oder neuerdings der Gen-Erhaltung) abgeleitet sind. Diese Unterstellung definiert, was Biologen als Funktionen und dann als Ziele des Verhaltens von höheren Tieren ansehen und wonach sie deren Verhalten als zielgerichtet qualifizieren (mit einem ganzen Rattenschwanz von Folgerungen dafür, welche Funktionen gewisse Organe haben und warum man deshalb annehmen darf, was die Tiere wahrnehmen).

Ziele, die anzunehmen dazu dient, zielgerichtetes Verhalten bei Subjekten zu definieren, die man nicht danach fragen kann, können also ganz simpel unterstellt sein. Das kann immerhin Raum schaffen für den Gedanken: Könnten nicht die unter Menschen sozial etablierten Standards für beherrschtes Verhalten die gewöhnlichen Wirkungen dieses Verhaltens als etablierte Ziele festlegen? Solche Ziele hätten etwas Angenehmes und daher Wünschenswertes an sich – überleben werden ja gerade die Mitglieder der Gruppen, in denen Verhaltensstandards etabliert sind, welche Verhaltensweisen begünstigen, die Wirkungen haben, die das Überleben der Gruppe fördern.

Kapitel 9

Mustergültige Äußerungen

Die übersichtliche Darstellung
vermittelt das Verständnis.

Im folgenden soll ein zusammenhängendes Bild davon entworfen werden, wie Wittgenstein in den ›Philosophischen Untersuchungen‹ mit psychologischen Äußerungen der ersten Person Singular Präsens Indikativ umgeht; für solche Äußerungen verwende ich das Wort »Ausdrucksäußerungen«. Bekannte Beispiele sind: »Ich habe Schmerzen«, »Ich verstehe«, »Ich erwarte meinen Freund«, »Ich glaube, es wird regnen«, »Ich fürchte mich«, »Ich habe den Eindruck, der Himmel war noch nie so blau«, »Jetzt sehe ich den Fuchs im Vexierbild«.

Die meistdiskutierte Frage im Zusammenhang mit Ausdrucksäußerungen betrifft ihre Verläßlichkeit. Wer sagt: »Ich habe Schmerzen«, hat im allgemeinen tatsächlich Schmerzen; wer sagt: »Ich verstehe«, weiß im allgemeinen tatsächlich, wo's langgeht; wer sagt: »Ich habe den Eindruck, der Himmel war noch nie so blau«, dem wird man diesen Eindruck schwerlich anzweifeln können. Bei anderen Äußerungen, die Sprecher über sich selbst tun, gibt es diese allgemeine Verläßlichkeit im allgemeinen nicht. Wer ohne Magendurchleuchtung oder Magenspiegelung sagt: »Ich habe ein Magengeschwür«, der äußert zur Erklärung seiner Magenschmerzen bestenfalls eine Vermutung, und wer sagt: »Ich habe Fieber«, dem werden wir das so ohne weiteres nur abnehmen, wenn er aufs Thermometer geschaut hat, wenn der Äußerung also eine Wahrnehmung zugrunde liegt. Wahrnehmung als Erklärung für die Verläßlichkeit von Ausdrucksäußerungen kann Wittgenstein demgegenüber nicht billigen; er hat, wie wir sehen werden, Argumente dagegen, daß man seine seelischen Zustände oder Bewußtseinsinhalte mit einem inneren Sinn oder dergleichen wahrnähme. Wir werden sowohl seine Kritik an dieser Vorstellung betrachten als auch seine konstruktive Alternative.

1. Seelische Muster

Wenn das zu entwerfende Bild in seinen Grundzügen exegetisch korrekt sein soll, muß man Wittgenstein im großen und ganzen ein Bild von seelischen Sachverhalten unterstellen, das ich sein »Musterrezept« nenne – »Rezept«, weil es sich nicht um eine Theorie handelt, sondern um einen Vorschlag, nämlich den, seelische Sachverhalte als Muster gewisser Art anzusehen. Die Unterstellung zu begründen ist nicht Ziel dieser Arbeit. Deswegen werde ich mich im Verlauf meiner Argumentation der einschlägigen Details nur bedienen, statt sie aus dem Text zu belegen. Das Wort »Muster« ist in diesem Zusammenhang Wittgensteins eigener Ausdruck (PU II i, S. 174/485/489; II xi 252, S. 229/541/576). Die Sache, in der das Muster ausgebildet ist, die also das Muster hat, nenne ich »Ensemble«. Ein Ensemble wird normalerweise aus dem Verhalten der jeweiligen Person in der Zeit, aus seinen räumlichen und zeitlichen Begleitumständen sowie dem Verhalten anderer Leute bestehen (in Wittgensteins Worten: seinen »Umständen« und seiner »Umgebung«). Wo ein Ensemble ein Muster hat, das einen geistigen oder seelischen Sachverhalt bildet, spreche ich der Kürze halber von geistigen oder seelischen Mustern. »Seelisch« und »geistig« werden austauschbar gebraucht. Wenn ich von seelischen und geistigen Sachverhalten rede, unterstelle ich nicht, daß es eine scharfe Grenze gäbe, die Unterzuckerung von Hunger trennt und Hunger von Appetit auf etwas, oder Unruhe von Lebhaftigkeit und Lebhaftigkeit von Munterkeit, und so fort.

Daß jemand die Ankunft seines Freundes erwartet (PU 444), ist ein Muster in seinem unruhigen Hin- und Hergehen, auf-die-Uhr-Blicken, aus-dem-Fenster-Schauen. Daß jemand Schmerzen hat (PU 286, 287), ist ein Muster, in dem sich Verletzung, Handauflegen, Klagen, Getröstetwerden zusammenfügen. Darin, daß jemand weiß, wie eine Zahlenreihe fortzusetzen ist, fügt sich zusammen, daß er mit Zahlen umgehen gelernt hat, daß er eine Weile auf das Anfangsstück der Reihe schaut, durch die Zähne pfeift, die Kreide in die Hand nimmt und die Fortsetzung an die Tafel schreibt (PU 145 – 150).

Wenn jemand einen anderen erwartet, kann das sehr unterschiedlich aussehen. Er kann zum Beispiel auch auf dem Bahnsteig stehen, die Zeitung lesen und gelegentlich auf den Zuganzeiger schauen. Oder er kann in der Küche stehen und das Lieblingsgericht seines Freundes mit aller Sorgfalt zubereiten. Das ist für Muster ganz normal; ein und dasselbe Muster kann in ganz verschiedenen Ensembles auftreten (PU 253, 335) – Ensembles, die dasselbe Muster haben, können im übrigen ganz verschieden aussehen. Ein seelischer Sachverhalt kann im Verhalten auch mehr oder weniger deutlich ausgeprägt sein: Man kann gelegentlich auf die Uhr schauen oder dauernd, kann einigermaßen ruhig dasitzen oder unruhig auf und ab gehen. Auch das ist für Muster normal: Ensembles können ein und dasselbe Muster mehr oder weniger deutlich aufweisen, und damit hängt zusammen, daß es allmähliche Übergänge zwischen Mustern geben kann (PU 143 c); dem entspricht zum Beispiel, daß ein Deutscher, der ohne Englischkenntnisse nach Amerika kommt, zunächst nur Deutsch redet, Englisch unterzumischen anfängt und schließlich fließend Englisch redet, also Englisch kann.

In den Verhaltensweisen, die zum Muster des seelischen Sachverhaltes gehören, ist keine besonders wichtig, jede ersetzbar, jede auf die Verknüpfung mit anderen angewiesen (PU 33 b, c, PU 35 a, c) (auf die Verknüpfung mit anderen Verhaltensweisen, nicht etwa auf die Verknüpfung mit dem Muster (PU 256, 441)). Dafür, daß einer Schmerzen hat, genügt nicht, daß er klagt, wenn er nicht zum Beispiel auch geneigt ist, die schmerzende Stelle zu berühren, oder nicht zum Beispiel weniger aufmerksam als sonst beim Lösen einer schwierigen Aufgabe ist (PU 304). Und dafür, daß einer Schmerzen simuliert, genügt nicht, daß er klagt, sich krümmt und beim Lösen schwieriger Aufgaben patzt, wenn er nicht zum Beispiel eine andere Aufgabe besonders gut löst, nämlich die, besonders gekonnt zu patzen (PU 391). Auch dies ist ein Charakteristikum von gemusterten Ensembles: In manchen Mustern sind manche Ensemblestücke durch andere ersetzbar oder können ersatzlos fehlen, manche können fehlen, aber nicht ersatzlos (PU 323); ob eines ersetzbar ist oder fehlen kann, kann davon abhängen, was gleichzeitig mit anderen passiert.

Ob jemandes Verhalten einen bestimmten seelischen Sachverhalt aufweist oder nicht, hängt von der Einbettung in einen weiteren Zusammenhang ab (PU 20 a, 33 d, 346, 536, 537, 539, 591, 623, 669, 670). Wer in der Küche steht und Cordon bleu zubereitet, drückt damit aus, daß er einen Gast erwartet, wenn vorher ein Brief angekommen ist, mit dem dieser Gast, dessen Lieblingsspeise Cordon bleu ist, seine Ankunft für denselben Abend angekündigt hat; keine derartige Erwartung wird ausgedrückt, wenn der Koch Clemens Wilmenroth heißt und vor laufender Kamera hantiert. Allgemein: Ob ein und dasselbe Ensemble ein bestimmtes Muster hat oder nicht, ist umgebungsabhängig, und in verschiedenen Umgebungen kann ein und dasselbe Ensemble verschiedene Muster haben. Ich weise hier nur darauf hin, daß für Wittgenstein zur einschlägigen Umgebung seelischer Sachverhalte insbesondere auch zeitlich vorangehende und folgende Umstände (PU 145 a, 652) und die sozialen Reaktionen der Umwelt (vgl. Kapitel 11) zählen; den seelischen Sachverhalt »Durst haben« weist ein Verhalten nur bei Einbettung in eine soziale Umgebung auf, die einen Flüssigkeitsbedarf anerkennt.

Die bekannten Beispiele gegen Wittgensteins Gesamtbild, wie es hier vorgestellt wird, beruhen allesamt darauf, daß einschlägige Umgebungen als unbekannt *und daher irrelevant* fingiert werden. Das gilt sowohl für Montagues konsequenten Simulanten[1] als auch für Putnams Super-Spartaner[2]. Einschlägige Umgebungen auszublenden ist bei Mustern nicht ohne weiteres sinnvoll. Auf seelische Sachverhalte beim anderen muß man nämlich im allgemeinen nicht aus seinem Verhalten schließen; man kann sie wahrnehmen wie das Verhalten selbst. Daß jemand aufgeregt, gespannt oder zerstreut ist, sieht man genausogut wie das, was er tut (PU 285, 313, 357), und die Wahrnehmung ist umgebungsabhängig (PU 536, 537). Man kann Schwierigkeiten dabei haben, weil man zu wenig sieht; das ist klar. Wo man zu wenig vom Ensemble zu sehen bekommt, kann man sich mit dem Muster vertun; vertut man sich, dann ist man im allgemeinen keinem Fehlschluß erlegen, sondern einem

[1] Montague 1975.
[2] Putnam 1965, S. 9 ff.

Wahrnehmungsirrtum, wie er genauso mit Ensemblesachverhalten unterläuft. Natürlich kann es sich um einen Fehlschluß handeln, nämlich wenn man geschlossen hat; da gibt es aber auch treffsichere oder fehlgehende Schlüsse in der umgekehrten Richtung, vom Muster aufs Ensemble, etwa daß in der eben gehörten Melodie eine bestimmte Note natürlich erklungen sei. Sie kann, muß aber nicht. Entsprechend kann man einen Augenaufschlag als treuherzig mißverstehen, weil man die Vorgeschichte nicht kennt, kann sich aber auch umgekehrt die Andeutung eines Griffs zur Pistole einbilden, weil man sich bedroht fühlt.

Seelische Sachverhalte, die einen anderen betreffen, kann man erkennen, wenn man das gelernt hat; dank dem Lernen verfügt man über diejenige Fähigkeit, deren Ausüben das Wahrnehmen ist.

Allerdings lassen sich Feststellungen, die Wahrnehmungen ausdrücken, überprüfen, sind also insofern hypothetisch; diese Tatsache soll nicht bestritten werden. Man kann wahrnehmen, daß ein Telefon auf dem Schreibtisch steht, und ganz gleich, ob es Grund zum Zweifel gibt oder nicht, kann der Versuch, es zum Telefonieren zu benutzen, eine Nachprüfung dieser Feststellung darstellen. Ergibt sich, daß man mit dem Ding nicht telefonieren kann, weil es aus Schokolade ist, dann hat man nicht wahrgenommen, sondern bloß wahrzunehmen gemeint, daß ein Telefon auf dem Schreibtisch stehe. Wie jede Fähigkeit ist auch die Wahrnehmungsfähigkeit fehleranfällig, und Fehler können oft in derselben Weise festgestellt werden wie bei der Widerlegung von Hypothesen; daraus folgt nicht, daß nicht-irriges Wahrnehmen nach dem Vorbild der Bestätigung von Hypothesen vor sich geht. (Wir brauchen, wie Austin bemerkt hat[3], um wahrzunehmen, daß da ein Telefon steht, nicht den Versuch zu machen, es zu essen.)

Für viele Sachverhalte, an denen man Wahrnehmungen nachprüfen kann, stellt die deutsche Sprache eine besondere Konstruktion bereit: Daß es die Lokomotive ist, die pfeift, sieht man *daran, daß* sie Dampf ausstößt; daß Alwines Haar blond gefärbt ist, sieht man *an* den schwarzen Haarwurzeln. (Entsprechende Konstruktionen gibt es zum Beispiel auch im Altgriechischen, im Lateinischen, im

[3] Austin 1962 b, S. 123.

Englischen und im Französischen; der Sachverhalt ist wichtig genug, um von verschiedenen Sprachen eigens bedient zu werden.) Das gilt auch für das Wahrnehmen von Empfindungen anderer: Daß jemand verlegen ist, kann man an seinem Hüsteln hören, und daß jemand gerührt ist, an seinen tränenschwimmenden Augen sehen. Man erkennt also in diesem Fall das Muster an einem oder mehreren Ensemblesachverhalten. Diese Erfahrung begünstigt die Vorstellung, Feststellungen über Empfindungen seien Hypothesen, nachzuprüfen an solchen über das Verhalten. Aber die Parallele ist irreführend; denn Hypothesen ohne Überprüfungsbasis gibt es nicht, wohl aber Wahrnehmen von A, das kein Wahrnehmen von A *an* B ist. Für die Sinneswahrnehmung ergäbe sich sonst ein infiniter Regreß (woran sieht man, daß Alwines Haarwurzeln schwarz sind?), und für die Wahrnehmung von Empfindungen anderer genügt die unvoreingenommene Betrachtung von Beispielen. Man kann oft sehen, daß jemand aufmerksam ist, ohne an irgend etwas zu sehen, daß er aufmerksam ist. (Natürlich gibt es Ursachen dafür, daß man dies sieht; aber darum geht es nicht.)

Die Vorstellung, das Wahrnehmen von seelischen Sachverhalten bei anderen sei in Wahrheit ein Schließen vom Verhalten auf den Sachverhalt, wird nicht nur durch das Innen-Außen-Modell von Seele und körperlichem Verhalten begünstigt (PU 302, 303), sondern auch durch substantivierende Redeweisen (PU 300, 377, 378, 382, 389, 400, 401, 452, 453). »Hans sieht Alwines Schmerzen« heißt nichts anderes als »Hans sieht, was für Schmerzen Alwine hat«; aber während die zweite Ausdrucksweise als explizite Form des Redens über das Wahrnehmen von Sachverhalten keinen Gedanken an innere Gegenstände nahelegt, ähnelt die erste oberflächengrammatisch einer Ausdrucksweise für das Wahrnehmen von Dingen. Nun ist es nicht so, daß Schmerzen wahrnehmbare Dinge sind; sie sind nicht wahrnehmbare Dinge; das kann zu dem Irrtum verleiten, sie seien nicht-wahrnehmbare Dinge, verborgene Dinge, also nur hypothetisch erschließbar.

Ein wesentlicher Unterschied zwischen den Paaren Hypothese/Überprüfungsbasis und Feststellungen über Empfindungen eines anderen/Feststellungen über sein Verhalten besteht darin, daß für Hypothesen explizit feststellbar sein sollte, welche Feststellungen zu ihrer Nachprüfung tauglich sind; die Schlußregeln müssen entweder vorher festliegen oder nachträglich ermittelt werden können. Dabei spielt es keine Rolle, ob es sich um definitorische Regeln oder aber um empirische Gesetze handelt, ob um Wahrscheinlichkeits- oder Beweislastregeln oder aber um hundertprozentige Zusammenhänge, ob um notwendige oder aber um hinreichende Bedingungen. Je unwichtiger die Bekanntheit der Nachprüfungsbasis wird, desto unglaubwürdiger wird das Reden vom Schließen. Für die Wahrnehmung von Einstellungen, Stimmungen oder Empfindungen anderer ist sie aber genauso unwesentlich wie für die Musterwahrnehmung sonst. Wenn wir etwas wahrnehmen gelernt haben, dann können wir mit viel Alltagserfahrung oder disziplinierter experimenteller Psychologie vielleicht herausbekommen, welche Umstände nicht fehlen dürfen, damit wir alle übereinstimmend dasselbe wahrnehmen; aber dafür, daß das Wahrgenommene wirklich da ist, ist nicht diese mühsam zu erwerbende Kenntnis wesentlich, sondern das stabile Übereinstimmen unserer Wahrnehmungsurteile. Das ist ein Grund dafür, daß man nur mit Vorsicht davon sprechen sollte, im Verhalten lägen die Kriterien für Empfindungen; denn von Kriterien sollte man nur reden, wo Regeln von vornherein bekannt sind oder nachträglich festgestellt werden können.

2. Die klassische Erklärung der Zuverlässigkeit von Ausdrucksäußerungen ist für Wittgenstein nicht akzeptabel

Bei diesem Gesamtbild von seelischen Sachverhalten liegt auf der Hand, daß Wittgenstein die Verläßlichkeit von Ausdrucksäußerungen nicht in der Weise verstehen kann, wie das eine Vorstellung nahelegt, die ich, ohne den Mund allzu voll zu nehmen, die hergebrachte philosophische Wahrnehmungstheorie nennen will. Sie findet ihre erste systematische Darstellung bei Aristoteles in ›De Anima‹, reicht in lückenloser Tradition bis in die Gegenwart und kann mit dem Slogan gekennzeichnet werden: »Wahrnehmen im alltäglichen Sinne besteht erstens aus dem Haben von Wahrnehmungen im eigentlichen Sinne und zweitens aus deren anschließender Interpretation.« Zum Beispiel sieht man im Sinne dieser Theorie im eigentlichen Sinne keinen Würfel, sondern Farbflecken von bestimmter Form und Schattierung, aus denen man sich interpretierend den Würfel zusammenreimt. Die Interpretation beruht auf Erfahrung; daher lassen sich die beiden Anteile des alltäglichen Sehens so trennen: Was man nicht sehen würde, wenn man noch kein Erfahrungswissen hätte, steuert die Interpretation bei; was man sieht, wenn man von allem Erfahrungswissen absieht, sieht man im eigentlichen Sinne.

Die Koordination von Greif- und Gehbewegungen mit dem Sehen muß erlernt werden; man muß lernen, die Konstanz von bewegten Farbfleckenansammlungen auszunutzen, die, statt sich beim Zusammenstoß mit anderen zu vermischen, auf der anderen Seite wieder auftauchen; man muß lernen, mit den regelmäßigen Veränderungen sogenannter perspektivischer Verzerrungen bei eigener Ortsbewegung zurechtzukommen; und man muß lernen, das plastische (sogenannte räumliche) Sehen zu verwerten. Deshalb hat das im Sinne dieser Theorie eigentlich Gesehene keine Tiefendimension. Es ist daher nicht außerhalb des Sehenden; die »eigentlichen Wahrnehmungen« sind innerlich. Dazu paßt glänzend, daß im alltäglichen Sinne von mehreren Personen gesehene Gegenstände je nach deren Erfahrung und Vorwissen, aber auch je nach dem jeweiligen körperlichen Zustand, verschieden wahrgenommen werden können: Die Personen haben von den Gegenständen verschiedene Wahrnehmungen im eigentlichen Sinne. Für diese Tatsache gibt es eine Reihe von Ausdrücken: Die Gegenstände erscheinen so und so, sie sehen so und so aus, machen den und den Eindruck, werden so und so empfunden. Aus diesem Grunde kann man im Sinne des herkömmlichen Bildes die »eigentlichen Wahrnehmungen« auch als Erscheinungen (Platon) oder Empfindungen (Aristoteles[4]), als Aussehen (Berkeley) oder als Eindrücke (Hume) bezeichnen.

[4] Nach Aristoteles nimmt man nicht die ins Wahrnehmungsvermögen aufgenommene Form wahr, sondern den äußeren Gegenstand (De Anima 417 b 20 – 28, 423 a 22 – b 26, 431 b 26 – 432 a 10). Systematisch neigt er dennoch der ersteren Alternative zu, wie seine Bemerkungen über Wahrnehmungsirrtümer zeigen (s. u.).

Ein weiteres, historisch nicht ganz durchgängiges Merkmal der herkömmlichen Theorie ist, daß Wahrnehmungsirrtümer sich erst im Prozeß der Interpretation einschleichen. Aristoteles hat zwar Störungen des Mediums (Nebel) und Störungen der Sinnesorgane (Linsentrübung) als Irrtumsquelle einbezogen, hat sich aber widersprüchlich geäußert; und nach seiner expliziten Theorie für Wahrnehmungsirrtümer, die sehr einflußreich geworden ist, kommen diese nur dann zustande, wenn ein Sinn mehr tut, als ihm seine Kompetenz gestattet, wenn man also zum Beispiel sieht, daß etwas süß ist, oder wenn man urteilt, das gesehene Gelbe sei identisch mit dem geschmeckten Süßen.[5] Diese Interpretationen bringt der sogenannte Gemeinsinn zustande, an dessen Stelle in der Geschichte der Theorie die unterschiedlichsten Vermögen postuliert worden sind. Da die Leistungen solcher Vermögen über ihr Material hinausgehen, sind sie insoweit hypothetisch und irrtumsanfällig. Bei den Empfindungen selbst dagegen kann es keine Irrtümer geben. Das wiederum paßt glänzend dazu, daß man sich über seine Empfindungen bekanntlich nicht irren kann: Wenn eine Person einen Pullover als grün, die andere ihn als türkis empfindet, irrt sich zwar mindestens eine von ihnen insofern, als der Pullover nicht beide Farben haben kann. Daß aber die erste Person ihn als grün, die zweite ihn als türkis empfindet, kann man den beiden füglich nicht wohl bestreiten wollen.

Es gibt daher vom Standpunkt dieser Wahrnehmungstheorie aus eine einfache Erklärung für die Verläßlichkeit aller Ausdrucksäußerungen: Sie werden als Wahrnehmungsberichte des Sprechenden über eigentliche Wahrnehmungen verstanden, die, mangels einer Irrtumsquelle, nicht irrtumsanfällig sind. Je schematischer das Bild von seelischen Sachverhalten vereinfacht wird, desto stärker wird diese Erklärung verallgemeinert.

Für Wittgenstein ist diese Erklärung natürlich schon deswegen nicht tragbar, weil seelische Sachverhalte, die einen Menschen betreffen, als Muster seines im Raume statthabenden Verhaltens und des einbettenden sozialen Verhaltens seiner Umgebung genauso im Raume sind wie das Verhalten selbst. Bei seiner Ablehnung stützt

[5] Aristoteles, De Anima 418 a 7 – 25, 425 a 31 – b 3, 426 b 8 – 22, 428 b 18 – 25.

er sich allerdings nicht nur auf sein Bild von seelischen Sachverhalten, sondern auch auf drei davon unabhängige Kritiken, die sich direkt gegen die Vorstellung von der Wahrnehmung des Inneren richten. Ich beschränke mich darauf, die Argumentationen nur zu nennen:

(1) Zum Wahrnehmen muß gar kein Empfinden gehören; insbesondere kann Wahrnehmen nicht als die Verknüpfung von Empfinden und Deuten verstanden werden (PU 273 – PU 280). Im Gegenteil: Deuten gehört wesentlich dazu, daß man etwas so und so empfindet (PU 535, 536).

(2) Von den eigenen seelischen Sachverhalten, insbesondere von den eigenen Empfindungen, hat man kein Wissen im Sinne des Wahrnehmungswissens, schon gar kein irrtumsfreies Wissen (PU 246). Die vollkommen korrekte Verwendung von »Ich weiß« als Präfix von Ausdrucksäußerungen drückt ganz andere Ansprüche aus, zum Beispiel den Anspruch, ernstgenommen zu werden, in »Ich weiß, daß ich Schmerzen habe«, oder den Anspruch, sich erklären zu dürfen, in »Ich weiß, welche Absicht ich habe« (vgl. Kapitel 10).

(3) Ausdrucksäußerungen sind keine auf Grund von Wahrnehmung zustande gekommenen Beschreibungen des seelischen Sachverhaltes. Die dafür nötige Identifikation des eigenen seelischen Sachverhaltes könnte nämlich gar keine Rolle dafür spielen, ob die allgemeinverständliche Äußerung den seelischen Sachverhalt richtig beschreibt (PU 289, 290, 293).

Die drei Argumente sind allesamt unabhängig von der Privatsprachenargumentation. Sie treffen auch dann, wenn für innerlich wahrgenommene seelische Sachverhalte keine Privatheit in Anspruch genommen wird.

3. Seelische Muster werden durch auffällige Elemente »ausgedrückt«

Um die Zuverlässigkeit von Ausdrucksäußerungen im Rahmen des Musterrezepts verständlich zu machen, holt man am besten etwas aus.

Gemusterte Ensembles können Elemente haben, die auffälliger sind als andere; Beispiele sind die Augen auf einem Würfel, der Start und das Ziel in einem Wettlauf und die Endreime in einem herkömmlichen Gedicht. Solche Elemente sind im Muster auffällig, nicht etwa besonders wichtig; einundzwanzig Augen machen allein genausowenig einen Würfel aus, wie der Start und das Ziel für ein Rennen genügen oder Reime ohne Zeilen für ein herkömmliches Gedicht. Auch in Ensembles, die seelische Muster ausbilden, kann es auffällige Elemente geben. Wenn jemand von Zweifel erfüllt ist, schüttelt er vielleicht nachdenklich den Kopf; wenn er zornig ist, knirscht er vielleicht mit den Zähnen; wenn er Schmerzen hat, weint er vielleicht. Und auch hier gilt: Solche Elemente sind nicht unerläßlich, sondern auffällig. Nachdenkliches Kopfschütteln macht kein Muster des Zweifels aus; ein Vorschlag, eine Behauptung oder etwas Ähnliches müssen vorangegangen sein. Das Muster der Schmerzen kann auch ganz ohne Weinen so deutlich ausgeprägt sein, wie man nur will.

Es ist aber eine schlichte Tatsache, daß solche auffälligen Elemente vorkommen, und bei seelischen Mustern gibt es eine – möglicherweise zufällige – sprachliche Neigung, die auffälligen Elemente »Ausdruck« des jeweiligen geistigen Sachverhalts zu nennen: »So mache ich etwa eine Handbewegung dazu, die das Führen ausdrückt« (PU 178). Der Gesichts-»Ausdruck« ist besonders auffällig (PU 173, 285, II xi 133, S. 211/523/548). Freilich kann man manchmal auch ohne jede genauere Angabe sagen, das Verhalten eines Menschen drücke seelische Sachverhalte aus: »der Ausdruck der Empfindung, das menschliche Benehmen« (PU 288); »Wer den Ausdruck der Erwartung sieht, sieht, was erwartet wird« (PU 452 mit Bezugnahme auf PU 444); »Was ist der natürliche Ausdruck einer Absicht? – Sieh eine Katze an, wenn sie sich an einen Vogel heranschleicht« (PU 647); »Wenn bei einem Menschen der Körperausdruck des Grames und der Freude, etwa mit dem Ticken einer Uhr, abwechselten, so hätten wir hier nicht den charakteristischen Verlauf des Grammusters, noch des Freudemusters.« (PU II i)

Es gibt noch eine weitere Ausdrucksweise, die bei Wittgenstein wie auch im Umgangsdeutsch beim Reden über auffällige Elemente viel häufiger ist als beim Reden über größere Teile oder sogar die ganzen gemusterten Ensembles, nämlich »äußern« oder »Äußerung«. Darüber hinaus benutzt Wittgenstein diesen Ausdruck häufiger, wenn er sagen will, daß eine Person oder daß das Verhalten einer gegebenen Person einen seelischen Sachverhalt dieser Person ausdrückt, als wenn das Subjekt, dessen Verhalten einen seelischen Sachverhalt ausdrückt, nicht in Rede steht. Hier haben wir es also mit einer sprachlichen Behandlung solcher auffälligen Elemente zu tun, durch die diese zweifach hervorgehoben werden: Sie werden sowohl mit einem besonderen Ausdruck (»äußern«) als auch durch besondere grammatische Subjekte (Personen, denen seelische Sachverhalte zugeschrieben werden) locker zusammengefaßt.

Dabei handelt es sich aber um eine mehr oder weniger willkürliche Eigenart unseres Sprachgebrauchs; das wird durch die Tatsache beleuchtet, daß es für die deutschen Ausdrücke »äußern« und »Äußerung« kein englisches Äquivalent zu geben scheint. In der englischen Übersetzung der ›Philosophischen Untersuchungen‹ stehen für »äußern«: »manifest« (PU 579, S. 218, 225), »express« (S. 207), »give expression« (PU 302) und »show outward signs« (PU 257). Das Substantiv »Äußerung« wird meistens mit »expression« übersetzt (PU 245, 256 (zweimal), 440, S. 188, 191 (zweimal), 227, 228), auch mit »manifestation« (PU 152, 582, 585); aber auch mit »outward expression« (PU 130), »spontaneous expression« (PU 441), sogar mit »external reaction« (PU 571). In unserem Zusammenhang geht es nur um die Zufälligkeit des Sprachgebrauchs; deshalb weise ich im Hinblick auf spätere Überlegungen lediglich darauf hin, daß »äußern« und »Äußerung« auch die deutschen Äquivalente für englisch »to utter« und »utterance« sind; in dieser Verwendung dienen sie dazu, über *sprachliche* Äußerungen zu reden.

Wie kommt es dann, daß gewisse Verhaltensweisen Seelisches »nach außen bringen«, und das heißt: ausdrücken können? Aber statt uns zu fragen, woher eine natürliche Sprache das Recht nimmt, bestimmten Vehaltensweisen die Rolle zuzuweisen, seelische Sachverhalte einer Person »auszudrücken«, oder es sogar in die Zuständigkeit der jeweiligen Person zu stellen, ihre eigenen seelischen Sachverhalte selbst zu »äußern«, sollten wir uns an Einzelheiten unserer Sprachspiele mit Mustern erinnern. Diese Einzelheiten sind so weit verbreitet, daß sie in einer »übersichtlichen Darstellung« sogar zu einer vorsichtigen Verallgemeinerung zusammengefaßt werden könnten: Wir wählen die Elemente, die wir als Subjekte der Beschreibung von Mustern benutzen, sehr frei. Um das Ende einer Schachpartie festzustellen, können wir sagen, daß *der schwarze König* matt ist, daß *die weiße Dame* den schwarzen König matt setzt, daß *Schwarz* matt ist oder daß *Weiß* Schwarz matt setzt. Um zu berichten, daß die Leute mehr Geld für die Butter verlangen und bezahlen, können wir sagen, daß *die Butter* im Preise steigt (PU 639). Niemand bedarf einer Rechtfertigung dafür, seine seelischen Sachverhalte selbst auszudrücken; daß gerade er es tut, folgt einfach daraus, wie wir auf sein seelisches Muster sprachlich reagieren.

4. Sprachliche Äußerungen sind erste Wahl, wo es darum geht, seelische Sachverhalte »auszudrücken«

Sprachliche Äußerungen kommen als Elemente von Mustern oft vor. Eine Schachpartie enthält nur wenige, eine Bridgepartie mehr in der ersten als in der zweiten Hälfte, Dialoge und Gedichte bestehen ganz daraus. In manchen Mustern sind sprachliche Äußerungen entbehrlich (»Du bist« beim Fangenspielen) oder können durch nichtsprachliche Elemente ersetzt werden (»Guten Morgen« beim Grüßen durch Nicken oder einen Händedruck). Nun sind sprachliche Äußerungen immer auffällige Verhaltensweisen; diese Tatsache muß man sogar zur Definition von Zeichen benutzen, wenn diese im Sozialverhalten einer Gruppe identifiziert werden sollen. Wenn also eine sprachliche Äußerung zu einem Ensemble gehört, das ein seelisches Muster ausbildet, hat sie, eben weil sie auffällig ist, jede Chance, als Ausdruck des seelischen Sachverhalts zu gelten. Zum Beispiel kann »Ehrlich?!« Zweifel ausdrücken, wenn die Äußerung zu einem Ensemble gehört, das das Muster des Zweifels hat; das gleiche gilt für »Mist!« als Ausdruck von Ärger oder für »Aua« als Ausdruck von Schmerzen. Diese Äußerungen drücken diejenigen seelischen Sachverhalte aus, die sie ausdrücken, weil wir sie als deren Ausdruck behandeln, und wir tun das nicht etwa, weil sie so wichtig wären, sondern wegen ihrer Auffälligkeit. Allein machen sie keinen geistigen Sachverhalt aus, und Zweifel, Ärger und Schmerz können auch ohne sie ausgeprägt sein. Sprachliche Äußerungen sind als Elemente von Mustern aber nicht bloß auffällig. Sie können darüber hinaus in besonderer Weise signalisieren, in was für einem Muster sie vorkommen, nämlich dank ihrer semantischen Bedeutung. Magrittes berühmtes »Ceci n'est pas une pipe« signalisiert durch semantische Selbstnegation; das Graffito »Besser ein guter Spruch als ein schlechtes Gedicht« signalisiert ohne positive oder negative semantische Selbstzuschreibung. Das folgende Gedicht von Goethe enthält als Signal für sein eigenes Schema das Wort »Sonett«; ob es sich um semantische Selbstzuschreibung handelt, hängt von der Semantik der Titelkonvention ab:

Das Sonett

Sich in erneutem Kunstgebrauch zu üben,
Ist heilge Pflicht, die wir dir auferlegen:
Du kannst dich auch, wie wir, bestimmt bewegen
Nach Tritt und Schritt, wie es dir vorgeschrieben.

Denn eben die Beschränkung läßt sich lieben,
Wenn sich die Geister gar gewaltig regen;
Und wie sie sich dann auch gebärden mögen,
Das Werk zuletzt ist doch vollendet blieben.

So möcht ich selbst in künstlichen Sonetten,
In sprachgewandter Maße kühnem Stolze,
Das Beste, was Gefühl mir gäbe, reimen;

Nur weiß ich hier mich nicht bequem zu betten,
Ich schneide sonst so gern aus ganzem Holze,
Und müßte nun doch auch mitunter leimen.

Selbst wenn das Gedicht durch Selbstzuschreibung signalisieren sollte, tut es das, ohne eine *Mitteilung* über sich selbst zu machen; darum rede ich durchweg von *semantischer* Bedeutung. (Von niemandem wird erwartet, daß er an der Überschrift das Sonett erkennt; deshalb kann sie in diesem besonderen Kontext nicht als Mitteilung benutzt werden.) »Negation« und »Selbstzuschreibung« sind vielleicht ohnehin rein semantische Begriffe; ich reite auf dem Ausdruck »semantisch« herum, um zu betonen, daß wir es hier mit Bedeutungen von Zeichen und nicht mit Bedeutungen von Äußerungen zu tun haben.

Dank der semantischen Bedeutung eines Zeichens kann es in ganz verschiedener Weise als Signal gebraucht werden, so wie das Piktogramm einer Flamme zum Beispiel leicht entflammbare Güter, Waldbrandgefahr oder aber einen Grillplatz signalisieren kann. Alles hängt vom Kontext ab, und der muß das Signal nicht zur Mitteilung machen, auch wenn der Satz zufällig (semantisch) selbstzuschreibend ist. Auf der anderen Seite kann die Äußerung eine Mitteilung über sich selbst sein, ohne daß der Ausdruck semantisch selbstzuschreibend wäre, wie das folgende, Goethes Abneigung in wenig olympische Worte fassende Gedicht von Robert Gernhardt zeigt (aus ›Wörtersee‹):

Materialien zu einer Kritik der bekanntesten Gedichtform
italienischen Ursprungs

Sonette find ich sowas von beschissen,
so eng, rigide, irgendwie nicht gut;
es macht mich ehrlich richtig krank zu wissen,
daß wer Sonette schreibt. Daß wer den Mut

hat, heute noch so'n dumpfen Scheiß zu bauen;
allein der Fakt, daß so ein Typ das tut,
kann mir in echt den ganzen Tag versauen.
Ich hab da eine Sperre. Und die Wut

darüber, daß so'n abgefuckter Kacker
mich mittels seiner Wichserein blockiert,
schafft in mir Aggressionen auf den Macker.

Ich tick nicht, was das Arschloch motiviert.
Ich tick es echt nicht. Und wills echt nicht wissen:
Ich find Sonette unheimlich beschissen.

Oben haben wir zu den auffälligen Elementen seelischer Muster angemerkt, daß es im Sprachgebrauch eine Neigung gibt zu sagen, die jeweilige Person drücke durch die Produktion solcher Elemente ihren seelischen Sachverhalt aus. Diese Neigung dürfte zum Zuge kommen, wenn die fraglichen Elemente sprachliche Äußerungen sind (weil diese ohnehin gute Aussichten haben, auffällig zu sein); und ich halte es für naheliegend, daß die Neigung geradezu unwiderstehlich wird, wenn erstens die sprachliche Äußerung durch die semantische Bedeutung des geäußerten Satzes den seelischen Sachverhalt signalisiert und wenn zweitens der Satz semantisch seinem Subjekt »ich« etwas zuschreibt. Denn in diesem Fall liefert uns nicht nur die Anwesenheit eines Sprechers, sondern sogar der Satz selbst ein (grammatisches) Subjekt, das wir als Bezugspunkt benutzen können, um das Muster zu beschreiben. Wie oben bemerkt, haben wir ja große sprachliche Freiheit in der Wahl solcher Bezugspunkte. Nun leisten Ausdrucksäußerungen in der kanonischen erste-Person-Singular-Präsens-Indikativ-Form gerade das: (1) Dank ihrer semantischen Bedeutung signalisiert eine Ausdrucksäußerung den seelischen Sachverhalt der sprechenden Person, in deren Verhalten das entsprechende seelische Muster ausgebildet ist, zu dessen Elementen die Ausdrucksäußerung gehört; (2) dank semantischer Zuschreibung zum Subjekt »ich« läßt sie uns die Person als ihren seelischen Sachverhalt ausdrückend, ja: ihn äußernd beschreiben.

Mit diesem Bild im Hinterkopf wollen wir nun zuerst die Ergebnisse der Abschnitte über das Lesen in PU 156 – 178 skizzieren; dann sollen PU 151 – 155 betrachtet werden, die nach Wittgensteins ausdrücklichen Worten (im ersten Satz von PU 156) durch die Betrachtungen über das Lesen geklärt werden; und schließlich wollen wir uns PU 179 – 184 zuwenden, wo die Argumentation aus PU 151 – 155 explizit wiederaufgenommen wird (im einleitenden Satz von PU 179). Der Exkurs über das Lesen ist zu deutlich in seinen Kontext eingebettet, als daß diese strukturelle Information übersehen werden dürfte.[6]

[6] Es ist bemerkenswert, daß Wittgenstein zwar als Beispiel dasjenige Lesen benutzt, für welches das Verständnis des Gelesenen keine Rolle spielt, aber in diesem Zusammenhang seine Erör-

5. Musterabhängige Merkmale von Äußerungen: Der Exkurs über das Lesen

Das Gesamtziel der Folge über das Lesen ist, vorzuführen, wie Äußerungen dadurch, daß sie in erkennbare Muster eingebettet sind, eine bestimmte Eigenart bekommen, und zwar diese: *ihr Sprecher liest*, indem er die Äußerung tut. (»Er liest laut« stellt keinen »reinen« seelischen Sachverhalt fest; der Satz bezieht sich auf ein Element des Musters und stellt gleichzeitig fest, daß das Element zum Muster gehört. Gilbert Ryle hätte ihn »mongrel-categorical« genannt.) Man beachte, daß (im Unterschied zu »Jetzt weiß ich's« usw. in PU 151 – 155 und 179 – 184) die betrachteten Äußerungen von Wittgenstein fast nie zitiert, sondern nur charakterisiert werden, nämlich als lautes Lesen, und daß sie keine Ausdrucksäußerungen sind. Darum ist es gewiß eine Interpretationsfrage, worauf der lange Exkurs hinauswill. Das von mir eben genannte Gesamtziel wird aber auf jeden Fall angestrebt; denn was nach dem einleitenden Satz von PU 156 klarer werden soll, ist die Tatsache, daß eine bestimmte Äußerung (»Ich verstehe«, »Ich weiß weiter«, in PU 155 in indirekter Rede genannt) mit Recht in bestimmter Weise aufgefaßt werden kann (nämlich als Ausdruck des Verstehens oder Weiterwissens), und zwar auf Grund der Begleitumstände, nicht auf Grund gleichzeitiger Erlebnisse des Sprechers. Es ist aber zweierlei, ob man einen Zeitungstext *liest*, indem man ihn laut wiedergibt, oder ob man laut ruft: »Jetzt verstehe ich's«

terungen des Ableitens und des Geführtwerdens nicht in die Nähe seiner Diskussion der regeldeutenden Ausdrücke aus PU 28 – 29, 84 – 87, 139 – 141, 186 – 190, 198 und 201 führt. Dort ist die Pointe, daß das Gewahrwerden eines weiteren deutenden Ausdrucks keinen Gehalt gewährleistet; hier argumentiert er im Unterschied dazu, daß das Erlebnis des Geführtwerdens für das Lesen nicht besonders interessant ist. Während es ganz normal ist, wenn dieses angebliche Erlebnis auch innerhalb der konstruktiven Analyse des Regelfolgens diskutiert wird (PU 222, 232, 237), darf man nicht schließen, daß durch die Diskussion des Erlebnisses im Verlauf des Exkurses über das Lesen dieser in eine Diskussion des Regelfolgens umgewandelt würde, wie es von Hallett 1977, »Detailed Commentary« zu PU 156 und 171, und – ohne Nennung von Hallett – von Baker und Hacker 1980, »Exegesis« von PU 156, 162 und 171, unterstellt wird. Die Rolle des Exkurses über das Lesen ist dafür durch »Dies wird klarer werden« in PU 156, »Kehren wir zu unserm Fall (151) zurück« in PU 179 und »Gehen wir nun zu unserm Beispiel (143) zurück« in PU 185 zu ausdrücklich angegeben, wobei PU 151 – 155 und 179 – 184 es offenkundig mit Verstehens-Ausdrucksäußerungen zu tun haben.

und damit plötzliches *Verstehen ausdrückt*; die Frage, was man mit dem Vergleich beider Sachverhalte anfangen soll, kann unterschiedliche Antworten finden. Meine eigene Antwort wird sehr viel von zwei Eigentümlichkeiten des Textes hermachen, der den Lese-Exkurs einrahmt: ausgerechnet Wittgenstein wechselt mit begnadeter Unbekümmertheit zwischen direkter und indirekter Rede, wo er über Äußerungen spricht, die Verstehen ausdrücken; und ausgerechnet er kultiviert Mehrdeutigkeiten geradezu, wo es um die Berechtigung des Sprechers zu solchen Äußerungen geht.

Der Exkurs über das Lesen hat die folgenden wesentlichen Ergebnisse: (1) Dafür, ob jemand mit einer Äußerung liest, sind Begleitumstände jeder Art wesentlich. Keiner von ihnen ist unentbehrlich, vorausgesetzt, andere sind vorhanden; daß jeder ersetzbar ist, darf nicht so verstanden werden, daß keiner fürs Lesen charakteristisch wäre, so daß alle zugleich entbehrlich wären. (Belege findet man reihenweise.) So ist das mit Mustern: In den meisten Ensembles, die ein gegebenes Muster ausbilden, ist kein einzelnes Element besonders wichtig, sind die meisten Elemente durch andere ersetzbar und könnten manche auch fehlen; ob ein bestimmtes Element fehlen oder ersetzt werden könnte oder nicht, hängt oft davon ab, ob andere Elemente hinzugefügt oder verändert werden oder nicht. (2) Daher ist es unnötig, ein verborgenes Merkmal zu postulieren, dessen Vorliegen dafür ausreichen würde, daß eine Äußerung ein Lesen ist. (3) Ein physiologischer Zustand, der möglicherweise der Lesefähigkeit zugrundeliegt, ist kein solch verborgenes Merkmal, da wir die Äußerung nicht an ihm als Lesen erkennen (PU 156 – 158). (4) Genausowenig besteht ein vorgebliches wesentliches verborgenes Merkmal in irgendeinem Erlebnis der lesenden Person (PU 156, 159), wie zum Beispiel dem Erlebnis des Ableitens des Lautes aus der Schrift, der Verursachung des Sprechens durch den Text oder des Geführtwerdens durch die Buchstaben (PU 162 – 178). (5) Beim Übergang vom Analphabetismus zur vollen Lesefähigkeit gibt es keine scharfe Grenze, und das ist bei Mustern ganz normal: Muster können mehr oder weniger deutlich sein; es kann graduelle Übergänge zwischen Regellosigkeit und einem Muster oder zwischen einem Muster und einem anderen geben. Gleichwohl könnte der Lehrer mit Recht zu einem früheren Zeitpunkt sagen: »Er liest gar nicht«, später dann: »Jetzt kann er lesen!« – also ohne daß es im Ensemble, in dem der Lehrer jetzt das Muster des Lesenkönnens erkennt, ein Element geben muß, dessen erstes Auftreten den Anfang bilden könnte. Statt dessen ist zum Beispiel die Häufigkeit erfolgreicher benachbarter Leseversuche wichtig, und ein Merkmal wie die Häufigkeit ist keine Eigenschaft eines einzelnen Elementes für sich allein (PU 157). Das ist ebenfalls eine aus der Beschreibung von Mustern vertraute Erfahrung. Muster und Ensemble sind zwei Glieder einer Beziehung; sie entsprechen unterschiedlichen Beschreibungsebenen. Wenn man eine bestimmte Beschreibung eines schwarzweißen Brettes hat, können »schwarze Diagonale« und »h-Linie« zur Beschreibung des Musters gehören, während »acht mal acht« in der Beschreibung des Ensembles vorkommt. Relativ zu solch einer Unterscheidung der Ebenen kann man von Mustersachverhalten und Ensemblesachverhalten (oder Sachverhalten der Ensembleelemente) sprechen. Da die Beschreibungsebenen ziemlich unabhängig voneinander sind, können Bezugspunkte besondere Rollen im Muster spielen, ohne daß es im Ensemble eine besondere Rolle für die entsprechenden Elemente zu spielen gäbe. So ist zum Beispiel die Mitte eines Kreuzes im Muster zentral, auch wenn das entsprechende Element des Ensembles nicht durch geometrische Symmetrie vor anderen Elementen des Ensembles hervorgehoben ist; und den Aufstieg Athens in der Antike kann man durch die Wahl von Perikles ins Amt des Strategos oder durch die Verlegung der Kasse des attischen Seebundes von Delos nach Athen vollendet sehen, auch wenn es nichts gibt, was Athen gerade zu einem dieser Zeitpunkte irgendwie mächtiger machte. Die Wahl der Subjekte und Zeitpunkte in Beschreibungen von Mustern berechtigt nicht zum Schluß darauf, daß wichtige Dinge an den entsprechenden Stellen im Ensemble vor sich gehen. (6) Bei Menschen, die lesen können, gibt es keine scharfe Grenze zwischen solchen Mustern, in denen eine Äußerung ein Lesen darstellt, und solchen, in denen das nicht so ist (PU 161). (7) Ob ein und dieselbe Äußerung als Lesen gelten kann oder nicht, hängt nicht nur von Begleitumständen, sondern auch von dem ab, was Wittgenstein in anderen Kontexten die »Umgebung« nennt, zu der er gewöhnlich sozial charakterisierte Merkmale zählt. Solche Merkmale sind zum Beispiel: Die Person hat lesen gelernt (PU 156, 166); sie ist ein geübter Leser oder ein Anfänger (PU 156, 160, 166); das lesende Subjekt ist ein Mensch (PU 157). Auch das ist eine bei Mustern vertraute Tatsache: Ob ein Muster ausgebildet ist oder nicht, hängt von der Umgebung ab, in die das Ensemble eingebettet ist; ein und dasselbe Ensemble kann also in verschiedenen Umgebungen verschiedene Muster haben. Das spielt eine besondere Rolle dafür, daß undeutliche Muster klar oder klare undeutlich werden, und dafür, daß Ensembles mit zweideutigen Mustern eindeutig werden.

6. Rechtfertigung von Äußerungen und Rechtfertigung ihres Inhalts

Wenn wir uns PU 151 – 155 zuwenden, müssen wir als erstes Wittgensteins einleitende Bemerkung berücksichtigen, weil sie das Thema stellt (einen schwachen Hinweis darauf, daß hier Wittgensteins Gegner sprechen könnte, enthält nur die englische Übersetzung, die mit »But there is also...« einsetzt):

Nun gibt es aber auch *diese* Verwendung des Wortes »wissen«: wir sagen »Jetzt weiß ich's!« – und ebenso »Jetzt kann ich's!« und »Jetzt versteh ich's!« (PU 151)

Und dann drückt Wittgenstein aus, wie sein Gesprächspartner diese Verwendung von »wissen« in Verstehens-Ausdrucksäußerungen am liebsten verstehen würde:

Diese Fähigkeit, dieses Verstehen ist also etwas, was in einem Augenblick eintritt. (PU 151)

In PU 147 hatte der Gesprächspartner beansprucht, in der Form zu wissen, was er mit dem Gesetz einer Reihe meine, das heißt, wie er es verstehe, daß sein Wissen die richtige Anwendung festlege; das hatte Wittgenstein bis PU 150 unter der Annahme kritisiert, daß Verstehen die (dispositionale) Fähigkeit ist, etwas hinzukriegen. Die Tatsache, daß Verstehens-Ausdrucksäußerungen normalerweise ganz in Ordnung sind, könnte jedoch als Beweis dafür gewertet werden, daß nicht-dispositionales Verstehen etwas wäre, dessen sich die Person bewußt ist.

Es gibt keinen Grund für die Unterstellung, Wittgenstein wolle nicht-dispositionales Verstehen leugnen; grob gesprochen, ist es der Anfang des dispositionalen Verstehens, wobei der Anfang entweder als punktuell (Kapieren) oder als sich hinziehender Vorgang (Lernen) betrachtet wird, je nachdem, wie lange der Übergang zwischen dem Muster des Unverständnisses und dem Muster des (dispositionalen) Verständnisses dauert. (Nicht-dispositionales Verstehen ist natürlich nicht die Ausübung des dispositionalen Verstehens; diese besteht in den zum Verstehen gehörenden Leistungen.) Vielmehr mißfällt Wittgenstein die Auffassung, die der Gesprächspartner von der Rolle der Verstehens-Ausdrucksäußerungen (das heißt Äußerungen wie den aus PU 151 zitierten) im Zusammenhang mit dem nicht-dispositionalen Verstehen hat. Während der Gesprächspartner diese Äußerungen als unfehlbare Berichte von einem bewußten Ereignis interpretiert, verteidigt Wittgenstein die Ansicht, daß sie zuverlässige Signale für das Verstehen sind, und zwar insoweit, als sie im Muster des Verstehens an passenden Stellen auftauchen. Das Thema von PU 151 – 155 ist also die Rolle von passenden Verstehens-Ausdrucksäußerungen für den Beginn des dispositionalen Verstehens, das heißt für das nicht-dispositionale Verstehen.

Zu diesem Thema treffen die fünf Abschnitte die folgenden Feststellungen: (1) Es gibt Verschiedenes, das gleichzeitig mit der Äußerung »Jetzt verstehe ich!« oder kurz davor oder danach ablaufen kann und dann unter die »mehr oder weniger charakteristischen *Begleitvorgänge*, oder Äußerungen, des Verstehens« (PU 152) zu rechnen ist: Umstände, die, wenn sie in bestimmten Verbindungen vorkommen, Elemente des Ensembles sind, in dem das Muster des Verstehens ausgebildet ist. Keiner von ihnen ist jedoch mit einem Vorgang des Verstehens identisch, sei es auch nur deswegen, weil jeder von ihnen fehlen kann (PU 151, 152). (2) Wenn es doch so etwas Unersetzliches gäbe, könnte es nicht das sein, worüber wir mit »Jetzt verstehe ich« angeblich berichten, weil es anscheinend schwer zu entdecken ist und deshalb nicht bewußt sein kann (PU 153). (3) Nicht-dispositionales Verstehen ist kein Vorgang *in dem Sinne, in dem* es Vorgänge gibt, die charakteristisch für es sind (PU 154 d); zum Vergleich: In einem gemusterten

Ensemble ist der Übergang von einem Muster zu einem anderen kein Übergang, den seine einzelnen Elemente durchmachen. Oder anders: Die Beziehungen zwischen zwei Mustern sind keine Beziehungen zwischen den Elementen. Sie gehören zu einer anderen Beschreibungsebene. (4) Es wäre ein Mißverständnis, wollte man daraus, daß nicht-dispositionales Verstehen nicht unter seinen eigenen Begleitvorgängen zu finden ist, schließen, es sei etwas hinter ihnen, das heißt geistig im Sinne von »innerlich«. Man vergleiche: Das Muster ist mit keinem der Elemente des gemusterten Ensembles identisch, nicht einmal mit dem Ensemble im ganzen; gleichwohl liegt es ganz offen da und ist nicht verborgen. (5) Es steht freilich etwas »›hinter dem Aussprechen der Formel‹« (man beachte die witzige Zweideutigkeit von »dahinter stehen«), das die Äußerung des Sprechers stützt, nämlich gewisse Umstände (PU 154 b, 155). Wittgenstein zieht weder eine scharfe Grenze zwischen diesen Umständen und den »charakteristischen Begleitvorgängen«, noch teilt er uns hier mit, was sonst noch dazugehört; wie auf Grund des Exkurses über das Lesen zu erwarten ist, betrachtet er in PU 179 – 184 vorangegangenes Lernen und erfolgreiche Anwendungen der Formel als solche Umstände. (6) »Jetzt verstehe ich« ist keine »Beschreibung eines Vorgangs [...], der hinter, oder neben dem des Aussprechens der Formel besteht« (PU 154 – die Frage ist eindeutig rhetorisch); für »hinter, oder neben« siehe oben Punkt (5). Erst in PU 179 wird das auf eine angebliche Beschreibung des gesamten Ensembles verallgemeinert, und in PU 180 kommt es zu verwandten Bedenken dagegen, die Äußerung »Jetzt weiß ich weiter« eine »Beschreibung eines seelischen Zustands« zu nennen, wobei es nicht darauf anzukommen scheint, daß »Beschreibung eines seelischen Vorgangs« nicht auch als »irreleitend« bezeichnet wird.

(7) Vorläufig nur eine Vermutung: *Wenn der Sprecher mit Recht äußert: »Jetzt verstehe ich«, können wir mit Recht sagen, daß er verstehe, obwohl seine Äußerung nicht als Bericht über sein Verstehen aufgefaßt werden kann.* Das kann man nicht aus PU 151 – 155 allein schließen, sondern nur in Verbindung mit PU 179 – 184, und zwar wegen des Prinzips der hermeneutischen Billigkeit wohl nur dann, wenn man es als eine inhaltlich haltbare

Regel erweisen kann. Die Stütze besteht hier aus zwei Tatsachen: Wittgensteins Unbekümmertheit im Wechsel von der direkten in die indirekte Rede, wenn er über Ausdrucksäußerungen von Sprechern redet (PU 154 b: »die mich berechtigen, zu sagen, ich könne fortsetzen«; PU 155: »Wenn er plötzlich weiter wußte, das System verstand«, vermutlich mit Bezug auf die Äußerung »Jetzt weiß ich weiter« in PU 154 c; PU 155: »was ihn für uns berechtigt, in so einem Fall zu sagen, er verstehe, er wisse weiter, sind die *Umstände*, unter denen er ein solches Erlebnis hatte«), und sein mehrdeutiger Gebrauch des Ausdrucks »berechtigen« (PU 154 b, 155, beide oben zitiert). Jemand kann das Recht zu einer bestimmten Äußerung haben, ohne daß irgend jemand anders es hätte; und er kann das Recht zu seiner Äußerung haben, ohne daß er mit ihr recht haben muß. Gelegentlich hat der Sprecher allerdings ein Recht zu seiner Äußerung, das ihm auch größere Chancen gibt, mit ihr recht zu haben (wenn er sich nämlich auf Gründe für ihr Zutreffen stützt); und wenn das so ist, dann haben andere Leute dieselben Aussichten, mit derselben Äußerung (bei passend veränderten Personalpronomina) recht zu haben. Wenn wir nun von »Er sagte: ›Ich verstehe‹« zu »Er sagte, daß er verstehe« übergehen, können wir nicht mehr zwischen *seiner Äußerung »Ich verstehe«* und *dem Inhalt der Feststellung, daß er verstehe*, unterscheiden, und dann wird es schwierig, zwischen seiner Berechtigung, diese Äußerung zu tun (zum Beispiel dank einer Ausnahmegenehmigung der Regierung), und unserer Berechtigung zu sagen, er verstehe, zu unterscheiden; und letzteres kann nur heißen, es gebe gute Gründe für die Annahme, daß er versteht. Also ist Wittgenstein entweder überraschend leichtfertig, oder es muß einen besonderen Grund geben, weshalb die Berechtigung des Sprechers zu seiner Äußerung, obwohl sie keine Berechtigung für den Äußerungsinhalt nach dem Vorbild von Beweis und Behauptung darstellt, unsere Berechtigung impliziert, über den Sprecher zu berichten, daß die (semantische) propositionale Funktion seiner Äußerung auf ihn zutrifft.

In beiden Punkten, möchte man meinen, kultivieren PU 179 – 184 mit Bedacht dieselbe Sorglosigkeit. Die indirekte Rede wird für die Mitteilung von Verstehens-Ausdrucksäußerungen gebraucht (PU 181: »Angenommen, B sagt, er wisse weiter«; »Sollen wir dann sagen, er habe mit Unrecht gesagt, er könne fortsetzen«; PU 184: »Wie war es, als ich sie plötzlich wußte?« mit Bezug auf meine plötzliche Äußerung »Jetzt weiß ich's«; »Wenn jemand mit Überzeugung sagt, jetzt wisse er die Melodie«); und Wittgenstein scheint seine Augen vor dem Unterschied zwischen Berechtigung zu einer Äußerung und Gründen für das Zutreffen einer Mitteilung zu verschließen (PU 179: »Es ist klar: wir würden nicht sagen, B habe ein Recht, die Worte [...] zu sagen«; »Die Worte ›Jetzt weiß ich weiter‹ waren richtig angewandt«; PU 181, oben zitiert; PU 182: »Unter was für Umständen würde man die Rechtfertigung gelten lassen« [für meine Antwort »Ja« auf die Frage »Kannst du dieses Gewicht heben?«, wenn ich es hinterher nicht heben kann]). Ich schließe daraus, daß es ein großer Vorzug einer Interpretation wäre, wenn sie zeigen könnte, warum Wittgenstein sich allem Anschein nach auf die Gültigkeit eines Prinzips berufen zu dürfen glaubt, das etwa so lauten könnte: Wenn ein Sprecher zu seiner Äußerung »Jetzt verstehe ich« berechtigt ist, ohne Gründe für ihren Inhalt zu haben, dann ist es sehr wahrscheinlich, daß er versteht.

Wittgensteins Grund für diese Ansicht ergibt sich aus drei Feststellungen, die er über Verstehens-Ausdrucksäußerungen in PU 179 – 184 trifft und die man den sieben Ergebnissen aus PU 151 – 155 anfügen kann: (8) B hat das Recht zu seiner Verstehens-Ausdrucksäußerung, weil er gelernt hat, mit Reihen wie der vorliegenden umzugehen, und weil er sie normalerweise hinterher erfolgreich anwenden kann. »Anwenden« bedeutet in diesem Beispiel, die Reihe 1, 5, 11, 19, 29 so fortzusetzen, daß andere sie auf die gleiche Weise fortführen können; denn nach PU 151 versucht B, »in der Zahlenfolge *ein* Gesetz zu finden« (Hervorhebung von mir).[7]

[7] Ich habe in v. Savigny 1969, S. 63 (1974, S. 83, 1993, S. 85) ein anderes als das von Wittgenstein angegebene Gesetz vorgeschlagen, nämlich die Reihe der Primzahlen unter abwechselnder Auslassung von einer bzw. zwei Zahlen: 1, (2, 3,) 5, (7,) 11, (13, 17,) 19, (23,) 29, (31, 37,) 41; bis zur 41 fallen beide Reihen zusammen. (Das war vielleicht Absicht; denn als Beispiel für das Bilden einer Reihe nach der anwachsenden Reihe der geraden Differenzen wäre 1, 3, 7, 13, ... natürlicher gewesen als 1, 5, 11, 19, ...) Daß diese Fortsetzung naheliegt, wurde durch die Reaktion eines Statistikprofessors bestätigt: Als ich in einem Vortrag zwanzig Jahre später die Reihe aus PU 151 als Beispiel einer Reihe mit natürlicher Fortsetzung nannte, stieß er sofort auf die Reihe der Primzahlen mit den Auslassungen.

Daher unterscheidet sich das Beispiel von der in PU 143 gestellten Aufgabe, *die* Reihe der natürlichen Zahlen im Dezimalzahlsystem verstehen zu lernen, wo es also nur eine richtige Fortsetzung gibt, nämlich »wie wir es tun« (PU 145). Die erfolgreiche Anwendung ist für die Berechtigung der Ausdrucksäußerung besonders wichtig (PU 179); denn »ob es richtig angewendet war, beurteilen wir nach dem, was er weiter tut« (PU 180). (9) Wir dürfen aber nicht sagen, daß er zu seiner Äußerung nur insoweit berechtigt ist, als er richtig fortsetzt; denn in dem Muster, in das die Äußerung eingebettet ist, kann der Erfolg fehlen, ohne daß der Sprecher das Recht zu seiner Ausdrucksäußerung verlöre (PU 181; man beachte die kalkulierte Mehrdeutigkeit von »er habe mit Unrecht gesagt« – »er habe unberechtigt geäußert«, aber auch: »er habe zu Unrecht gesagt«). Der ausbleibende Erfolg muß allerdings durch ein Element ersetzt werden, das noch ins Verstehensmuster paßt; Wittgenstein fordert uns in den Beispielen (4) und (5) aus PU 182 auf, uns solche Elemente vorzustellen, und PU 323 (wo der Kontext die Ergebnisse von PU 151 – PU 184 voraussetzt) erinnert uns: »Das Unvorhergesehene dürfte nicht einfach das sein, daß ich steckenblieb«. Wir haben es hier damit zu tun, daß beim Wegfall eines Elements aus dem gemusterten Ensemble das Muster nur dann erhalten bleibt, wenn ein anderes Element an anderer Stelle hinzutritt und so den Schaden wiedergutmacht. (10) Weil der Erfolg ausbleiben kann, ohne daß die Verstehens-Ausdrucksäußerung falsch gebraucht wird, bedeutet »Ich kann fortsetzen« weder »Ich habe ein Erlebnis, welches erfahrungsgemäß zum Fortsetzen der Reihe führt« (PU 179), noch handelt es sich um »eine Abkürzung für die Beschreibung sämtlicher Umstände, die den Schauplatz unseres Sprachspiels bilden« (ebenda). Es ist wohl nicht nur, wie im Fall von PU 179 c, irreleitend, die Ausdrucksäußerung als »Beschreibung eines seelischen Zustands« zu bezeichnen – dasselbe dürfte für seelische Ereignisse und Vorgänge gelten. Das Wort »Signal« ist weniger irreführend (PU 180).

7. Ausdrucksäußerungen als entscheidende Elemente seelischer Muster

Wir wollen nun Zwei und Zwei zusammenzählen. Verstehen im nicht-dispositionalen Sinne kann manchmal ein Ereignis sein, das »Erfassen mit einem Schlage«, oder ein sich hinziehender Vorgang, wie beim Lernen. Sowohl Ereignis als auch Vorgang können entweder als eigenständige Muster aufgefaßt werden oder als erkennbare Übergänge von den Mustern der Unwissenheit, der Unfähigkeit, der Verwirrung usw. zu denen des Wissens, des Beherrschens, der Vertrautheit usw. Es gibt viele Elemente im Verhalten und in den Umständen, die für das Vorhandensein der Muster wichtig sind, und Verstehens-Ausdrucksäußerungen können unter diesen Elementen sein, wenn sie mit charakteristischen Begleitvorgängen, Umständen und Umgebung in ein Ensemble eingebettet sind, in dem das Muster ausgeprägt ist, entweder (unter anderem) dank ihrer Anwesenheit oder sogar ohne sie.

Verstehens-Ausdrucksäußerungen sind Ausdruck und sogar Äußerung des Verstehens, weil wir die Lage eben so beschreiben. Denkt man an die Auffälligkeit sprachlicher Äußerungen, kann diese Rolle von Ausdrucksäußerungen kaum überraschen. Es ist nicht einmal überraschend, daß wir von der Person, die die Ausdrucksäußerung tut, sagen, sie drücke damit ihr Verstehen aus, da auch das bei auffälligen Verhaltensweisen ganz üblich ist. Da nichts Ungewöhnliches daran ist, muß es auch nicht unter Berufung auf die syntaktische Form der Ausdrucksäußerungen erklärt werden; die Tatsache, daß der Sprecher Verstehen ausdrückt, durch seinen Gebrauch des Satzes »Ich verstehe« zu erklären, wäre eine Erklärung wie jene, mit denen aufzuräumen Wittgenstein uns in PU 109 auffordert (vgl. Kapitel 13). Wenn nun jemand fragen wollte: »Aber wie können wir denn auf den Gebrauch der ersten Person verfallen, wenn wir keine Feststellung über uns selbst ausdrücken wollen?«, könnte eine Übertragung von PU 244 hilfreich sein. Dort ist davon die Rede, wie man, ohne seine Schmerzen zuerst innerlich zu erkennen, lernen kann, sie sprachlich auszudrücken:

> Dies ist eine Möglichkeit: Es werden Worte mit dem ursprünglichen, natürlichen, Ausdruck der Empfindung verbunden und an dessen Stelle gesetzt. Ein

Kind hat sich verletzt, es schreit; und nun sprechen ihm die Erwachsenen zu und bringen ihm Ausrufe und später Sätze bei. Sie lehren das Kind ein neues Schmerzbenehmen.

Ähnlich könnte der Ersatz eines nichtsprachlichen Elements durch ein sprachliches in dem Verhaltensensemble vor sich gehen, welches das Muster des nicht-dispositionalen Verstehens hat: Im Muster von B's nicht-dispositionalem Verstehen nehmen wir ein auffälliges Element wahr, vielleicht das »eines leichten, schnellen Einziehens des Atems« (PU 151), und *wir erlauben uns, das Muster anhand dieses Elements zu datieren*, nämlich indem wir sagen: »Jetzt versteht er.« Wenn B alt genug ist, den Gebrauch von »ich« zu beherrschen, ist es nur normal, daß er unsere Äußerung in der Form »Jetzt verstehe ich« aufnimmt und *anstelle* – weil *an der Stelle* – des leichten, schnellen Einziehens des Atems verwendet.

Berücksichtigt man eine weitere wohlbekannte Tatsache, die für unser Problem überhaupt keiner Erklärung bedarf, dann ist ganz besonders einfach zu verstehen, warum Ausdrucksäußerungen in dem Sinne zuverlässig sind, daß daraus, daß ein Sprecher die Äußerung »Jetzt verstehe ich« tut, jeder schließen darf, daß er aller Wahrscheinlichkeit nach tatsächlich versteht. Bei dieser wohlbekannten Tatsache handelt es sich darum, daß Menschen lernen, sich in erkennbaren Mustern zu verhalten. Viele solche Muster mögen zumindest in Grundzügen genetisch verankert sein; aber sehr viele Elemente sehr vieler Verhaltensmuster werden erlernt. Das heißt, Menschen können lernen, noch unvollständige Verhaltensmuster (zu denen auch das Verhalten anderer Leute gehören kann) um fehlende Elemente zu ergänzen; sie können lernen, nur solche Elemente hinzuzufügen, die unter Berücksichtigung dessen, was schon da ist, immer noch passen, und keine Elemente anzufügen, die das Muster unkenntlich machen, das heißt es zerstören würden.

Diese Fähigkeit ist für viele Verhaltensweisen sozialer Lebewesen ungeheuer wichtig. Eine Katze braucht nicht zu lernen, wie sie sich an einen Vogel so heranschleicht, daß andere Katzen erkennen können, was da geschieht; und ein Beutetier lernt lieber nicht, so zu fliehen, daß sein Verfolger erkennen kann, wohin es seinen nächsten Haken schlägt. Ein menschliches Baby dagegen muß lernen, sein Gesicht so zu verziehen, daß es erkennbar lächelt, eine Mutter, ihre Arme so auszubreiten, daß sie ihr Kind erkennbar auffordert, in ihre Arme zu kommen, ein Fußgänger, so zu gehen, daß er erkennbar eine Richtung einhält, damit ihm andere Platz machen können; und so könnte man endlos fortfahren.

Die Fähigkeit, sich in Mustern zu verhalten, die die anderen erkennen können, ist auf jeden Fall weit wundersamer als die zusätzliche Fähigkeit, ein Element durch ein anderes zu ersetzen – beispielsweise das leichte, schnelle Einziehen des Atems durch die Äußerung: »Jetzt verstehe ich.« Und genausogut ist die Fähigkeit, die Reihe 1, 5, 11, 19, ... so fortsetzen zu lernen, daß andere sie in derselben Weise fortführen können, angesichts der unendlichen Zahl möglicher Fortsetzungen bestimmt wundersamer als die zusätzliche Fähigkeit, »Jetzt weiß ich weiter« nur in solchen Fällen äußern zu lernen, in denen man wirklich fortsetzen kann.

Ausdrucksäußerungen nicht-dispositionalen Verstehens sind also im Sinne der Zitate in Abschnitt 6 gerechtfertigt, wenn sie als Elemente eines Ensembles getan werden, das im ganzen dasjenige Muster hat, welches durch ihre semantische Bedeutung signalisiert wird. Dafür, daß das Muster deutlich ausgeprägt ist, ist die Ausdrucksäußerung oft gar nicht nötig, da die übrigen charakteristischen Elemente des Ensembles in seiner Umgebung genügen; ein Grenzfall liegt vor, wo eine Äußerung gerade eben dafür ausreicht, daß das Muster vollständig wird, das heißt dafür, daß wir es erkennen. (Dieser Fall ist bei Wittgenstein besonders für seelische Sachverhalte interessant, die auf sprachfähige Lebewesen beschränkt sind; er wird ausführlich in Kapitel 12 erörtert.) Verstehens-Ausdrucksäußerungen sind nicht berechtigt, wenn das zugehörige Muster selbst dann nicht deutlich wird, wenn man eine weite zeitliche und soziale Umgebung einbezieht.

Selbstverständlich gilt dann: Wenn eine Verstehens-Ausdrucksäußerung berechtigt ist, sind wir berechtigt zu sagen, der Sprecher verstehe; das heißt wenn er mit Recht äußert: »Jetzt verstehe ich« – mit Genehmigung des seelischen Musters, das heißt wenn seine Äußerung in ihm am Platze ist –, dann hat auch jeder andere gute Aussichten, mit der Behauptung recht zu haben, der Sprecher verstehe. Das bedeutet natürlich nicht, daß Verstehens-Ausdrucksäußerungen oder andere Ausdrucksäußerungen explizit performative Äußerungen sind. Zwar gilt alles in diesem Abschnitt bisher Gesagte auch für explizit performative Äußerungen; aber was diese signalisieren, wird vom Sprecher *getan*, und das unterscheidet sie von Ausdrucksäußerungen. Es bedeutet auch nicht, daß Ausdrucksäußerungen sich unter günstigen Umständen selbst verifizieren; denn sie sind gewöhnlich keine Berichte. In ihrer Definition wird die illokutionäre Rolle nicht erwähnt, und wir werden im Abschnitt 8 sehen, daß sich Wittgenstein darüber klar war, daß sie stark variieren kann.

Diese Auffassung von Verstehens-Ausdrucksäußerungen gilt in den ›Philosophischen Untersuchungen‹ für alle Äußerungen, die seelische Sachverhalte ausdrücken (sofern »seelischer Sachverhalt« als Etikett für einen Begriff mit sehr verschwommenen Rändern dienen kann). Ausführlich und zusammenhängend werden sonst vor allem Schmerz-Ausdrucksäußerungen in PU 288 – 299 erörtert, ähnlich ausführlich in PU 661 – 693 nur noch die Ausdrucksäußerungen des Meinens.[8]

8. Ausdrucksäußerungen als Mitteilungen und als informative Berichte

Solange Ausdrucksäußerungen nur dadurch charakterisiert werden, daß sie dank der semantischen Bedeutung des geäußerten

[8] Deshalb muß ich mich darauf beschränken, Abschnitte zu erwähnen, wo wichtige Punkte ohne allzuviel Exegese deutlich und gleichzeitig im jeweiligen Zusammenhang für den Gedankengang relevant sind. (Diese Hinweise können die Verallgemeinerungsfähigkeit unserer Ergebnisse nur andeuten; Begründungen stellen sie nicht dar.) Zu Verhalten, das weitere seelische Sachverhalte ausdrückt, vgl. die Zitate zu Beginn von Abschnitt 3. Zu Ausdrucksäußerungen als Ausdruck *der* (nicht etwa *für die*) seelischen Sachverhalte über Verstehen und Meinen hinaus vgl. PU 244 b, 288 c (»das normale Sprachspiel mit dem Ausdruck der Empfindung«), 293 c, 296, 441 (»ich habe Lust auf« als Wunschäußerung) und S. 174/486/490 (»mir graut davor« als Gebärde des Grauens). Zur signalisierenden Funktion der Ausdrucksäußerungen vgl. PU 444, 445 (Erwartung), in deren engerem Kontext sich eine von den wenigen Stellen findet (PU 447), an denen Wittgenstein semantische und pragmatische Bedeutung einander gegenüberstellt, ohne sich über jene lustig zu machen; und vgl. S. 191/500/515: »›Ich glaube ...‹ beleuchtet meinen Zustand.« Zur (Un-)Angemessenheit von Ausdrucksäußerungen vgl. PU 244 a, PU 270, 288 (Ausdruck des Zweifels), 289, wo 289 b bedeutet: »Schmerzen ohne Gründe für die Feststellung, man habe sie, ausdrücken heißt nicht sie zu Unrecht ausdrücken«; PU 378 – 382, 386, 388, 629 – 632. Zur Bedeutung der Umgebung für die Angemessenheit von Ausdrucksäußerungen vgl. zum Beispiel PU 623, II xi 218 – 219, S. 223 f./536/568 f.

Satzes und dank semantischer Zuschreibung zum Sprecher genau das seelische Muster signalisieren, dessen Element sie sind, bleibt die illokutionäre Rolle der Äußerung offen. Weil es Wittgenstein darum geht, wie man die Zuverlässigkeit von Ausdrucksäußerungen verstehen kann, ohne sie als introspektive Augenzeugenberichte des Sprechers aufzufassen, die seinen geistigen Zustand auf Grund von Quasi-Wahrnehmung beschreiben, betont er, daß sie keine Beschreibungen in diesem Sinne, und besteht darauf, daß sie keine Mitteilungen seien (PU 296; dazu weiter unten). Der häufig zitierte Satz

Also können die Worte »Ich habe Schmerzen« eine Klage, und auch etwas anderes sein. (PU II ix S. 189/499/512)

rät uns jedoch, nach einer wohlwollenden Interpretation zu suchen, die die unbestreitbare Tatsache beachtet, daß wir unseren Zahnarzt sehr wohl darüber informieren können, daß wir bohrende Schmerzen im rechten Eckzahn haben. Wir werden gleich sehen, daß es dazu gar nicht so viel Wohlwollens bedarf.

Wenn Wittgenstein im Zusammenhang mit unserem Problem sagt, daß eine Äußerung keine Beschreibung von x sei, meint er, daß die Äußerung nicht insoweit annehmbar ist, als man sie unter Berufung auf ein Erkennen von x rechtfertigen könnte, das sich nach Kriterien dafür richtete, ob etwas x ist.

»Wenn ich sage ›Ich habe Schmerzen‹, bin ich jedenfalls *vor mir selbst* gerechtfertigt.« – Was heißt das? Heißt es: »Wenn ein Anderer wissen könnte, was ich ›Schmerzen‹ nenne, würde er zugeben, daß ich das Wort richtig verwende«?

Ein Wort ohne Rechtfertigung gebrauchen, heißt nicht, es zu Unrecht gebrauchen. (PU 289)

Ausdrucksäußerungen drücken nicht wie Beschreibungen aus, daß der Sprecher durch (introspektive) Wahrnehmung herausgefunden hätte, daß die Kriterien dafür, x zu sein, auf etwas zuträfen.

Ich identifiziere meine Empfindung freilich nicht durch Kriterien, sondern ich gebrauche den gleichen Ausdruck. Aber damit *endet* ja das Sprachspiel nicht; damit fängt es an.

Aber fängt es nicht mit der Empfindung an, – die ich beschreibe? – Das Wort »beschreiben« hat uns da vielleicht zum besten. Ich sage »Ich beschreibe meinen Seelenzustand« und »Ich beschreibe mein Zimmer«. Man muß sich die Verschiedenheiten der Sprachspiele ins Gedächtnis rufen. (PU 290)

Sein Argument dafür, diese Auffassung von Ausdrucksäußerungen zurückzuweisen, besteht natürlich darin, daß die Rechtfertigung durch »innere Gewißheit« mit der Angemessenheit der Äußerungen im öffentlichen Gebrauch nichts zu tun hat:

> Wenn immer ich eine bestimmte Empfindung habe, zeigt mir ein Manometer, daß mein Blutdruck steigt. So werde ich in den Stand gesetzt, ein Steigen meines Blutdrucks ohne Zuhilfenahme eines Apparats anzusagen. Dies ist ein nützliches Ergebnis. Und nun scheint es hier ganz gleichgültig zu sein, ob ich die Empfindung *richtig* wiedererkannt habe oder nicht. Nehmen wir an, ich irre mich beständig bei ihrer Identifizierung, so macht es garnichts. Und das zeigt schon, daß die Annahme dieses Irrtums nur ein Schein war. (PU 270)

Die Äußerung der Empfindung ist angemessen unabhängig davon, ob sie (angeblich) identifiziert wird. (Vgl. PU 289 b – oben zitiert – und das Käferbeispiel in PU 293.) Das meint Wittgenstein, wenn er sagt, Ausdrucksäußerungen seien keine Beschreibungen.

Die gewöhnliche Rolle von Beschreibungen wird in PU 291 ex negativo charakterisiert; nachdem er deskriptive Äußerungen, die keine weiteren Konsequenzen haben, mit Bildern, die bloß an der Wand hängen, verglichen hat, sagt Wittgenstein: »(Diese Bilder sind gleichsam müßig.)« Sie werden Maschinenzeichnungen, Schnitten und Aufrissen gegenübergestellt, deren Funktion natürlich darin besteht, *nachher* benutzt zu werden; und daß auch das für die Bedeutung von Empfindungsäußerungen wesentliche Verhalten *nach* der Äußerung kommt, ist der Vergleichspunkt aus PU 290: »Aber damit [mit dem Gebrauch des gleichen Ausdrucks] *endet* ja das Sprachspiel nicht; damit fängt es an.« Dazu auch PU 260: »Eine Notiz hat ja eine Funktion, und das ›E‹ hat, soweit, noch keine«; daß »Funktion« im Sinne der Sprechakttheorie interpretiert werden kann, legt zumindest PU 268 nahe:

> Warum kann meine rechte Hand nicht meiner linken Geld schenken? [...] Aber die weitern praktischen Folgen wären nicht die einer Schenkung.

Behauptungen entsprechen *Konsequenzen* in Handlungen (PU 486).

Wittgenstein macht uns außerdem darauf aufmerksam, daß die Ausdrücke »seine Empfindung beschreiben« und »sein Zimmer beschreiben« ganz verschiedene Tiefengrammatiken besitzen (PU 290 b). Diesem Hinweis kann man in der Folge der Abschnitte PU 272 – 280 nachgehen, deren Pointe sicherlich auch darin besteht, daß man mit der Beschreibung seiner Farbeindrücke, zum Beispiel vom Himmel, indirekt und in besonderer Weise die Farbe des Himmels beschreibt. Es liegt nahe anzunehmen, daß das Besondere darin liegt, daß der Sprecher von der grundlegenden Rolle von Beschreibungen im Sprachgebrauch – andere auf Grund eigener Kenntnis zu informieren – in unterschiedlichen Richtungen abweicht; aber was er tut, gehört zum ganz normalen Sprachgebrauch! Wenn er sagt: »Ich habe den Eindruck, daß ...«, kann er damit zum Beispiel alle Verantwortung für die Wahrheit seiner Äußerung von sich weisen, oder er kann auf seinem Recht bestehen, etwas zu betonen, das ihm nahegeht, statt daß er dem Hörer das Recht einräumte, sich auf die Beschreibung zu verlassen. Wir können also zwei Feststellungen über die Beschreibung von eigenen Empfindungen treffen: Wenn man seine Empfindungen beschreibt, beschreibt man etwas anderes, und zwar in einem Sinne, in dem man nichts anderes beschreibt, wenn man sein Zimmer beschreibt; und man weicht in ganz normaler Weise von den Rollen ab, die grundlegend für Beschreibungen im obigen Sinne sind, etwa wenn sie beim Mitteilen oder Berichten vorkommen.

Mit dieser Skizze kann man sich plausibel einen Reim auf Wittgensteins Bemerkungen machen, die am deutlichsten in PU 367 im Zusammenhang mit Vorstellungs-Ausdrucksäußerungen zugespitzt werden:

> Das Vorstellungsbild ist das Bild, das beschrieben wird, wenn Einer seine Vorstellung beschreibt.

Wenn eine Person äußert: »Ich stelle mir das und das vor«, und wenn ihre Äußerung detailliert genug ist, können wir sagen, daß sie beschreibt, was sie sich vorstellt, ja daß sie ihre Vorstellung beschreibt. (Die Pointe dieser Bemerkung in ihrem Kontext ist, daß solch eine Beschreibung der Beschreibung eines Bildes des Vorgestellten ähnelt; die Ähnlichkeit von Vorstellungsäußerung und Bildbeschreibung macht verständlich, warum wir überhaupt von »Vorstellungsbildern« sprechen.) Also ist eine Vorstellungs-Ausdrucksäußerung, wenn sie denn eine Beschreibung ist, eine indirekte Beschreibung des Vorgestellten. (Vgl. auch PU II xi 62,

S. 202/512/533: »›Und ist es wirklich ein anderer Eindruck?‹ [...] Ich *beschreibe*, was ich sehe, anders.«) Über Ausdrucksäußerungen von Eindrücken gibt es in PU 354 und 355 entsprechende Bemerkungen; ich kürze das Zitat am Anfang, weil meine Interpretation des Kontextes hier nicht ausgeführt werden kann:

354. [...] Als Argument dafür gibt man dann an, daß diese Sinneseindrücke uns täuschen können. Aber man bedenkt dabei nicht, daß die Tatsache, daß sie uns gerade den Regen vortäuschen, auf einer Definition beruht.

355. Nicht darum handelt es sich, daß unsre Sinneseindrücke uns belügen können, sondern, daß wir ihre Sprache verstehen. [...]

So wie ich den Kontext verstehe, ist das Bild von trügerischen Sinneseindrücken ein weiteres Beispiel für ein Bild, »das ausschaut, als müßte in ihm schon das Problem und seine Lösung liegen« (PU 352); hier geht es um Bilder, die uns nach Wittgenstein gefangenhalten können, weil wir unsere eigene Sprache mißverstehen (PU 115). Also ist die Sprache der Sinneseindrücke die Sprache, in der *wir* über sie reden. (Was wohl auch sonst?) Wenn wir sagen: »Unsere Sinneseindrücke können uns täuschen«, sagen wir: »Wir können falsche Eindrücke vom Wahrgenommenen haben.« Die »Definition« in PU 354 – so etwas wie ein »grammatischer Satz« im Sinne Wittgensteins – stellt unter anderem fest, daß wir, wenn jemand das, was er sieht, falsch beschreibt, sagen können, sein Eindruck täusche ihn. Wittgenstein sagt an dieser Stelle nicht, daß er dann seinen (täuschenden) Eindruck beschreibe; das stimmt aber mit dem oben Gesagten gut überein. (Das Problem wird in PU II viii ausführlich wiederaufgenommen.)

Wittgenstein argumentiert also dagegen, Ausdrucksäußerungen als introspektiv gestützte Beschreibungen von Eindrücken, Vorstellungen oder Empfindungen nach dem Muster von Beschreibungen eines Zimmers aufzufassen; statt dessen kann man sie als Beschreibungen eines Zimmers mit Hilfe von Beschreibungen-des-Eindrucks, Beschreibungen-der-Vorstellung oder Beschreibungen-der-Empfindung vom Zimmer verstehen. Diese Beschreibungen dürfen freilich nicht müßig im Sinne von PU 291 sein. Ich unterstelle, daß das gemeint ist, wenn er in PU 296/298 sagt, daß Schmerz-Ausdrucksäußerungen nie Mitteilungen seien. (Man vergleiche PU 304 c und in PU 363 die Bemerkungen über das Bild, das sein Gesprächspartner vom Mitteilen hat.) Zwar können die letzten Sätze von PU 296, »Wem teilen wir das nur mit? Und bei welcher Gelegenheit?« im Lichte von PU 298 nur rhetorisch verstanden werden; daher leugnet Wittgenstein hier ganz allgemein eine Mitteilungsfunktion von Schmerzäußerungen. Das Beispiel vom Bild des Topfes zwischen PU 296 und PU 298 sagt aber mehr als deutlich, daß damit die irreführende Auffassung von Ausdrucksäußerungen angegriffen wird: Genauso wie ein Bild davon, wie das Wasser im Topf kocht, kein Bild des kochenden Wassers als Teil enthalten muß, muß ein als Ausdruck *der* Schmerzen gebrauchter Satz keinen Ausdruck *für* Schmerzen als Teil enthalten (was der Fall wäre, wenn »Ich habe Schmerzen« als introspektiv gestützte Beschreibung aufgefaßt würde).

Im ganzen kann man also ohne Schwierigkeiten Ausdrucksäußerungen als Mitteilungen gebrauchen, und sie können ohne Schwierigkeiten informativ sein. Wir müssen nur den Fehlschluß vermeiden, wir teilten unserem Zahnarzt, wenn wir ihm sagen, wir hätten einen bohrenden Schmerz im rechten Eckzahn, mit, ein Schmerz sitze im rechten Eckzahn und bohre dort. (Wir teilen ihm eine Tatsache mit, die wir ihm nicht mitteilen könnten, wenn wir nicht die Empfindung hätten; die Mitteilung geht aber über die Tatsache, nicht über die Empfindung, und ist auch nicht aus deren Inhalt abgeleitet; vgl. PU II viii.) Was wir ihm wirklich mitteilen, ist, daß die Berührung des rechten Eckzahns für den Schmerz einen Unterschied macht – und daß wir ihm wirklich mit »bohrend« noch mehr mitteilen, als daß es einfach gräßlich ist, wage ich zu bezweifeln. Mit »Der Schmerz kommt und geht immer wieder« ist das anders: insofern solche Beschreibungen in der Tat informativ sind, können sie uns darüber informieren, was passieren würde, wenn ..., oder wie der Sprecher reagieren würde, wenn ..., usw. In dieser Hinsicht hängt die Zuverlässigkeit von Ausdrucksäußerungen von anderen Umständen ab als den in Abschnitt 7 genannten.

Kapitel 10

Das Wissen von der eigenen Seele

Frage dich nun nicht
»Wie geht es *mir*?«
Frage:
»Was weiß ich vom Andern?«

Wenn in philosophischen Diskussionen vom Wissen die Rede ist, bekommen die Beteiligten oft glänzende Augen. Das ist ein Indiz dafür, daß ihnen klar ist: Jetzt geht es ums Ganze, nämlich um die Möglichkeit der Erkenntnis. Der Wissensbegriff, der die Augen glänzen macht, ist der epistemische.

Bei der endemischen Egozentrik neuzeitlicher Philosophen nimmt weiter nicht wunder, daß die Diskussionen ums Wissen gern in der Form von Diskussionen um das Zutreffen von »Ich weiß«-Äußerungen geführt werden. Es war deshalb ein großer Fortschritt, als A. R. White[1] (offenbar angeregt durch Austins ›Other Minds‹[2], aber wohl auch herausgefordert durch die relative Unklarheit dieses in der Kindergartenzeit der Sprechakttheorie verfaßten Artikels) schon mit dem Titel seiner Arbeit ›On Claiming to Know‹ darauf hinwies, daß »Ich weiß«-Äußerungen andere illokutionäre Rollen haben können – meist auch haben – als die, daß der Sprecher über sich mitteilt, er wisse etwas. Was bei ihm geblieben ist und sich auch in Diskussionen, die von solchen Arbeiten Notiz nehmen, durchgehalten hat, ist eine erstaunliche Einschränkung auf den epistemischen Wissensbegriff. Es gibt wenig Gespür dafür, daß »Ich weiß«-Äußerungen mit Wissen im klassischen Sinne überhaupt nichts zu tun zu haben brauchen, weder im Sinne der Selbstzuschreibung noch in dem Sinne, daß man Wissen zu haben beansprucht. Eine der wenigen Ausnahmen bildet Brian McGuinness' Arbeit ›I know what I want‹, in der er, eine unten zu zitierende Stelle aus ›Teil II‹ der ›Philosophischen

[1] White 1957.
[2] Austin 1946.

Untersuchungen‹ (PU II xi 199, S. 221/533/564) interpretierend, meint, Wittgenstein habe an solche Funktionen der Äußerung »Ich weiß, was ich will« gedacht, wie »[andere] an eine gewichtigere Tatsache zu erinnern, etwa daß man selbst schon weiß, was für einen gut ist, während andere das nicht zu wissen brauchen, oder daß man sich auf Grund seines Alters oder seiner Stellung keine Einmischung eines anderen mehr gefallen zu lassen braucht.«[3] Beobachtungen wie diese bilden einen guten Ausgangspunkt, um aus den ›Philosophischen Untersuchungen‹ (und späteren Texten, die das Thema weiterentwickeln) herauszuarbeiten, was Wittgenstein von Äußerungen wie »Ich weiß, daß ich Schmerzen habe« oder »Ich weiß, was ich will« denn nun wirklich gehalten hat. Er macht es dem Leser ja nicht leicht, wenn er etwa in PU 246 a apodiktisch schreibt:

> Von mir kann man überhaupt nicht sagen (außer etwa im Spaß), ich *wisse*, daß ich Schmerzen habe. Was soll es denn heißen – außer etwa, daß ich Schmerzen *habe*?

Und das ist keine Bemerkung nebenbei, nicht einmal eine nur zu therapeutischen Zwecken benutzte; sie wird als wesentliches Argument gegen die Vorstellung gebracht, von seinen Empfindungen könne einer nur selbst wissen. Im übernächsten Absatz fährt er fort:

> Das ist richtig: es hat Sinn, von Andern zu sagen, sie seien im Zweifel darüber, ob ich Schmerzen habe; aber nicht, es von mir selbst zu sagen.

Daß ich Schmerzen habe, ist für mich also kein Sachverhalt, von dem ich wüßte, weil ich Zweifel daran beseitigt, mich von meinen Schmerzen überzeugt hätte; »Ich weiß, daß ich Schmerzen habe« drückt kein Wissen a posteriori aus. Die Auskunft, es gehe eben um apriorisches Wissen, wird uns in PU II xi verbaut:

> »Ich weiß, was ich will, wünsche, glaube, fühle, ...« (usf. durch alle psychologischen Verben) ist entweder Philosophen-Unsinn, oder aber *nicht* ein Urteil a priori. (PU II xi 199, S. 221/533/564)

Wenn so etwas kein Unsinn wäre, wäre es also kein Urteil a priori, aber wegen PU 246 auch keines a posteriori. Das scheint wie ein

[3] McGuinness 1956/57, S. 306; meine Übersetzung. Der Artikel hat dieses Kapitel angeregt.

Beweis dafür auszusehen, daß es doch Unsinn ist; denn andere als apriorische und aposteriorische Urteile gibt es nun einmal nicht. Es bleibt aber eine Möglichkeit offen, nämlich daß Äußerungen wie »Ich weiß, was ich will« etc. gar keine Urteile sind, die mir ein Wissen zuschreiben, sondern andere Rollen haben. Daß dies Wittgensteins Auffassung ist, werde ich im folgenden zeigen. Abschnitt 1 arbeitet einige im Text der ›Philosophischen Untersuchungen‹ einigermaßen deutliche, eng miteinander verwandte Rollen solcher Äußerungen heraus. Abschnitt 2 geht auf die Frage ein, ob die unleugbare Unterscheidung zwischen bewußten und unbewußten Wünschen ein Wissen um eigene Wünsche im ersteren Falle erfordert. Abschnitt 3 ersetzt Wittgensteins lückenhafte Argumentation gegen ein Wissen von eigenen Wünschen etc. durch eine andersartige, die dasselbe Ergebnis begründet.

Als Bezeichnung für die Äußerungen, um die es geht, verwende ich den umständlichen Ausdruck »›Ich weiß‹-Äußerungen mit egozentrischem psychologischen Nebensatz«. Wenn der Nebensatz ein daß-Satz ist, ergibt seine Transformation in einen Hauptsatz einen *Satz*, der als Ausdrucksäußerung im Sinne von Kapitel 9 verwendet werden kann. Die hier in Rede stehenden »Ich weiß«-Äußerungen betten aber keine Ausdrucksäußerungen ein; *Äußerungen* sind nicht einbettungsfähig. Abschnitt 1 wird ergeben, daß die Rollen von »Ich weiß«-Äußerungen mit egozentrischem psychologischen Nebensatz zwar mit der Rolle der durch Verwendung ihrer Nebensätze in Hauptsatzform vollziehbaren Ausdrucksäußerungen zusammenhängen, daß sie aber selbst keine Ausdrucksäußerungen sind.

1. »Das ist meine Sache.«

Daß unsere »Ich weiß«-Äußerungen im Alltag oft abseits aller erkenntnistheoretischen Fragestellungen zu verstehen sind, ist mir als weltfremdem Philosophen zum erstenmal richtig aufgefallen, als unser ältester Sohn, beim Essen ermahnt, sich die Suppe nicht zu stark nachzusalzen, barsch zurückgab: »Ich weiß selbst am besten, wieviel Salz ich brauche.« Wenn man den Satz in seiner sogenannten wörtlichen Bedeutung versteht, dann war die Äußerung beklagenswert falsch. Aber wörtliche Bedeutungen sind Gebilde, die ihre Existenz im wesentlichen dem Einfachheitsstreben von Philologen verdanken, und dafür sind so außerordentlich typische Verwendungen von »ich weiß« wie in diesem Falle außerordentlich unbequem. Die Äußerung hatte dieselbe Bedeutung, die in dieser Situation auch die Äußerungen »Halt du dich da 'raus« oder »Das ist meine Sache« gehabt hätten. (Die Sätze bedeuten Verschiedenes; die Äußerungen der Sätze in dieser Situation bedeuten dasselbe.) Unausgesprochen steht nach solchen Äußerungen im Raum: »Ich werde mich nicht bei dir beklagen, wenn die Suppe zu salzig ist; deshalb brauchst du dich nicht darum zu kümmern. Ich lasse dich deine Suppe so fade essen, wie du willst; also laß mich auch mit meiner in Ruhe.«

Aus diesem Blickwinkel, oder aus einem nicht allzuweit dagegen verschobenen, sollte man »Ich weiß«-Äußerungen mit egozentrischem psychologischen Nebensatz betrachten. Nach Wittgensteins überzeugender Auffassung spielen sie im wesentlichen die Rolle, daß ihre Sprecher auf eine sozial anerkannte, autoritative Stellung pochen, die durch den Zusammenhang näher bestimmt ist.

Auch mit anderen »Ich weiß«-Äußerungen kann man autoritative Stellungen beanspruchen oder sie sogar besetzen – unter Inkaufnahme der Folgelasten, nämlich der besonders ausdrücklichen Zuverlässigkeitsgarantie, die damit verbunden ist, daß man dem Adressaten gewissermaßen feierlich sagt, er könne sich auf die Mitteilung verlassen. In ›Über Gewißheit‹ hat Wittgenstein darauf hingewiesen, daß solche Usurpationen ihren Preis haben:

> Ist nicht der Zweck, ein Wort wie »wissen« analog mit »glauben« zu konstruieren, daß dann der Aussage »Ich weiß« ein Opprobrium anhaftet, wenn, wer es sagt, sich geirrt hat.
>
> Ein Irrtum wird dadurch zu etwas Unerlaubtem. (Über Gewißheit 367)

Bei »Ich weiß«-Äußerungen mit egozentrischem psychologischen Nebensatz liegt der Fall anders. (Sie sind nicht das Thema von ›Über Gewißheit‹, wo sie nur nebenbei erwähnt werden.) Hier geht der Sprecher gar kein Risiko ein, weil seine besondere Stellung ohnehin anerkannt ist; er erklärt lediglich, daß er auf ihr beharrt.

Aus Wittgensteins Nachlaß ist mir keine zusammenhängende Behandlung der Frage bekannt. Im ersten Teil der ›Philosophischen Untersuchungen‹ gibt es aber einige Folgen von Abschnitten, die einigermaßen eindeutig auf dieses Ergebnis hinweisen; darüber hinaus paßt es zu viel zahlreicheren Bemerkungen in den ›Bemerkungen zur Philosophie der Psychologie‹ und den ›Letzten Schriften zur Philosophie der Psychologie‹. Auch wenn das veröffentlichungsreif redigierte Werk also nur »Gedanken zum Thema« enthält, wurden sie später von Wittgenstein doch im Sinne des genannten Ergebnisses verstanden.

Daß Sprecher mit den betrachteten Äußerungen auf ihre sozial anerkannte, autoritative Stellung pochen, also insofern in allen Fällen Ähnliches tun, heißt natürlich nicht, daß die Stellungen in allen Fällen von derselben Art wären. Vor welchen Angriffen der Sprecher sicher ist, kann sich von Fall zu Fall unterscheiden. Es ist nicht nur wichtig zu sehen, daß »Ich weiß« nicht immer epistemische Sicherheit signalisiert, sondern ebenso wichtig, daß, wo andere Sicherheiten signalisiert werden, diese wiederum ganz unterschiedlich sein können (und zum Beispiel nicht etwa nach dem »Grad« der Sicherheit vergleichbar sein müssen). Das wird nicht nur ausgerechnet im Anschluß an die oben zitierte Bemerkung über »Ich weiß, was ich will, wünsche, glaube, fühle, ...« in PU II xi breit ausgeführt, sondern – bei Wittgenstein nicht eben die Regel – im Zuge dieser Ausführungen auch als These formuliert:

> Die Art der Sicherheit ist die Art des Sprachspiels. (PU II xi 222, S. 224/537/569)

Es gibt, sagt der Text hier, ganz unterschiedliche Sprachspiele, in denen man mit unterschiedlichen Äußerungen vor unterschiedlichen Angriffen sicher sein und diese Sicherheit unterschiedliche Folgen haben kann: Ich habe das Recht, mit aller Bestimmtheit meine Absicht auszudrücken, obwohl ich sie nicht in die Tat umzusetzen brauche; ich kann meine Motive unangefochten erklären, weil ich es bin, der danach gefragt wird; es gibt mathematische Gewißheit, weil Mathematiker sich in der Regel schnell über die Korrektheit von Beweisschritten einigen; Farburteile sind sicher, weil Farbenblindheit selten vorkommt und die Übereinstimmung in den Farburteilen geradezu überwältigend ist; der Gefühle anderer ist man sich in dem Maße sicher, wie man die soziale Kompetenz erworben hat, mit seinen Mitmenschen zurechtzukommen. Wir sollten also keine zu große Einheitlichkeit erwarten, was die Unangreifbarkeit der Stellungen angeht, auf die Sprecher von »Ich weiß«-Äußerungen mit egozentrischem psychologischen Nebensatz pochen.

Das Recht zu klagen. An der ersten Stelle, wo in den ›Philosophischen Untersuchungen‹ das Unsinns-Verdikt im Zusammenhang mit jemandes Wissen um seine eigenen Schmerzen auftaucht, nämlich in PU 246, ist von der Äußerung »Ich weiß, daß ich Schmerzen habe« nicht die Rede. Im Satz

> Von mir kann man überhaupt nicht sagen (außer etwa im Spaß), ich *wisse*, daß ich Schmerzen habe.

bezieht sich »kann man überhaupt nicht sagen« auf eine Äußerung wie »A weiß, ob A Schmerzen hat.« Und in

> Inwiefern sind nun meine Empfindungen *privat*? – Nun, nur ich kann wissen, ob ich wirklich Schmerzen habe; der Andere kann es nur vermuten. – Das ist in einer Weise falsch, in einer andern unsinnig.

stellt der Anschluß des zweiten (dem Dialogpartner zuzurechnenden) Satzes an den ersten klar, daß »nur ich kann wissen« als verkürzte Form von »insofern, als nur ich wissen kann« zu lesen ist. Es geht um den Sachverhalt, daß einer nur selbst wissen könne, ob er Schmerzen hat, und was unsinnig[4] ist, ist also auch hier ein Satz wie »A kann nur selbst wissen, ob A Schmerzen hat.«

Die Äußerungen »Nur ich kann wissen, ob ich Schmerzen habe« und »Ich weiß, daß ich Schmerzen habe« werden vom Unsinnsverdikt nicht getroffen, und der Folgetext zeigt, daß Wittgenstein durchaus eine Rolle dafür sieht. Er schaltet, um diese Rolle zu klären, nach PU 246 die Abschnittsfolge PU 247 – 252 ein, in der es erstmals um »grammatische Sätze« geht, das heißt um Sätze, die benutzt werden können, um Eigenheiten im Gebrauch eines in

[4] Zur Bedeutung der hier uninteressanten Alternative vgl. v. Savigny 1988 b, 1994, *ad loc.*

ihnen vorkommenden Wortes zu erläutern oder daran zu erinnern, die aber nicht benutzt werden können, um informative Mitteilungen über den oberflächengrammatisch in ihnen ausgedrückten Sachverhalt zu machen.[5] Sein erstes Beispiel:

»Nur du kannst wissen, ob du die Absicht hattest.« Das könnte man jemandem sagen, wenn man ihm die Bedeutung des Wortes »Absicht« erklärt. Es heißt dann nämlich: *so* gebrauchen wir es.

(Und »wissen« heißt hier, daß der Ausdruck der Ungewißheit sinnlos ist.) (PU 247)

Die einzige Erläuterung für »*so* gebrauchen wir es« ist der zweite Absatz; gemeint ist offenbar, daß es sinnlos ist, Ungewißheit auszudrücken, wenn man nachträglich erklärt, welche Absicht man gehabt habe.[6] Erklärt jemand mit dem Ausdruck der Unsicherheit: »Ich hatte vielleicht die und die Absicht, aber ich weiß es nicht so recht«, dann sagt man ihm: »Nur du kannst wissen, ob du die Absicht hattest«, um ihm zu erklären, daß er der einzige ist, der nachträglich seine Absichten erklären darf.

Die Parallele zu »nur ich kann wissen, ob ich wirklich Schmerzen habe« ist klar (daß sie intendiert ist, wird durch PU 248 bestätigt); auch dieser Satz, obgleich als informativer Bericht über den oberflächengrammatisch ausgedrückten Sachverhalt unbrauchbar, kann also eine Erläuterung zum Gebrauch von »ich habe Schmerzen« geben. Die im Blick auf PU 247 textnächste Interpretation sieht die Eigenheit im Gebrauch, die erläutert wird, im besonderen Recht auf die Schmerzäußerung, also auf die Klage. Allerdings muß es hier darum gehen, daß ich andere daran erinnere, daß ich zu meiner Schmerzäußerung (»ich habe Schmerzen« in der Rolle von »Aua« oder Schreien, siehe PU 244) in besonderer Weise berechtigt bin. Das paßt dazu, daß Wittgenstein in PU 288 keinen anderen Grund dafür angibt, warum im »Sprachspiel mit dem Ausdruck der Empfindung« (hier also des Klagens) kein Zweifel (an eigenen Schmerzen) ausgedrückt werden darf, eine These, mit der er begründet, daß Empfindungsäußerungen keine introspektiven Wahrnehmungsberichte sind.

[5] Vgl. zur Rolle der Folge und zu Einzelheiten der Interpretation Kapitel 7, Abschnitt 1.
[6] Vgl. BPP I 707.

Der Unterschied zwischen »Nur ich kann wissen, ob ich Schmerzen habe« und »Ich weiß, daß ich Schmerzen habe« spielt also für die Rolle der Äußerungen, auf das Recht zu klagen zu pochen, wohl keine Rolle. Es ist auch nicht wichtig, ob es präzise um dieses Vorrecht geht; meine Vermutung stützt sich darauf, daß die Annahme inhaltlich plausibel ist und mit den Bemerkungen über das (wie man es nennen könnte) Klagen-Trösten-Sprachspiel in PU 282 c, 248 b, 286, 287, 289 b – 290 a, 303, 310 und 403 gut übereinstimmt.[7]

Die Alleinzuständigkeit für die Festlegung der eigenen Vorstellung. In PU 377 heißt es:

Was ist das Kriterium der Gleichheit zweier Vorstellungen? – Was ist das Kriterium der Röte einer Vorstellung? Für mich, wenn der Andere sie hat: was er sagt und tut. Für mich, wenn ich sie habe: garnichts. Und was für »rot« gilt, gilt auch für »gleich«.

(Die schauerliche Ausdrucksweise kommt mit ihrem Bemühen, Vorstellungen zu Gegenständen zu machen, die wahrnehmbare Eigenschaften haben, der Auffassung des Dialogpartners entgegen.) Wenn ich mir etwas als rot oder etwas Rotes, und wenn ich mir zwei Sachen gleich oder zweimal dieselbe Sache vorstelle, habe ich dafür, daß ich es mir *so* oder daß ich mir *das* vorstelle, also kein Kriterium. Unmittelbar vor PU 378 plaziert, kann das nur heißen, daß damit eine für ein Erkennen der eigenen Vorstellung notwendige Voraussetzung fehlt:

»Ehe ich urteile, daß zwei meiner Vorstellungen gleich sind, muß ich sie doch als gleich erkennen.« Und wenn das geschehen ist, wie werde ich dann wissen, daß das Wort »gleich« meine Erkenntnis beschreibt? Nur dann, wenn ich diese Erkenntnis auf andere Weise ausdrücken, und ein Andrer mich lehren kann, daß hier »gleich« das richtige Wort ist. (PU 378)

Es gibt also (mangels intersubjektiver Kriterien, die man für die Bestimmung des Inhalts der eigenen Vorstellung anwenden könnte) kein Erkennen der eigenen Vorstellung. (Siehe dazu auch PU 380.) Nun fragt PU 381:

[7] Dasselbe gilt für BPP II 659 – 662.

Wie erkenne ich, daß diese Farbe Rot ist?

PU 381 steht mitten unter den Abschnitten, in denen es um Vorstellungen geht; daß es hier um etwas anderes gehen könnte, ist ausgeschlossen – es geht wieder um die »Röte einer Vorstellung« aus PU 377. Gefragt wird also: »Wie erkenne ich, daß ich mir etwas Rotes/etwas rot vorstelle?« Da vorher begründet war, daß man das gar nicht tut, spricht der Dialogpartner (wofür auch spricht, daß die gleich folgende Antwort durch einen Gedankenstrich abgesetzt ist); er hat irgend etwas als von Erkenntnis herrührend mißverstanden. Das ist sein Standardfehler dann, wenn er eine Äußerung mit Sicherheit tun kann (wozu PU 213 bemerkt: »Die Intuition eine unnötige Ausrede«). Die Sicherheit der Vorstellungsäußerung steht für Wittgenstein außer Frage:

Aber ich traue mir ja – ich sage ja ohne Bedenken, ich habe dies im Kopf gerechnet, diese Farbe mir vorgestellt. (PU 386)

Offenbar stellt also der Dialogpartner eine Frage falsch; er hätte fragen müssen: »Warum kann ich mit Sicherheit äußern, daß ich mir etwas Rotes/etwas rot vorstelle?« Und darauf antwortet Wittgenstein in PU 381:

Eine Antwort wäre: »Ich habe Deutsch gelernt.«

Dazu, daß man Deutsch lernt, gehört, daß man Vorstellungsäußerungen tun und dadurch festlegen lernt, was als Inhalt der Vorstellung zu gelten hat. Diese Alleinzuständigkeit hat, wie jede Zuständigkeit, ihre Grenzen; die Grenzen lernt man beachten, wenn man den Gebrauch von »ich stelle mir vor« erlernt. Wenn ich behaupte, im Kopf zu rechnen (in PU 364 ausdrücklich als Beispiel fürs »Rechnen in der Vorstellung« bezeichnet), dürfen meine Ergebnisse nicht zufällig sein (PU 385[8]); wenn ich sage, ich stellte mir etwas Violettes vor, muß ich im allgemeinen im Farbkasten auf Violett zeigen können (PU 388). Da der kompetente Sprecher die Grenzen seiner Alleinzuständigkeit im allgemeinen beachtet, ist er als Autorität gefragt, durch seine Vorstellungsäußerung den Inhalt der Vorstellung festzulegen:

[8] Vgl. BPP II 584, 585.

Das Vorstellungsbild ist das Bild, das beschrieben wird, wenn Einer seine Vorstellung beschreibt. (PU 367)[9]

Um genau dieselbe Frage geht es – insbesondere wenn man »Vorstellung« als »bildhafte Vorstellung« interpretiert – in PU II iii:

Was macht meine Vorstellung von ihm zu einer Vorstellung von *ihm*? [...] Wenn du wissen willst, wen er gemeint hat, frag ihn!

Und zwar nicht deshalb, weil er seine Vorstellung besonders gut wahrnehmen könnte, sondern wegen der ihm eingeräumten Entscheidungskompetenz:

Wenn aber jemand beim Vorstellen, oder statt des Vorstellens zeichnete; wenn auch nur mit dem Finger in der Luft. [...] Da könnte man [ihn][10] fragen »Wen stellt das vor?« Und seine Antwort entschiede. – Es ist ganz so, als hätte er eine Beschreibung in Worten gegeben, und diese kann eben auch *statt* der Vorstellung stehen.

Erinnern wir uns an die Erkennens-Redeweise des Dialogpartners aus PU 381, dann leuchtet ein, daß mit »Ich weiß, was ich mir vorstelle« gerade diese Autorität in Anspruch genommen wird.

Zur eigenen Handlung stehen. In Kapitel 8 haben wir gesehen, daß die ›Philosophischen Untersuchungen‹ skizzenhaft ein Bild von der nicht unabsichtlichen, nicht versehentlichen Handlung entwerfen, nämlich das Bild vom beherrschten Verhalten, das die Ausübung einer Fähigkeit, sich so zu verhalten, darstellt. Wie sehr viele andere Fähigkeiten schließt auch diese gewisse verbale Fähigkeiten (einen Teil »knowing that« im Sinne von Gilbert Ryle) ein:

Wenn Leute über die Möglichkeit eines Vorherwissens der Zukunft reden, vergessen sie immer die Tatsache des Vorhersagens der willkürlichen Bewegungen. (PU 629)

Gemeint ist das Vorhersagen eigener absichtlicher Bewegungen. Eine absichtliche Bewegung ist für jemanden jeweils insoweit für den unmittelbar bevorstehenden Zeitpunkt vorhersagbar, als sie *seine* Handlung ist. Überraschende Zwischenfälle können die Vorhersage stören, weil das richtige Reagieren auf die Überraschung

[9] Für Einzelheiten der Interpretation vgl. Kapitel 11, S. 202.
[10] Zu ergänzen nach MS 144, der Diktatvorlage für die verschollene Druckvorlage von ›Teil II‹.

eine andere Ausübung der Kompetenz erfordert; plötzliche Sinneswandel schwächen dagegen das Bild der beherrschten Handlung.

Das »knowing that« bezieht sich nicht nur auf die Zukunft, sondern auch auf die Vergangenheit:

»Wie weißt du, daß du deinen Arm gehoben hast?« – »Ich fühle es.« Was du also wiedererkennst, ist die Empfindung? Und bist du sicher, daß du sie richtig wiedererkennst? – Du bist sicher, daß du deinen Arm gehoben hast; ist nicht dies das Kriterium, das Maß des Wiedererkennens? (PU 625)

Wittgenstein stimmt ausdrücklich der Beobachtung zu, daß der Handelnde sicher ist, daß *er* seinen Arm bewegt hat und daß der das nicht von selbst getan hat; denn:

Von der Bewegung meines Armes, z. B., würde ich nicht sagen, sie komme, wenn sie komme, etc. Und hier ist das Gebiet, in welchem wir sinnvoll sagen, daß uns etwas nicht einfach geschieht, sondern daß wir es *tun*. (PU 612)

Die Argumentation in PU 625 richtet sich nicht gegen die Sicherheit, mit der man sagt, man habe etwas getan, sondern, in vertrauter Manier, dagegen, diese Sicherheit auf Erkenntnis zu gründen (in diesem Fall auf das Wiedererkennen kinästhetischer Empfindungen, die einem die Bewegung anzeigen sollen). Die Sicherheit gründet sich aber nicht auf eine derartige Erkenntnis; sondern, und das ist die Pointe von PU 625, daß wir sagen können: »Ich weiß, daß ich meinen Arm gehoben habe«, drückt aus, daß wir unserer eigenen Handlungen sicher sind.[11] Sie würden sonst nicht unser beherrschtes Verhalten darstellen. Wer also sagt: »Ich weiß, daß ich das getan habe«, bekundet damit etwas, das er am allerbesten bekunden kann. Natürlich gibt es Grenzen dafür, daß mein Verhalten als beherrscht gilt; aber wann immer jemand innerhalb dieser Grenzen sich eine Handlung als eigene zurechnen läßt, wird das sozial respektiert.[12]

Stimmt man der Voraussetzung zu, daß Äußerungen, die nicht nicht-so-gemeint sind, als eine Sorte von nicht unabsichtlichen Handlungen aufgefaßt werden können, und sieht man damit das Recht zur authentischen Interpretation eigener Äußerungen überzeugend in das Recht zur nachträglichen Erklärung der eigenen

[11] Insoweit stimmt die Interpretation mit Budd 1989, S. 151, überein.
[12] Vgl. auch BPP I 788, 851 f., und LS I 183, 894.

Absicht eingebettet, dann gehört hierher auch die Sicherheit, mit der man sagen kann: »Ich weiß, was ich meine« (vgl. Kapitel 6). Auch sonst gibt es sporadische Hinweise auf weitere Beispiele: »Ich weiß, was ich will« nimmt nach PU 437, 441 (unter Berücksichtigung des Kontextes) das Recht in Anspruch (und die Selbstbindung in Kauf!), den eigenen Wunsch auszudrücken; eine ziemlich zusammenhängende Folge über jedermanns Recht zu sagen, was er gerade denkt oder gedacht hat, findet sich in BPP I 565 – 585 (vgl. LS I 880).

In all diesen Fällen signalisiert »Ich weiß« keinen (epistemischen) Wissensanspruch. Ich werde in Abschnitt 3 verständlich zu machen versuchen, warum das zu erwarten ist und daher keine Abweichung vom gewöhnlichen Gebrauch von »wissen« darstellt. Vorweg soll jedoch in Abschnitt 2 das Bedenken ausgeräumt werden, das sich aus der häufig brauchbaren Unterscheidung zwischen »bewußt« und »unbewußt« ergibt, und zwar am Beispiel bewußter und unbewußter Motive.

2. Bewußte Motive: Motive, um die man selbst weiß?

Fast überall, wo Wittgenstein andeutet, auf welcher Autorität der Sprecher mit einer »Ich weiß«-Äußerung beharren kann, die einen egozentrischen psychologischen Nebensatz hat, tut er das aus therapeutischen Gründen; er will seinen Leser von jenem Verständnis der durch »Ich weiß« ausgedrückten Sicherheit befreien, das in der Diskussion unter Bezeichnungen wie »privilegierter Zugang« läuft. Nach diesem Verständnis ist eine Äußerung wie (»Ψ« stehe für einen passenden seelischen Sachverhalt) »Ich weiß, daß ich Ψ« gerechtfertigt, weil »Ich Ψ« über eine Tatsache berichten soll, über die zu berichten der Sprecher in der bestmöglichen Stellung ist, in der eines Beobachters, der sich nicht irren kann. Eines der nach den ›Philosophischen Untersuchungen‹ verfaßten Typoskripte beschreibt die Vorstellung und den Grund des Mißverständnisses ganz deutlich:

Es ist freilich die Unbestreitbarkeit, die das Bild begünstigt: es wäre hier etwas beschrieben, was nur wir sehen und nicht der Andere sieht, was uns also nahe und immer zugänglich, für den Andern aber verborgen ist, also etwas, was *in* uns selbst liegt und wir durch Schauen in uns selbst gewahr werden. (BPP I 692)

Wittgenstein stimmt dem Ausgangspunkt zu, nämlich der Unbestreitbarkeit der Äußerung; was er verwirft, ist die Erklärung. Die Sicherheit ist nicht epistemisch; sie besteht in sozialen Garantien gegen Angriffe. Wie McGuinness[13] nun am Beispiel von Motiven[14] dargelegt hat, gibt es eine stabile, disziplinierte Unterscheidung zwischen unbewußten (psychologisierend: unterbewußten, unterschwelligen) und bewußten Motiven, um die keine philosophische Psychologie herumkommt. Diese Unterscheidung ist nur für sprachbegabte Lebewesen, also für Menschen möglich, ist dort aber auch möglich, weil das sprachlich in aller Ehrlichkeit ausgedrückte Motiv radikal von dem Motiv abweichen kann, welches das Verhalten konkurrenzlos schlüssig zu erklären erlaubt. In solchen Fällen (Ehrlichkeit vorausgesetzt, wohlgemerkt!) ist das letztere Motiv unbewußt, während der Handelnde sich mit seinem sprachlich geäußerten Motiv selbst etwas vormacht.

Bewußte Motive sind demgegenüber solche, in denen die konkurrenzlos beste Erklärung und die ehrliche sprachliche Äußerung nicht auseinanderklaffen. Bedeutet das, daß der Handelnde in diesem Fall (epistemisches) Wissen von seinem Motiv hat? Die Antwort muß im Rahmen von Wittgensteins Gesamtbild Nein lauten, wird also gewissermaßen vom System erzwungen. Normalerweise erregt so etwas Verdacht gegenüber dem System, und die eigenständige Haltbarkeit der Antwort muß besonders sorgfältig geprüft werden. Die Prüfung geht in diesem Fall positiv aus.

Die konkurrenzlos beste Erklärung des Verhaltens, die in Form der Angabe eines Handlungsmotivs gegeben wird, muß das gesamte motivierte Verhalten erfassen. Dazu gehört auch das verbale Ausdrucksverhalten; dies ist keine ad hoc-Annahme, sondern unverzichtbarer Bestandteil des Bildes, das die ›Philosophischen Untersuchungen‹ von Ausdrucksäußerungen zeichnen (vgl. Kapitel 9). Der klarste Fall eines bewußten Motivs liegt also da vor, wo

[13] McGuinness 1956/57, S. 317-320.

[14] Das ist nicht ganz genau; sein Thema sind »wants«, also Bedürfnisse, Motive oder Wünsche. Da McGuinness' Argumentation ohnehin ziemlich weit generalisierbar ist, spielt Genauigkeit in diesem Punkt keine Rolle.

diejenige Ausdrucksäußerung, mit der das Motiv geäußert wird, fugenlos in das Muster paßt, das tatsächlich im Verhalten ausgeprägt ist und dem Motiv entspricht. Die Fähigkeit, nur solche Ausdrucksäußerungen zu tun, die diese Bedingung erfüllen, ist, wie wir gesehen haben, keine andere als die, sich auch im übrigen passend zum Muster zu verhalten. Insbesondere beruht sie nicht auf einer Erkenntnis des eigenen seelischen Zustands.

Ein Motiv, das nicht geäußert wird, aber geäußert werden könnte, ist kaum minder gut als »bewußt« zu bezeichnen. Wir sagen vom Handelnden in solchen Fällen auch: »Der weiß, was er will.« Sein Handeln ist in besonderem Maße kompetent und konsequent. Auch das ist eine Verwendung von »wissen«, die mit epistemischem Wissen nichts zu tun hat. Und sie ist nicht in die erste Person übertragbar. »Ich weiß, was ich will« kann heißen »Was ich will, ist meine Sache«, aber nicht: »Ich bin jemand, der besonders kompetent und konsequent handelt.«

Ohne meine Vermutung aus dem Text belegen zu können, weise ich darauf hin, daß das angedeutete Verständnis von »bewußten seelischen Zuständen« im Rahmen der ›Philosophischen Untersuchungen‹ generalisierbar sein dürfte. Um ein von Wittgenstein nicht (oder jedenfalls nicht zusammenhängend) behandeltes Beispiel zu wählen: Daß jemand A sieht, heißt im wesentlichen, daß er sich mit Hilfe seiner Augen daran orientieren kann. Hat er darüber hinaus die nötige Sprachfähigkeit, dann kann er sagen: »Vorsicht, da ist A« und »Bring mir A«, und er kann A auf die entsprechende Bitte hin bringen. Später, wenn A nicht mehr da ist, kann er sagen: »Da war A.« Des weiteren lernt er (zum Beispiel beim Ostereier-Verstecken) sagen: »B sieht A nicht.« – »Jetzt sieht B A.« Er lernt erklären, warum B zu dem Busch geht: »B weiß, daß A da ist, weil B A gesehen hat.« Auf die Frage, woher er weiß, daß A da ist, lernt er sagen: »Ich weiß, daß A da ist, weil ich es gesehen habe«, oder: »Ich weiß, daß A da ist, weil ich es sehe.« Er lernt einen Irrtum erklären, indem er sagt: »B ist zu dem Busch gegangen, weil die Blume so aussah wie A«, oder: »Ich bin zu dem Busch gegangen, weil mir die Blume so vorkam wie A.« Auf die Frage »Wie sieht das aus?« lernt er antworten: »Es sieht aus wie A«, nämlich zum Beispiel dann, wenn es angezeigt wäre, näher hinzugehen, um A zu finden, oder wenn man das fragliche Ding schwer von A unterscheiden kann. Er lernt, daß aus einem anderen Blickwinkel oder in anderer Nachbarschaft oder bei anderer Beleuchtung die Sachen unterschiedlich aussehen. Er lernt beim Augenarzt auf die Frage »Was siehst du?« antworten »Ein A«, auch wenn er weiß, daß der Augenarzt nur prüfen will, wie ihm etwas vorkommt. Er erwirbt, kurz gesagt, immer komplexere Kompetenzen zum richtigen Gebrauch von Ausdrucksweisen, in denen von Wahrnehmungen, Eindrücken, Aussehen und dergleichen die Rede ist. Was er nicht erwirbt, sind sprachliche Kompetenzen zum Reden über eine phänomenale Welt oder gar epistemische Kompetenzen zum vorsichtigen Beschreiben von Sinneseindrücken:

Nicht darum handelt es sich, daß unsre Sinneseindrücke uns belügen können, sondern, daß wir ihre Sprache verstehen. (PU 355)

Schließlich erwirbt er auch noch die Kompetenz, Gespräche unwirsch zu beenden und zu sagen: »Ich weiß jedenfalls, wie mir das vorkommt.« Und damit drückt er nicht aus, daß er von seinen Eindrücken auf Grund von Erkenntnis weiß, sondern daß er weiteren Streit über A zur Zeit nicht wünscht. Und er erwirbt die Kompetenz, sich nicht festzulegen, indem er sagt: »Es scheint mir ein A zu sein.« Dann ist er unangreifbar, weil er nichts behauptet hat. Er drückt nicht etwa unfehlbares Wissen von phänomenalen Qualitäten aus.

3. Wissen von der Seele

Gerade darauf kam es Wittgenstein an: daß man von seiner Seele nicht auf Grund von Erkenntnis weiß – jedenfalls nicht in den Fällen, wo man berechtigt eine »Ich weiß«-Äußerung mit egozentrischem psychologischen Nebensatz tun kann. Dabei geht es ihm nicht nur um ein Wissen, das auf einer Erkenntnisweise beruhen soll, die der Korrektur nicht ausgesetzt wäre; nach seiner Auffassung tut man Ausdrucksäußerungen *nie* auf Grund von Erkenntnis der eigenen seelischen Befindlichkeit. Jedenfalls ist seine Argumentation insoweit von einer eventuellen Privatheit dieser postulierten Erkenntnis unabhängig; man beschreibt eben nicht, was man wahrnimmt, sondern bringt etwas zum Ausdruck. Das ist eine positive Alternative zum (epistemischen) Wissens-Modell; es wäre gut, in den ›Philosophischen Untersuchungen‹ auch eine fundierte Kritik an diesem Modell zu finden.

Diese Kritik ist aber lückenhaft; Wittgenstein verläßt sich auf einen zu engen Wissensbegriff. Zum Beispiel schreibt er an der ersten, schon oben in Bezug genommenen Stelle, wo die ›Philosophischen Untersuchungen‹ die Frage zum Thema machen:

> Man kann nicht sagen, die Andern [erfahren von] meine[n] Empfindungen *nur* durch mein Benehmen, – denn von mir kann man nicht sagen, ich [erführe von ihnen]. Ich *habe* sie.
>
> Das ist richtig: es hat Sinn, von Andern zu sagen, sie seien im Zweifel darüber, ob ich Schmerzen habe; aber nicht, es von mir selbst zu sagen. (PU 246; ich habe »lernen« – Anglizismus für »to learn« – durch »erfahren von« ersetzt.)

Diese erste und alle weiteren Argumentationen in den ›Philosophischen Untersuchungen‹ gegen die Möglichkeit, im Fall eigener Empfindungen und dergleichen von Wissen zu reden, verlassen sich auf die klassische Vorstellung, daß epistemisches Wissen auf Gründe gestützt sein müsse, die Zweifel ausräumen.[15] Seltsamerweise gilt das nicht für seine positiven Analysen:

> Vergleiche: *wissen* und *sagen*:
> wieviele m hoch der Mont-Blanc ist -
> wie das Wort »Spiel« gebraucht wird -
> wie eine Klarinette klingt.
> Wer sich wundert, daß man etwas wissen könne, und nicht sagen, denkt vielleicht an einen Fall wie den ersten. Gewiß nicht an einen wie den dritten. (PU 78)

»Knowing how« (in Gilbert Ryles Sinne), auf das Wittgenstein hier verweist, ist fundamental für seine Analyse des Regelfolgens, in die der (leider meistens ohne Berücksichtigung seiner Zugehörigkeit zu diesem Kontext zitierte) Absatz gehört, der darauf verweist, daß man »knowing how« haben kann, ohne daß man begründen können müßte, wie man davon Gebrauch macht:

[15] Dieser Vorstellung ist Wittgenstein in seinen die Verwendung von »wissen« *kritisierenden* Argumentationen bis zum Ende seines Lebens treu geblieben. ›Über Gewißheit‹ belegt das in überwältigender Weise.

Habe ich die Begründungen erschöpft, so bin ich nun auf dem harten Felsen angelangt, und mein Spaten biegt sich zurück. Ich bin dann geneigt zu sagen: »So handle ich eben.« (PU 217)

Die ›Philosophischen Untersuchungen‹ müssen sich deshalb die Frage gefallen lassen, ob es nicht ein Wissen von der eigenen Seele geben könnte, das zwar Wissen um Sachverhalte darstellte, das sich aber nicht auf Gründe stützte – zumal es solches Wissen nicht nur gibt, sondern sogar als Wissen um seelische Sachverhalte. Die klarsten Fälle von »knowing that«, die nicht auf Gründe gestützt sind, stammen aus dem Bereich der Wahrnehmung.

Die Grenze zwischen »knowing how« und »knowing that« ist nicht nur fließend; sie ist auch unabhängig von der Frage, ob das in Frage stehende Wissen damit zu tun hat, ob der Wissende Gründe zur Verfügung hat. Die Grenze ist fließend deshalb, weil ein Wissender »knowing how« ohne *jedes* »knowing that« haben kann, etwa wenn er etwas kann, das er auf die Aufforderung, es zu tun, nicht ausführen kann, wohl aber, wenn es wirklich darauf ankommt; wobei aber andere sein Wissen sprachlich propositional charakterisieren können, etwa durch »Er wußte, daß der Absatzkick seinen Mittelstürmer in Schußposition bringen würde«; und wenn er das durch Anschauen eines Videos von seiner eigenen Technik verbalisieren lernen könnte. Die Grenze ist unabhängig von der Verfügbarkeit von Gründen des Wissenden, weil jemand, ohne sagen zu können, wie eine Klarinette klingt, durchaus zur Begründung sagen könnte: »Nein, das ist keine Klarinette, das ist eine Oboe.« Trotzdem gibt es einen Zusammenhang zwischen »knowing how« und dem Fehlen von Gründen: Wer sein Wissen selbst nicht zu formulieren imstande zu sein behauptet, dem wird man es nicht deshalb absprechen, weil er keine Gründe angeben kann, vorausgesetzt nur, das Wissen ist handgreiflich da. Gründe sind in diesem Fall unwesentlich.

Solches Wissen, extern formulierbar als »knowing that«, wenn auch vom Wissenden nicht ausdrückbar, sondern nur auszuüben als »knowing how«, und ohne dem Wissenden verfügbare Gründe, gibt es. Ich glaube sogar, daß begründetes Wissen nur einen Spezialfall darstellt: daß der Wissende *über ausreichende Gründe verfügt*, ist oft einfach die *Ursache* dafür, daß er Wissen hat, für dessen Vorliegen *Gründe* unwesentlich sind. Ob Wissen vorliegt, hängt nur davon ab, ob die zugehörige Kompetenz da ist, und ein oberflächlicher Vorzug der Begründungsvorstellung ist bloß, daß der Inhalt der Gründe den Inhalt des beanspruchbaren Wissens einigermaßen gut eingrenzt, während die zu »Er weiß, daß p« gehörenden Kompetenzen im allgemeinen nur sehr ungenau und umständlich und mühsam anzugeben sind.

Die Feststellung »A weiß, daß p« spielt ihre wesentliche Rolle dann in Erklärungen dafür, daß A etwas kann, und Beobachtungen, A könne dies oder das, können erklärend durch »A weiß, daß p« zusammengefaßt werden, wenn A Dinge kann, zu denen sich ein zusammenfassendes »p« finden läßt. Dieser Grundgedanke findet sich, ohne weiter ausgearbeitet zu werden, bei Ryle:

> »Wissen« ist ein Fähigkeitsverb und gehört zu der besonderen Sorte, mit denen man sagt, daß die betreffende Person etwas zustande bringen oder richtig machen kann.
>
> [...] Wenn man sagt, daß er sich am Rand halte, weil er wisse, daß das Eis dünn ist, dann benutzt man »weil« in einem ganz anderen Sinne, gibt eine ganz andersartige »Erklärung«, als wenn man sagt, er halte sich am Rand, weil er glaube, das Eis sei dünn.[16]

Diese Vorstellung, verknüpft mit der für die Fixierung der Erkenntnistheorie auf Gründe diagnostischen Beobachtung, daß das Verfügen über wirklich ausreichende Gründe eine mögliche Ursache für das Verfügen über Wissen darstellt, ist, soweit ich sehe, nur bei John Watling ausgearbeitet worden.[17] Die Untersuchung ist leider unbeachtet geblieben; weder findet sie sich in Anthologien, noch hat sie in der Lawine von Artikeln und Büchern eine Rolle gespielt, die Gettier[18] mit seinen Beispielen losgetreten hat. Watling beschreibt überzeugend ein paar Leute in Situationen, in denen wir ohne zu zögern sagen würden, sie wüßten, daß p, obwohl sie nicht über Gründe für p verfügen. Die Beispiele scheinen darauf hinauszulaufen, daß die betreffende Person ihre zutreffenden Antworten nicht zufällig findet; ihre Trefferquote ist so hoch, daß wir ihr eine Disposition zuschreiben müssen, richtige Antworten zu geben.

[16] Ryle 1949, S. 133, 135.
[17] Watling 1954/55, insbes. S. 87-94.
[18] Gettier 1963.

Eine Schwierigkeit besteht darin, die Fragen einzugrenzen, unter denen die Trefferquote zu messen ist; sie wird mehr oder weniger gut dadurch festgelegt, was die Wissenszuschreibung erklären soll. Wenn zwei Personen auf verschiedenen Seiten einer hohen Mauer mit unabhängig voneinander wechselnden Geschwindigkeiten in derselben Richtung gehen und die eine zu fast beliebigen Zeitpunkten sagen kann, ob sie gerade vor oder hinter der anderen ist, dann sagen wir: »Sie weiß, ob sie vor oder hinter der anderen ist«, weil wir uns die richtigen Antworten anders nicht erklären können; und zwar werden wir das insbesondere auch dann sagen, wenn die Person auf die Frage, woher sie das wisse, nur sagen kann, sie habe das so im Gefühl. (Als wissenschaftlich erzogene Leute werden wir uns natürlich an die Ursachenforschung machen.)

Watling gibt auch eine plausible Erklärung dafür[19], warum wirklich gute Gründe, anders als Gründe à la Gettier, für Wissenszuschreibungen wichtig sind: Wer sich auf solche Gründe verläßt, hat damit eine Disposition, richtige Antworten zu geben, die nicht bloß zufällig richtig sind. (Eines seiner Beispiele ist, daß man sich auf Naturgesetze im Unterschied zu zufällig richtigen Verallgemeinerungen verläßt.) Kausale Theorien des Wissens dürften, wenn sie bestimmte Arten der Verursachung als Begriffsmerkmal des Wissens auffassen, auf derselben Spur sein; allerdings verwechseln sie die Kompetenz mit der Art und Weise, wie sie zustande kommt. Leute mögen Dinge ganz augenscheinlich wissen, ohne daß wir eine Ahnung davon haben, wie dieses Wissen zustande kommt; das definiert dann eine Forschungsaufgabe, nämlich eine Erklärung für das Wissen zu finden. Daß wir auf den ersten Blick wissen können, wie einem anderen zumute ist, ist ein schönes Beispiel – von hilfreichen Leerformeln wie »Menschenkenntnis« und »Einfühlungsvermögen« abgesehen, haben wir vom Zustandekommen dieses Wahrnehmungswissens nicht die leiseste Ahnung.

Was für Erfolge einer Person erklären wir, indem wir ihr Wissen um seelische Sachverhalte Dritter unterstellen? Zuschreibungen von Gefühlen, Stimmungen, Überzeugungen, Wünschen, Launen, Einfällen, Bedürfnissen, Haltungen etc. spielen ihre Rolle in Er-

[19] Watling 1954/55, S. 90 f., 93 f.

klärungen des Verhaltens der Leute, denen das alles zugeschrieben wird; wer um eine Stimmung, einen Wunsch, einen Einfall einer Person weiß, sollte also das Verhalten der Person erklären können, das durch die Stimmung, den Wunsch, den Einfall der Person zu erklären ist. Ein handfester Kern dieser Erklärungskompetenz ergibt sich daraus, daß wer etwas erklären kann, darauf vorbereitet sein muß, bevor es passiert, während wer es nicht erklären kann, davon überrascht sein wird. Wir schreiben einer Person also insofern Wissen um Gefühle, Stimmungen, Überzeugungen, Wünsche, Launen, Einfälle, Bedürfnisse, Haltungen etc. Dritter zu, als sie, statt von dem durch diese seelischen Sachverhalte zu erklärenden Verhalten überrascht zu werden, darauf vorbereitet ist. (Diese Annahme ist mit Sicherheit nicht alles, was zu der Angelegenheit zu sagen ist. Ich hoffe aber, sie stellt einen Grundgedanken dar, der für das folgende hinreichend brauchbar ist.)

Soweit es die Möglichkeit, vom Verhalten einer Person überrascht zu werden, nicht gibt, läuft die Zuschreibung von Wissen um solche seelischen Sachverhalte dieser Person, die das Verhalten erklären, also empirisch leer. Das ist natürlich der Trick in der Anwendung auf das Wissen um die eigene Seele: Ein solches Wissen kann es nur insoweit geben, als man vom eigenen Verhalten überrascht werden kann. Das gibt es zwar, und wie wir gleich sehen werden, hat Wittgenstein davon auch Notiz genommen; denken wir aber zunächst an den Normalfall (»normal« sowohl deshalb, weil es sich um den überwältigend größten Anteil handelt, neben dem die Ausnahmen verschwinden, als auch in dem Sinne, daß eigenes Verhalten, von dem man überrascht wird, als Fehlleistung gilt). In diesem Normalfall hätte die Annahme »A weiß, daß A Ψ« keinen Erklärungswert, und zwar deshalb, weil unter der Voraussetzung, daß »A Ψ« gilt und gewisse Verhaltensweisen von A erklärt, »A weiß, daß A Ψ« nicht mehr erklären würde als »A Ψ«. *Die Wissensannahme behauptet keine zusätzlichen Kompetenzen*, die A ohne das Wissen nicht hätte. Deshalb scheint mir der Ausweg nicht gangbar anzunehmen, das Wissen sei zwar vorhanden, laufe aber leer. Ähnlich wie in Systemen der epistemischen Logik, in denen von »A weiß, daß p« auf »A weiß, daß A weiß, daß p« geschlossen werden kann, würde damit das Gebot sparsamen Gebrauchs psychologischer Begriffe in der Verhaltensbeschreibung verletzt. Diese Überlegung, skizzenhaft wie sie ist, scheint mir überzeugender, als die Unbegründbarkeit des Wissens um die eigenen Empfindungen etc. auf dem Wege des Nachweises dafür zu zeigen, daß es ein solches Wissen nicht auf Grund einer wahrnehmungsartigen Erkenntnis des eigenen Inneren gibt.

Die unbestreitbaren Ausnahmefälle sind jene, in denen jemand sich wirklich bei einem Verhalten ertappt und sich fragt: »Warum habe ich das bloß getan?« Wenn er die richtige Antwort findet und etwa sagt: »Ich muß ja furchtbare Angst vor dem Kerl haben, wenn ich die geliehenen zehn Mark nicht zurückverlangt habe, obwohl ich ihn doch gerade deshalb angesprochen habe«, dann werden wir mit Recht sagen können, er habe festgestellt und wisse, daß er Angst vor dem Kerl hat.

Es ist in solchen Fällen erhellend, das Verhalten der Person gegenüber sich selbst nach dem Vorbild zweier Personen zu verstehen, von denen die eine das Verhalten der anderen richtig interpretiert. Jedenfalls liegt das auf der Linie von Wittgensteins späteren Überlegungen zur Philosophie der Psychologie. In ›Teil II‹ der ›Philosophischen Untersuchungen‹ schreibt er in dem Teilstück, das der Rolle von »Ich glaube«-Äußerungen gewidmet ist:

> Ich sage vom Andern »Er scheint zu glauben ...« und Andere sagen es von mir. Nun, warum sage ich's nie von mir, auch dann, wenn es die Andern *mit Recht* von mir sagen? – Sehe und höre ich mich selbst denn nicht? – Man kann es[20] sagen.
>
> »Die Überzeugung fühlt man in sich, man schließt nicht auf sie aus den eigenen Worten, oder ihrem Tonfall.« – Wahr ist: Man schließt nicht aus den eigenen Worten auf die eigene Überzeugung; [...]
>
> Ich habe zu meinen eigenen Worten eine ganz andere Einstellung als die Andern. [...]
>
> Horchte ich auf die Rede meines Mundes, so könnte ich sagen, ein Anderer spreche aus meinem Mund. (PU II x, S. 191 f./501 f./515 f.)[21]

[20] Der Bezug ist unklar; es kann sowohl gemeint sein »Man *kann* sagen: ›Ich scheine zu glauben‹«, als auch: »Man kann sagen, daß ich mich selbst weder sehe noch höre.« Die zweite Interpretation wird in der englischen Übersetzung gewählt. Für unsere Fragestellung ist die Zweideutigkeit bedeutungslos.

[21] Abgesehen von den mehr oder weniger unmittelbaren Quellen dieser Bemerkungen in BPP I 710, II 419 (vgl. I 495, 705, 708, II 812, 814, 816, 820), finden sich zur Verwendung von egozentrischen psychologischen Äußerungen durch eine Person, die gegenüber sich selbst die Rolle einer anderen spielt, weitere Bemerkungen in BPP I 711 f., 715, 719, 744 f., 752 f., II 169, 838 f.

Da diese Doppelrolle die absolute Ausnahme darstellt, ist nicht der epistemische Gebrauch von »Ich weiß« in »Ich weiß«-Äußerungen mit egozentrischem psychologischen Nebensatz der »eigentliche« Gebrauch und die Zuschreibung epistemischen Wissens nicht die »primäre Bedeutung« solcher Äußerungen. Der Platz ist frei für einen anderen Gebrauch von »Ich weiß«, jenen nämlich, mit dem der Sprecher auf Autorität pocht. Dementsprechend drücken Reaktionen, die die Autorität angreifen, nicht aus, daß epistemisches Wissen abgestritten wird: »Du hast es ja wissen wollen«, »Siehst du, du weißt es doch nicht«, »Das kannst du gar nicht wissen« spielen fast ausnahmslos die Rolle, den Sprecher aus anderen Gründen als dem einer unzureichenden Datenbasis von seinem hohen Roß herunterzuholen.

Daß es den epistemischen Gebrauch in Sonderfällen gibt, schwächt im übrigen in keiner Weise Wittgensteins wesentliche Feststellung, nämlich daß »Ich weiß«-Äußerungen mit egozentrischem psychologischen Nebensatz niemals ein auf Grund wahrnehmungsartiger Erkenntnis des eigenen Inneren gewonnenes Wissen ausdrücken.

Kapitel 11

Gilt die soziale Interpretation des Ausdrucksverhaltens ausnahmslos?

Hier stoßen wir auf die große Frage,
die hinter allen diesen Betrachtungen steht.

Die Interpretation von PU 190, von PU 249 und von PU 628 in den Kapiteln 6, 7 und 8 haben fürs Meinen, für Verstellung oder Aufrichtigkeit und für die Absichtlichkeit eine Auffassung Wittgensteins ergeben, die sich auf die folgende kurze Formel bringen läßt: Die genannten seelischen Sachverhalte liegen bei einer Person nur dann vor, wenn die Person in ihrem Verhalten ein jeweils zugehöriges Muster ausprägt, und das Verhalten prägt das jeweilige Muster nur dann aus, wenn die Reaktionen der sozialen Umgebung dazu passen. Dieser exegetischen Feststellung entspricht die Rolle, die Wittgenstein für die Ausdrucksäußerungen sieht (Kapitel 9): Ihr wesentlicher Beitrag zur Festlegung des ausgedrückten seelischen Sachverhalts ist wegen ihrer Zugehörigkeit zur Sprache natürlich sozial bestimmt. Und ohne die Rolle von Ausdrucksäußerungen nach dem Schema »Ich Ψ« (mit »Ψ« als Ausdruck für einen seelischen Sachverhalt) wäre ein Teil der Unangreifbarkeitsgarantien nicht verständlich, die mit Äußerungen der Form »Ich weiß, daß ich Ψ« in Anspruch genommen werden können (Kapitel 10). Der exegetische Befund dürfte also einigermaßen sicher sein, und es scheint sinnvoll auszuprobieren, wie weit man ihn verallgemeinern kann.

Ein Weg bestünde darin, den propositionalen Gehalt intentionaler Einstellungen usw. als »gemeint« aufzufassen und die fürs Meinen getroffene Feststellung direkt darauf anzuwenden. Wenn also jemand glaubt, es sei zwölf Uhr, sich wünscht, er wäre Millionär, erwartet, sein Freund werde kommen, auf den Einfall kommt, die nächste Zahl sei die 41, würde man sagen, daß er die propositionalen Inhalte auch »intendieren«, also meinen müsse, nämlich: daß es zwölf Uhr ist; daß er Millionär ist; daß sein Freund kommen wird; daß die nächste Zahl die 41 ist.

Dieser Weg wäre für die Interpretation aus zwei Gründen nicht gangbar. Zum einen entspräche die Argumentation nicht der Denkweise der ›Philosophischen Untersuchungen‹, und zwar nicht nur deshalb, weil Wittgenstein es vorzieht, mit Einzelanalysen die Richtung anzugeben, statt mit allgemeinen Thesen Einzelfeststellungen zu begründen, sondern auch weil er die schwammige Verwendung von »meinen« nicht hätte mitmachen können, die in der Formulierung von Assoziationen im Umkreis des Ausdrucks »intentionaler Gehalt« üblich und in der probeweise betrachteten Argumentation nötig ist. Zum andern reicht die Verallgemeinerung nicht weit genug, wenn man annimmt, daß einige seelische Sachverhalte keine propositionalen Gehalte haben und daß die ›Philosophischen Untersuchungen‹ für mindestens einen davon den oben skizzierten begrifflichen Zusammenhang feststellen oder wenigstens andeuten.

Schmerzen sind ein Beispiel dafür: »A hat Schmerzen«, »A hat Zahnschmerzen« oder »A hat heftige Schmerzen im rechten Knie« können maximal informative Ausdrucksweisen sein, enthalten aber keine daß-Sätze[1]; aber ob A Schmerzen hat, macht Wittgenstein auf zweierlei Weise von Reaktionen anderer abhängig, nämlich über die Entscheidung der Fragen, wer die Schmerzen hat und ob Schmerzen sind, was er hat. Exemplarisch:

Was ist das für eine Streitfrage: Ist es der *Körper*, der Schmerzen fühlt? – Wie ist sie zu entscheiden? Wie macht es sich geltend, daß es *nicht* der Körper ist? – Nun, etwa so: Wenn Einer in der Hand Schmerzen hat, so sagt's die *Hand* nicht (außer sie schreibt's), und man spricht nicht der Hand Trost zu, sondern dem Leidenden: man sieht ihm in die Augen. (PU 286)

Wenn ich das Wort »Schmerz« ganz für dasjenige in Anspruch nähme, was ich bis dahin »meinen Schmerz« genannt habe, und was Andre »den Schmerz des

[1] Freilich kann die offenkundige Sprachrelativität des Kriteriums auch den Gedanken nahelegen, daß der propositionale Gehalt keine theoretische Größe ist, die sich für tiefschürfende Theorien eignet. Das Deutsche könnte sich ohne weiteres anders ausdrücken: »A weht, daß in seinem Körper etwas nicht in Ordnung ist«, »A weht, daß seine Zähne nicht in Ordnung sind«, »A weht, daß sein rechtes Knie ganz schlimm in Unordnung ist«. Würde A dann mit seinen Schmerzen etwas intentional erfassen?

L. W.« genannt haben, so geschähe den Andern damit kein Unrecht, solange nur eine Notation vorgesehen wäre, in der der Ausfall des Wortes »Schmerz« in anderen Verbindungen irgendwie ersetzt würde. Die Andern werden dann dennoch bedauert, vom Arzt behandelt, usw. (PU 403)

Im Zusammenhang beider Zitate geht es um das Sprachspiel mit dem Worte »Schmerz« und daher um *begriffliche* Verbindungen zwischen Subjekt bzw. Art der Schmerzen und den Reaktionen der anderen. Schmerz muß, wie Wittgenstein das sagt, *»angreifen«* können; eine bildhafte Ausdrucksweise dafür, daß die soziale Umgebung auf das Verhalten wie auf ein Schmerz ausdrückendes reagieren können muß:

Schau einen Stein an und denk dir, er hat Empfindungen! – Man sagt sich: Wie konnte man auch nur auf die Idee kommen, einem *Ding* eine *Empfindung* zuzuschreiben? Man könnte sie ebensogut einer Zahl zuschreiben! – Und nun schau auf eine zappelnde Fliege, und sofort ist diese Schwierigkeit verschwunden und der Schmerz scheint hier *angreifen* zu können, wo vorher alles gegen ihn, sozusagen *glatt* war.

Und so scheint uns auch ein Leichnam dem Schmerz gänzlich unzugänglich. – Unsre Einstellung zum Lebenden ist nicht die zum Toten. Alle unsre Reaktionen sind verschieden. – Sagt Einer: »Das kann nicht einfach daran liegen, daß das Lebendige sich so und so bewegt und das Tote nicht« – so will ich ihm bedeuten, hier liege ein Fall des Übergangs ›von der Quantität zur Qualität‹ vor. (PU 284)

Für Schmerzen wirkt eine begriffliche Anbindung an durch soziale Reaktionen interpretiertes Ausdrucksverhalten vielleicht nicht so unglaubwürdig wie auf den ersten Blick (»Mir tut es doch weh, egal ob die anderen Mitleid mit mir haben!«), wenn man sich daran erinnert, daß wir zwischen Schmerzen und anderen Formen von unangenehmem Befinden durchaus die Grenze da ziehen, wo wir jemandem Behandlungs*bedürftigkeit* zugestehen; man denke nur an den Ausdruck »seelische Schmerzen« und die damit unter Umständen zusammenhängenden Rechtsfolgen. Den Schmerzen scheint es in diesem Zusammenhang nicht anders zu gehen als den Krankheiten – Krankheit ist nur das, für dessen Behandlung die Kasse aufzukommen hat.

Abgesehen davon, daß das Beispiel zeigt, daß Wittgensteins Auffassung über den Bereich der propositionalen Einstellungen hinausgeht, ist es auch unser erstes Beispiel für *seine* Art, die Auffassung von der begrifflichen Anbindung von seelischen Sachverhalten an durch soziale Reaktionen interpretiertes Ausdrucksverhalten zu verallgemeinern – nämlich durch die Betrachtung weiterer Beispiele. Wir wollen im Rahmen dieser Zwischenbilanz noch drei weitere anführen, nämlich *Denken, Vorstellung* und *Hoffnung*, wo die Interpretation der hier wesentlichen Grundgedanken keine besonderen Schwierigkeiten bietet, bevor wir in Kapitel 12 versuchen, an Hand von Wittgensteins nach dem Abschluß (des »ersten Teils«) der ›Philosophischen Untersuchungen‹ erneut aufgenommener Betrachtung des letzten dieser Beispiele Umrisse einer Auffassung anzudeuten, die das alles auf einen Nenner bringen könnte und auf der Linie von Wittgensteins Überlegungen zu liegen scheint.

Denken: Das Denken vergleicht er unter dem uns hier interessierenden Gesichtspunkt in drei Abschnitten mit Schmerzen, und zwar innerhalb der Folge PU 350 – 362, die ohnehin unter mehrfacher impliziter Berufung auf Ergebnisse aus der Privatsprachenargumentation mit ihrem Paradebeispiel »Schmerzen« begründet, daß man den Begriff des Denkens nicht auf andere überträgt, nachdem man ihn aus der eigenen Erfahrung gewonnen hat. (Die entsprechende Abschnittsfolge in der Privatsprachenargumentation ist PU 281 – 287.)

Könnte eine Maschine denken? – Könnte sie Schmerzen haben? – Nun, soll der menschliche Körper so eine Maschine heißen? Er kommt doch am nächsten dazu, so eine Maschine zu sein. (PU 359)

Aber eine Maschine kann doch nicht denken! – Ist das ein Erfahrungssatz? Nein. Wir sagen nur vom Menschen, und was ihm ähnlich ist, es denke. Wir sagen es auch von Puppen und wohl auch von Geistern. Sieh das Wort »denken« als Instrument[2] an! (PU 360)

Der Sessel denkt bei sich selber: ....

Wo? [...] Aber wie ist es dann mit dem Menschen: Wo spricht *er* zu sich selber? Wie kommt es, daß diese Frage sinnlos scheint; und keine Ortsbestimmung nötig ist, außer der, daß eben dieser Mensch zu sich selbst spricht? Während die Frage, *wo* der Sessel mit sich selbst spreche, eine Antwort zu verlangen scheint. – Der Grund ist: Wir wollen wissen, *wie* der Sessel hier einem Menschen gleichen soll; ob der Kopf zum Beispiel am obern Ende der Lehne ist, usw. (PU 361)

[2] Das Wort dient hier, wie fast immer und wie auch »Werkzeug«, der Erinnerung daran, wie variabel die Verwendung bei oberflächlicher Ähnlichkeit sein kann. Vgl. Kapitel 2, Abschnitt 3.

Die Parallele zwischen Maschine und Sessel auf der einen Seite und der zappelnden Fliege aus PU 284 auf der anderen ist so deutlich, daß die Parallele zu »Alle unsre Reaktionen sind verschieden« aus PU 284 hier leicht zu ergänzen ist: Der Sessel könnte seine Gedanken nicht äußern, und deshalb gibt es keinen Ansatzpunkt für unsere Reaktionen, dank denen solche Äußerungen und damit die geäußerten Gedanken erst Inhalt bekommen könnten. Daß ein Gedanke dafür, daß er Inhalt hat, auf dieselben Bedingungen angewiesen ist wie sprachliche Äußerungen, sagt Wittgenstein sehr früh in dem dem Denken gewidmeten Teil der ›Philosophischen Untersuchungen‹ (PU 316 – 362), in einem Zusammenhang, wo er ein doppeltes Mißverständnis der Rede vom »blitzartigen Denken« (PU 318) diagnostiziert; es besteht darin, das Denken erstens als einen Begleitvorgang des Sprechens oder Schreibens aufzufassen, der zweitens darin bestehe, daß man den Gedanken vor sich sehe:

Ich kann in demselben Sinn blitzartig einen Gedanken ganz vor mir sehen, oder verstehen, wie ich ihn mit wenigen Worten, oder Strichen notieren kann.

Was macht diese Notiz zu einer Zusammenfassung dieses Gedankens? (PU 319)

Natürlich gerade das, was auch sonst den Inhalt sprachlicher Äußerungen festlegt – ihr etablierter Gebrauch; der Folgetext erinnert den Leser freundlich an etwas, das er seit PU 186 – 190 nicht vergessen haben sollte[3]:

Der blitzartige Gedanke kann sich zum ausgesprochenen verhalten, wie die algebraische Formel zu einer Zahlenfolge, die ich aus ihr entwickle. (PU 320 a)

Daß der blitzartige Gedanke sich, wie das »kann« ausdrückt, nicht immer zum ausgesprochenen so verhalten muß, liegt einfach daran, daß man oft zutreffend feststellen kann, jemand habe einen blitzartigen Gedanken gehabt, auch wenn es keinen Grund gibt zu sagen, er habe ihn (wie eine algebraische Formel) vor seinem inneren Auge gesehen. PU 320 b – 323 erinnern dann an gleichartige Mißverständnisse und gleichartige wesentliche Umstände im Zusammenhang mit »plötzlich verstehen« aus PU 151 – 155; und im Anschluß an die Argumentation aus PU 334 – 341 gegen die Vor-

[3] Vgl. Kapitel 6, Abschnitt 1.

stellung, das Sprechen verdanke dem Denken seinen Sinn, begründet der Text in PU 342 – 349 sehr ausdrücklich die Feststellung, daß inneres Sprechen niemandem zugeschrieben werden kann, der keine öffentliche Sprache beherrscht (das heißt die üblichen Reaktionen in hinreichendem Maße aufweisen kann – deshalb das Gegenbeispiel eines von Geburt an Taubstummen in PU 342).

Diese Überlegungen betreffen das Denken, welches einem Menschen nach dem Muster des stillen Selbstgesprächs zugeschrieben wird (daher der traditionelle Name »diskursives Denken«). Im Zuge seiner diagnostischen Bemerkungen benutzt Wittgenstein in PU 318 den Ausdruck »denkend sprechen, oder auch schreiben«, um die Suggestivität des Begleitungs-Modells zu verdeutlichen, in einer für ihn bezeichnenden Weise, nämlich auffällig abweichend an Stelle der natürlichen Wendung »mit Bedacht«, die an eine ganz andere Vorstellung im Zusammenhang mit dem Denken erinnert hätte, nämlich an Sorgfalt. (»Mit Vorbedacht« würde Absichtlichkeit ins Spiel bringen.) Bedacht taucht als Thema in PU 174 auf (durch Überlegungen zur Sorgfalt in PU 173 vorbereitet), und zwar im Zuge von Überlegungen, die sich dagegen richten, öffentlich zugängliche Umstände oder Verhaltensmuster in innerlich zugängliche Erlebnisse umzudeuten.[4]

Frage dich, wie du ›*mit Bedacht*‹ eine Strecke parallel zu einer gegebenen Strecke ziehst, – ein andermal mit Bedacht in einem Winkel zu ihr. Was ist das Erlebnis des Bedachts? Da fällt dir gleich eine bestimmte Miene, eine Gebärde ein, – und dann möchtest du sagen: »und es ist eben ein *bestimmtes* inneres Erlebnis«. (Womit du natürlich garnichts mehr gesagt hast.) (PU 174)
Mach einen beliebigen Fahrer auf dem Papier. – Und nun zeichne ihn daneben nach, laß dich von ihm führen. – Ich möchte sagen: »Gewiß! ich habe mich jetzt führen lassen. Aber was dabei Charakteristisches geschehen ist? – Wenn ich sage, was geschehen ist, so kommt es mir nicht mehr charakteristisch vor.« (PU 175)

Aus diesen Zitaten (in ihrem Zusammenhang) ergibt sich zunächst, daß bedachtes Handeln nicht deshalb bedachtes Handeln ist, weil es von etwas dem Handelnden innerlich Zugänglichem begleitet wäre. Was statt dessen eine Rolle spielt, deutet PU 177 an:

[4] Zur Rolle des Exkurses über das Lesen, in den PU 173 – 178 gehören, vgl. Kapitel 9, Abschnitt 5.

Denn es ist freilich richtig, zu sagen, ich habe diese Linie unter dem Einfluß der Vorlage gezogen: dies liegt aber nicht einfach in dem, was ich beim Ziehen der Linie empfinde – sondern, unter Umständen, z. B. darin, daß ich sie zu der andern parallel ziehe; obwohl auch das wieder für das Geführtwerden nicht allgemein wesentlich ist. -

Die Einschränkungen »unter Umständen, zum Beispiel« und »nicht allgemein wesentlich« machen einigermaßen eindeutig, worauf es ankommt, wenn das Parallelziehen für den »Einfluß der Vorlage« (hier das Bild für »*›mit Bedacht‹*« aus PU 174) charakteristisch sein soll: Wenn man die Aufgabe hat, die Linie parallel zur anderen zu ziehen, dann ist das Parallelziehen als Erfüllung dieser Aufgabe charakteristisch für bedachtes Zeichnen. Diese Interpretation wird durch die Wiederholung des Beispiels im Zuge der konstruktiven Überlegungen zum Regelfolgen in PU 198 – 242 nicht nur bestätigt, sondern bedachtes Handeln wird damit – was das Erfüllen einer Aufgabe ohnehin mit sich bringt – als Regelfolgen gekennzeichnet:

Denke dir, Einer folgte einer Linie als Regel auf diese Weise: Er hält einen Zirkel, dessen eine Spitze er der Regel-Linie entlang führt, während die andere Spitze die Linie zieht, welche der Regel folgt. Und während er so der Regel entlang fährt, verändert er die Öffnung des Zirkels, wie es scheint mit großer Genauigkeit, wobei er immer auf die Regel schaut, als bestimme sie sein Tun. Wir nun, die ihm zusehen, sehen keinerlei Regelmäßigkeit in diesem Öffnen und Schließen des Zirkels. Wir können seine Art, der Linie zu folgen, von ihm nicht lernen. Wir würden hier vielleicht wirklich sagen: »Die Vorlage scheint ihm *einzugeben*, wie er zu gehen hat. Aber sie ist keine Regel.« (PU 237; vgl. PU 232)

Kurz, bedachtes Handeln setzt (lehrbare und kontrollierbare) Standards fürs Richtigmachen voraus. Das ist der Gedanke, der Denken auch unter dem Aspekt des Bedachts an die sozialen Reaktionen aufs Handeln bindet.

Vorstellung: Im Zuge seiner Überlegungen zu dem Sachverhalt, daß jemand sich etwas vorstellt (PU 363 – 427), diskutiert Wittgenstein ein Bild, das man – grob gesprochen – so kennzeichnen kann, daß ein jeder Herr seiner eigenen Vorstellungen sei: am besten wisse, was er sich vorstelle, sich vorstellen könne, was er wolle, und seine eigenen Vorstellungen mit niemand anderem teilen müsse. In diesem Zusammenhang stellt er die Frage:

Könnte man sich vorstellen, daß ein Stein Bewußtsein hätte? Und wenn's Einer kann – warum soll das nicht bloß beweisen, daß diese Vorstellerei für uns kein Interesse hat? (PU 390)

Da der Satz, ein Stein habe Bewußtsein, für Wittgenstein nicht bloß falsch, sondern sinnlos ist (vgl. PU 281, 284, 418), ist die Schlußwendung stark untertrieben; denn Vorstellbarkeit garantiert nicht Sinnhaftigkeit, sondern Sinnhaftigkeit ist notwendige Bedingung für Vorstellbarkeit (PU 395 – 397). Man müßte, um sich so etwas vorzustellen, etwas tun können, das man aus begrifflichen Gründen nicht tun kann, nämlich auf den Stein reagieren wie auf jemanden, der Bewußtsein hat. Wenn PU 282 für das parallele Beispiel der Schmerzen von Puppen, mit denen man spielt, diese Verwendung des Schmerzbegriffs »eine sekundäre« nennt, dann sieht man hinter dieser bloß verbal anmutenden Auskunft wohl am besten die Feststellung, daß schon das Bedauern der Puppen ein bloß vorgestelltes Bedauern ist, das nicht Puppen, sondern vorgestellten Kindern gilt. Die Kinder spielen mit den Puppen und stellen sich auf diese Weise vor, *Menschen* zu bedauern. Auf PU 390 übertragen: Mein Reagieren auf den Stein wäre kein Fragen, Antworten, Streicheln, Trösten etc., sondern würde meine Vorstellung ausdrücken, mit einem Menschen umzugehen (der Bewußtsein hat). Genau das ist der Witz des umgekehrten Beispiels aus PU 391:

Ich kann mir vielleicht auch vorstellen (obwohl es nicht leicht ist), jeder der Leute, die ich auf der Straße sehe, habe furchtbare Schmerzen, verberge sie aber kunstvoll. [...] Und wenn ich mir das nun vorstelle, – was tue ich; was sage ich zu mir selbst; wie sehe ich die Leute an? Ich schaue etwa Einen an und denke mir »Das muß schwer sein, zu lachen, wenn man solche Schmerzen hat«, und vieles dergleichen. Ich spiele gleichsam eine Rolle, *tue so*, als hätten die Andern Schmerzen. Wenn ich das tue, sagt man etwa, ich stelle mir vor, ...

Ich stelle mir vor, daß sie Schmerzen verbergen, indem ich *so tue,* als wären sie Leute, die Schmerzen verbergen, nicht indem ich sie so behandle wie Leute, die Schmerzen verbergen. Durch Parallelisierung der Argumentation fürs Verstellen aus Kapitel 7 könnten wir uns nun leicht davon überzeugen, daß man nur insoweit ohne Täuschungsabsicht so tun kann, als ob p der Fall wäre, als Zuschauer erkennen können, was man da darstellt. Wie ein Bild nur im Rahmen von üblichen Abbildungskonventionen ein Bild von etwas (und etwa dem Dargestellten ähnlich) ist, so ist auch eine Darstellung nur im Rahmen von üblichen Darstellungskonventionen eine Darstellung von etwas. Aufführungen in einem Theater eines fremden Kulturkreises vermitteln diese Erfahrung, und es ist kein Wunder, daß PU 365 eine Vorstellung im Theater benutzt, um die Berechtigung der Redeweise zu prüfen, etwas Vorgestelltes (hier Kopfrechnen, aufgefaßt als Rechnen in der Vorstellung) sei wirklich.[5]

Ein zweiter, ziemlich breit ausgeführter Gedankengang sichert die Abhängigkeit des Vorstellungsinhalts von der sozialen Interpretation des Ausdrucksverhaltens durch die herausragende Rolle von Äußerungen, die Vorstellungen ausdrücken. Ich beschränke mich auf Anmerkungen zu zwei kurzen Abschnitten; der erste ist PU 367:

Das Vorstellungsbild ist das Bild, das beschrieben wird, wenn Einer seine Vorstellung beschreibt.

Der Satz richtet sich an einen Gesprächspartner, für den das Vorstellungsbild etwas ist, das man vor dem inneren Auge sieht und das den Inhalt der Vorstellung festlegt: Man stellt sich das vor, was im Vorstellungsbild zu sehen ist, und stellt es sich so vor, wie es dort zu sehen ist; die Vorstellung ist insoweit unvollständig, als Einzelheiten im Bild fehlen, und ist insoweit verworren, als das Bild verwischt ist. Wenn man jemandem mitteilen will, was man sich vorstellt, dann beschreibt man ihm das Vorstellungsbild.

Das Schöne an PU 367 ist, daß Wittgenstein hier wieder einmal eine Formulierung geglückt ist, die sowohl die Ansicht seines Gegners als auch seine eigene Auffassung ausdrückt, obgleich beide verschiedener Meinung sind. Wie man aus dem Kontext ohne Schwierigkeiten begründen kann, versteht er den Satz so: Wir können beschreiben, was wir uns vorstellen und wie wir es uns vorstellen; wir können mehr oder weniger vollständig und mehr oder weniger deutlich beschreiben, was wir uns vorstellen. Was wir uns vorstellen, gibt es aber nicht (oder ist wenigstens nicht zu sehen). Für die Beschreibung von nicht (oder nicht unter unseren Augen)

[5] Zur Interpretation von PU 365 vgl. Schulte 1991.

Vorhandenem gibt es eine Situation, in der die Beschreibung trotzdem mit der Sicherheit eines Augenzeugen vor sich geht, nämlich die Situation der Beschreibung von etwas, das auf einem Bild vor unseren Augen abgebildet ist, kurz die Situation, wo ein Bild beschrieben wird. (Mit einer »Bildbeschreibung« meint man in der Regel eine Beschreibung des Abgebildeten im Gegensatz zu ausführlichen Angaben über Rahmen, Leinwand, verwendete Farbe, Maltechnik usw.) Da man, was man sich vorstellt, so beschreiben kann, als wäre es auf einem Bild abgebildet, redet man vom Vorstellungsbild; und daß das Vorstellungsbild den Inhalt der Vorstellung festlegt, ist deshalb richtig, *weil das Vorstellungsbild durch seine Beschreibung festgelegt wird.*

Diese Festlegung gilt unter einer für alle Ausdrucksäußerungen einschlägigen Voraussetzung[6]: Die Person, die ihre Vorstellung durch eine Vorstellungsbeschreibung ausdrückt, muß Äußerungen wie »Ich stelle mir vor, daß ...« beherrschen; andernfalls weiß sie diese Äußerungen nicht am richtigen Platz im Muster des Vorstellens (zu dem ja, je nach den Umständen, mehr gehört als die Äußerungen) unterzubringen, so daß sie ihre entscheidende Rolle nicht spielen können. Wenn sie den Umgang mit »Ich stelle mir vor«-Äußerungen beherrscht und wenn im Einzelfall kein Abweichen von dieser Kompetenz vorliegt, wird die Äußerung als Festlegung des Vorstellungsinhalts akzeptiert. Sie ist dann Ausdrucksverhalten für die Vorstellung, und als sprachliches Ausdrucksverhalten natürlich sozial interpretiert.[7]

Hoffen: Hier gibt es eine bemerkenswert klare These, deren Begründung allerdings, wie wir sehen werden, nicht sehr weit reicht:

»Aber du sprichst ja, als erwartete, hoffte, ich nicht eigentlich *jetzt* – da ich zu hoffen glaube. Als wäre, was *jetzt* geschieht, ohne tiefe Bedeutung.« – Was heißt es: »Was jetzt geschieht, hat Bedeutung« oder »hat tiefe Bedeutung«? Was ist eine *tiefe* Empfindung? Könnte Einer eine Sekunde lang innige Liebe oder Hoffnung empfinden, – *was immer* dieser Sekunde voranging oder ihr folgt? – Was jetzt geschieht, hat Bedeutung – in dieser Umgebung. Die Umgebung gibt ihm die Wichtigkeit. Und das Wort »hoffen« bezieht sich auf ein Phänomen des

[6] Vgl. Kapitel 9, Abschnitt 7.
[7] Zur Rolle von PU 381 in diesem Zusammenhang vgl. Kapitel 10, S. 212 – 214.

menschlichen Lebens. (Ein lächelnder Mund *lächelt* nur in einem menschlichen Gesicht.) (PU 583)

Wenn ich nun in meinem Zimmer sitze und hoffe, N. N. werde kommen und mir Geld bringen, und eine Minute dieses Zustands könnte isoliert, aus ihrem Zusammenhang herausgeschnitten werden: wäre, was in ihr geschieht, dann kein Hoffen? – Denke, zum Beispiel, an die Worte, die du etwa in dieser Zeit aussprichst. Sie gehören nun nicht mehr dieser Sprache an. Und die Institution des Geldes gibt es in einer andern Umgebung auch nicht.

Eine Königskrönung ist das Bild der Pracht und Würde. Schneide eine Minute dieses Vorgangs aus ihrer Umgebung heraus: dem König im Krönungsmantel wird die Krone aufs Haupt gesetzt. – In einer andern Umgebung aber ist Gold das billigste Metall, sein Glanz gilt als gemein. Das Gewebe des Mantels ist dort billig herzustellen. Die Krone ist die Parodie eines anständigen Huts. Etc. (PU 584)

Daß ein bestimmter Vorgang, nämlich eine Königskrönung, die Eigenschaft hat, ein Bild der Pracht und Würde zu sein, wird damit verglichen, daß ein anderer Sachverhalt, nämlich daß ich in einem Zimmer sitze, dies oder das äußere und mich vielleicht noch so oder so verhalte, ein Ausdruck davon ist, daß ich hoffe, N. N. werde kommen und mir Geld bringen. Die Begründung dafür, daß die Königskrönung nur dank sozialer Interpretation ein Bild der Pracht und Würde ist, ist schlagend und bedarf keiner Erläuterung. Die Veränderung der Umgebung ist eine Veränderung ihrer konventionalen Merkmale; um die Änderung zweier konventionaler Merkmale geht es auch in PU 584 a, so daß auch dort die einschlägige Umgebung sozial gekennzeichnet ist – deshalb so auch zu verstehen in PU 583. Dafür spricht auch die Tatsache, daß in PU 581 gesagt wird:

Eine Erwartung ist in einer Situation eingebettet, aus der sie entspringt. Die Erwartung einer Explosion kann z. B. aus einer Situation entspringen, in der eine Explosion *zu erwarten ist.*

Wittgenstein sagt an dieser Stelle nicht, daß die (nach akzeptierten Standards zu beurteilende) Berechtigung einer Erwartung mit *festlegt,* ob überhaupt eine Erwartung der Explosion oder etwas anderes vorliegt, so daß ein akzeptierter Standard für diese Beurteilung zur »Umgebung« gehört; aber gerade über die Erwartung ist im Zuge eines von Beispiel zu Beispiel wechselnden Textes, in dem sie mehrfach vorkommt und der seit PU 428 die allgemeine Frage behandelt, wie der Inhalt von Wünschen, Überzeugungen, Plänen usw. festgelegt wird, in PU 445 gesagt worden:

In der Sprache berühren sich Erwartung und Erfüllung.

Weniger bildhaft: Der sprachliche Ausdruck der Erwartung[8] legt fest, was ihre Erfüllung und also ihr Inhalt ist; und sprachliche Ausdrucksweisen legen nur dank konventionaler Interpretation fest. Daß die Worte, die der Hoffende spricht, »dieser Sprache« angehören, ist in PU 584 Umgebungsmerkmal, und ebenso »die Institution des Geldes«.

Die Begründung trägt aber nicht so weit wie die für die »Pracht und Würde« der Königskrönung. Denn das Beispiel ist die Hoffnung, N. N. werde mir Geld bringen, also die Hoffnung, eine konventional definierte Tatsache werde eintreten; daß dies nicht außerhalb der zugehörigen Konventionen möglich ist, also nicht in einer Umgebung, wo es die Institution des Geldes nicht gibt, ist einigermaßen trivial. Daß auch die Hoffnung, N. N. werde kommen, ohne konventionale Umgebungsmerkmale nicht ausgedrückt werden kann, wird so nicht gezeigt. Wir werden durch die vorzustellende Variation der Sprache vielmehr auf ein Merkmal verwiesen – den sprachlichen Ausdruck der Hoffnung –, das nur dann als einziges übrigbleiben dürfte, wenn es für das Hoffen in ganz besonderer Weise charakteristisch wäre.

Tatsächlich werden wir in Kapitel 12 sehen, daß dies Wittgensteins Auffassung war und – in Umrissen – wie seine Begründung aussieht.

[8] Nicht *nur* der sprachliche Ausdruck, vgl. PU 452; es sei denn, man rechnet auch konventional interpretiertes nonverbales Ausdrucksverhalten zur Sprache.

Kapitel 12

Keine Hoffnung für Hunde

Lächle ja nicht über dieses Beispiel.

Der ›Teil II‹ der ›Philosophischen Untersuchungen‹ beginnt so:

Man kann sich ein Tier zornig, furchtsam, traurig, freudig, erschrocken vorstellen. Aber hoffend? Und warum nicht? (PU II i S. 174/485/489)

1. Ich verstehe die beiden Fragen so: »Aber hoffend? Nein. Und jetzt wollen wir fragen, warum das nicht geht.« Sprachlich möglich ist statt dessen das Verständnis: »Aber hoffend? Na ja, vielleicht, warum denn eigentlich nicht?« Für die erste Lesart von »Und warum nicht?« entscheidet der zweite Absatz dieses Abschnitts, der dem Hund die Fähigkeit zugesteht zu glauben, sein Herr sei an der Tür, ihm aber mit der rhetorischen Frage

Aber kann er auch glauben, sein Herr werde übermorgen kommen?

die Fähigkeit, derart detaillierte Meinungen zu haben, abspricht. Die Frage ist rhetorisch auf Grund von zwei Stücken im Text, die uns zu Wittgensteins Grund für die Unfähigkeit des Hundes bringen: Die anschließende Frage »Und *was* kann er nun nicht?« kann nicht so gelesen werden: »Und welche Voraussetzung für die Fähigkeit soll ihm angeblich abgehen?« Sie setzt vielmehr voraus, daß ihm eine solche Voraussetzung abgeht. Und der dritte Absatz des Abschnitts sagt, daß nur hoffen könne, wer – anders als der Hund – die Verwendung einer Sprache beherrsche. Daraus folgt, daß der Hund nicht glauben kann, sein Herr werde übermorgen kommen, wenn der folgende Vergleich gilt: Die Fähigkeit zu hoffen, daß p, ist ähnlich voraussetzungsreicher als die Fähigkeit des Hundes zu glauben, sein Herr sei an der Tür, wie es die Fähigkeit des Hundes ist zu glauben, sein Herr werde übermorgen kommen. Dieser Vergleich ist nun offenbar gerade der Witz der Einschaltung des zweiten Absatzes. Die simplere Meinung verhält sich zur detaillierteren Meinung wie der voraussetzungsärmere seelische

Sachverhalt[1] des etwas-Glaubens zum voraussetzungsreicheren des Hoffens. Und nach dem ersten Absatz ist Hoffen damit voraussetzungsreicher als Zorn, Furcht, Traurigkeit, Freude und Erschrecken.

Der Abschnitt begründet nicht, warum die für Zorn, Furcht, Traurigkeit, Freude und Erschrecken unnötige, für das Hoffen aber nötige Voraussetzung die Beherrschung der Verwendung einer Sprache sein soll; er behauptet einfach, die »Erscheinungen des Hoffens« seien »Modifikationen« derjenigen »komplizierten Lebensform«, die im Beherrschen der Verwendung einer Sprache bestehe. Daß die Sprachverwendung Voraussetzung für detailliertere Meinungen ist, wird in PU I begründet. Aus dieser Begründung läßt sich ein Bild entwickeln, aus dem sich die entsprechende Begründung fürs Hoffen ergibt, dergestalt, daß der Text von PU II i insgesamt dann als Hinweis darauf verstanden werden kann, daß ein komplexes Seelenleben mit der Beherrschung einer Sprache begrifflich Hand in Hand geht.

2. Unser aufgeweckter Hund ist uns schon in PU 650 begegnet:

> Wir sagen, der Hund fürchtet, sein Herr werde ihn schlagen; aber nicht: er fürchte, sein Herr werde ihn morgen schlagen. Warum nicht?

Die simple Furcht verhält sich zur detaillierten wie die simple Meinung zur detaillierten; wenn die mangelnde Sprachfähigkeit des Hundes als Erklärung für die Unmöglichkeit der detaillierten Furcht genügt, wird das auch für den Unterschied zwischen simpler und detaillierter Meinung gelten. Wieso dem Hund die simple Furcht zugeschrieben werden kann, sagt Wittgenstein in PU 647:

> Was ist der natürliche Ausdruck einer Absicht? – Sieh eine Katze an, wenn sie sich an einen Vogel heranschleicht; oder ein Tier, wenn es entfliehen will.

Da Tiere ihr Jagd- und Fluchtverhalten mindestens teilweise erlernen, oder da es wenigstens keinen Grund gibt, Wittgenstein zu unterstellen, er habe das Gegenteil behaupten wollen, heißt

[1] »Seelischer Sachverhalt« benutze ich als Kunstwort für alles Seelische, von dem im Folgenden die Rede sein wird.

»natürlich« hier nicht »angeboren«, sondern »nicht-sprachlich«.[2] Der Hund kann die Furcht, sein Herr werde ihn schlagen, ausdrücken, obgleich er nicht sprechen kann – etwa indem er den Schwanz einzieht und unter den Stuhl kriecht. Die Furcht, sein Herr werde ihn morgen schlagen, kann er auf diese Weise nicht ausdrücken; den Grund dafür gibt Wittgenstein für das Beispiel »Erinnerung« (das im Zusammenhang mit der Rolle von »Ich habe sagen wollen«, dem Thema von PU 633 – PU 660, das zentralere ist) in PU 648, PU 649 an. Der Text von PU 649 spricht von »sprachlichen Erinnerungen, sprachlichen Wünsche[n] oder Befürchtungen«; das muß so verstanden werden, daß es sich um Erinnerungen etc. handelt, die so differenziert sind, daß sie nur durch sprachliche Mittel als ihren Ausdruck inhaltlich festgelegt werden können. Für die Furcht von x, y werde ihn morgen schlagen, darf es also keinen Ausdruck geben, wenn x ein Hund (also nicht sprachfähig) und y sein Herr ist. Nimmt man mit Wittgenstein an, daß das zutrifft, dann läuft der Unterschied zwischen »Der Hund fürchtet, sein Herr werde ihn heute/morgen schlagen« leer; »Der Hund fürchtet, sein Herr werde ihn zu t schlagen« ist bezüglich keines t bestimmt. Auch das »gleich« in »Der Hund fürchtet, sein Herr werde ihn gleich schlagen« täuscht ein Detail mehr vor, als tatsächlich vorhanden ist. Dasselbe gilt für »Der Hund fürchtet, sein Herr werde ihn jetzt schlagen«; dagegen ist sinnvoll: »Der Hund fürchtet jetzt, sein Herr werde ihn schlagen.«[3]

Könnte ein Hund über ein reicheres Ausdrucksverhalten verfügen, dergestalt, daß er eine Furcht vor Schlägen heute und vor Schlägen morgen differenziert ausdrücken könnte? Der Hund könnte zum Beispiel gelernt haben, daß Schläge nicht so weh tun, wenn er unmittelbar vorher viel Wasser getrunken oder wenn er am Tage vorher sein Futter nicht angerührt hat; darüber hinaus

[2] Das folgt auch aus der Rolle von PU 647 im Kontext: der Abschnitt begründet, daß man die sprachliche Äußerung »Einen Augenblick lang wollte ich ...« aus PU 645 genausowenig als Bericht über ein Absichts-Erinnerungs-Erlebnis auffassen, wie das nicht-sprachliche Ausdrucksverhalten des Tieres einen Bericht über ein Absichtserlebnis darstellen kann – eben weil Berichte sprachlich gegeben werden. Die Nachbemerkung zu PU 647 »(Verbindung mit Sätzen über Empfindungen.)« verweist in diesem Sinne auf PU 244.

[3] So im Ergebnis auch die Interpretation von Churchill 1989, S. 314. Meine aus dem Kontext begründete Interpretation, die hier nur skizziert ist, habe ich in v. Savigny 1989, 1995 (*ad loc.*) genauer dargelegt.

könnte er gelernt haben, daß Schläge zu erwarten sind, wenn sein Herr sieht, daß er im Rosenbeet gescharrt hat, und weiter, daß sein Herr bei gutem, nicht aber bei schlechtem Wetter in den Garten geht. Wenn er dann im Rosenbeet gescharrt hat und bei gutem Wetter viel Wasser trinkt, bei schlechtem aber fastet, könnte man das Wassertrinken als Ausdruck der Furcht vor Schlägen heute, das Fasten als Ausdruck der Furcht vor Schlägen morgen auffassen (oder wenigstens als Ausdruck der entsprechenden Erwartungen).

Nun kommen vergleichsweise trainierbare Hunde nicht vor; aber auf Grund solcher Gedankenspiele sieht es so aus, daß die Sprachbeherrschung es deshalb sinnvoll macht, Befürchtungen oder Meinungen mit einigermaßen detaillierten Inhalten zuzuschreiben, weil sie ein ungemein reiches Repertoire von Ausdrucksverhalten darstellt. Gäbe es andere, genauso reiche Repertoires, könnte das Verfügen über sie ebenfalls genügen. Daß die einzelne Verhaltensweise keine verbale Äußerung sein muß, hat Wittgenstein in PU 452 durch seine Wortwahl auch selbst klargestellt; es geht im Kontext um die Frage, wodurch der Inhalt einer Erwartung festgelegt werde:

Wer den Ausdruck der Erwartung sieht, sieht, was erwartet wird.

(Natürlich sieht er nicht das, was erwartet wird; sondern weil er den Ausdruck sieht, weiß er, was der andere erwartet; »was erwartet wird« ist nicht Relativsatz, sondern indirekter Fragesatz.) Das ist eine wichtige Ergänzung zu PU 445, wo es zum Festlegen des Erwartungsinhalts durch die sprachliche Erwartungsäußerung heißt:[4]

In der Sprache berühren sich Erwartung und Erfüllung.

Allerdings wäre es – wegen des Ausdrucksreichtums, den nur die Sprache hat – kein Wunder, wenn ab einem gewissen (unbekannten und undefinierten) Niveau der Detailliertheit eines Inhalts nur ein Wesen, das eine der uns bekannten natürlichen Sprachen be-

[4] Arrington 1991 sieht in diesem Abschnitt die Klimax von PU 428 – PU 465, wo das allgemeine Problem der Festlegung von Inhalten propositionaler Einstellungen an Hand der Frage der Übereinstimmung von Gedanke und Wirklichkeit zusammenhängend entwickelt werde. Dem entspricht die Gliederung in v. Savigny 1989, 1995.

herrscht, eine Meinung, Erwartung oder Befürchtung dieses Inhalts ausdrücken könnte und deshalb diese Meinung, Erwartung oder Befürchtung nur einem solchen Wesen sinnvoll zugeschrieben werden kann. Für einen fast trivialen Fall notiert Wittgenstein das in PU 357: Sofern wir einem Subjekt Gedanken zuschreiben, die so hochdifferenziert sind, daß wir für die Zuschreibung nur über das Bild des stillen Selbstgesprächs verfügen, kann das Subjekt kein Hund sein.

3. Der für die vorstehenden Überlegungen wesentliche sachliche Gesichtspunkt ist, daß die Angabe von Details überhaupt nur dann Sinn hat, wenn ein anderes Detail an derselben Stelle einen Unterschied machen würde; und Unterschiede zwischen der Meinung, daß p, und der Meinung, daß q, müssen von dem Wesen, das die Meinung hat, sprachlich oder nicht-sprachlich ausgedrückt werden können. Wittgenstein dürfte diesen Gesichtspunkt auch im Auge haben, wenn er in PU II i Hoffen auf der einen Seite von Zorn[5], Furcht, Traurigkeit, Freude und Erschrecken unterscheidet. Es müßte dann möglich sein, Folgendes einsichtig zu machen: »x hofft, daß p« ist eine sinnvolle Zuschreibung nur als Alternative zu gewissen anderen Zuschreibungen; im Ausdrucksverhalten eines Hundes gibt es keine Einzelheiten, welche zwischen Hoffen und diesen anderen Zuschreibungen einen Unterschied machen; wohl aber gibt es solche Einzelheiten im Ausdrucksverhalten eines sprachverwendenden Lebewesens. Einleuchtende Beispiele sind wohl die folgenden: zwar darauf hoffen, aber nicht damit rechnen; zwar davon träumen, aber nicht darauf hoffen; darauf hoffen, aber sich nicht danach sehnen; darauf hoffen, aber nicht darauf harren; darauf hoffen, sich aber an die Hoffnung nicht klammern; darauf hoffen, aber sich von der Aussicht nicht blenden lassen.

Mit diesem Versuch, Wittgensteins Begründung auszubuchstabieren, wird ihm die einleuchtende Forderung unterstellt, bei der Interpretation des Ausdrucksverhaltens theoretische Größen sparsam zu benutzen. Wenn diese Forderung dazu nötigt, »hoffen«

[5] Dieses Beispiel ist unglücklich. Von Hunden kann man sagen, sie seien wütend; für Zorn gilt, was Wittgenstein fürs Hoffen behauptet.

aus der Beschreibung des Lebens einer Hundeseele zu streichen, dann gehört zu ihr die Überzeugung, daß jede Beschreibung des Hundes, die man in anthropomorphem Schlendrian mit Hilfe von »hoffen« zu geben geneigt ist, ohne Informationsverlust und ohne Verlust an prognostischer Relevanz ersetzbar ist durch eine Beschreibung, die die folgenden Bedingungen erfüllt:

(1) Alle dem Hund möglichen Einzelheiten im Verhalten, die die »hoffen«-Beschreibung bestätigen würden, würden die Alternativ-Beschreibung bestätigen.

(2) Die »hoffen«-Beschreibung würde durch Einzelheiten im Verhalten bestätigt, welche dem Hund nicht möglich sind, und diese Einzelheiten sind für die Bestätigung der Alternativ-Beschreibung irrelevant.

(Damit ist noch nichts darüber gesagt, ob die Alternativ-Beschreibung nicht selbst noch zu anthropomorph ist.) Während es nun für undifferenzierte und differenzierte Furcht, undifferenzierte und differenzierte Meinung, kurz für den Unterschied zwischen undifferenzierter und differenzierter Proposition bei fester propositionaler Einstellung nicht ausgeschlossen scheint, den zugehörigen Unterschied in den dem Tier verfügbaren Verhaltensrepertoires zumindest exemplarisch anzugeben, sieht ein derartiger Nachweis fürs Hoffen bei beliebigem, also auch beliebig undifferenziertem, Inhalt erheblich schwieriger aus. Es ist zwar richtig, daß die Ersetzung der »hoffen«-Beschreibung häufig möglich ist. Ein Hund, der, kaum nimmt sein Herr die Leine vom Haken, wie wild durch die Gegend tobt, *freut sich darauf*, Gassi zu gehen; geht sein Herr vorher noch ans Telefon und bleibt der Hund, aufgeregt mit dem Schwanz wedelnd, neben ihm oder an der Tür stehen, *wartet er auf* ihn; setzt sich sein Herr nach dem Telefonat noch an den Schreibtisch und legt die Leine neben sich, dann wird man sagen, der nun leise wimmernde Hund *sei enttäuscht* und, solange er die Leine im Auge behält, *aufmerksam* oder *gespannt*. Aber daß alle Verhaltensabläufe, wo mit Fug und Recht von Hoffnung die Rede sein kann, die Fähigkeit zur Sprachverwendung voraussetzen, ist auf diese Weise nicht zu zeigen. Wittgensteins Argumentation in den publizierten Quellen (also in BPP I, II, LS I und in LS II, MS 169) beschränkt sich auf Gründe, die die weniger konkrete

These belegen, daß das psychologische Beschreibungsvokabular erst mit reicherem Ausdrucksverhalten differenzierter werden kann.[6]

4. Über den bloßen Reichtum des Ausdrucksverhaltens hinaus gibt es in ›Teil I‹ einen weiteren Hinweis auf Hunde, aus dem sich die Beschränkung eines differenzierteren psychologischen Vokabulars auf sprachverwendende Lebewesen ergibt, und zwar in PU 250:

Warum kann ein Hund nicht Schmerzen heucheln? Ist er zu ehrlich? Könnte man einen Hund Schmerzen heucheln lehren? Man kann ihm vielleicht beibringen, bei bestimmten Gelegenheiten wie im Schmerz aufzuheulen, ohne daß er Schmerzen hat. Aber zum eigentlichen Heucheln fehlte diesem Benehmen noch immer die richtige Umgebung.

Der Abschnitt gehört in die Folge PU 247 – 252, eine lange Parenthese, in der Wittgenstein anläßlich des Beispiels »Nun, nur ich kann wissen, ob ich wirklich Schmerzen habe« aus PU 246 den Begriff des grammatischen Satzes erläutert: eines Satzes, der an eine Eigenheit der für ein in ihm vorkommendes Wort geltenden Gebrauchsregeln erinnert, dabei aber in höchst mißverständlicher Weise als inhaltliche Erkenntnis formuliert sein kann. So steckt in »Nur du kannst wissen, ob du die Absicht hattest« aus PU 247 die Erinnerung: »Wer nachträglich erklärt, welche Absicht er mit einer Handlung verfolgt hat, hat dies mit Bestimmtheit zu tun, und dann ist die Erklärung zu akzeptieren.« Welche Erinnerung an Sprachregeln steckt in dem Satz »Ein Hund kann nicht Schmerzen heucheln«?

Wegen des Schlußsatzes des Abschnitts geht es um Sprachregeln, die es mit dem Wort »heucheln« zu tun haben. Das antrainierte scheinbare Schmerzgeheul würde kein Heucheln darstellen, weil ihm »die richtige Umgebung« fehlen würde. ›Teil I‹ der ›Philosophischen Untersuchungen‹ ist ein sorgfältig redigierter Text; deshalb ist die Feststellung wichtig, daß Wittgenstein dort das Wort »Umgebung«, wo es nicht das örtliche Drumherum bezeichnet, durchweg zur Kennzeichnung der sozialen Lage benutzt.[7] Kann

[6] Vgl. zu dieser Frage Schulte 1990, S. 149 – 151; ter Hark 1990 bemerkt zu weiteren Beispielen, daß es sich um »vertikale« Stufungen zwischen Sprachspielen handele (S. 39 – 42).

[7] PU 412: die Lage der Versuchsperson im Experiment; PU 539: auf wen das Lächeln gerichtet ist; PU 540: Die Einbettung der Sprache in Lebensweisen; zu PU 583, 584 vgl. Kapitel 11, S. 236ff.

der Hund durch seine soziale Lage am Heucheln gehindert werden? Er könnte es, wenn das Hindernis ähnlich aussähe wie im folgenden Fall aus PU 268 (man beachte den mit PU 250 wortgleichen Anfang):

Warum kann meine rechte Hand nicht meiner linken Geld schenken? – Meine rechte Hand kann es in meine linke geben. Meine rechte Hand kann eine Schenkungsurkunde schreiben und meine linke eine Quittung. – Aber die weitern praktischen Folgen wären nicht die einer Schenkung.

Unter »praktischen Folgen« sind hier natürlich Neuverteilungen von Rechten und Pflichten zu verstehen, die einer Eigentumsübertragung entsprechen. Die Schenkung ist dadurch ausgeschlossen, daß durch die beschriebene Zeremonie keine solche Neuverteilung zustande kommt. (Im Kontext mit PU 258, PU 260 ist die vermeintliche Schenkung eine Parallele zur vermeintlich aufzeichnenden Verwendung des »privat definierten Zeichens ›E‹«; die angebliche Notiz hat keine Funktion.)

Übertragen wir den Gedanken auf das scheinbare Schmerzgeheul des Hundes, dann könnte seine »Unfähigkeit«, damit zu heucheln, daran liegen, daß für das Heucheln charakteristische Umverteilungen von Rechten und Pflichten nicht eintreten. Das ist richtig: Wenn herauskommt, daß der Hund wegen des Trainings heult und nicht etwa wegen einer Verletzung, macht man ihm keine Vorwürfe und bestraft ihn nicht. Daß er nicht heucheln kann, liegt nicht an seinen mangelnden Fähigkeiten zum Schauspielen, sondern daran, daß er für sein Verhalten nicht verantwortlich gemacht wird.

Menschen dagegen machen sich für die gewöhnliche Interpretation ihres Ausdrucksverhaltens gegenseitig verantwortlich.[8] Wer auf dem Bürgersteig auf Kollisionskurs ist und soeben merklich zum Ausweichen nach rechts ansetzt, drückt damit die Absicht, nach rechts auszuweichen, aus und muß sich eine mehr oder weniger unfreundliche Reaktion der entgegenkommenden Person gefallen lassen, wenn diese ebenfalls nach rechts ausweicht und er dann doch nach links schwenkt. Wer eine andere Person im Fahrstuhl aufmerksam anschaut, muß den dann folgenden Versuch

[8] Vgl. dazu Kapitel 7.

einer Kontaktaufnahme zumindest mit Anstand überstehen, weil er durchs aufmerksame Anschauen die Bereitschaft dazu, wenn nicht den Wunsch danach ausgedrückt hat. Wer einer anderen Person die Tür aufhält, muß sie vorgehen lassen, weil er mit seinem Verhalten diese Bereitschaft ausgedrückt hat. Wer stöhnt und sich den Ellbogen hält, darf auf tröstende oder sogar lindernde Zuwendung nicht nur rechnen, sondern muß sie sich auch gefallen lassen, selbst wenn sie lästig wird.

Wir kennen damit zwei Gründe, mit denen sich Wittgensteins Meinung plausibel machen ließe, die Alternative »Hofft er oder hofft er nicht?« sei nicht für Hunde sinnvoll, sondern nur für sprachverwendende Lebewesen: Erst die Sprachverwendung stellt ein überaus reiches Ausdrucksrepertoire zur Verfügung, das für jene feinen Unterscheidungen im Ausdrucksverhalten sorgt, ohne die das Wort »hoffen« in Beschreibungen des Seelenlebens leerläuft; und die Sprachverwendung als – hochdifferenzierte – soziale Veranstaltung bettet das Ausdrucksverhalten in so unterschiedlicher Form sozial ein, wie es für gewisse oder für alle Verhaltensweisen begrifflich erforderlich ist, wenn sie sehr detaillierte seelische Sachverhalte ausdrücken sollen.

5. An dieser Stelle lohnt sich die Frage, ob die beiden Gründe für Wittgensteins Meinung etwas miteinander zu tun haben. Für die Konsistenz seiner Argumentation wäre das förderlich. Denn es muß für ihn eine *Hinsicht* geben, in der das Ausdrucksverhalten hochkomplex ist, weil nach PU 47 – 49, 60 – 64 nichts in einem von jeder solchen Hinsicht unabhängigen Sinne einfach oder zusammengesetzt ist. Aber offenbar beruht der Reichtum des sprachlichen Ausdrucksverhaltens auf der kombinatorischen Komplexität; mit ungegliederten Signalen läßt sich weniger anfangen. Es scheint so, als seien Sätze von natürlichen Sprachen in einem absoluten Sinne komplex und, anders als ihre kleinsten Elemente, nicht einfach. [ə] und [t] sind verschiedene Phoneme; darum sind »hoffe« und »hofft« verschiedene Wortformen; darum (unter anderem) sind »Ich hoffe auf ihren Anruf« und »Er hofft auf ihren Anruf« verschiedene Sätze; darum äußert man mit beiden Sätzen in derselben Situation Verschiedenes, zum Beispiel eine Hoffnung oder

aber einen Bericht. Aus einer kleinen Zahl von Phonemen läßt sich eine vielleicht gerade noch abschätzbare Zahl von Wörtern und Wortformen kombinieren, daraus eine nicht mehr abschätzbare Zahl von Sätzen, und aus deren Kombination mit unübersehbar vielen Äußerungssituationen unzählige Äußerungen mit verschiedenen Bedeutungen. Das paßt auf den ersten Blick nicht sehr gut zu Wittgensteins Kritik an der Vorstellung, ein Ding sei schlechthin einfach oder komplex. Wie sollte eine natürliche Sprache ihren Ausdrucksreichtum zustande bringen, wenn ihre Ausdrücke nicht schlechthin komplex wären?

Sie sind deswegen nicht schlechthin komplex, weil ihre Komplexität die einer Wurfparabel ist, die zusammengesetzt ist aus einer geraden Bewegung (in Wurfrichtung) und einer sich senkrecht beschleunigenden Bewegung (der des freien Falls); Wittgenstein könnte das in PU 47 gemeint haben:

> Und ein Kurvenstück kann man zusammengesetzt nennen aus einem aufsteigenden und einem absteigenden Ast.

Oder im selben Abschnitt:

> Ist diese Strecke von 2 cm einfach, oder besteht sie aus zwei Teilstrecken von je 1 cm? Aber warum nicht aus einem Stück von 3 cm Länge und einem, im negativen Sinn angesetzten, Stück von 1 cm?

Schließlich in PU 48:

> Vergleiche ›Zusammensetzung‹ der Kräfte, ›Teilung‹ einer Strecke durch einen Punkt außerhalb; diese Ausdrücke zeigen, daß wir unter Umständen auch geneigt sind, das Kleinere als Resultat der Zusammensetzung von Größerem aufzufassen und das Größere als ein Resultat der Teilung des Kleineren.

Denn warum sind die einfachen Bausteine in unserem obigen Beispiel, die Phoneme [ə] und [t], verschieden? Sie unterscheiden sich phonetisch; aber das genügt nicht. Das Zungen-r und das Gaumen-r unterscheiden sich phonetisch ebenfalls ganz erheblich; sie ähneln einander nicht so stark, wie das Zungen-r dem l und das Gaumen-r dem »Ach«-ch ähneln. Aber dadurch, daß man das Gaumen-r durch das Zungen-r ersetzt, bringt man kein anderes Wort zustande. Dasselbe gilt für das s und seine gelispelte Variante. Dagegen ergibt die Ersetzung des nicht gelispelten durch das gelispelte s im Englischen in zahllosen Fällen ein anderes Wort. Das

Russische kennt ein weiches l und ein hartes l. Wer die Aussprache des Russischen beherrscht, kann beide Varianten von l im Deutschen nach Lust und Laune einsetzen, ohne daß es Unterschiede macht; anders im Russischen, wo die Ersetzung des einen durch das andere neue Wörter ergeben kann.

Sprachwissenschaftlich ausgedrückt, stehen das Zungen-r und das Gaumen-r im Deutschen nicht in phonologischer Opposition zueinander, und genausowenig das s und das gelispelte s, das weiche l und das harte l. Sie sind vielmehr jeweils Allophone ein und desselben Phonems. Anders im Englischen, wo das s und das gelispelte s, und im Russischen, wo das weiche l und das harte l in phonologischer Opposition zueinander stehen und unterschiedliche Phoneme darstellen. Es gibt also phonetische Unterschiede zwischen »kleinsten Bausteinen« von Wörtern, die für die erreichbare Komplexität etwas ausmachen, und solchen, die nichts ausmachen. (Ganz wie es Unterschiede zwischen Schachfiguren gibt, die etwas ausmachen, etwa die Formunterschiede zwischen Dame und König oder die Farbunterschiede zwischen Dame und Dame im selben Satz von Spielfiguren, und solche, die nichts ausmachen, etwa die Formunterschiede zwischen zwei nicht sehr genau handgeschnitzten Türmen im selben Satz von Spielfiguren.)

Verschieden in einem Sinne, der für die erreichbare Komplexität von Bedeutung ist, sind [ə] und [t] also deshalb, weil »hoffe« und »hofft« verschiedene Wortformen sind (und aus vielen gleichartigen Gründen). Warum sind »hoffe« und »hofft« verschiedene Wortformen? Weil »Ich hoffe auf ihren Anruf« und »Er hofft auf ihren Anruf« verschiedene Sätze sind (und aus vielen gleichartigen Gründen). Warum sind »Ich hoffe auf ihren Anruf« und »Er hofft auf ihren Anruf« verschiedene Sätze? Weil man in ein und derselben Situation damit eine Hoffnung oder aber einen Bericht äußern kann (und aus vielen gleichartigen Gründen). Warum ist die Äußerung einmal ein Hoffnungsausdruck, einmal ein Bericht? Weil die übliche Reaktion darauf einmal die für einen Hoffnungsausdruck, einmal die für einen Bericht charakteristische Reaktion ist.

Das sprachliche Ausdrucksverhaltens-Repertoire ist reich, weil es durch Kombination aus verschiedenen Elementen erzeugt werden kann; diese Elemente sind verschieden, weil die soziale Einbettung der Kombinationsergebnisse verschieden ist. So hängt der Reichtum des sprachlichen Ausdrucksverhaltens mit dessen sozialer Einbettung zusammen. Daß das auch für nicht-sprachliches Ausdrucksverhalten gilt, kann eine Betrachtung des »Alphabets« lehren, das Verhaltensforscher probeweise für den menschlichen Gesichtsausdruck entwickelt haben.[9]

Der einleuchtende Grundgedanke war, daß der Gesichtsausdruck sich nur dadurch ändern kann, daß irgendwelche Muskeln angespannt oder gelockert werden. Diese Muskeln sind aus der Anatomie bekannt. Es gibt 43 Muskeln, die für Änderungen des Gesichtsausdrucks in Frage kommen, und jeder dieser Muskeln kann unabhängig von jedem anderen innerviert werden. Wenn jeder nur zwei Zustände hat (angespannt oder gelockert), dann gibt es maximal 2^{43} verschiedene Mienen – $8{,}8 \cdot 10^{12}$, eine astronomische Zahl. Verschiedene aufeinander folgende Mienen könnte man »ein Mienenspiel« nennen. Die Zahl der möglichen Mienenspiele einer gegebenen Länge ist natürlich nochmals weitaus größer; wenn man aus jeder Miene übergangslos in jede andere wechseln könnte, dann gäbe es bei 2^{43} Mienen 2^{215} Mienenspiele, die jeweils aus fünf Mienen bestehen – über $5 \cdot 10^{64}$. (Daß die Miene sich nicht ändert, wäre ein eigenes Mienenspiel.)

Nun hat jeder Mitteleuropäer, der einmal Unterhaltungen von Kretern miteinander oder von Bewohnern der Kanarischen Inseln miteinander aufmerksam zugeschaut hat, die folgende Erfahrung gemacht: Es kommen Mienenspiele vor, die für den Fortgang der Unterhaltung offenkundig wichtig, ihm aber rätselhaft sind; sie sagen ihm gar nichts, während die Beteiligten in offenbar charakteristischer Weise darauf reagieren. Die Anatomie ist allerdings auf Kreta und den Kanarischen Inseln dieselbe wie in Mitteleuropa. Also ist in Mitteleuropa nicht jedes anatomisch mögliche Mienenspiel ausdrucksvoll. Nur insoweit, als das aus dem Übergang von einer Miene zur anderen resultierende Mienenspiel ausdrucksvoll ist, ist auch der Unterschied zwischen den beiden Mienen aus-

[9] Ekman, Friesen 1978 auf Grund der anatomischen Untersuchung von Hjortsjö 1970. Hjortsjö zählt 23 Muskeln auf, läßt aber symmetrisch angeordnete Gegenstücke weg. Die Zahl 43 nennt Schiefenhövel 1992, S. 29 und 31, ohne nähere Erläuterung. Ich danke Wulf Schiefenhövel für den Hinweis auf die drei Arbeiten.

drucksvoll. Wenn ein ausdrucksvoller Unterschied zwischen zwei Mienen gerade auf einem anatomisch minimalen Unterschied beruht – Zustandsänderung nur eines Muskels –, dann ist auch dieser anatomisch minimale Unterschied ausdrucksvoll und kann als Element des Gesichtsausdrucks gelten.

Das Repertoire des Gesichtsausdrucks ist komplex und deshalb reich, weil die Mienen und die Mienenspiele aus ausdrucksvollen Elementen kombinierbar sind; und die Elemente sind ausdrucksvoll, weil die aus ihnen aufgebauten Mienenspiele ausdrucksvoll sind, das heißt auf charakteristische Reaktionen stoßen. Es bedarf wohl keiner Begründung, daß der Gedankengang auf die gesamte »Körpersprache« zu übertragen ist.

Es juckt einen förmlich in den Fingern, die Kreide in die Hand zu nehmen und die Komplexität des sprachlichen mit der des nicht-sprachlichen Ausdrucksverhaltens zu vergleichen, also wenigstens einmal die Zahl der für einen kompetenten Sprecher des Deutschen möglichen, bedeutungsverschiedenen Sätze mit höchstens zwanzig Wörtern und die Zahl der für einen mittelmäßig extrovertierten deutschsprachigen Erwachsenen möglichen, ausdrucksverschiedenen Ketten von Kombinationen aus Mienenspielen und sonstiger Körpersprache von höchstens sechs Sekunden Dauer abzuschätzen – oder auch die Zahlen für längere Sätze oder Ketten (vielleicht sogar unterschieden nach den Situationen, in denen sie geäußert bzw. aufgewiesen werden). Das Ergebnis einer solchen Abschätzung ist nicht vorauszusagen. Wenn Wittgenstein der Meinung war, daß die Komplexität (die Variabilität) des Hoffnungsmusters nur verbal zu erreichen sei, dann wäre eine Begründung unter Berufung auf die Komplexität des verbalen im Vergleich zu der des nicht-verbalen Ausdrucksverhaltens hochspekulativ; die Begründung kann nur die sein, daß Menschen zusätzlich zum non-verbalen über das verbale Ausdrucksverhalten verfügen und daß das auf jeden Fall einen qualitativen Sprung bedeutet. Stillschweigend wird damit die nicht weiter begründete Voraussetzung gemacht, daß Hunde das verbale Manko nicht nonverbal wettmachen.

6. Von der Detailliertheit des Ausdrucksverhaltens hängt ab, wie reich der ausgedrückte seelische Sachverhalt ist. Das ist ein philosophisch aus verschiedenen Gründen unschöner Gedanke. Der zweite Abschnitt von PU II i gibt dafür ein Bild, welches – ohne Nennung des Schlüsselworts – den ›Teil I‹ der ›Philosophischen Untersuchungen‹ beherrscht[10] und geeignet ist, ungemütliche Gefühle zu lindern:

»Kummer« beschreibt uns ein Muster, welches im Lebens-Teppich mit verschiedenen Variationen wiederkehrt. Wenn bei einem Menschen der Körperausdruck des Grames und der Freude, etwa mit dem Ticken einer Uhr, abwechselten, so hätten wir hier nicht den charakteristischen Verlauf des Grammusters, noch des Freudemusters.

Wie wir den ersten Abschnitt interpretiert haben, schließt dieser zweite unmittelbar an: Je mehr Fäden und Knoten, je mehr unterschiedliche Farbflecken im Teppich sind, desto detaillierter kann sein Muster sein. Die Fäden und Farbflecken entsprechen dem »Körperausdruck«, und weil vom »Lebens-Teppich« die Rede ist (vgl. »dieses sehr spezielle Muster auf dem Band des Lebens« in PU II xi 252, S. 228/541/576), geht es um Muster in der zeitlichen Abfolge von Verhaltensweisen. Aussehen und Verteilung von Fäden und Flecken legen das Muster fest. Sieht man das Verhältnis von Ausdrucksverhalten und seelischem Sachverhalt in dieser Weise, dann verschwinden eine ganze Reihe von philosophischen Problemen. Die Teppicheinzelteile in ihrer Gesamtheit legen das Muster fest, sind aber nicht seine Ursache; ohne das Muster könnten die Teppicheinzelteile in ihrer Gesamtheit nicht so sein, wie sie sind, aber sie werden nicht vom Muster verursacht. Sie sind keine Kriterien fürs Muster in dem Sinne, daß man an ihrem Vorliegen die Ausbildung des Musters überprüfte; denn man begründet sein Vorhandensein nicht mit dem der Teppicheinzelteile; überhaupt schließt man auf die Existenz des Musters nicht, sondern sieht es. Die Teppicheinzelteile sind auch keine Kriterien fürs Muster in dem Sinne, daß man das Muster »an« den Einzelteilen sehen müßte. Man kann es sehen und eine ganze Reihe von dafür wichtigen Teppicheinzelteilen übersehen. Muster ändern sich, wenn ihre

[10] Vgl. Kapitel 9, Abschnitt 1, sowie v. Savigny 1988 b, 1994, Einleitung.

Umgebung sich ändert – ein anders eingebettetes Ausdrucksverhalten drückt anderes aus. Muster können überlagert und dadurch unkenntlich (Schmerz unter dem Muster des Unterdrückens) oder parasitär erzeugt (Schmerz auf dem Muster des Simulierens) werden. Prinzipiell unerkennbares Verheimlichen und prinzipiell unerkennbares Simulieren sind, legt man die Mustervorstellung zugrunde, gleich unsinnige Annahmen, weil dann die Überlagerung eines Musters durch ein bekanntes, aber unerkennbares anderes Muster angenommen werden muß.

Seelische Sachverhalte als Muster im Ausdrucksverhalten zu betrachten[11] macht also verständlich, warum reicheres Ausdrucksverhalten eine begriffliche Voraussetzung für detailliertere seelische Sachverhalte ist. Der Abschnitt dient mithin dazu, die Beobachtungen im ersten Abschnitt verständlich zu machen. Der Folgetext in Teilstück i trägt weitere stützende Beobachtungen zusammen: »Er fühlte für eine Sekunde tiefen Kummer« ist (anders als »Von seinem tiefen Kummer ließ er sich für eine Sekunde überwältigen«) seltsam, weil »für eine Sekunde« den Kummer auf eine Zeitspanne begrenzt, die für diesen als eine sich über längere Zeit manifestierende Einstellung zu kurz ist; und während dieser längeren Zeit besteht er nicht darin, empfunden zu werden, obgleich man ihn zu Zeiten während dieser Zeit empfinden kann. Für Furcht und Grauen wird das im fünften Abschnitt gesagt: Sie bestehen nicht darin, empfunden zu werden, und können deshalb auch zu Zeiten aufrichtig geäußert werden, wo keine Empfindung der Furcht oder des Grauens da ist.

Was in PU II i und in PU I über Hoffnungen und Hunde gesagt wird, ist so konsistent, daß es kaum Wunder nehmen kann, wie die PU I unausdrücklich leitende Muster-Vorstellung in den nach PU I entstandenen Niederschriften, aus denen ›Teil II‹ schöpft, wieder und wieder ausdrücklich zur Sprache kommt.[12] Auch zum Zusammenhang zwischen differenziertem Seelenleben und kom-

[11] Bei Wittgenstein erstmals gesehen von Fleming 1978, allerdings mit Leinwand und Bild statt Teppich und Muster; als unabhängige systematische Position vertreten in Dennett 1991.

[12] Besonders direkt sind: BPP I 1070 – 1077, II 550 – 551, 570, 624 – 629, 651 – 652, 672 – 673; LS II S. 42 (MS 169).

plexem Ausdrucksverhalten, zur Abhängigkeit des durch Verhalten Ausgedrückten von den sozial etablierten Reaktionen und zur Verknüpfung beider Zusammenhänge im Sprachverhalten finden sich in diesen Niederschriften überaus zahlreiche Beobachtungen.[13] Diese auffallende Kontinuität in dem, was man Wittgensteins philosophische Psychologie nennen könnte, ermutigt zu einer Anmerkung, die innerhalb von ›Teil II‹ über das hier betrachtete Teilstück i hinausgreift.

Der Reichtum des Seelenlebens hängt davon ab, wie differenziert das Repertoire des Ausdrucksverhaltens ist, und damit von der Einbettung des Subjekts in etablierte Reaktionsmuster seiner Umgebung, die so vielfältig sind, daß die notwendige Unzahl von Bedeutungsunterschieden zustande kommt. Jedes Mitglied der sozialen Umgebung des Subjekts – es selbst eingeschlossen – weist in seinem Verhalten diese sozialen Reaktionsmuster auf; es interpretiert damit das Verhalten der anderen als Ausdruck von Seelischem. Es hat, kurz gesagt, die »Einstellung zur Seele« aus PU II iv. Nun würde des Subjekts »*Meinung*, daß [der andere] eine Seele hat« (*ebenda*) in der aufsteigenden Reihe zunehmender Detailliertheit sicherlich weit über der Überzeugung, der Herr des Hundes werde übermorgen kommen, rangieren. Ein Subjekt, das jene »Meinung« hat, hat sie also nur dank der Tatsache, daß der andere, über den es die Meinung hat, ihm selbst gegenüber die Einstellung zur Seele hat. Die Einstellung zur Seele zu haben sollte dafür ausreichen, selbst eine Seele zu haben. Also kann unser Subjekt seine Meinung nur haben, weil sie zutrifft. Vielleicht genügt das als Erklärung dafür, warum Wittgenstein sich weigert, so etwas eine Meinung zu nennen.

[13] Ich nenne nur solche, wo der Text in diesen Hinsichten kaum Interpretationsschwierigkeiten bietet: BPP I 129 – 131, 151, 197, 224 (vgl. 646), 248, 275 – 276, 314, 360, 372 (in 363 – 376), 559 – 563, 603 – 607, 631 – 632, 729 (in 728 – 731), 735, 828 (vgl. 891), 840 – 841 (vgl. 897), 896, 915 – 916, 959, 965, 1009; BPP II 15 – 16, 67, 80 – 82, 142 – 145, 149 – 151, 183 – 192, 219, 267 – 270, 308 – 310, 398 – 414, 468, 484, 506 – 508 (vgl. 537), 599 – 601, 638, 659 – 661, 674 – 677; LS I 18, 24 – 25; LS II (aus MS 169) S. 22 f., 26 f., 28, 30 – 32, 33 f. (mit 35 »Das Sprachspiel ist ...«), 39 f., 41 f.

Kapitel 13

»Alle *Erklärung* muß fort, und nur Beschreibung an ihre Stelle treten«: Wittgensteins Warnung vor Scheinerklärungen

Verstehe ich diesen Satz?
Steht er isoliert da, so würde ich sagen,
ich weiß nicht, wovon er handelt.

In seinen ab 1929 im Nachlaß dokumentierten philosophischen Überlegungen hat Wittgenstein immer wieder die Frage berührt, wie vernünftiges Philosophieren aussehen und welche Fehler man dabei vermeiden solle. Fehlerdiagnosen und -therapien waren ihm offensichtlich ähnlich wichtig wie die philosophischen Probleme, bei deren Behandlung Philosophen (und insbesondere Wittgenstein selbst – andere nennt er ja kaum) in Fallen zu tappen pflegen. Dieser Zug ist so auffällig und war nach den Berichten über den mündlichen Unterricht in Cambridge auch dort so stark ausgeprägt, daß man durchaus von einem eigenständigen Element reden kann, einer philosophischen Therapiekunst, deren vorsichtige Rekonstruktion eine lohnende Aufgabe darstellt: Wittgenstein gibt konkrete Ratschläge, die zu befolgen man mit Gewinn lernen kann.[1]

Da Fehlerdiagnosen und Ratschläge immer in engem Textzusammenhang mit konkreten inhaltlichen Überlegungen zu finden sind, sollte man bei ihrer Interpretation sehr vorsichtig vorgehen. Wittgenstein hat keinen philosophischen Traktat über das richtige Philosophieren geschrieben, in dessen Argumentationszusammenhang die Reichweite einzelner Sätze klar würde; das bedeutet aber nicht, daß die verstreuten methodologischen Kommentare kontextfrei angeschaut werden dürften. Sie stellen Anmerkungen zum Vorgehen in Argumentationen dar, die im selben Text vorge-

[1] Das ist meine eigene Erfahrung mit den Hinweisen, die ich in v. Savigny 1969, Kapitel 1, unter dem Titel ›Verhexungen und Fliegengläser‹ zusammengestellt habe.

führt werden; der Autor darf vom Leser erwarten, daß dieser, was zu beherzigen er aufgefordert wird, auf die konkreten Argumentationen bezieht und die Richtung möglicher Verallgemeinerungen aus den Anwendungen im Einzelfall abliest. Der Leser sollte sich daran schon deshalb halten, weil er damit die Chance nutzt, erprobte Ratschläge im Text zu finden. Wie fruchtbar es sein kann, mit Wittgensteins methodologischen Anmerkungen behutsam umzugehen, soll dieses Kapitel am Beispiel der angeblichen Erklärungsfeindlichkeit verdeutlichen.

Fast unisono betet die Literatur, als sei es die bare Selbstverständlichkeit, die Litanei herunter, Wittgenstein habe Erklärungen aus der Philosophie verbannen wollen; statt dessen nur auf Beschreibungen zu bestehen, sei ein elementares Dogma seines Credos vom rechten Philosophieren gewesen. Die Rolle des locus classicus als Beleg für dieses Stereotyp spielt PU 109:

> Und wir dürfen keinerlei Theorie aufstellen. Es darf nichts Hypothetisches in unsern Betrachtungen sein. Alle *Erklärung* muß fort, und nur Beschreibung an ihre Stelle treten.

Das klingt unbestreitbar eindeutig; und es sieht um so eher nach einer allgemeinen Maxime aus, als PU 109 einigermaßen zentral in der Folge PU 89 – PU 133 angesiedelt ist, die generell als Wittgensteins Arbeitsanweisung fürs Philosophieren verkannt wird. Ich werde in Kapitel 14 zeigen, daß die Folge keine derartige Rolle spielt; eine weitgehende Maxime fürs Philosophieren ist an dieser Stelle gar nicht zu erwarten, allenfalls eine Warnung vor wohldefinierten Fehlern, zu denen Philosophen erfahrungsgemäß neigen. In diesem Kapitel will ich mich um einen von dieser Einbettung unabhängigen Nachweis dafür bemühen, daß Wittgensteins Aufforderung sehr restriktiv zu verstehen ist: Ich werde eines der konkreten Beispiele untersuchen, in denen er zeigt, wie die Aufforderung zu befolgen ist. Sie erweist sich in diesem Beispiel als vernünftig; und da es sich um ein für die gesamten ›Philosophischen Untersuchungen‹ charakteristisches Beispiel handelt, sollte sie, so wie in diesem Falle, auch sonst verstanden werden.

Man sollte sich zunächst vor Augen führen, daß das Wort »erklären« und ihm verwandte Ausdrücke in den ›Philosophischen

Untersuchungen‹ im Einklang mit ihrer üblichen Verwendung in drei verschiedenen Bedeutungen gebraucht werden. Erstens kann »erklären« in dem Sinne verwendet werden, daß man eine Sitzung für eröffnet erklärt oder eine Liebeserklärung macht. Diese Bedeutung hat mit dem vorliegenden Problem nichts zu tun, obwohl sie dafür wichtig ist, was Wittgenstein über Ausdrucksäußerungen sagt.[2] Zweitens kann »erklären« soviel wie »klären« im Sinne von »erläutern«, »erhellen«, »bestimmen«, »verdeutlichen« und dergleichen heißen. In dieser Bedeutung wird »erklären« in den ›Philosophischen Untersuchungen‹ sehr oft verwendet; aber auch sie hat mit unserem Problem nichts zu tun, weil man Wittgenstein nicht so verstehen kann, als habe ausgerechnet er diese Tätigkeit aus der Philosophie verbannt. Drittens wird »erklären« so gebraucht, wie es uns in unserem Zusammenhang interessiert, nämlich in dem Sinne, daß man *für eine als gegeben behandelte Tatsache angibt, wie es dazu kommt oder gekommen ist.* In diesem Sinne erklärt man, warum morgens die Sonne aufgeht, warum der Mond in der Nähe des Horizonts größer aussieht, warum die ›Philosophischen Untersuchungen‹ spannend sind und der ›Tractatus‹ langweilig ist, warum sich jedes Jahr Philosophen in Kirchberg versammeln, warum Adler so scharf sehen können, warum Eltern Autorität über ihre Kinder haben, warum Mord moralisch schlechter ist als Raub, warum ein Vers eines Gedichtes an einer bestimmten Stelle eine Zäsur hat, warum – aber ich breche hier ab. Ich hoffe, daß die Liste lang genug ist, um die dritte Bedeutung von »erklären« zu erklären (im Sinne von »verdeutlichen«). Ich brauche die Liste, weil ich kein genau passendes Ersatzwort für »erklären« in diesem Sinne kenne. Es gibt ein sehr weites Feld dessen, was man in diesem Sinne erklären kann: alles Mögliche von astronomischen bis hin zu ästhetischen Phänomenen, und die Struktur der Erklärungen kann grenzenlos variieren: Es gibt kausale und funktionale, theoretische und dispositionale Erklärungen, Erklärungen fürs Zustandekommen und solche mit dem Ziel von Rechtfertigungen. In diesem Feld müssen wir nach dem suchen, was Wittgenstein in PU 109 verbieten will.

[2] Vgl. Kapitel 6, Abschnitt 2, Kapitel 9, Abschnitt 7, sowie Kapitel 12.

Ich will versuchen zu definieren, was er dort ächtet, und beginne mit einem Beispiel. PU 592 – 599 gehören zu einer Folge von Abschnitten, ungefähr PU 588 – 610, in denen Wittgenstein begründet, daß wir insoweit, als was wir mit einem Ausdruck meinen oder wie wir ihn meinen, für die Bedeutung dessen, was wir sagen, relevant ist, nicht *erleben*, daß wir ihn meinen. Diese Folge von Abschnitten gehört ihrerseits zum letzten größeren Teil der ›Philosophischen Untersuchungen‹, ungefähr PU 588 – 693, in dem Wittgenstein den Gedanken begründet, daß die Bedeutung eines Ausdrucks nicht von einem Zustand des Sprechers bestimmt wird, in bezug auf den dieser sozial unabhängig von den Reaktionen anderer, also autonom wäre.

Das besondere Problem unserer Textfolge ist, ob die unleugbare Differenz zwischen dem Fall, wo wir etwas sagen und es auch meinen, und dem Fall, wo wir etwas sagen, ohne es zu meinen, auf bestimmte Art erklärt werden kann. Die zu erklärende Tatsache beschreibt der Dialogpartner auf seine Weise in PU 592:

> Aber wenn du sagst ›Ich habe die Absicht, abzureisen‹, so meinst du's doch! Es ist eben hier wieder das geistige Meinen, das den Satz belebt. Sprichst du den Satz bloß einem Andern nach, etwa um seine Sprechweise zu verspotten, so sprichst du ihn ohne dieses Meinen.

Zu erklären ist also der Unterschied zwischen dem Fall, wo wir sagen: »Ich habe die Absicht, abzureisen« und es auch meinen, und dem Fall, wo wir dieselben Wörter einem anderen nachsprechen, sie also nicht ernst meinen. Die Erklärung des Unterschieds zwischen diesen beiden Fällen soll natürlich eine Erklärung dafür abgeben, wie »Meinen« zustande kommt. Der Dialogpartner bietet nicht weniger als fünf verschiedene Erklärungen an:

> »Es ist eben hier wieder das geistige Meinen, das den Satz belebt.« (PU 592)

> »Ich entdecke immer einen geistigen Unterton; vielleicht nicht immer den *gleichen*.« (ebenda)

> »Aber die Worte, sinnvoll ausgesprochen, haben doch nicht nur Fläche, sondern auch eine Tiefendimension!« (PU 594)

> es geht dabei [sc. wenn die Worte sinnvoll ausgesprochen werden] etwas in mir, in meinem Innern, vor; (ebenda)

> sie [sc. die sinnvoll ausgesprochenen Worte] haben eine Atmosphäre – (ebenda)

(Die beiden letzten Erklärungen kommen nicht als Äußerungen des Dialogpartners, sondern eingebettet in Wittgensteins sie vorwegnehmenden Kommentar: »es kommt immer aufs gleiche hinaus.« – Die Erklärung mit der »Atmosphäre« nimmt Wittgenstein sich in PU 607 vor.) Man beachte, daß der Gesprächspartner nicht einfach versucht, die Fälle durch Vorliegen oder Fehlen des geistigen Meinensaktes, des geistigen Untertones, der Tiefe, des Vorgangs in meinem Innern oder der Atmosphäre *zu unterscheiden*; vielmehr soll das Vorhandensein dieser Entitäten das Auftreten des Unterschiedes bereits erklären. In unserem Text wird das für den geistigen Akt des Meinens ausdrücklich behauptet, weil dieser den Satz angeblich belebt – eine Metapher dafür, einem Ausdruck Bedeutung zu geben, die an verschiedenen Stellen der ›Philosophischen Untersuchungen‹ kritisch, ironisch oder nachdenklich gebraucht wird (PU 339, 430, 432, 454, 455); selbst ohne diese ausdrückliche Behauptung würde der Erklärungsanspruch aus dem Kontext folgen, und die Behauptung ist offensichtlich auf die anderen Entitäten verallgemeinerbar. Wir haben hier also eine Eigenheit des Sprachgebrauchs, die durch einen Vergleich identifiziert wird, ohne daß es zu einer sorgfältigen Analyse der Tatsache – also des angeblich erklärten Unterschiedes zwischen ernstgemeintem und nicht ernstgemeintem Sprechen – käme, und wir haben Entitäten, die angeführt werden, um diese Tatsache zu erklären.

Was hat nun Wittgenstein zu dieser Sorte von Erklärung zu sagen? Erstens natürlich: »*schau*«, »denk nicht, sondern schau!« (PU 66):

> Aber denken wir uns doch wirklich *verschiedene* Situationen aus, und Gespräche, und wie jener Satz in ihnen ausgesprochen wird! – »Ich entdecke immer einen geistigen Unterton; vielleicht nicht immer den *gleichen*.« Und war da kein Unterton vorhanden, als du den Satz dem Andern nachsprachst? Und wie nun den ›Unterton‹ von dem übrigen Erlebnis des Sprechens trennen? (PU 592)

Früher in den ›Philosophischen Untersuchungen‹ hätte er noch mehr Geduld darauf verwendet, seinen Dialogpartner davon zu überzeugen, daß es das von ihm Postulierte in Wirklichkeit nicht gibt oder daß es die ihm zugeschriebene erklärende Rolle nicht spielen kann, weil es jedesmal etwas anderes ist; in unserem Text scheint Wittgenstein einen geübten Leser vorauszusetzen, geübt in der Fertigkeit zum erfolgreichen Widerlegen des vermeintlichen Vorhandenseins solcher Entitäten, und beschränkt sich auf rhetorische Fragen.

Zweitens diagnostiziert Wittgenstein den Fehler seines Dialogpartners. Da er zu diesem Zweck zwei weitere Parallelen anführt, wollen wir mit diesen beginnen. Die erste steht in PU 595, 596:

Es ist uns natürlich, den Satz in diesem Zusammenhang auszusprechen; und unnatürlich, ihn isoliert zu sagen. Sollen wir sagen: Es gibt ein bestimmtes Gefühl, das das Aussprechen jedes Satzes begleitet, dessen Aussprechen uns natürlich ist? (PU 595)

Mit dem Unterschied zwischen ernstgemeintem und nicht ernstgemeintem Aussprechen eines Satzes wird der Unterschied verglichen zwischen dem Fall, wo das Aussprechen eines Satzes uns natürlich, und dem Fall, wo es uns unnatürlich ist. Mit den fünf »Erklärungen« des ersten Unterschiedes wird verglichen eine »Erklärung« des letzteren Unterschiedes durch Postulieren eines »Natürlichkeitsgefühls«, welches durch sein angebliches Vorhandensein angeblich dafür sorgen soll, daß das Aussprechen uns natürlich, durch sein angebliches Fehlen angeblich dafür, daß das Aussprechen uns unnatürlich ist. Diese »Erklärung« wird im nächsten Abschnitt durch das Postulieren von »Fremdheitsgefühlen« für den Fall des uns unnatürlichen Aussprechens erweitert, und dann folgt Wittgensteins Diagnose:

Das Gefühl der ›Bekanntheit‹ und der ›Natürlichkeit‹. Leichter ist es, ein Gefühl der Unbekanntheit und der Unnatürlichkeit aufzufinden. Oder: *Gefühle*. Denn nicht alles, was uns unbekannt ist, macht uns einen Eindruck der Unbekanntheit. [...] Es gibt Gefühle der Wohlvertrautheit; [...] Ebenso gibt es Gefühle der Fremdheit: [...] Aber weil es nun dieses Gefühl der Fremdheit gibt, kann man nicht sagen: jeder Gegenstand, den wir gut kennen und der uns nicht fremd vorkommt, gebe uns ein Gefühl der Vertrautheit. – Wir meinen, quasi, der Platz, den einmal das Gefühl der Fremdheit einnimmt, müsse doch *irgendwie* besetzt sein. Es ist der Platz für diese Atmosphäre vorhanden, und nimmt ihn nicht die eine ein, dann eine andere. (PU 596)

Wie ist nun dieser Platz, diese Rolle für eine erklärende Entität bestimmt worden? Durch die Art und Weise, wie der zu erklärende Unterschied zwischen unvertrauten und vertrauten Dingen beschrieben wird. Die Diagnose zielt also auf die Tatsache, daß die Beschreibung des fraglichen Unterschieds eine bestimmte Erklärung nahelegt. Dieses Ergebnis wird durch PU 597 sehr schön bestätigt:

> Wie dem Deutschen, der gut Englisch spricht, Germanismen unterlaufen, obgleich er nicht erst den deutschen Ausdruck bildet und ihn dann ins Englische übersetzt; wie er also Englisch spricht, *als übersetze er*, ›unbewußt‹, aus dem Deutschen, so denken wir oft, als läge unserm Denken ein Denkschema zu Grunde; als übersetzten wir aus einer primitiveren Denkweise in die unsre.

Wittgenstein hebt die Redewendung »*als übersetze er*« natürlich deswegen hervor, weil sie ein ausgezeichnetes Beispiel für eine *zutreffende Beschreibung* einer Einzelheit des Sprachgebrauchs darstellt, die durch ihre suggestive Kraft dazu verlockt, eine *ungerechtfertigte Erklärung* der Tatsache durch das Postulat eines Vorgangs zu liefern, des Übersetzens nämlich, den man dann als verborgen (unbewußt) annehmen muß, weil er ohne Rücksicht auf die vorfindbaren Phänomene postuliert wird.

Wenn wir uns wieder PU 592, 594 zuwenden, finden wir einen Hinweis auf dieselbe Diagnose. Die Beschreibung der Tatsache aus dem Sprachgebrauch ist eine Beschreibung nach dem Modell des Sagens mit gleichzeitigem Meinen und des Sagens ohne gleichzeitiges Meinen; indem er diese Oberflächengrammatik mißversteht, faßt der Dialogpartner das Meinen des Sprechers als etwas auf, das im ersten Fall zusätzlich zum Sprechen vorliegt und im zweiten Fall fehlt. Es gibt in dieser Textfolge, anders als an anderen Stellen (vgl. etwa PU 102, 186 – 188, 190, 511, 680, 693), keinen expliziten Hinweis, daß durch das Mißverstehen der Oberflächengrammatik der Beschreibung auch die verursachende Rolle des Meinensaktes nahegelegt wird, wie es beim folgenden Satz der Fall wäre: »Wenn der Sprecher nicht meinen würde, was er sagt, würde er es nicht wirklich sagen.« Wittgenstein äußert sich aber ausdrücklich dazu, was er akzeptiert und was nicht; in PU 594 steht der Satz:

> Es findet eben doch etwas anderes statt, wenn sie [sc. die Worte] sinnvoll ausgesprochen werden, als wenn sie bloß ausgesprochen werden.

Diese Bemerkung kann sowohl von ihm selbst wie auch von seinem Dialogpartner stammen (deshalb steht sie nicht in Anführungszeichen, die den Dialogpartner anzeigen, aber vor dem Gedankenstrich, der Wittgensteins Entgegnung ankündigt): Wittgenstein akzeptiert die völlig harmlose, sogar analytische Feststellung, *daß etwas Verschiedenes stattfindet, wenn zwei verschiedene Dinge stattfinden*, während sein Dialogpartner, durch den suggestiven Wortlaut des Satzes verführt, *ein* vom Sprechen *verschiedenes Etwas* postuliert, *das* nur in einem der beiden Fälle, nicht aber im anderen, *stattfinden soll.*

Wir kommen damit zu der folgenden Definition für die Erklärungen, welche Wittgenstein in PU 109 ächtet:

> Eine alltägliche Tatsache, die häufig den Sprachgebrauch betrifft, häufig auch seelische Sachverhalte, wird in einer bestimmten Form beschrieben, die, wenn sie ganz gewöhnlich verstanden wird, vollkommen harmlos ist. Die Oberflächengrammatik der Beschreibung legt jedoch, wenn sie mißverstanden wird, nahe, daß die Tatsache durch die Einführung eines Etwas (einer Handlung, eines Vorgangs, geistigen Zustands, Vorkommnisses oder wessen auch immer) erklärt werden könne. Dieses Etwas wird postuliert; da es nicht wirklich vorhanden ist, wird es für verborgen (»innerlich«, »unbewußt«, »nur der Analyse zugänglich« usw.) erklärt. Die Überzeugung, daß es vorhanden sei und die ihm zugedachte erklärende Rolle spiele, ist in dem Maße unerschütterlich, wie uns unser Mißverstehen der Oberflächengrammatik der Beschreibung der ursprünglichen Tatsache »gefangen hält«.[3]

Ich meine, daß das eine einigermaßen gute Annäherung daran ist, wie Wittgenstein schlechte philosophische Tätigkeit beschreibt und gutes Philosophieren kennzeichnet:

> Wenn wir philosophieren, möchten wir Gefühle hypostasieren, wo keine sind. Sie dienen dazu, uns unsere Gedanken zu erklären.
>
> ›*Hier* verlangt die Erklärung unseres Denkens ein Gefühl!‹ Es ist, als ob unsre Überzeugung auf diese Forderung hin ihr nachkäme. (PU 598)

[3] Die Definition kommt ziemlich genau an Winchs Feststellung heran: »[...] it is important to see what *type* of explanation Wittgenstein finds it necessary to warn philosophers away from seeking in the context of their problems, namely explanations which provide users of the language with a justification for using words in the way they do.« In Malcolm 1993, S. 103.

In der Philosophie werden nicht Schlüsse gezogen. »Es muß sich doch so verhalten!« ist kein Satz der Philosophie. Sie stellt nur fest, was Jeder ihr zugibt. (PU 599)

In unserem Text habe ich PU 593 bisher nicht berücksichtigt, und das nicht ohne Grund. Der Abschnitt bietet mir einen guten Ausgangspunkt für die Lösung des größten exegetischen Problems mit PU 109. Wittgenstein fordert dort, daß *alle* Erklärung fort müsse; ich habe diese Forderung gerade auf eine ziemlich magere Ration reduziert. PU 593 ist ein guter Ausgangspunkt, weil der Abschnitt eine Erklärung ist, obendrein eine explizit kausale:

Eine Hauptursache philosophischer Krankheiten – einseitige Diät: man nährt sein Denken mit nur einer Art von Beispielen.

In den ›Philosophischen Untersuchungen‹ finden sich viele Beispiele dieser Art[4]; und da Wittgenstein den Titel des Buches selbst formuliert hat, besteht Grund anzunehmen, daß er solche Erklärungen für philosophische Tätigkeit gehalten hat. Durch sein eigenes Vorgehen nimmt er also die Allgemeinheit von PU 109 zurück.

Man kann die allgemeine Geltung von PU 109 retten, indem man solche Erklärungen typischer philosophischer Fehler als irgendwie *meta*philosophisch auffaßt (schließlich sind sie Teil der Alltags*psychologie* und gerade deshalb so überzeugend). Aber das bringt nichts; denn es gibt Erklärungen anderer Art, die Wittgenstein wiederholt und ausdrücklich *zum Gebrauch in der Philosophie* empfiehlt, selbst wenn er sich davor hütet, sie »Erklärungen« zu nennen. Um das zu sehen, müssen wir uns daran erinnern, daß eine Person, die etwas erklärt, es einer anderen Person erklärt und daß das, was die andere Person tut, wenn die Erklärung erfolgreich war, als »verstehen« bezeichnet wird. (Ich sage hier »sie tut es«; das muß in einem rein grammatischen Sinne aufgefaßt werden. Verstehen ist keine Tätigkeit.) Wenn daher jemand ein Verfahren anwendet, dank dem wir verstehen, warum ein Sachverhalt so ist, wie er ist, besteht das, was dieser Jemand tut, darin, uns diesen Sachverhalt zu

[4] Malcolm 1993 geht sogar noch weiter: »In the whole history of philosophy there has never been so intensive a search for explanations of philosophical confusions.« (S. 4)

erklären, ob Wittgenstein diese Bezeichnung anzuwenden bereit ist oder nicht.[5]

Und er gebraucht vorsichtshalber einen anderen Ausdruck, nämlich: eine »übersichtliche Darstellung« geben (PU 122), »durch Ordnen übersichtlich« machen (PU 92). Die Aufgabe, die eine solche übersichtliche Darstellung zu erfüllen hat, definiert er. »Ein philosophisches Problem hat die Form: ›Ich kenne mich nicht aus.‹« (PU 123) Daher muß mir die übersichtliche Darstellung helfen, mich auszukennen. Weniger bildhaft: Es gibt Dinge, auf die ich mir keinen Reim machen kann; ich sehe keinen Zusammenhang. Zum Beispiel gibt es die unleugbare Tatsache, daß ich sagen kann »Ich beabsichtige, abzureisen« und das ernst meine und daß ich es sagen kann, ohne es ernst zu meinen; und um meine Äußerung herum gibt es unzählige Begleitumstände, unterschiedliche Situationen, die dafür wichtig sind, daß meine Äußerung im einen Fall ernst gemeint ist und im anderen Fall nicht. Angesichts dieser Mannigfaltigkeit bin ich schlicht und einfach hilflos; ich kann das Muster, in dem mein Satz vorkommt, weder im einen noch im anderen Fall beschreiben. Deshalb kann ich nicht angeben, welche Rolle meine Äußerung in all den unterschiedlichen Situationen spielt; und genau das müßte ich tun, um die unleugbare Tatsache verständlich zu machen, wieso die Äußerung in der einen Situation ernst gemeint war, in der anderen nicht. Wittgenstein empfiehlt also Erklärungen von der Art, daß man zwei und zwei zusammenzählt, daß man jemandem hilft, sich einen Reim auf sonst unverbundene Tatsachen zu machen.

Während er in den ›Philosophischen Untersuchungen‹ an einer ganzen Reihe von Beispielen demonstriert, was für Erklärungen

[5] Zum selben Ergebnis kommt Henderson 1988, S. 113, auch was den Inhalt des Verbots angeht. – Wittgensteins Angst vor Erklärungen mit Hilfe postulierter Entitäten hatte offensichtlich damit zu tun, daß er fürchtete, wer Ordnung in einen Sachverhalt hineinbringe, bilde sich allzuleicht ein, neue Elemente in den geordneten Sachverhalt hineinzubringen. Das erklärt den offenkundigen Fehler in BPP I 257: »Das bloße Beschreiben ist so schwer, weil man glaubt, zum Verständnis der Tatsachen diese ergänzen zu müssen. Es ist, als sähe man eine Leinwand mit verstreuten Farbflecken, und sagte: So wie sie da sind, sind sie unverständlich; sinnvoll werden sie erst, wenn man sie sich zu einer Gestalt ergänzt. – Während ich sagen will: Hier *ist* das Ganze. (Wenn du es ergänzt, verfälschst du es.)«

Die Tatsachen sind im Vergleich Farbflecke; Tatsachen ergänzen heißt also Farbflecke ergänzen. Zu einer Gestalt ergänzen kann man aber, ohne Farbflecke zu ergänzen. Man muß mit Hilfslinien sehen lernen, ohne diese zu zeichnen. (Vgl. auch BPP I 723; besser ist I 950.)

er verabscheut, die Fehler manchmal explizit diagnostiziert, sie manchmal auch nur vorführt und dem Nachdenken des Lesers überläßt, gibt es überraschend wenige Beispiele für »übersichtliche Darstellungen«. Ich betrachte den langen Exkurs über das Lesen, PU 156 – 178, als seine erfolgreichste derartige Leistung. Die Betrachtungen über das »Sehen als« in PU II xi, die sich über volle 21 Seiten der zweisprachigen Blackwell-Ausgabe hinziehen, enthalten viel mehr einzelne Erinnerungen, Hinweise auf vertraute Aspekte, alltägliche Unterscheidungen usw.; aber sie sind nicht viel besser geordnet als die Folge PU 198 – 242, die einer übersichtlichen Darstellung davon, was es heißt, einer Regel zu folgen, am nächsten kommt.

Im Vergleich dazu hat der Exkurs über das Lesen ein ausdrücklich bestimmtes Thema, nämlich die Frage, wie es sein kann, daß eine Äußerung (in diesem Falle: die Äußerung eines geschriebenen Satzes, den der Sprecher vor Augen hat) durch ihre Umgebung als etwas Bestimmtes gekennzeichnet ist, nämlich als Lesen. Diese Frage wiederum[6] ist ganz deutlich für den Kontext von Bedeutung, in den ihre Behandlung als Exkurs eingeschoben ist, nämlich für die Betrachtung von Verstehensäußerungen wie »Jetzt verstehe ich«, »Jetzt weiß ich weiter« usw. in PU 151 – 155 und 179 – 184. Der Exkurs ist darauf angelegt, ein Vorbild zu skizzieren, nach dem man sich klarmachen kann, warum Verstehensäußerungen gewöhnlich gerechtfertigt sind und daher ihren Hörern den Schluß erlauben, daß der Sprecher wirklich versteht. Dieses Vorbild ist eine Alternative zur klassischen philosophischen Erklärung, nach der Verstehensäußerungen Berichte über einen geistigen Zustand oder Vorgang des Verstehens sind, dessen sich der Sprecher angeblich bewußt ist; Wittgensteins eigene Auffassung beruht im Gegensatz dazu auf der Tatsache, daß das Verstehen ein Muster bildet, das Verhaltenselemente, Begleitumstände, Reaktionen anderer und Bestandteile des weiteren Kontexts einschließt. Dieses Muster zu beherrschen ist eine erworbene Fähigkeit; sie beruht auf der gleichen Grundlage wie das Beherrschen unzähliger weiterer Muster, die zu lernen für soziale Lebewesen lebenswichtig ist. Das Be-

[6] Für Einzelheiten vgl. Kapitel 9, Abschnitt 5.

herrschen schließt die Fähigkeit ein, unter jeweils passenden Umständen nur solche Verhaltensweisen an den Tag zu legen, wie sie im Muster am Platze sind, unter ihnen eben auch Verstehensäußerungen.

Der lange Exkurs über das Lesen ist eine ziemlich übersichtliche Darstellung der Bedeutung der Umstände und der weiteren Umgebung dafür, daß Äußerungen (die *keine* Verstehensäußerungen sind) eine gewisse Rolle bekommen. Das ist für die besondere Rolle der Verstehensäußerungen erklärend, weil wir auf die allgemeine Tatsache aufmerksam werden, daß die Rolle und der Status einer Äußerung von deren Einbettung in ein Muster abhängen können. Also ist es kein Wunder mehr, warum die Verstehensäußerungen, die andere Leute tun und die im Sinne des am-Platze-Seins gerechtfertigt sind, umgekehrt unsere Annahme rechtfertigen, daß diese Sprecher wirklich verstehen. (Wenn sie am Platze sind, ist im allgemeinen das Verstehensmuster vorhanden, in dem sie am Platze sind.) Solcherart wird gezeigt, daß die Verläßlichkeit von Verstehensäußerungen zu alltäglichen Fähigkeiten paßt; man muß also keine inneren Vorgänge des Verstehens einführen, die dem Sprecher bewußt wären und über die er zutreffende Mitteilungen machen könnte. Zweifellos ist das eine Erklärung im uns interessierenden Sinne.

Aber wie ich oben gesagt habe, sind Beispiele für übersichtliche Darstellungen in den ›Philosophischen Untersuchungen‹ selten. Man darf billigerweise vermuten, daß ihre Seltenheit daher rührt, daß geordnetes Darstellen und didaktisch geschicktes Vorgehen nicht gerade zu Wittgensteins ausgeprägten Gaben gehörten und daß er mit der Kultivierung seiner aphoristischen Methode, seine Leser immer wieder mit neuen Gedankenblitzen und unerwarteten Beispielen zu überraschen, aus der Not eine Tugend gemacht hat. Er war aber auf jeden Fall der Meinung, *daß Erklärungen vom Typ der »übersichtlichen Darstellung« in der Philosophie dringend nötig sind,* um Erklärungen vom Typ des Postulierens von Entitäten zu ersetzen, und ich schließe mit dem Hinweis auf ein Beispiel, wo eine Tatsache verblüffend deutlich wird, die Wittgenstein zu dieser Meinung gebracht haben mag – daß es nämlich extrem schnell passiert, daß wir die Oberflächengrammatik unserer Sprache mißverstehen. Seine Einstellung gegenüber meinem besonderen Beispiel, nämlich den Wie-Fragen, wird in PU 435 klar:

Wenn man fragt »Wie macht der Satz das, daß er darstellt?« – so könnte die Antwort sein: »Weißt du es denn nicht? Du siehst es doch, wenn du ihn benützt.« Es ist ja nichts verborgen.

Wie macht der Satz das? – Weißt du es denn nicht? Es ist ja nichts versteckt.

Das entscheidende Merkmal der Oberflächengrammatik ist der doppelte Gebrauch bestimmter Wie-Fragen. Auf der einen Seite kann es Fragen nach den Mitteln und Wegen geben, durch welche oder auf denen etwas zustandegebracht wird, oder nach den Kräften und Ursachen, die zu einem bestimmten Ereignis führen. Hier sind einige Beispiele, die ohne besonderen Kontext deutlich in diese Gruppe gehören:

Wie kommt man nach Kirchberg?
Wie wird Brot gebacken?
Wie werden junge Wölfe gezähmt?
Wie kam es zum Ausbruch des Ersten Weltkriegs?
Wie wurde Ernst Albrecht Ministerpräsident von Niedersachsen?
Wie wird in einer Espressomaschine der Kaffee aufgebrüht?

Ich will, um einen Namen zu haben, solche Wie-Fragen als »Wie-kommt-das?-Fragen« bezeichnen. Sie besitzen ein wichtiges Charakteristikum: Um sie überhaupt zu verstehen, muß man schon wissen, wie die Tatsache oder das Ding oder Etwas aussieht, dessen Ursache oder Herbeiführung untersucht wird. Man kann nicht sinnvoll fragen, wie junge Wölfe gezähmt werden, ohne zu wissen, wie ein junger Wolf beschaffen sein müßte, um als zahm zu gelten. Genau das ist nun bei den Wie-Fragen des zweiten Typs anders, wie die Beispiele der folgenden Liste zeigen:

Wie spricht man »Worcester« aus?
Wie tanzt man Walzer?
Wie bindet man einen Weberknoten?
Wie rochiert man im Schach?

Diese Wie-Fragen will ich als »Wie-geht-das?-Fragen« kennzeichnen. Von den Wie-kommt-das?-Fragen unterscheiden sie sich dadurch, daß sie kein Wissen über die Eigenschaften und das Aussehen der Dinge und Tatsachen und anderen Entitäten voraussetzen, um die es ihnen geht. Jemand, der fragt, wie man Walzer tanzt, weiß eben nicht, wie das Walzertanzen aussieht; er fragt im allgemeinen nicht, mit welchen Tricks der ihm gut bekannte Walzerschritt zustande gebracht wird. Nun heißt das, daß jemand, solange er bezüglich irgendeiner Sache Grund hat, eine Wie-geht-das?-Frage zu stellen, bezüglich derselben Sache noch keine Wie-kommt-das?-Frage stellen kann. Wenn man zum Beispiel nicht weiß, was in München als billige Wohnung gilt, kann man nicht sinnvoll fragen, was man tun muß, um an eine heranzukommen.

Worauf es bei all dem ankommt, ist, daß Wie-Fragen bezüglich ihres Charakters als Wie-kommt-das?- oder als Wie-geht-das?-Fragen zweideutig sein können. Ich gebe nur ein Beispiel:

Wie wird eine Fußballmannschaft deutscher Meister?

Das kann entweder eine Wie-geht-das?-Frage sein, die folgendermaßen beantwortet werden könnte:

Indem sie am Ende der Saison die beste Punktdifferenz hat und, wenn nötig, die beste Tordifferenz.

Die Frage kann aber auch eine Wie-kommt-das?-Frage sein, die folgendermaßen beantwortet wird:

Indem sie zu Hause offensiv spielt und in Auswärtsspielen mauert.

Wie unser Beispiel in PU 435 illustriert, hat Wittgensteins philosophische Erfahrung ihn folgendes gelehrt:

Wenn wir die Frage »warum« unterdrücken, werden wir oft erst die wichtigen *Tatsachen* gewahr; die dann in unseren Untersuchungen zu einer Antwort führen. (PU 471)

Diese *Erfahrung aus der Praxis des Philosophierens* mag der Grund dafür gewesen sein, daß er in PU 109 so apodiktisch der Philosophie keine Erklärung, sondern nur Beschreibung erlauben wollte.

Kapitel 14

Es gibt in den ›Philosophischen Untersuchungen‹ kein Kapitel über die Philosophie

Was es aber ist, das sich in der
Philosophie einer solchen Betrachtung
der Einzelheiten entgegensetzt,
müssen wir erst verstehen lernen.

Die gesamte Sekundärliteratur ist sich darüber einig – ich kenne keine einzige Ausnahme –, daß Wittgenstein in den Abschnitten 89 – 133 der ›Philosophischen Untersuchungen‹ (oder doch ungefähr bis PU 133) seine Ansichten über die Philosophie darlege: was sie leisten könne und was gerade nicht, wie sie das tun sollte und wie auf keinen Fall. Kurz und knapp: Der Text soll seine Metaphilosophie enthalten.[1] Dieser Eindruck scheint sich allerdings auch aufzudrängen, wenn man sich an die berühmten Schlagwörter erinnert: »Alle *Erklärung* muß fort, und nur Beschreibung an ihre Stelle treten.« – »[Die Philosophie] läßt alles, wie es ist.« – »Wollte man *Thesen* in der Philosophie aufstellen, es könnte nie über sie zur Diskussion kommen, weil Alle mit ihnen einverstanden wären.« Usw. Das sind freilich provokante Sätze, als Stoff für philosophische Festvorträge bestens geeignet. Man könnte sich aber auch an etwas mehr erinnern, nämlich daran, daß die Sätze jeweils ihren Kontext haben, der, ganz anders als bei den Fragmenten der Vorsokratiker, ziemlich leicht zugänglich ist. Sie sind sogar Teil eines sogenannten Buches, dessen erster Teil vom Autor für die Veröffentlichung redigiert wurde; und geleitet von seinen Erfahrungen damit, wie Bücher üblicherweise aufgebaut sind, würde

[1] Die Sache ist offenbar derart selbstverständlich, daß Hilmy 1987 diesen Punkt nicht etwa *begründet*, sondern sogar auf ihn als Argument *zurückgreift*. Nachdem er die Herkunft von Abschnitten aus der oben genannten Textfolge bis zu gleichlautenden Abschnitten im mit ›Philosophie‹ überschriebenen Kapitel des ›Big Typescript‹ (TS 213) sorgfältig zurückverfolgt hat, *schließt* er, daß wichtige Elemente der »neuen Methode« Wittgensteins in den Manuskriptquellen des TS 213 voll entwickelt seien; er setzt also voraus, daß die Abschnitte die Methode darlegen. (Vgl. zum Beispiel S. 34 f., 50 – 55, 59 – 66, 74 f., 82 – 84.)

kein Leser erwarten, ausgerechnet an dieser Stelle, einsam und verlassen nach ausführlichen Erörterungen von Namen, Sätzen, hinweisenden Definitionen, Zeigen, Urelementen, Spielen und Moses und vor Erörterungen über Verstehen, Lesen, Meinen und Regelfolgen, etwas über den Charakter der Unternehmung des Autors zu erfahren. Jeder ans übliche Vorgehen gewöhnte Leser würde vom Autor erwarten, daß der seine methodologischen Einsichten in der Einleitung ausbreite; denn dann kann man sie viel leichter überschlagen, wozu Verfasser ihren Lesern schon aus bloßem Wohlwollen Gelegenheit geben sollten.

Vielleicht sind die ›Philosophischen Untersuchungen‹ allerdings gar kein Buch. (Welch gespenstisches Unterfangen dann, sie zu lesen!) Auf zwei Wegen ist diese Einschätzung begründet worden. Zum einen wird gesagt, Wittgenstein habe seinen Lesern die Anstrengung eigenen Denkens nicht ersparen wollen, ihnen zu diesem Zweck jeden ordentlichen Aufbau vorenthalten und es ihnen überlassen, sich auf seine Bemerkungen einen Reim zu machen. Die Vertreter der zweiten Begründung machen sich normalerweise ihre eigene Schlußfolgerung nicht klar, daß die ›Philosophischen Untersuchungen‹ nämlich gar kein lesbares Buch mehr wären; ihre Prämisse lautet, die aufeinanderfolgenden Teile des Buches (?) seien nur in Verbindung mit den jeweils chronologisch zu ihnen hinführenden Reihen von Manuskripten verständlich. Die veröffentlichten Abschnitte wären dann bloß die Spitze des Eisberges, oder besser die Spitzen eines ganzen Unterwassergebirges von Eisbergen; das Verstehen des Textes würde, wenn man nicht tauchen, das heißt die Manuskripte hinzuziehen könnte, darin bestehen, die Unterwassertopographie[2] zu erraten. Beide Argumente sind offensichtlich extrem autorenorientiert: Den Inhalt eines Buches ermit-

[2] Hilmy liefert ein interessantes Argument fürs Tauchen (1987, S. 9-12). Während er ganz richtig betont, daß die Bedeutung einer Bemerkung aus dieser allein kaum zu entnehmen ist, weist er die Ansicht zurück, man könne allgemein für den Kontext, in dem die Bemerkung veröffentlicht worden ist, das Vorrecht beanspruchen, die Bemerkung zu erhellen; denn im Fall der veröffentlichten Texte Wittgensteins sind die editorischen Freiheiten bedauerlicherweise sehr groß, besonders was die Anordnung einzelner Bemerkungen betrifft. Und in solchen Fällen kommt jede Nuance, die eine Bemerkung durch ihren publizierten Kontext erhält, nicht durch den Autor, sondern durch den jeweiligen Herausgeber zustande. Nach Hilmy ist dann die Zuflucht zum Kontext, in den eine Bemerkung in den aufeinanderfolgenden Manuskripten eingebettet war, ganz klar vorzuziehen. So wahr das ist, kann es nicht die Tatsache entkräften, daß wir im Fall der ›Philosophischen Untersuchungen‹ einfach besser dastehen als im Fall, sagen wir, der ›Zettel‹. Die

telt man, indem man untersucht, was der Autor sagen wollte. Auch wenn mein Vorgehen stark nach einem faulen Trick aussieht, möchte ich die Verfechter dieser Argumente deshalb auf den Autor selbst verweisen, der offenbar der Einstellung verfallen war, daß der Sprecher (und genauso der Schreiber) darauf vorbereitet sein muß, nur insofern etwas gesagt zu haben, als seine Adressaten seine Äußerungen so verstehen können (Vorwort zum ›Tractatus‹: »Was sich überhaupt sagen läßt, läßt sich klar sagen«; und vgl. PU II ii, letzter Absatz); wenn sie in *diesem* Punkt dem Autor nicht folgen wollen, möchte ich sie in *jedem* Fall um leserorientierte Interpretationen bitten.

1. Die authentische Einleitung

Wittgenstein tut uns allerdings den Gefallen, autoren- und leserorientierten Ansatz für den vorliegenden Text miteinander zu versöhnen, indem er ihn mit einem *authentischen* (für die autorenorientierte Fraktion) *verstehbaren Satz* (für die leserorientierte Fraktion) einleitet; und da ein Blick in den Text die Interpretation erleichtert, wollen wir am Anfang beginnen und auf drei Merkmale des ersten Satzes von PU 89 hinweisen:

> Wir stehen mit diesen Überlegungen an dem Ort, wo das Problem steht: Inwiefern ist die Logik etwas Sublimes?

Erstens: »Wir stehen mit diesen Überlegungen an dem Ort, wo das Problem steht« bedeutet nicht bloß, daß uns die PU 89 vorangegangenen Betrachtungen an das Problem herangeführt hätten, sondern legt nahe, daß wir durch sie in das Problem bereits verwickelt

Durchnumerierung der Abschnitte und damit die Definition der Kontexte ist Wittgensteins abschließende Redaktion, die wir nach unseren Konventionen für den Umgang mit philosophischen Werken einfach zu respektieren haben. Und in solch einem Fall ist der redigierte Kontext zugrunde zu legen, besonders angesichts authentischer Einleitungen wie der in PU 89 a.

Die Sache ist ganz besonders offensichtlich, wenn Hilmy im Kapitel 6 seines Buches über den Kontext assoziationistischer Theorien des Verstehens und Meinens spekuliert, die seiner Meinung nach erklären, warum Wittgenstein seine ersten Bemerkungen über Beschreiben und Erklären verfaßte, die später in PU 109 und an andere Stellen gerieten (vgl. bes. S. 195 – 209). Hilmy verrät hier in keiner Weise ein Bewußtsein dafür, diese Bemerkungen an einem wohlbestimmten Ort in einer geordneten Folge von Abschnitten zu verwenden könne sehr wohl bedeuten, sie in einem relevanten Kontext zu verwenden.

sind. Zweitens: Was bedeutet hier »Logik«? Wenn die folgenden Bemerkungen vom Wesen der Philosophie handeln, könnte man erwarten, daß »Logik« dasselbe bedeutet wie »logische Betrachtung« drei Zeilen weiter, so etwas wie »Philosophie im Geiste der Logik«; man muß jedoch eine Alternative in Betracht ziehen, nämlich daß »Logik« dasselbe wie »Grammatik« im Sinne Wittgensteins bedeutet, das heißt Regeln für den Wortgebrauch, Regeln von Sprachspielen (wie in PU 345). Drittens: Das Wort »sublim« posaunt seine Bedeutung nicht geradezu heraus; während es auf der einen Seite »erhaben« oder »großartig« bedeuten kann, kann es genausogut auch einfach »rein« heißen. Drei Alternativen ergeben acht mögliche Interpretationen; davon sind aber nur zwei sinnvoll, deren erste die zuerst genannten Möglichkeiten zusammenfaßt, während die zweite die drei Konkurrenten vertritt:

Metaphilosophische Einleitung: »Wir werden von diesen Überlegungen auf das Problem hingewiesen: Inwiefern ist die logisch-philosophische Betrachtung etwas Erhabenes?«

Ankündigung eines Folgeproblems: »Wir werden von diesen Überlegungen gezwungen, das Problem ins Auge zu fassen: Inwiefern sind die Regeln der Sprache etwas Reines?«

Wenn man sich zwischen beiden zu entscheiden hat, ist eine wichtige Frage natürlich die, ob man das Folgende eher als Text über den Charakter der Philosophie verstehen kann oder eher als Text über die Reinheit der Sprachregeln; daß der einleitende Satz die Verbindung des folgenden mit dem vorangehenden Text explizit feststellt, sollten wir aber als Tip verstehen, auch im vorangehenden Text nach Hinweisen Ausschau zu halten.

Der vorangehende Abschnitt handelt von der irrigen Vorstellung, es gebe »*Ein* Ideal der Genauigkeit«, und Ideale sind erhabene Dinge. Überdies spielt ein Ideal in PU 98, 100, 101, 103 und 105 eine Rolle, und so könnte der erste Satz eine Betrachtung der Erhabenheit der Exaktheit einleiten. Allerdings ist PU 88 ein bißchen kurz für die Kennzeichnung »diese Überlegungen«, die hier einen ziemlich langen Text, nämlich PU 89 – 133 (oder zumindest PU 89 – 108) motivieren sollen, und gehört mit Sicherheit zu der mit PU 81 beginnenden Abschnittsfolge. In dieser Folge geht es aber in erster Linie nicht um *exakte* Sprachen, sondern vielmehr um *ideale* Sprachen, deren Bezeichnung als »ideal« irreführend sein soll (PU 81) und die »Kalküle [...] nach festen Regeln« sind (ebenda).

Daß in PU 81 – 88 ein anderes Ideal als das der Exaktheit zur Debatte steht, zeigt schon die Rolle, die PU 88 im Kontext spielt. Wittgenstein geht es in der Folge der Abschnitte PU 81 – 88 darum, das zum Sprechen einer Sprache gehörende *Regelfolgen* von der Vorstellung des »Betreibens eines Kalküls« (PU 81) zu lösen.[3] Er fragt in PU 82, was der Ausdruck »die Regel, nach der er vorgeht« in Fällen bedeuten könnte, wo sich keine Regel so identifizieren läßt, wie man die in einem Kalkül festgelegten Regeln identifizieren kann (PU 83). Er begründet dann weiter, daß Zweifel beim Anwenden der Regeln unserer Sprache sehr viel verbreiteter sein müßte, als er es tatsächlich ist, wenn sie so identifiziert würden wie die Regeln eines Kalküls, nämlich an Hand ihrer Formulierungen in einem Verzeichnis, und er benutzt zu diesem Zweck sein berühmtes Regreßargument nicht weniger als viermal: In PU 84 wird der Bezug auf den *Ausdruck* der Regeln mit dem am Anfang stehenden Hinweis darauf hergestellt, die Regel (aus PU 68), wie hoch man im Tennis (beim Aufschlag) den Ball werfen dürfe, gebe es nicht; daß der Aufschlag *richtig ist*, ohne daß die Wurfhöhe berücksichtigt wird, bedeutet, daß er eben *von den Tennisregeln gestattet wird*, allerdings nicht von *ausdrücklich formulierten*. PU 85 vergleicht den Wegweiser mit dem *Ausdruck* einer Regel, weil »eine Regel steht da« bedeutet, daß sie irgendwo niedergeschrieben ist. (Vgl. drei Zeilen tiefer: »wo steht«.) In PU 86 ist die Regel eine Tabelle, und diese wird in PU 53 sehr umständlich als »Ausdruck einer Regel des Sprachspiels« bezeichnet (PU 51 – 54 entsprechen PU 82 – 83 sehr genau). In PU 87 haben wir schließlich eine verbale Erklärung von »Moses«, das heißt einen weiteren *Ausdruck* einer Regel. In jedem dieser vier Abschnitte geht Wittgenstein auf sein eigenes Bild davon ein, wie der Inhalt einer Regel festgelegt wird: Es wird nicht daran gezweifelt, was man tun darf, auch und selbst dann, wenn der Zweifel möglich wäre; der Wegweiser erfüllt seinen Zweck unter normalen Umständen; die Tabelle wird üblicherweise so und so gelesen; faktisch

[3] Für Einzelheiten vgl. Kapitel 5, S. 102f. und 108f.

tritt kein Mißverständnis auf. Deswegen kann man PU 88 ohne Schwierigkeiten so verstehen, daß Wittgenstein die Kritik zurückweist, seine eigene Konzeption für die Festlegung der Inhalte von Regeln, nämlich nicht durch ihren Ausdruck wie im Fall der Kalkülregeln, sondern durch ihren tatsächlichen Gebrauch, könnte den Inhalt der Regeln nicht wirklich, weil nicht genau genug, bestimmen. Dieser Zurückweisung dient seine Kritik an einem absoluten Ideal der Exaktheit.

Während also Exaktheit für die fragliche Sublimität kaum verantwortlich ist, könnte PU 81 allgemeiner auf eine positive Bewertung und damit auf das Verständnis von »sublim« als »erhaben« hinweisen:

Aber hier wäre das Wort »ideal« irreführend, denn das klingt, als wären diese Sprachen besser, vollkommener, als unsere Umgangssprache; [...]

Das liefert uns ein erstes Zwischenergebnis: *Wenn* der Bezug des ersten Satzes von PU 89 auf den vorangehenden Text über die *Erhabenheit* zustande kommt, dann ist die Erhabenheit eine von idealen Sprachen, und die »Logik« wird deshalb dann etwas Erhabenes sein, wenn die Sprache ideal ist. Die »Logik« ist dann nicht logische Betrachtung, sondern Grammatik, besteht nicht in philosophischer Tätigkeit, sondern aus Sprachregeln.

Nun kann man PU 65 – 80 sehr plausibel als empirische Widerlegung der Vorstellung auffassen, unsere gewöhnliche Sprache werde von kalkülartigen Regeln regiert: Es gibt in Wahrheit keine Kriterien für allgemeine Termini, wie man sie im kalkülartig geregelten Gebrauch allgemeiner Termini zu benutzen hätte; der Bereich der zukünftigen Anwendungen wird nicht von gegenwärtig bekannten Regeln festgelegt; und der Bereich unvorhergesehener gegenwärtiger Anwendungen ist nicht jetzt durch Regeln definiert, die uns gegenwärtig bekannt sind. Das verstärkt den Eindruck, daß sich »diese Überlegungen« in PU 89 auf das Thema der kalkülartigen Regeln bezieht und »Logik« nicht auf die logische Tätigkeit von Philosophen, sondern auf die Sprachregeln oder die Grammatik.

Bevor man dieses Ergebnis allerdings als Bestätigung der Annahme, »sublim« in PU 89 a bedeute »erhaben«, bucht, weil es auf

Grund der Lesart von »sublim« als »erhaben« zu erwarten ist, *wenn* die Verbindung zum Vortext über die *Erhabenheit von Idealen* hergestellt wird, sollte man beachten, daß diese aus dem engeren Kontext gewonnene Verbindung viel schwächer ist als die gerade eben aus dem umfassenderen Kontext begründete, nämlich über die *idealen Sprachen*, das heißt kalkülartige Regeln. (Nur um deren idealen Charakter ging es ja auch in PU 81.) Die Verbindung über erhabene Ideale allgemein und schlechthin brauchen wir gar nicht, und es steht uns frei, die Interpretation des Wortes »sublim« durch »rein« durchzuspielen, es also statt mit der Erhabenheit der Ideale mit der Reinheit von Regeln zu probieren.

»Sublim« und Formen dieses Wortstamms kommen in den ›Philosophischen Untersuchungen‹ nur in drei Abschnitten vor. PU 89 am nächsten ist PU 94:

›Der Satz, ein merkwürdiges Ding!‹: darin liegt schon die Sublimierung der ganzen Darstellung. Die Tendenz, ein reines Mittelwesen anzunehmen zwischen dem Satz*zeichen* und den Tatsachen. Oder auch, das Satzzeichen selber reinigen, sublimieren, zu wollen.

An der zweiten Stelle wird »sublimieren« durch »reinigen« glossiert, und das erzwingt dieselbe Lesung an der ersten Stelle. Da »Sublimierung« nicht die Tätigkeit eines Zensors bedeuten kann, ist »Darstellung« nicht der Text, sondern die Methode; ich lese »Darstellung« nicht für das Ergebnis eines Darstellungsvorgangs, sondern als Verbalsubstantiv »Darstellen«. Die Kritik an der Reinigung der Mittel und Wege des Darstellens – des sprachlichen Repräsentierens – weist sofort darauf hin, daß in PU 89 gar nicht zur Debatte steht, ob die »sublimen« Sprachregeln erhaben, sondern ob sie rein sind oder nicht.

Rein in welchem Sinne? Weiter entfernt steht PU 38:

Und merkwürdigerweise wurde von dem Worte »dieses« einmal gesagt, es sei der *eigentliche* Name. Alles, was wir sonst »Name« nennen, sei dies also nur in einem ungenauen, angenäherten Sinn.

Diese seltsame Auffassung rührt von einer Tendenz her, die Logik unserer Sprache zu sublimieren – wie man es nennen könnte.

Auch hier ist deutlich, daß mit »Logik« Regeln gemeint sind; und aus dem ganzen Abschnitt und seinem Kontext kann man leicht sehen, was »sublim« bedeutet. Der vorausgegangene Text hat klargemacht, daß sprachliche Ausdrücke, nämlich sowohl Namen (PU 2 – 19 a) als auch Sätze (PU 19 b – 24), nur dadurch Bedeutung haben, das heißt zu einer Sprache gehören, daß sie in Sprachspiele eingebettet sind. Hinweisende Definitionen sind nur deshalb bedeutungsverleihend, weil solch ein Hintergrund angenommen wird (PU 26 – 31), und sogar das Zeigen träfe ohne ihn seinen Gegenstand nicht (PU 33 – 37). Weder eine vorsprachliche Hinwendung des Einzelnen (PU 1) noch sein Denken (PU 25) noch sein inneres Sprechen (PU 32) konstituieren Bedeutung. (Man beachte die Alternation dieser thetischen Abschnitte mit den eben genannten dazwischenliegenden Abschnittsfolgen!) PU 38 sagt nun: Es kommt von der falschen Auffassung, ein Wort erhalte seine Bedeutung durch ein von der Einbettung in öffentliche Sprachspiele unabhängiges Zeigen oder Hinwenden, wenn man das Demonstrativpronomen für den paradigmatischen Fall eines Bedeutungsträgers hält. Diese falsche Auffassung wird in PU 38 d mit der Schilderung des Philosophen, der versucht, den Gegenstand durch den Ausdruck »dieses« zu treffen, lächerlich gemacht, und der Abschnitt im ganzen macht deutlich, warum das so lächerlich ist: Die »seltsame Verbindung« – bestehend aus dem Philosophen und dem Gegenstand, auf den er starrt – ist aus dem notwendigen sozialen Hintergrund des in gemeinschaftliche Aktivitäten eingebetteten Wortgebrauchs herausgelöst worden; »die Sprache *feiert*«. Es ist also die Neigung zu diesem Herauslösen aus den mannigfaltigen Bestandteilen des tatsächlichen Sprachgebrauchs, die als »Tendenz [...], die Logik unserer Sprache zu sublimieren« bezeichnet wird. »Sublimieren« wird in der Bedeutung gebraucht, die das Wort in der Chemie hat.[4]

PU 39 – 64, also die Folge zwischen PU 38 und der empirischen Widerlegung der Vorstellung, unsere Sprache sei kalkülartig geregelt, kann man mit Gewinn als Diagnose lesen, die die Metaphysik der »einfachen Gegenstände« als einen Mythos deutet, der die vorgebliche Möglichkeit zum autonomen Zeigen erklären soll: Die

[4] Wörter aus der Fachsprache der Chemie benutzt Wittgenstein auch in der Anm. zu PU 22 (S. 11/299/249) (»Satzradikal«) und in PU 329 (»Vehikel«); Vergleiche mit chemischen Sachverhalten finden sich in PU 56, 422, 521.

Gegenstände garantieren in diesem Mythos durch ihre notwendige Existenz, daß wirklich auf etwas gezeigt wird, und durch ihre Einfachheit, daß das Zeigen eindeutig ist; und so können Demonstrativa als »eigentliche Namen« herhalten. Der Ausdruck »die Logik unserer Sprache zu sublimieren« in PU 38 ist dann durch eine Argumentationskette über PU 39 – 64, über PU 65 – 80 und über PU 81 – 88 mit dem ersten Satz von PU 89 verbunden. Wer immer von Wittgenstein zu erwarten bereit ist, daß er sich nicht in Schimpftiraden gegen den Autor des ›Tractatus‹ ergehen, sondern etwas für den Leser Nützliches schreiben wird, der wird von ihm erwarten, daß er in den mit PU 89 einsetzenden Bemerkungen interessante Dinge über die Frage sagt, in welchem Sinne oder Ausmaß die Regeln der Sprache als *vom sozialen Kontext des Sprachgebrauchs unabhängig* betrachtet werden können.

2. Das angekündigte Problem wird angegangen: Diagnose und Behandlung der Vorstellung von gebrauchsunabhängigen Regeln

Der Leser wird, wenn er sich von dieser Erwartung leiten läßt, eine einigermaßen zusammenhängende Reihe von Anmerkungen zu der Vorstellung entdecken, kalkülartige Regeln regierten den Sprachgebrauch. Das Verständnis einiger Abschnitte wird ihn vor Schwierigkeiten stellen. Die Hauptschwierigkeiten sollen nach einer kurzen Skizze des Gedankenganges von PU 89 – 133 im nächsten Abschnitt behandelt werden; da diese Darstellungsmethode stark von einer Gesamtinterpretation abhängig ist, soll am Anfang genauer gesagt werden, was ich für das Problem halte, dem Wittgenstein sich gegenübersieht.

Wenn es bedeutungsvolle Ausdrücke geben soll, dann müssen sie im Einklang mit ihrer Bedeutung in manchen Fällen am Platze sein, in anderen Fällen hingegen nicht. Wie es aussieht, daß ein Ausdruck im Einklang mit seiner Bedeutung am Platze ist oder nicht, kann hier offenbleiben.[5] Es gibt jedenfalls bedeutungsrelevante

[5] Ich glaube nicht, daß im Rahmen einer Bedeutungstheorie, die alle in den ›Philosophischen Untersuchungen‹ zu findenden Anregungen aufnimmt, richtige Namen, zutreffende Prädikate und wahre Mitteilungen in diesem Zusammenhang auf Grund ihrer Bedeutung am Platze sind,

richtige und falsche Arten des Gebrauchs von Ausdrücken, und zur Richtigkeit gehören Regeln, nach denen sich richtet, was richtig und was falsch ist. Nun ist ein Beispiel dafür, daß es in einer Situation Regeln gibt, besonders bekannt: Es gibt ein Buch mit Regeln, die eine kompetente Autorität niedergeschrieben hat, und die Leute, die die fragliche Tätigkeit ausüben, müssen so handeln, wie es die Regeln im Buch vorschreiben. Diese paradigmatische Situation kann in mehrerer Hinsicht schwächer ausgeprägt sein; zum Beispiel kann die Autorität aus den beteiligten Leuten insgesamt bestehen, oder das geschriebene Buch kann durch mündliche Tradition ersetzt werden, oder die Regeln können ziemlich unausdrücklich sein und aus nichts weiter als aus Präzedenzfällen und ähnlichem bestehen. Solche Modifikationen sind jedoch dort zu erwarten, wo Situationen paradigmatisch sind, und sie tasten deren unterstellten erklärenden Wert nicht an, der davon abhängt, *daß die Regeln unabhängig von der Tätigkeit existieren*; Verstöße widerlegen sie nicht. Genau deswegen sind sie geeignet, die Tätigkeit zu regeln.

Wenn nun gezeigt ist, daß das zwar vorläufig die einzige zur Verfügung stehende Erklärung für das Vorkommen von Richtigkeit und Falschheit ist, daß es aber keine Einzelheiten im tatsächlichen Sprachgebrauch gibt, die die Existenz von etwaigen gebrauchsunabhängigen Regeln, selbst im schwächsten Sinne von »existieren«, aufzeigen könnten, dann ist man, wenn man nach wie vor an der Erklärung festhalten will, anzunehmen gezwungen, *daß die gebrauchsunabhängigen Regeln im tatsächlichen Sprachgebrauch sehr gut verborgen sein müssen*. Auf der anderen Seite muß, wer die Erklärung aufgibt, erklären können, wie es möglich sein soll, daß Regeln festlegen, was richtig ist, ohne unabhängig von der jeweiligen Tätigkeit zu existieren.

An die zweite Aufgabe macht sich Wittgenstein am konzentriertesten in PU 198 – 242; in PU 89 – 133 untersucht er, in welche Schwierigkeiten man gerät, wenn man sich das Vorkommen von

verfehlende Namen, unzutreffende Prädikate und falsche Mitteilungen dagegen nicht. Sprachregeln verbieten falsche Mitteilungen nicht, sondern sagen, was der Sprecher sich damit einhandelt: er geht mit seiner Mitteilung falsch um, wenn er die Verantwortung dafür zurückweist. (Vgl. Kapitel 2, Abschnitt 5.)

richtigem und falschem Sprachgebrauch durch gebrauchsunabhängige Regeln erklärt, legt Motive bloß, die einen daran hindern, diese Schwierigkeiten als Anzeichen eines Irrtums zu verstehen, und empfiehlt Wege, sich vom Einfluß solcher Motive zu befreien. Obwohl also durchaus Methodologisches hereinspielt, muß die Interpretation sehr sorgfältig respektieren, daß es nicht um den gesamten Bereich der Philosophie geht, sondern um die Regeln der Sprache. Ob eine bestimmte diagnostische oder therapeutische Bemerkung über die Grenzen des zentralen Themas hinaus verallgemeinert werden kann oder nicht, erfordert im Einzelfall ein abwägendes Urteil.

Die gesamte Erörterung besteht aus zwei einigermaßen klar voneinander getrennten Teilen, PU 89 – 108 und PU 109 – 133; der zweite kehrt, obwohl er ausgeprägter methodologisch ist als der erste, in PU 130 – 133 explizit zu Wittgensteins zentraler Vorstellung von der Rolle kalkülartiger Regeln für den alltäglichen Sprachgebrauch zurück, daß nämlich *Formulierungen* von Sprachregeln nicht zur Regelung des regelgeleiteten Sprachgebrauchs verwendet werden, sondern in seiner *Beschreibung*.

Den ersten Teil kann man folgendermaßen zusammenfassen: Die Meinung, daß Sprachregeln unabhängig von ihrer Anwendung seien, rührt von identifizierbaren Mißverständnissen und Verwirrungen her. Es gibt kein Wesen der Sprache, das im Hintergrund ihres tatsächlichen Gebrauchs verborgen wäre und ihn von dort aus begründete, so daß jede mögliche Leistung der Sprache von dieser idealen Ordnung herrührte (die sich jedoch an der Außenseite nur sehr unvollkommen äußerte). Das bloße Bild einer idealen Ordnung der Sprache stellt ein Mißverständnis dar, und es ist eine völlig fruchtlose Reaktion, ihre Existenz zu postulieren, während man die tatsächliche Sprache bloß als einen schwachen Abklatsch betrachtet. Die Philosophie beschäftigt sich nicht mit der Leistung postulierter Ideale, sondern mit derjenigen gewöhnlicher Sätze.

Der zweite Teil beginnt mit einer Warnung davor, wie man sich das Verständnis der Leistung normaler Sätze nicht denken sollte: Man darf keine verborgenen Dinge zur Erklärung postulieren; wichtig ist, öffentlich zugängliche Einzelheiten, die sich am Sprachgebrauch beobachten lassen, zusammenzutragen; die Darstellung muß übersichtlich und in diesem Sinne fürs Verständnis hilfreich sein. Da die Erfahrung lehrt, daß die Gefahr besteht, sich zu irrigen Bildern vom Funktionieren der Sprache verleiten zu lassen, wenn man gewagte Formulierungen unkontrolliert mißdeutet, sind wir streng gehalten, uns darauf zu beschränken, den Sprachgebrauch zu beschreiben und dabei nur gerade die Umgangssprache zu benutzen, die wir auch beschreiben; denn das ist so hinreichend wie unentbehrlich. Unsere Beschreibung wird sich auch der Ausdrücke von Regeln bedienen; jedoch nicht zum Zweck des Regelns, sondern zum Beschreiben und Vergleichen. Unsere Beschreibung sorgt nicht für die Sprache, sondern für unser Wissen von der Sprache.

3. Die Interpretation problematischer Textabschnitte

Ich behandele die acht Einzelheiten des Textes, die nach meiner Einschätzung die ernsthaftesten exegetischen Schwierigkeiten für das oben skizzierte Verständnis darstellen.

(1) Der Absatz PU 89 b, der ja beansprucht, PU 89 a zu begründen, bezieht sich auf PU 81 und treibt den idealen Charakter dessen, was die logische Untersuchung betrachtet, ins Extrem, verglichen mit naturwissenschaftlichen Idealisierungen in PU 81; selbst die ideale Bewegung eines Körpers im freien Fall kann freilich nicht so unabhängig von seiner tatsächlichen Bewegung genannt werden, wie es kalkülartige Regeln von ihrer Anwendung sind. Der Text versucht also, die Motive von Wittgensteins Dialogpartner zu verbalisieren.

(2) Im letzten Satz von PU 93,

Durch ein *Mißverständnis* erscheint es uns, als *tue* der Satz etwas Seltsames.

wird durch die Hervorhebung von »*tue*« das vorhergehende »leisten« in einem Sinne interpretiert, der von der »Tätigkeit« der Butter in PU 693, dem allerletzten Abschnitt von ›Teil I‹, bekannt ist.

Das »Mißverständnis« kommt so zustande: Ein Satz wie etwa »Dieser Satz bezieht sich auf das Datum« hat als Subjekt die Bezeichnung eines Satzes, als Prädikat ein Tätigkeitswort; man deutet diese syntaktische Tatsache so, als ob *der Satz von allein* etwas täte, das heißt als gereinigtes Zeichen. Was er »tut«, ist zum Beispiel Darstellen, Prädizieren, sich Beziehen auf, Mitteilen usw. Das wiederum erklärt den Anfang von PU 92, »Dies drückt sich aus«, womit in komplizierter Weise gesagt wird, daß es auf das Postulieren eines Wesens der Sprache unter ihrer Oberfläche hinausläuft, wenn man auf PU 91 a (die scheinbare Notwendigkeit einer Analyse unserer Sprachform) mit PU 91 b (der Vorstellung von einer ideal exakten Sprache) reagiert. PU 91 ist inhaltlich mit PU 63 fast identisch[6]; PU 92 unterstellt, daß das Wesen verborgen ist, und darum geht es auch in PU 60, wo der letzte Teil des von PU 38 bis 64 gehenden Gedankens beginnt, und in PU 38 d selbst für das Wesen des Benennens. Die Annahme, das Wesen der Sprache sei verborgen, wird also mit der Vorstellung identifiziert, daß sie ihre Leistungen völlig unabhängig von ihrer Verwendung zustande bringt.

(3) In PU 100 kann sich der Satz »Wir mißverstehen die Rolle, die das Ideal in unserer Ausdrucksweise spielt« *nicht* auf den idealen Kalkül beziehen, der angeblich für das Funktionieren unserer Sprache verantwortlich sein soll. Baker und Hacker kommen einer solchen Interpretation ziemlich nahe, wenn sie die Bedeutung von »Ideal« als »way of representation« verstehen[7]; aber in einer merkwürdigen Verkehrung der Fronten muß ich widersprechen, weil diese Interpretation vom deutschen Text zusammen mit seinem Kontext ausgeschlossen wird. Die nächstliegende Lesart des Satzes besagt, daß wir *von* einem Ideal sprechen und mißverstehen, was wir darüber sagen, indem wir darüber reden. (Ich habe den Verdacht, daß die englische Übersetzung diese nächstliegende Lesart nicht begünstigt.) Es gibt keinen vernünftigen Grund dafür, von

[6] Auf diese enge Verbindung haben Baker und Hacker 1980 hingewiesen (*ad loc.*).
[7] 1980, *ad loc.* Sie nehmen hier also an, anders als für PU 89 a, daß die positive Charakterisierung – dort durch »sublim«, hier durch »Ideal« – den Sprachregeln gelte.

ihr abzuweichen, weil es im Kontext tatsächlich um Ausdrücke geht, die für die Feststellung benutzt werden, etwas könne vollkommener sein, als es ist, das heißt erfülle ein Ideal F nicht, und weil die Schlußfolgerung kritisiert wird, es sei daher kein wirkliches F. Das gleiche gilt für den Ausdruck »Ideal« in PU 101, 103 und vielleicht auch in PU 105, wo Wittgenstein auch auf den parallelen Mißbrauch anspielt, der in der Verwechslung von »nicht eigentlich ein Zeichen« und »kein eigentliches Zeichen« liegt. (Vgl. auch PU 39, 80, 99 und die sehr ausdrückliche Feststellung in PU 163 d, 164 a.) PU 101 diagnostiziert die Täuschung:

Wir leben nun in der Idee: das Ideal ›*müsse*‹ sich in der Realität finden. Während man noch nicht sieht, *wie* es sich darin findet, und nicht das Wesen dieses »muß« versteht.

Wenn man »A ist vollkommener als B« durch »A kommt dem Ideal näher als B« ausdrückt, dann *muß* es *wirklich* ein Ideal geben, dem A näher kommt als B, genau so, wie, wenn man »A liegt östlich von B« durch »A ist dem Osten näher als B« ausdrückt, der Osten *wirklich* existieren *muß*. Daraus darf man jedoch nicht schließen, daß die Relationen zwischen A und B in irgendeiner Weise denjenigen zwischen A, B und dem Osten oder zwischen A, B und dem Ideal gleichen; denn das würde uns zur Schlußfolgerung zwingen, daß der Osten und das Ideal verborgen seien. (Man kann nach Osten reiten, Osten aber nie erreichen.) Genau das ist der in PU 104 kritisierte Fehler.

(4) PU 108 kann man folgendermaßen paraphrasieren: Wenn die Sprache nicht wie ein Kalkül geregelt ist, dann verliert nicht etwa die Logik ihre Strenge, sondern muß man ihre Rolle ganz anders sehen, als es die vorgefaßte Vorstellung von der Gebrauchsunabhängigkeit der Sprachregeln erwarten läßt. Da unser wirkliches Desiderat das Beschreiben der Sprache ist, muß man die Logik als strenge, deskriptive Methode verstehen, die zur nicht raumzeitlichen Kennzeichnung von raumzeitlichen Merkmalen von Wörtern nützlich ist, die als raumzeitliche Phänomene vorkommen.[8]

[8] Vgl. Kapitel 2, Abschnitt 6.

Derselbe Gedanke wird in PU 120 e und f wieder aufgenommen. Man beachte, daß Regeln, die für einen Kalkül explizit niedergelegt sind, *in ihrer Formulierung* nicht von solchen abweichen, die Leute befolgen, ohne um sie zu wissen, die aber von Dritten mit diesen Formulierungen angegeben werden können.

(5) PU 109, am schwersten malträtiertes Opfer der souveränen Abstraktion vom Kontext: »Richtig war, daß unsere Betrachtungen nicht wissenschaftliche Betrachtungen sein durften« – richtig *war* das in PU 89; die »Betrachtungen« sind also Untersuchungen des Sprachgebrauchs. Die Erinnerung warnt vor einem möglichen Mißverständnis von PU 108: Wenn man über die räumlichen und zeitlichen Phänomene der Sprache redet, darf das nicht die Form der Untersuchung eines Mechanismus (des Denkens) annehmen, der unser Sprechen verursachen würde. Wir dürfen keiner Theorie Vorschub leisten, die hypothetische Entitäten postuliert, welche unsere Ausdrucksformen jemandem »erklären« sollen, der ihre Regeln mißversteht; die Beispiele aus dem engeren Kontext waren: Durch das Postulieren reiner in ihr angeblich verborgener Regeln zu »erklären«, daß die Sprache regelmäßig ist, das heißt Regeln hat; durch das Postulieren einer Tätigkeit des Darstellens, die ein Satz angeblich leiste, zu »erklären«, daß ein Satz etwas darstellt, das heißt, daß das Wort »Satz« syntaktisches Subjekt zum syntaktischen Prädikat »stellt dar« ist; durch das Postulieren eines Exaktheitsideals oder eines in idealer Weise exakten Satzes, dem ein Satz im Sinne der Annäherung an einen syntaktisch verwandten Satz nahekommen könnte, zu »erklären«, daß ein Satz exakter als ein anderer sein, das heißt dem Exaktheitsideal näher kommen kann. Wittgenstein bezieht sich an vielen weiteren Stellen der ›Philosophischen Untersuchungen‹ auf diesen Fehler und gibt erläuternde Beispiele. In PU 122 werden Erklärungen der Art, die er ausdrücklich gutheißt, charakterisiert; sie gehören zu dem Erklärungstyp, der uns hilft, uns auf sonst unverbundene Tatsachen einen Reim zu machen.

(6) PU 120 ist bei jeder Interpretation des Kontextes schwierig; aber unter der Voraussetzung, es gehe im ganzen noch um eine

Kritik an der Auffassung kalkülartiger Regeln als Paradigmen der Regeln der Umgangssprache, ist leichter zu erklären, warum allein der dritte Satz hervorgehoben ist:

Und wie wird denn eine andere [Sprache] gebildet?

Wenn sich »eine andere« auf den Wunschtraum des Dialogpartners, eine (kalkülartige) Idealsprache, bezieht, kann ihn Wittgenstein mit einer Argumentation zurückweisen, aus der freilich der nächste Satz folgt, es sei

merkwürdig, daß wir dann mit der unsern [Sprache] überhaupt etwas anfangen können!

Man kann die Argumentation entweder aus der berühmten Regreßargumentation gegen das Setzen von »Deutung hinter Deutung« (PU 201) gewinnen, das bis PU 201 an nicht weniger als fünf Stellen vorkommt, an denen es in seinem Kontext bedeutsam ist (PU 28, 29; viermal in PU 84 – 87; PU 139 – 141; PU 186 – 190; und zweimal in PU 198, 201[9]; übrigens immer in Gegenüberstellung zu Wittgensteins eigener, positiver Auffassung davon, wie es wahr sein kann, daß jemand etwas meint[10]); oder kann man sie erhalten, wenn man PU 204 verallgemeinert und das Erfinden von Spielen als ein Beispiel fürs Niederlegen von Regeln betrachtet:

Ich kann etwa, wie die Sachen stehen, ein Spiel erfinden, das nie von jemandem gespielt wird. – Wäre aber auch dies möglich: Die Menschheit habe nie Spiele gespielt; einmal aber hat Einer ein Spiel erfunden, – das dann allerdings nie gespielt wurde?

Kurz gefaßt[11] besagt die Argumentation, daß man eine bedeutungsvolle Sprache, in der man Festlegungen treffen kann, braucht, um Ausdrücken durch Festlegungen Bedeutung zu geben, und daß man zum Niederlegen von Regeln wiederum Regeln zum Niederlegen von Regeln braucht. (Das gilt auch, wenn Regeln durch Beispiele angegeben werden; denn daß die Beispiele festlegende Wirkung haben, daß sie also etwas regeln, muß dank regelhaftem Umgang mit Beispielen festliegen.) Der oben zitierte, hervorge-

[9] Vgl. Kapitel 5, Abschnitt 2.
[10] Vgl. Kapitel 5, Abschnitt 1, und Kapitel 6, Abschnitt 1.
[11] Vgl. Kapitel 5, Abschnitt 3.

hobene Satz aus PU 120 bezieht sich auf den ersten Schritt im Regreß, der zur Schlußfolgerung führt, daß es weder Bedeutung noch Sprachregeln geben kann, wenn Bedeutung auf einer interpretationsbedürftigen Interpretation oder auf niedergelegten Regeln beruht, und das reicht als Grund für den folgenden Satz aus. Das Ergebnis erlaubt eine befriedigende Interpretation von PU 120: Indem ich aus PU 120 a schließe, daß es keine Möglichkeit gibt, »die volle Sprache« zu vermeiden, das heißt eine, auf die ich treffe, ohne sie vor ihrem Gebrauch konstruieren zu können, erkenne ich, daß jeder Versuch fehl am Platze wäre, andere Tatsachen als nur »Äußerliches« vorzubringen, also Einzelheiten über innere, das heißt verborgene, das heißt aus ihrem Zusammenhang gelöste, das heißt reine, das heißt gebrauchsunabhängige, das heißt kalkülartige Regeln. Die gibt es eben einfach nicht.

(7) Was PU 124 a – c betrifft, vgl. (5) und (6); aus a und b ist völlig klar, daß sich »[Die Philosophie] läßt alles, wie es ist« nur darauf bezieht, wie die Sprache funktioniert. Wie PU 18 und 132 b zeigen, ist »alles« noch weiter eingeschränkt, nämlich auf solche Dinge, die tiefer verwurzelt sind als die Fachterminologie oder zufällige Syntaxmerkmale; das läßt auch das Gesamtthema erwarten. Das, was die Philosophie so läßt, wie es ist, ist die Weise, in der Ausdrücke Bedeutung erhalten, die Manifestationen des Regelfolgens in Sprachspielen usw.

(8) Die Sache wird für die hier vorgelegte Interpretation schwieriger, wenn wir uns PU 123 und PU 126 – 129 zuwenden. Der knappe Aphorismus PU 123,

Ein philosophisches Problem hat die Form: »Ich kenne mich nicht aus.«

ist durch die eigene Zählung vom vorhergehenden Text abgetrennt, auch wenn er einen Kommentar zum Ausdruck »das Verständnis, welches eben darin besteht, daß wir die ›Zusammenhänge sehen‹« (PU 122) darstellt, was sich seinerseits auf den Wortgebrauch bezieht; aber indem der Autor die Bemerkung derart abtrennt, übernimmt er die Verantwortung dafür, daß die allgemeine Form eine Bemerkung über philosophische Probleme im allgemeinen signalisiert. Und die Abschnittsfolge PU 126 – 129 sieht, obwohl sie mit dem vorhergehenden Text enger verbunden ist, nicht nur genauso verallgemeinerbar aus, sondern ihr eignet sogar eine Art interner Argumentationsstruktur. Das allgemeine Thema der Funktion von Regeln wird darüber hinaus in PU 130 deutlich wieder aufgenommen, wodurch der in sich abgeschlossene Charakter der Textfolge betont wird:

126. Die Philosophie stellt eben alles bloß hin, und erklärt und folgert nichts. – Da alles offen daliegt, ist auch nichts zu erklären. Denn, was etwa verborgen ist, interessiert uns nicht.

»Philosophie« könnte man auch das nennen, was *vor* allen neuen Entdekungen und Erfindungen möglich ist.

127. Die Arbeit des Philosophen ist ein Zusammentragen von Erinnerungen zu einem bestimmten Zweck.

128. Wollte man *Thesen* in der Philosophie aufstellen, es könnte nie über sie zur Diskussion kommen, weil Alle mit ihnen einverstanden wären.

129. Die für uns wichtigsten Aspekte der Dinge sind durch ihre Einfachheit und Alltäglichkeit verborgen. (Man kann es nicht bemerken, – weil man es immer vor Augen hat.) Die eigentlichen Grundlagen seiner Forschung fallen dem Menschen gar nicht auf. Es sei denn, daß ihm *dies* einmal aufgefallen ist. – Und das heißt: das, was, einmal gesehen, das Auffallendste und Stärkste ist, fällt uns nicht auf.

PU 126 a ruft PU 120 dermaßen deutlich ins Gedächtnis zurück, daß der Bereich von 126 a, nimmt man die Bemerkung für sich, auf das Thema Regeln eingeschränkt wäre. Aber wenn PU 126 so gemeint wäre, wäre Absatz b sehr irreführend ausgedrückt, und man kann PU 127, das ganz deutlich so allgemein ist wie PU 123, als Schlußfolgerung aus PU 126 a betrachten. PU 128 wird seinerseits von PU 127 begründet, wenn die »Erinnerungen« allgemein zugänglich sind, und PU 129 muß man als Erklärung für die Tatsache verstehen, daß – überraschend im Hinblick auf den vorangegangenen Text – der Philosophie überhaupt noch etwas zu tun bleibt: sich darum zu kümmern, das wahrzunehmen, was man immer vor Augen hat. Insofern ist einzuräumen, daß hier tatsächlich Bemerkungen zu einer allgemeinen Metaphilosophie vorliegen. (Was den präzisen Gehalt dieser Bemerkungen betrifft: Der Text selbst sagt ganz klar, was für Entdeckungen tatsächlich möglich sind, nämlich die Wahrnehmung sonst übersehener Sachen; was für Erklärungen untersagt sind, nämlich das Postulieren verborgener Entitäten; und wann Thesen und Erklärungen willkommen sind, nämlich wenn sie Verbindungen aufzeigen, die dazu beitragen, daß wir uns auskennen.)

Zusammenfassend muß man aber wohl sagen, daß Wittgenstein in diesen fünf ausdrücklich allgemeinen Abschnitten daraus, wie er gerade ein inhaltliches Problem behandelt hat, sporadische methodologische Empfehlungen ableitet. Sie sind nicht sein Hauptthema (man denke daran, daß er hinterher zum Hauptproblem zurückkehrt), und es scheint mehr oder weniger zufällig zu sein, daß er an anderen Stellen zwischen PU 89 und 133, an denen er es genausogut hätte tun können, davon Abstand nimmt, ebenso allgemeine Empfehlungen anzuschließen – wie er es zum Beispiel in PU 52, 255, 309, 464, 471, 593, 599, 654 und in unserem Kontext ein letztes Mal in den beiden letzten Absätzen von PU 133 tut. Es sind jedenfalls aus Wittgensteins sehr persönlicher *Erfahrung* im Philosophieren gewonnene Empfehlungen; in dieser ganzen sogenannten metaphilosophischen Diskussion gibt es nicht einmal die Andeutung einer Unternehmung, die eigens dazu gedacht wäre, den Leser davon zu überzeugen, die Philosophie *müsse* notwendigerweise so und nicht anders vorgehen.

Zitierte Werke Wittgensteins

Werkausgabe: Ludwig Wittgenstein, Werkausgabe in 8 Bänden, Frankfurt, Suhrkamp, 1984 (WA)

Tractatus Logico-Philosophicus, Werkausgabe Bd. 1 (TLP)
Philosophische Untersuchungen, Werkausgabe Bd. 1 (PU)
Der deutsche Text der zweisprachigen Ausgabe Oxford 1967 (auf die sich Verweise auf die englische Übersetzung beziehen) wurde bei Abweichungen vorgezogen. Die Seitenzahlen dieser Ausgabe werden bei Verweisen auf Seitenzahlen zuerst angegeben, dann die der Ausgabe Frankfurt 1960, als dritte die von WA. Bei Verweisen auf PU II xi wird die Nummer der Peters-Zählung vorangestellt (siehe v. Savigny 1988 b, S. 361 ff., 1994, S. 369 ff.).
Philosophische Bemerkungen, Werkausgabe Bd. 2 (PB)
Wittgenstein und der Wiener Kreis, Werkausgabe Bd. 3
Philosophische Grammatik, Werkausgabe Bd. 4 (PG)
Bemerkungen über die Philosophie der Psychologie I und II, Werkausgabe Bd. 7 (BPP I und II)
Letzte Schriften über die Philosophie der Psychologie I, Werkausgabe Bd. 7 (LS I); II, Oxford, Blackwell, 1992 (LS II)
Über Gewißheit, Werkausgabe Bd. 8
Zettel, Werkausgabe Bd. 8

Die Verweise auf Manuskripte und Typoskripte beziehen sich im allgemeinen auf den sogenannten Cornell-Film:
The Wittgenstein Papers, Cornell University Libraries, Ithaca, N.Y. 1968
Die Numerierung ist die von G. H. von Wright, The Wittgenstein Papers, Philosophical Review 78, 1969, S. 483-503, und in ders., Wittgenstein, Oxford, Blackwell, 1982, S. 35–62.

Alle Hervorhebungen in Zitaten stammen, sofern nicht anders angegeben, aus dem zitierten Text.

Literatur

Robert L. Arrington 1979, »Mechanism and Calculus«: Wittgenstein on Augustine's Theory of Ostension, in: C. G. Luckhardt (Hg.), Wittgenstein: Sources and Perspectives, Hassocks, Harvester, S. 303–338

derselbe 1991, Making Contact in Language: the Harmony between Thought and Reality, in: derselbe und H. J. Glock (Hgg.), Wittgenstein's ›Philosophical Investigations‹: Text and Context, New York, Routledge, S. 175–202

John L. Austin 1946, Other Minds, Proceedings of the Aristotelian Society, Supplement 20, S. 148–177

derselbe 1962 a, How to Do Things with Words, Oxford, Oxford U. P. ([2]1975); deutsch: 1972, Zur Theorie der Sprechakte, Stuttgart, Reclam ([2]1979)

derselbe 1962 b, Sense and Sensibilia, Oxford, Oxford U.P.

Gordon P. Baker und Peter M. S. Hacker 1980, An Analytical Commentary on the ›Philosophical Investigations‹, Bd. I: Wittgenstein, Understanding and Meaning, Oxford, Blackwell

dieselben 1985, An Analytical Commentary on the ›Philosophical Investigations‹, Bd. II: Wittgenstein, Rules, Grammar and Necessity, Oxford, Blackwell

Jonathan Bennett 1976, Linguistic Behaviour, Cambridge, Cambridge U.P.

Douglas Birsch 1990, Working with Wittgenstein's Builders, Philosophical Investigations 13, S. 338–349

Carolyn Black 1974, ›Philosophical Investigations‹: Remark 43 Revisited, Mind 81, S. 596–598

James Bogen 1972, Wittgenstein's Philosophy of Language, London, Routledge and Kegan Paul

Malcolm Budd 1989, Wittgenstein's Philosophy of Psychology, New York, Routledge

Stewart Candlish 1991, »Das Wollen ist auch nur eine Erfahrung«, in: R. L. Arrington und H. J. Glock (Hgg.), Wittgenstein's ›Philosophical Investigations‹: Text and Context, New York, Routledge, S. 203-226

John V. Canfield 1974, Criteria and Rules of Language, Philosophical Review 83, S. 70–87

derselbe 1975, Anthropological Science Fiction and Logical Necessity, Canadian Journal of Philosophy 4, S. 467–479

John Churchill 1989, »If a Lion Could Talk«, Philosophical Investigations 12, S. 308–324

Daniel C. Dennett 1991, Real Patterns, Journal of Philosophy 88, S. 27–51

Paul Ekman und Wallace Friesen 1978, Facial Action Coding System, Palo Alto (Cal.), Consulting Psychologists Press

Noel Fleming 1978, Seeing the Soul, Philosophy 53, S. 33–50

Paul K. Feyerabend 1955, Wittgenstein's ›Philosophical Investigations‹, Philosophical Review 64, S. 449–483

Robert J. Fogelin 1976, ²1987, Wittgenstein, London, Routledge and Kegan Paul
Newton Garver 1978, The Other Sort of Meaning, in: 2. Wittgenstein-Symposium: Wittgenstein und sein Einfluß auf die gegenwärtige Philosophie, Wien, Hölder-Pichler-Temsky, S. 253–256
derselbe 1984, Die Lebensform in Wittgensteins ›Philosophischen Untersuchungen‹, Grazer Philosophische Studien 21, S. 33–54
derselbe 1990, Form of Life in Wittgenstein's Later Work, Dialectica 44, S. 175–201
Edmund L. Gettier 1963, Is Justified True Belief Knowledge?, Analysis 23, S. 121–123
Jacob und Wilhelm Grimm (u. a.), Deutsches Wörterbuch, Leipzig 1854 ff.
Paul Grice 1957, Meaning, Philosophical Review 66, S. 377-388
derselbe 1969, Utterer's Meaning and Intentions, Philosophical Review 78, S. 147–177
Peter M. S. Hacker 1972, Insight and Illusion, Oxford, Oxford U.P.
derselbe 1990, An Analytical Commentary on the ›Philosophical Investigations‹, Bd. III: Wittgenstein, Meaning and Mind, Oxford, Blackwell
Rudolf Haller 1979, Die gemeinsame menschliche Handlungsweise, Zeitschrift für philosophische Forschung 33, S. 521–533
derselbe 1984, Lebensform oder Lebensformen: eine Bemerkung zu Newton Garvers Interpretation von »Lebensform«, Grazer Philosophische Studien 21, S. 55–63
Garth Hallett 1967, Wittgenstein's Definition of Meaning as Use, New York, Fordham U.P.
derselbe 1977, A Companion to Wittgenstein's ›Philosophical Investigations‹, Ithaca, New York, Cornell U.P.
Oswald Hanfling 1989, Wittgenstein's Later Philosophy, London, Macmillan
Michel ter Hark 1990, Beyond the Inner and the Outer: Wittgenstein's Philosophy of Psychology, Dordrecht, Kluwer (Synthese Library 214)
Herbert L. A. Hart 1961, The Concept of Law, Oxford, Clarendon Press
David Henderson 1988, Wittgenstein's Descriptivist Approach to Understanding: Is There a Place for Explanation in Interpretative Accounts? Dialectica 42, S. 105–115
S. Stephen Hilmy 1987, The Later Wittgenstein: The Emergence of a New Philosophical Method, Oxford, Blackwell
Carl-Herman Hjortsö 1970, Man's Face and Mimic Language, Lund, Studentlitteratur (als Druckjahr angegeben 1969)
Jennifer Hornsby 1980, Arm Raising and Arm Rising, Philosophy 55, S. 73–84
John F. M. Hunter 1971, Wittgenstein on Meaning and Use, in: E. D. Klemke (Hg.), Essays on Wittgenstein, Urbana, Illinois, University of Illinois Press, S. 374–393
derselbe 1985, Understanding Wittgenstein, Edinburgh, Edinburgh Press
Hans Kaal und Alasdair McKinnon 1975, Concordance to Wittgenstein's ›Philosophische Untersuchungen‹, Leiden, Brill
Andreas Kemmerling 1975, Regel und Geltung im Lichte der Analyse Wittgensteins, Rechtstheorie 6, S. 357–369

derselbe 1977, Was Grice mit »Meinen« meint, in: Forschungsberichte des Instituts für Phonetik und Sprachliche Kommunikation der Universität München 8, S. 121–166
derselbe 1986, Utterer's Meaning Revisited, in: Richard Grandy und Richard Warner (Hgg.), Philosophical Grounds of Rationality: Intentions, Categories, Ends, Oxford, Oxford U.P., S. 131–155
derselbe 1992, Bedeutung und der Zweck der Sprache, in: W. Vossenkuhl (Hg.), Von Wittgenstein lernen, Berlin, Akademie Verlag, S. 99–120
derselbe 1993, The Philosophical Significance of a Shared Language, in: Ralf Stoecker (Hg.), Reflecting Davidson, Berlin u. a., de Gruyter, S. 85–116
Anthony Kenny 1973, Wittgenstein, London, Penguin
David Lewis 1969, Convention, Cambridge, Mass., Harvard U.P.
C. Grant Luckhardt 1995, Das Sprechen des Löwen, in: Eike von Savigny und Oliver Scholz (Hgg.), Wittgenstein über die Seele, Frankfurt, Suhrkamp, S. 253–268
Norman Malcolm 1989, Wittgenstein on Language and Rules, Philosophy 64, S. 5–28
derselbe 1993, Wittgenstein: A Religious Point of View, London, Routledge
H. E. Mason 1988, On the Treatment of the Notion of the Will in Wittgenstein's Later Writings, Philosophical Investigations 11, S. 183–196
John McDowell 1984, Wittgenstein on Following a Rule, Synthese 58, S. 325–363
Colin McGinn 1984, Wittgenstein on Meaning, Oxford, Blackwell
Mary McGinn 1984, Kripke on Wittgenstein's Sceptical Problem, Ratio (engl.) 26, S. 19–31
Brian F. McGuiness 1956/57, »I know what I want«, Proceedings of the Aristotelian Society 57, S. 305–321
Georg Meggle 1985, Wittgenstein - ein Instrumentalist? in: D. Birnbacher und A. Burckhardt (Hgg.), Sprachspiel und Methode, Berlin, de Gruyter, S. 71–88
Roger Montague 1975, The Always-Painfree Pain-Behaver, Mind 84, S. 47–62
Frederick Mosedale 1978, Wittgenstein's Builders Revisited, in: 2. Wittgenstein Symposium: Wittgenstein und sein Einfluß auf die gegenwärtige Philosophie, Wien, Hölder-Pichler-Temsky, S. 430–443
H. O. Mounce 1986, Following a Rule, Philosophical Investigations 9, S. 187–198
George Pitcher 1964, The Philosophy of Wittgenstein, Englewood Cliffs, N. J., Prentice-Hall
Hilary Putnam 1965, Brains and Behaviour, in: R.J. Butler (Hg.), Analytical Philosophy, Bd. II, Oxford, Blackwell, S. 1–19
Richard Raatzsch 1993, ›Philosophical Investigations‹ 206: The Common Behaviour of Mankind, in: P. Philipp und R. Raatzsch (Hgg.), Essays on Wittgenstein, Bergen, Wittgenstein-Archiv, S. 74–92
Gilbert Ryle 1949, The Concept of Mind, London, Hutchinson
Eike von Savigny 1969, Die Philosophie der normalen Sprache, Frankfurt, Suhrkamp, (veränderte Ausgaben ^{2}1974 und ^{3}1993)
derselbe 1983, Zum Begriff der Sprache, Stuttgart, Reclam
derselbe 1986, Seelische Sachverhalte sind von der sozialen Einbettung abhän-

gig: Eine durchgängige Interpretation der ›Philosophischen Untersuchungen‹, in: 10. Wittgenstein Symposium: Die Aufgaben der Philosophie in der Gegenwart, Wien, Hölder-Pichler-Tempsky 1986, S. 461–471
derselbe 1988 a, The Social Foundations of Meaning, Berlin und New York, Springer
derselbe 1988 b und ²1994, Wittgensteins ›Philosophische Untersuchungen‹: Ein Kommentar für Leser, Bd. I, Frankfurt, Klostermann
derselbe 1989 und ²1995, Wittgensteins ›Philosophische Untersuchungen‹: Ein Kommentar für Leser, Bd. II, Frankfurt, Klostermann
Wulf Schiefenhövel 1992, Signale zwischen Menschen. Formen nichtsprachlicher Kommunikation, Funkkolleg ›Der Mensch‹, Studieneinheit 11, Deutsches Institut für Fernstudien an der Universität Tübingen
Stephen Schiffer 1972, Meaning, Oxford, Oxford U.P.
Freimut Scholz 1969, Untersuchungen zum Problem der Empfindungswörter bei Wittgenstein, Diss. München
Joachim Schulte 1990, Kontext, in: derselbe, Chor und Gesetz, Frankfurt, Suhrkamp, S. 146–161
derselbe 1991, Adelheid and the Bishop - What's the Game? in: R. L. Arrington und H.-J. Glock (Hgg.), Wittgenstein's ›Philosophical Investigations‹: Text and Context, London, Routledge, S. 138-151
John R. Searle 1969, Speech Acts, Cambridge, Cambridge U.P.
Stuart G. Shanker 1993, Wittgenstein versus James and Russell on the Nature of Willing, in: J. V. Canfield und St. G. Shanker (Hgg.), Wittgenstein's Intentions (FS John Hunter), New York und London, Garland, S. 195-243
Ernst K. Specht 1963, Die sprachphilosophischen und ontologischen Grundlagen im Spätwerk Ludwig Wittgensteins, Kant-Studien Ergänzungsheft 84, Köln
Peter F. Strawson 1954, Review of Wittgenstein's ›Philosophical Investigations‹, zitiert nach: G. Pitcher (Hg.), Wittgenstein: The Philosophical Investigations, Garden City, New York, Anchor Books, S. 22–64
William W. Tait 1986, Wittgenstein and the »Skeptical Paradoxes«, The Journal of Philosophy 83, S. 475–488
Jenny Teichmann 1976, Wittgenstein on Persons and Human Beeings, in: G. Vesey (Hg.), Understanding Wittgenstein, Ithaca, New York, Cornell U.P., S. 33–148
E. F. Thompkins 1990, A Farewell to Forms of Life, Philosophy 65, S. 181–197
John Watling 1954/55, Inference from the Known to the Unknown, Proceedings of the Aristotelian Society 55, S. 83–108
Alan R. White 1957, On Claiming to Know, Philosophical Review 66, S. 180–192
John H. Whittaker 1978, Language Games and Forms of Life Unconfused, Philosophical Investigations 1, S. 39–48
Peter Winch 1968, Wittgenstein's Treatment of the Will, Ratio (engl.) 10, S. 38–53

Quellennachweis

Kapitel 1 ist eine stark überarbeitete Fassung von ›The Self-Sufficiency of the Philosophical Investigations‹, in R. Haller und J. Brandl (Hgg.), Wittgenstein – Eine Neubewertung, Wien 1990. Kapitel 2 ist neu. Kapitel 3 ist die im wesentlichen unveränderte Fassung von ›The Last Word on Philosophical Investigations 43 a‹, Australasian Journal of Philosophy 68, 1990. Kapitel 4 ist unter demselben Titel erschienen in W. Gombocz, H. Rutte und W. Sauer (Hgg.), Traditionen und Perspektiven der analytischen Philosophie (Festschrift Rudolf Haller), Wien 1989, hier aber als Überarbeitung der veränderten Fassung gedruckt, die mit dem viel schöneren Titel ›Common Behaviour of Many a Kind‹ in R. Arrington, H.-J. Glock (Hgg.), Wittgenstein's Philosophical Investigations: Text and Context, London 1991, veröffentlicht ist. Kapitel 5 entstand durch die massive Überarbeitung von ›Self-conscious Individual versus Social Soul: The Rationale of Wittgenstein's Discussion of Rule-Following‹, Philosophy and Phenomenological Research 51, 1991. Kapitel 6 ist neu. Kapitel 7 ist, leicht überarbeitet, ›Why Can't a Baby Pretend to Smile?‹, in J. V. Canfield und St. G. Shanker (Hgg.), Wittgenstein's Intentions (Festschrift J. F. M. Hunter), New York und London 1993. Kapitel 8 ist neu. Kapitel 9 wurde erstmals gedruckt unter dem Titel ›Avowals in the Philosophical Investigations: Expression, Reliability, Description‹, Noûs 24, 1990; der Text ist sehr stark überarbeitet. Kapitel 10 ist eine stark überarbeitete Fassung von ›I don't know what I want‹, in J. Schulte und G. Sundholm (Hgg.), Criss-Crossing a Philosophical Landscape, Grazer Philosophische Studien 42, 1992 (Festschrift Brian McGuinness). Kapitel 11 ist neu. Kapitel 12 ist mit geringfügigen Abweichungen in dem von Oliver Scholz und mir gemeinsam herausgegebenen Band ›Wittgenstein über die Seele‹ erschienen (Frankfurt am Main 1995). Kapitel 13 ist eine überarbeitete Fassung von ›»We must do away with all *explanation*, and description alone must take its place«: Wittgenstein an Enemy of Science?‹, in P. Weingartner und G. Schurz (Hgg.), Philosophie der Naturwissenschaften, Wien 1989; Kapitel 14 schließlich ist eine leicht überarbeitete Fassung von ›No Chapter »On Philosophy« in the Philosophical Investigations‹, Metaphilosophy 22, 1991.

Naturgeschehen
Naturerkenntnis
Naturwissenschaft

Schämen sollen sich die Menschen, die sich gedankenlos der Wissenschaft und Technik bedienen und nicht mehr davon geistig erfaßt haben als die Kuh von der Botanik der Pflanzen, die sie mit Wohlbehagen frißt.

Albert Einstein

Timothy Ferris:
Das intelligente Universum
dtv 30479

Karl Grammer:
Signale der Liebe
Die biologischen Gesetze der Partnerschaft
dtv 30498

Philip Johnson Laird:
Der Computer im Kopf
dtv 30499

Was ist Zeit?
Zeit und Verantwortung in Wissenschaft, Technik und Religion
Hrsg. von Kurt Weis
dtv 30525

Jeanne Ruber:
Was Frauen und Männer so im Kopf haben
dtv 30524 (März)

Paul Davies / John Gribbin:
Auf dem Weg zur Weltformel
Superstrings, Chaos, Komplexität
Über den neuesten Stand der Physik
dtv 30506

What's What?
Naturwissenschaftliche Plaudereien
Herausgegeben von Don Glass
dtv 30511 (Dez.)

Jean Guitton/Grichka u. Igor Bogdanov:
Gott und die Wissenschaft
Auf dem Weg zum Meta-Realismus
dtv 30516
(Januar)

Darwin lesen
Eine Auswahl aus seinem Werk
Herausgegeben von Mark Ridley
dtv 30519
(Februar)